**MÁS DE
6.000 PREGUNTAS Y
RESPUESTAS BÍBLICAS**

¿SABÍAS QUE...?

**GRAN DIVERSIÓN
CON PREGUNTAS,
ILUSTRACIONES,
LISTAS Y MAPAS.**

GRUPO NELSON
Una división de Thomas Nelson Publishers
Desde 1798

NASHVILLE   MÉXICO DF.   RÍO DE JANEIRO

CONTENIDO

EPÍSTOLAS

Introducción

Aprender más acerca de la Biblia es una de las cosas más importantes que puedes hacer. Además, instruirte puede ser emocionante. ¿Sabías? te ayuda a explorar la Biblia de principio a fin. Conocerás a las personas, andarás por los lugares y revivirás los acontecimientos que dieron forma al mundo de la Biblia y nuestra fe actual.

¿Sabías? se divide según el contenido de las seis secciones de literatura de la Biblia:

Historia: la historia temprana del mundo; pactos de Dios con Adán, Noé, Abraham, Moisés y David; los jueces; los reyes; y las crónicas de guerra

Poesía: alabanza, oración y sabiduría en forma poética

Profecía: la voz de Dios a través de los profetas a Israel con respecto a su voluntad para ellos y su promesa de un Libertador

Los Evangelios: los relatos de Mateo, Marcos, Lucas y Juan relativos a la vida, el ministerio, la muerte y la resurrección de Jesucristo

Hechos de los Apóstoles: la historia de la iglesia primitiva y de aquellos que contribuyeron a difundir el evangelio a los judíos y los gentiles

Epístolas: cartas de instrucción a la iglesia

Las preguntas de este libro hacen que uno aprenda los hechos de la Biblia de modo fácil y divertido. Las preguntas son de diferentes formas (respuesta corta, verdadero/falso, selección múltiple, llene el espacio en blanco, complete la oración); y todas las respuestas tienen base bíblica, y a menudo se expanden para darle trasfondo o información explicativa.

Se incluyen ilustraciones, listas y mapas como ayuda visual para aumentar la comprensión.

Puedes leer ¿Sabías? por tu cuenta, pero también es una herramienta educativa y entretenida cuando se usa en grupos. Desafía a tus jóvenes o a los miembros del estudio bíblico a convertirse en mejores conocedores de la Biblia. Este libro es un gran lugar para comenzar.

HISTORIA

PERSONAS Y LUGARES

1. Llene el espacio en blanco: «En el principio creó _____ los cielos y la tierra». *«Dios»* (Gn 1.1).

2. Selección múltiple: ¿Quién se movía sobre la faz de las aguas cuando Dios comenzó su obra creativa? (a) El Espíritu de Dios; (b) Lucifer; o (c) el arcángel Miguel. *(a) El Espíritu de Dios* (Gn 1.2).

3. Llene los espacios en blanco: «Entonces dijo Dios: «Hagamos al hombre a _____ imagen y a _____ semejanza»». *«Nuestra... nuestra»* (Gn 1.26). Este pronombre es un plural divino o sugiere una Trinidad.

4. Selección múltiple: A quiénes dijo Dios: «Mirad, os he dado toda planta que da semilla, [...] así como todo árbol en que hay fruto y da semilla. De todo esto podréis comer». (a) A todos los seres vivientes; (b) Solo al hombre; o (c) solo al ganado. *(b) Solo al hombre* (Gn 1.27-29). A los otros seres vivientes les dio solo hierba verde (v. 30).

5. ¿Verdadero o falso? Un río salía de Edén para regar el huerto. *Verdadero* (Gn 2.10). Este río se dividía en cuatro ríos.

6. Pregunta: ¿Quién fue el primer hijo de Adán y Eva? *Caín* (Gn 4.1).

7. Llene el espacio en blanco: El segundo hijo de Adán y Eva, _____, fue «pastor de ovejas». *Abel* (Gn 4.2). Aunque la vida de Abel fue breve, el autor de la carta a los Hebreos lo consideró un gran ejemplo de lealtad incondicional a Dios (Heb 11.4).

8. Selección múltiple: ¿Qué hijo dijo Eva que Dios le dio como sustituto de Abel, a quien mató Caín? (a) Set; (b) Enoc; o (c) Enoc. *(a) Set* (Gn 4.25).

9. Llene el espacio en blanco: «Caminó, pues, _____ con Dios, y desapareció porque lo llevó Dios». *Enoc* (Gn 5.24).

10. Pregunta: ¿Quiénes fueron los tres hijos de Noé? *Sem, Cam y Jafet* (Gn 5.32). Noé tenía quinientos años cuando comenzó a engendrar hijos.

11. Selección múltiple: ¿Sobre cuál monte reposó el arca después del diluvio? (a) Olivos; (b) Ararat; o (c) Horeb. *(b) Ararat* (Gn 8.4).

12. Selección múltiple: ¿De cuál hijo de Noé desciende Abraham? (a) Sem; (b) Cam; o (c) Jafet. *(a) Sem* (Gn 11.10, 26). Todos los pueblos del Cercano Oriente descendieron de Sem (Gn 10.21-31). La palabra semita proviene de su nombre.

13. Selección múltiple: ¿Cuál de estos no identifica a Taré? (a) El padre de Abram; (b) el suegro de Sarai; o (c) el hermano de Harán. *(c) El hermano de Harán* (Gn 11.31). Harán era hermano de Abram y padre de Milca, la esposa del hermano de Abram, Nacor.

14. Llene el espacio en blanco: Noé y su familia fueron librados de la destrucción del diluvio porque «Noé era varón _____, era _____ en sus generaciones». *«Justo ... perfecto»* (Gn 6.9). Noé parece haber sido el único hombre justo delante de Jehová. Por tanto, «halló gracia ante los ojos de Jehová» (v. 8).

15. Selección múltiple: ¿Qué descendiente de Cam llegó a ser un vigoroso cazador delante de Jehová? (a) Cus; (b) Canaán; o (c) Nimrod. *(c) Nimrod* (Gn 10.9).

16. Selección múltiple: Identifique a Quedorlaomer. (a) El rey de Sodoma; (b) el rey de Elam; o (c) el rey de Gomorra. *(b) El rey de Elam* (Gn 14.9).

17. Selección múltiple: ¿A quién el ángel de Jehová dijo: «Vuélvete a tu señora, y ponte sumisa bajo su mano?». (a) Tamar; (b) Agar; o (c) Samgar. *(b) Agar* (Gn 16.8, 9).

18. Selección múltiple: ¿A quién aparte del faraón dijo Abraham que Sara era su hermana, para que le trataran bien? (a) Bera, rey de Sodoma; (b) Melquisedec, rey de Salem; o (c) Abimelec, rey de Gerar. *(c) Abimelec, rey de Gerar* (Gn 20.2).

19. ¿Verdadero o falso? Sara y Abraham tuvieron el mismo padre. *Verdadero* (Gn 20.12).

20. Pregunta: ¿Cuál fue el nombre del hijo que Abraham tuvo con Sara? *Isaac* (Gn 21.3).

21. Selección múltiple: ¿Quién dio a beber vino a Lot de modo que sin saberlo este engendró un hijo con cada una de sus hijas? (a) Su esposa; (b) sus dos hijas; o (c) Abraham. *(b) Sus dos hijas* (Gn 19.32-36).

22. Selección múltiple: ¿Quién llevó la leña para el holocausto que Dios instruyó a Abraham que hiciera de Isaac? (a) Abraham; (b) Isaac; o (c) Ismael. *(b) Isaac* (Gn 22.6). Cuando Isaac llevó la leña a Moriah, no sabía que él sería el que sacrificarían (v. 7).

23. Selección múltiple: ¿Quién dijo al siervo de Abraham: «Bebe», y «también para tus camellos sacaré agua», para indicar que era la elegida de Dios para Isaac? (a) Milca; (b) Rebeca; o (c) Cetura. *(b) Rebeca* (Gn 24.15-19). Rebeca era la nieta de Nacor, hermano de Abraham (22.23). Por tanto, llenaba los requisitos de Abraham para ser esposa de Isaac (24.4).

24. Llene los espacios en blanco: «Y amó Isaac a _____, porque comía de su caza; mas Rebeca amaba a _____». «*Esaú... Jacob*» (Gn 25.28).

25. Selección múltiple: ¿Quién mintió al igual que Abraham a Abimelec, diciendo que su esposa era su hermana porque tuvo miedo que le mataran por causa de ella? (a) Jacob; (b) José; o (c) Isaac. *(c) Isaac* (Gn 26.6, 7).

26. Selección múltiple: ¿Quién ideó el engaño de Jacob a Isaac para recibir la bendición de su hermano? (a) Esaú; (b) Rebeca; o (c) Raquel. *(b) Rebeca* (Gn 27.6-10).

27. Selección múltiple: ¿Qué nombre Jacob puso al lugar donde soñó con una escalera que iba de la tierra al cielo? (a) Luz; (b) Betel; o (c) Gerar. *(b) Betel* (Gn 29.19). El lugar hasta entonces se llamó luz, pero Jacob lo llamó Betel (»Casa de Dios») porque Dios se le apareció allí.

28. Selección múltiple: ¿Quién dio a su hija mayor como esposa a Jacob en lugar de la hija menor por la que Jacob trabajó? (a) Labán; (b) Abimelec; o (c) Nacor. *(a) Labán* (Gn 29.25, 26). Labán era el hermano de Rebeca (v. 10). Rebeca mandó a su hijo a la casa de su hermano ya que Esaú quería matarlo (28.2).

29. Selección múltiple: Debido a que Siquem había tratado a su hermana como una prostituta, ¿cuáles dos hijos de Jacob mataron a todo varón de la ciudad tres días después de que éstos se habían circuncidado? (a) Rubén y Simeón; (b) Simeón y Leví; o (c) Leví y Aser. *(b) Simeón y Leví* (Gn 34.25).

30. Selección múltiple: ¿De qué grupo de personas era Esaú? (a) cananeos; (b) israelitas; o (c) edomitas. *(c) edomitas* (Gn 36.9). Esaú era conocido también como Edom, que quiere decir «rojo» (ver 25.30).

31. ¿Verdadero o falso? Simeón sugirió sus hermanos respecto de José: «No derraméis sangre; echadlo en esta cisterna», para que pueda volver luego y regresarlo a su padre. *Falso.* Rubén fue el que lo dijo (Gn 37.22).

32. Selección múltiple: ¿Con quién Judá tuvo dos hijos gemelos al hacerse ella pasar por ramera? (a) Agar; (b) Tamar; o (c) Samgar. *(b) Tamar* (Gn 38.24-27). Ella lo engañó porque Judá no había cumplido su promesa de darle a su hijo menor como esposo.

33. Selección múltiple: Cuando los hermanos de José comieron con él en su casa, ¿quién recibió una porción cinco veces mayor que las de ellos? (a) José, el anfitrión; (b) Simeón, que había estado preso en la cárcel; o (c) Benjamín, el hermano menor. *(c) Benjamín, el hermano menor* (Gn 43.34). Benjamín era el único hermano de padre y madre. Los demás eran de tres madres diferentes.

34. Selección múltiple: ¿Quién le dijo José: «Tomad a vuestro padre y a vuestras familias y venid a mí, porque yo os daré lo bueno de la tierra de Egipto?». (a) Faraón; (b) Potifar; o (c) Potifera sacerdote de On. *(a) Faraón* (Gn 45.17, 18).

35. Selección múltiple: ¿A cuáles de sus hijos Jacob describe como «cachorro de león?». (a) Rubén; (b) Benjamín; o (c) Judá. *(c) Judá* (Gn 49.9). Judá sería una tribu de poder y de prerrogativa real.

36. Pregunta: De los dos hijos de José, Efraín y Manases, ¿cuál recibió la mayor bendición de Israel? *Efraín* (Gn 48.17-19).

37. Llene el espacio en blanco: Los hijos de Israel comenzaron a sufrir aflicción porque «se levantó sobre Egipto un nuevo rey que no conocía a ____». «José» (Éx 1.8-11).

38. Selección múltiple: ¿Qué pariente observaba al niño hebreo en la arquilla entre los juncos en el río? (a) Su hermano; (b) su padre; o (c) su hermana. *(c) Su hermana* (Éx 2.4).

39. Selección múltiple: ¿Adónde huyó Moisés después que mató al egipcio que golpeaba al hebreo? (a) Canaán; (b) Madián; o (c) Edom. *(b) Madián* (Éx 2.15).

40. ¿Verdadero o falso? El Faraón que ordenó la matanza de los infantes hebreos no fue el mismo que rehusó dejar que los hebreos salieran de Egipto. *Verdadero* (Ex 2.23). Cuarenta años habían pasado desde la orden del faraón de matar los infantes hasta que Moisés salió de Egipto (Hch 7.23). Luego, pasados otros cuarenta años, Dios envió a Moisés de vuelta a Egipto para dirigir la salida de los hebreos (Hch 7.30).

41. Llene el espacio en blanco: La hija del faraón llamó al niño que había encontrado ____ porque dijo ella «de las aguas lo saqué». *Moisés* (Éx 2.10).

42. Llene los espacios en blanco: Cuando Dios habló a Moisés desde la zarza ardiente, se identificó diciendo: «Yo soy el Dios de tu padre, Dios de ____, Dios de ____, y Dios de ____». «*Abraham ... Isaac ... Jacob*» (Éx 3.6). Estos fueron los patriarcas con quienes el Señor hizo pacto (Gn 12.1-3; 26.24; 28.13-15).

43. Selección múltiple: ¿Qué nombre Dios dijo a Moisés que mencionara a los hijos de Israel cuando estos preguntaran el nombre del Dios que lo enviaba? (a) YO SOY EL QUE SOY; (b) Elohim; o (c) Adonai. *(a) YO SOY EL QUE SOY* (Ex 3.14). El escritor a los Hebreos hizo una declaración similar acerca de Jesús cuando escribió: «Jesucristo es el mismo ayer, y hoy, y por los siglos» (Heb 13.8).

44. ¿Verdadero o falso? Cuando Dios quitó la plaga de langostas de Egipto, trajo un fortísimo viento occidental, y arrojó las langostas al Mar Muerto. *Falso*. Las langostas fueron arrojadas al Mar Rojo (Ex 10.9).

45. Selección múltiple: ¿Quién sugirió al Faraón que dejara ir los israelitas porque Egipto sería destruido después de la plaga de langostas? (a) Sus siervos; (b) su esposa; o (c) su hija. *(a) Sus siervos* (Éx 10.7). Siervos en este contexto significa consejeros del gobierno en vez de siervos domésticos.

46. Llene el espacio en blanco: La décima y última plaga que Dios envió sobre Egipto fue donde todo ____ del hombre y de las bestias moriría. *Primogénito* (Éx 11.5).

47. Selección múltiple: ¿Cuántos hombres de a pie huyeron después de la noche de Pascua? (a) 600.000; (b) 100.000; o (c) 50.000. *(a) 600.000* (Éx 12.37). Este número de hombres adultos sugiere un total aproximado de dos millones de hombres, mujeres y niños.

48. Llene el espacio en blanco: Ningún ____ podía participar de la Pascua. *Incircunciso* (Éx 12.48). Cualquier varón no israelita que deseara participar de la Pascua necesitaba llevar la señal del pacto.

49. Llene los espacios en blanco: Jehová iba delante de los hijos de Israel por el camino de Egipto al desierto «de día en una columna de ____ para guiarlos por el camino, y de noche en una columna de ____ para alumbrarles». *«Nube ... fuego»* (Éx 13.21). El Señor habitó en medio de su pueblo en el tabernáculo y los guio por el camino de día y de noche con manifestaciones visibles.

50. Selección múltiple: ¿Cuántos del ejército del faraón escaparon de las aguas del Mar Rojo? (a) Ninguno; (b) uno; o (c) cien. *(a) Ninguno* (Éx 14.28).

51. Selección múltiple: ¿Quién dirigió a las mujeres israelitas con danzas y cantos en alabanza a Dios por la derrota del ejército egipcio? (a) Séfora; (b) María; o (c) Aarón. *(b) María* (Éx 15.20), hermana de Moisés y Aarón.

52. Selección múltiple: ¿Quién guio los israelitas en la derrota de los amalecitas en el desierto? (a) Moisés; (b) Josué; o (c) Hur. *(a) Josué* (Éx 17.13).

53. Selección múltiple: ¿Quién le aconsejó a Moisés que pusiera varones que juzgaran en asuntos menores, y que él (Moisés) juzgara solo asuntos mayores? (a) Aarón; (b) Josué; o (c) Jetro. *(c) Jetro* (Éx 18.17-22). Jetro, que había llevado a la familia de Moisés para que estuviera con este, observó la necesidad de que Moisés delegara autoridad (vv. 5, 14).

54. Selección múltiple: Cuando Israel aceptó el pacto de Dios, ¿adónde dijo Dios que descendería a ojos de todo el pueblo? (a) al Monte Sinaí; (b) al Monte Sion; o (c) al Monte Carmelo. *(a) al Monte Sinaí* (Éx 19.11).

55. Selección múltiple: ¿A quién se identificó como servidor de Moisés cuando este subió al monte para recibir el pacto? (a) Aarón; (b) Jetro; o (c) Josué. *(c) Josué* (Éx 24.13).

56. Selección múltiple: ¿En qué parte del tabernáculo estaba ubicado el arca del pacto? (a) el lugar santísimo; (b) el lugar santo; o (c) al lado norte del candelero. *(a) el Lugar Santísimo* (Ex 26.34). Debido a que el arca presentaba la presencia de Dios, estaba separado del Lugar Santo donde se conducía el ritual regular.

57. Selección múltiple: ¿En qué parte de la vestimenta del sacerdote aparecía la frase «SANTIDAD A JEHOVÁ?». (a) El pectoral; (b) el efod; o (c) la mitra. *(c) la mitra* (Éx 28.36, 37).

58. Llene el espacio en blanco: Las cortinas de lino y el velo del tabernáculo llevan diseños artísticos con ____. *Querubines* (Éx 26.1, 31). En visiones del cielo,

los querubines contemplan a Dios; en el diseño del tabernáculo, un querubín también señalaba la presencia de Dios (cf. Ez 1.5; Ap 4.6)

59. ¿Verdadero o falso? Cuando los hijos de Israel daban la ofrenda monetaria a Jehová por la expiación, se requería que el rico diera más que el pobre, conforme a su riqueza. *Falso.* El rico y el pobre daban la misma cantidad (Éx 30.15).

60. Selección múltiple: ¿Quiénes eran Bezaleel y Aholiab? **(a) hijos de Aarón que quemaron fuego extraño; (b) Obreros que Dios preparó y designó para construir el tabernáculo; o (c) los dos hijos de Moisés.** *(b) Obreros que Dios preparó y designó para construir el tabernáculo* (Éx 31.2, 3, 6).

61. Selección múltiple: ¿Quién hizo el becerro de fundición y dijo: «Estos son tus dioses, oh Israel que te sacaron de la tierra de Egipto?». (a) Aarón; (b) Josué; o (c) Eleazar. *(a) Aarón* (Éx 32.2, 4). Aarón cedió ante las demandas del pueblo para tener un dios visible a quien darle el crédito por sacarlos de Egipto.

62. ¿Verdadero o falso? El único requisito para que los israelitas ofrendaran de sus bienes materiales para construir el tabernáculo fue que tuvieran un corazón dispuesto. *Verdadero* (Éx 35.5, 22, 29).

63. Selección múltiple: ¿Cuáles hijos de Aarón ofrecieron fuego extraño a Jehová y murieron quemados por haberlo hecho? (a) Eleazar e Itamar; (b) Eleazar y Abiú; o (c) Nadab y Abiú. *(c) Nadab y Abiú* (Lv 10.1, 2). Ambos perdieron la vida por adorar a Dios de una manera que él no les había mandado. La seriedad de lo que hicieron se debió a que, como sacerdotes que eran, debían mantener la pureza de la obediencia de Israel.

64. Llene el espacio en blanco: El número de varones de la tribu de _____ no se incluyó en el total de los varones de Israel de veinte años arriba cuando Moisés realizó el censo. *Leví* (Nm 1.47). El censo determinaba el potencial combativo de Israel. Los levitas debían cuidar del tabernáculo y del rito de la adoración, y no debían pelear en la guerra (v. 50).

65. Llene el espacio en blanco: Dios dijo a Moisés: «Toma los levitas para mí en lugar de todos los _____ de los hijos de Israel». *«Primogénitos»* (Nm 3.4). Debido a la Pascua en Egipto, Dios tomó los primogénitos de las personas y de los animales.

66. Llene el espacio en blanco: Se requería que los levitas se retirasen del servicio del tabernáculo de reunión a la edad de _____. *Cincuenta* (Nm 8.25).

67. Selección múltiple: ¿Quién recibió lepra por cuestionar que Jehová hablaba solamente por Moisés y no también a través de otros? (a) Aarón; (b) María; o (c) Eldad. *(b) María* (Nm 12.2, 10).

68. Pregunta: ¿Qué nombre puso Moisés a Oseas hijo de Nun? *Josué* (Nm 13.16). Josué había sido el ayudante de Moisés mientras deambulaban por el desierto (Ex 24.13).

69. Selección múltiple: ¿Qué levita ambicionó el sacerdocio y despreció el servicio del tabernáculo, para el cual Dios el cual lo había separado de la congregación de Israel? (a) Izhar; (b) Datan; o (c) Coré. *(c) Coré* (Nm 16.1, 19-21). La ambición de Coré lo llevó a demandar una posición que nadie puede exigir de Dios (cf. Heb 5.4).

70. Selección múltiple: ¿Qué vara de entre las varas de las doce casas de Israel reverdeció, floreció, arrojó renuevos, y produjo almendras para confirmar el llamado divino al sacerdocio? (a) la de Moisés; la de Aarón; o (c) la de Eleazar. *(c) la de Aarón* (Nm 17.8). Esto fue hecho contra el intento de Coré de apoderarse del sacerdocio.

71. ¿Verdadero o falso? A excepción de Josué y Caleb, ninguno de los 603,550 israelitas que Moisés y Aarón contaron en el Sinaí se encontraba en los llanos de

Moab frente a Jericó. *Verdadero* (Nm 26.64, 65). Todos los otros varones de más de veinte años tuvieron temor cuando los espías presentaron un mal informe, y por eso murieron en el desierto.

72. Pregunta: ¿Qué mujer y todos los de su casa fueron los únicos que escaparon de la destrucción de Jericó porque escondió a los espías israelitas del rey de Jericó? *Rahab* (Jos 6.17). El escritor de Hebreos situó a Rahab entre los héroes de la fe, y Santiago alabó sus obras porque evidenciaban su fe (Heb 11.31; Stg 2.25).

73. Selección múltiple: ¿Quién codició y guardó despojos del anatema de la ciudad de Jericó? (a) Rahab; (b) Finees; o (c) Acán. *(c) Acán (Jos 7.20, 21).* Los despojos habían sido consagrados a Jehová y cualquiera que los tomaba, le robaba al Señor (6.19).

74. Selección múltiple: ¿Quién mandó que el sol y la luna se detuvieran cuando los israelitas peleaban contra los amorreos? (a) Dios; (b) Josué; o (c) Moisés. *(b) Josué* (Jos 10.12, 13).

75. Selección múltiple: ¿Los pies de quienes debían mojarse en las aguas del Jordán antes que se dividieran para dejar pasar a los israelitas? (a) los pies de Josué; (b) los pies de los sacerdotes que llevaban el arca; o (c) los pies de Eleazar. *(b) Los pies de los sacerdotes que llevaban el arca* (Jos 3.13).

76. Selección múltiple: ¿Cuál fue el nombre del lugar donde los israelitas erigieron el memorial de doce piedras tomadas del Jordán para conmemorar el paso a Canaán? (a) Jericó; (b) Meriba; o (c) Gilgal. *(c) Gilgal* (Jos 4.20).

77. Selección múltiple: ¿Cómo se identificó Dios cuando se le apareció a Josué antes de la batalla de Jericó? (a) Príncipe del ejercito de Jehová; (b) YO SOY EL QUE SOY; o (c) Libertador. *(a) Príncipe del ejército de Jehová* (Jos 5.14).

78. Pregunta: ¿Qué dos varones recibieron una herencia individual en la tierra de Canaán? Caleb y Josué **(Jos 14.14; 19.49).** La herencia de Caleb estaba en la tribu de Judá, y la de Josué en la tribu de Efraín.

79. Selección múltiple: ¿Los huesos de quién fueron enterrados en Siquem de Canaán? (a) los de Josué; (b) los de José; o (c) los de Caleb. *(b) los de José* (Jos 24.32). José hizo que sus hermanos prometieran enterrarlo en Canaán cuando Dios llevara a los israelitas allí (Gn 50.24, 25).

80. Selección múltiple: ¿Qué juez pidió a Dios en dos ocasiones diferentes que le diera señal para estar seguro de que el Señor quería que él fuera juez sobre Israel? (a) Gedeón; (b) Otoniel; o (c) Sansón. *(a) Gedeón* (Jue 6.17-21, 36-40).

81. Selección múltiple: ¿De qué pueblo escogió Sansón una esposa? (a) moabitas; (b) filisteos; o (c) madianitas. *(b) filisteos* (Jue 14.2). Las pasiones desenfrenadas de Sansón a la larga lo condujeron a su caída. Esta fue la primera decisión suya que se registra en la que hizo su voluntad en lugar de la voluntad de Dios.

82. Pregunta: ¿Quién presionaba a Sansón para que le revelara el secreto de su gran fuerza? *Dalila* (Jue 16.6, 16, 17).

83. Selección múltiple: ¿Cuál de los jueces mató a seiscientos filisteos con una aguijada de bueyes? (a) Otoniel; (b) Ehud; o (c) Samgar. *(c) Samgar* (Jue 3.31). Aunque logró este increíble acto de heroísmo, Samgar no mejoró la triste condición de la organización social de Israel (5.6).

84. Selección múltiple: ¿Qué juez israelita murió juntamente con los filisteos que destruyó? (a) Barac; (b) Sansón; o (c) Gedeón. *(b) Sansón* (Jue 16.30). Este hecho ocurrió en el templo del dios Dagón de los filisteos (v. 23). Sansón empujó las columnas que sostenían el edificio con lo que mató a todos los que allí estaban y a los del piso alto.

85. ¿Verdadero o falso? Cuando Noemí llegó a Belén, dijo a las mujeres de allí que la llamaran Mara porque el Todopoderoso había tratado gratamente con ella. *Falso.* El Todopoderoso la había puesto en gran amargura (Rt 1.20).

86. Pregunta: ¿Quién era el «pariente cercano» que redimió a Rut? *Booz* (Rt 3.9; 4.9, 10). No era el pariente más cercano, pero el otro decidió no ayudarla (4:1-6).

87. ¿Verdadero o falso? Booz dijo a sus siervos que dejaran caer algo de los manojos para que Rut los recogiera. *Verdadero* (Rt 2.16). Booz sabía que Rut era una pariente política y quería ayudarla (ver v. 11).

88. Llene el espacio en blanco: Rut dio a Booz un hijo, Obed, que fue el padre de Isaí. Así que Rut fue bisabuela de_____. *David* (Rut 4.17).

89. Pregunta: El sacerdote Elí tuvo dos hijos. Nombre al menos uno de ellos. *Ofni y Finees* (1 S 1.3). Ambos fueron malos y murieron en batalla contra los filisteos en cumplimiento de la palabra profética de Dios (1 S 2.34; 4.10, 11).

90. Pregunta: ¿Cómo se llamó el primogénito de Ana? *Samuel* (1 S 1.20).

91. Selección múltiple: ¿Cuál era el pueblo de Ana y Elcana? (a) Silo; (b) Gézer; (c) Ramá. *(c) Ramá* (1 S 1.19). Su nombre más extenso, Ramataim de Zofim (v. 1), lo distingue de otras ciudades con el mismo nombre o nombres similares.

92. Selección múltiple: ¿Quién era el sacerdote de Silo cuando Samuel fue traído él para que crezca en la casa de Dios? (a) Ofni; (b) Elí; o (c) Eliab. *(b) Elí* (1 S 1.25). Elí era un hombre devoto pero no reprendía a sus hijos por sus malos procederes. Su línea sacerdotal fue removida del sacerdocio (1 S 2.30-36).

93. Selección múltiple: ¿Quién dijo a Jehová: «Habla que tu siervo oye»? (a) Moisés; (b) Samuel; o (c) David. *(b) Samuel* (1 S 3.10).

94. Selección múltiple: ¿Qué nombre le puso la esposa de Finees al hijo que le nació después que los filisteos se llevaron el arca? (a) Ismael; (b) Isacar; o (c) Icabod. *(c) Icabod* (1 S 4.21). Icabod significa «sin gloria». Al nacer su hijo, la madre dijo: «Traspasada es la gloria de Israel» porque se habían llevado el arca y su esposo y su suegro, Elí, habían muerto.

95. Selección múltiple: ¿En qué ciudad estuvo veinte años el arca de Dios después de que los filisteos la devolvieron? (a) Quiriat-jearim; (b) Betel; o (c) Silo. *(a) Quiriat-jearim* (1 S 7.2).

96. Pregunta: Samuel recorría tres ciudades para juzgar la nación de Israel. Nombre una de ellas. *Betel, Gilgal, o Mizpa* (1 S 7.16). Samuel fue el último de los jueces de Israel. A Samuel le siguió Saúl como rey de Israel.

97. Selección múltiple: ¿De qué tribu de Israel provenía Saúl, el primer rey de Israel? (a) Judá; (b) Rubén; o (c) Benjamín. *(b) Benjamín* (1 S 9.1, 2).

98. Selección múltiple: ¿Cuál era la ciudad de Saúl, el primer rey de Israel? (a) Galaad; (b) Gabaa; o (c) Gilgal. *(b) Gabaa* (1 S 10.26), situada a pocos kilómetros al norte de Jerusalén.

99. Selección múltiple: ¿Dónde el pueblo invistió a Saúl como rey? (a) Gilgal; (b) Galaad; o (c) Betel. *(a) Gilgal* (1 S 11.5), después Saúl condujo al pueblo a una victoria sobre los amonitas.

100. Pregunta: ¿Cuál de los primeros reyes de Israel tomó un par de bueyes y los cortó en trozos y los envió por todo Israel para llamar a los hombres a luchar contra los amonitas? *Saúl* (1 S 11.6, 7). Saúl pudo reunir un gran ejército y se lanzaron al rescate del pueblo de Jabes de Galaad en esa batalla (v. 11).

101. Selección múltiple: ¿En qué ciudad Saúl pecó por no esperar a Samuel para ofrecer el sacrificio, lo cual impidió que Dios estableciera su reino? (a) Galaad; (b) Gilgal; o (c) Geba. *(b) Gilgal* (1 S 13.8-14).

102. Selección múltiple: ¿Quién era el jefe del ejército de Saúl? (a) Abner; (b) Moab; o (c) Joab. *(a) Abner* (1 S 14.50). Más tarde Abner fue asesinado por Joab cuando David subió al poder (2 S 3.30).

103. Pregunta: ¿Cuál era el nombre del rey de Amalec a quien Saúl le perdonó la vida en desobediencia a Dios? (a) Agag; (b) Amad; o (c) Dagón. *(a) Agag* (1 S 15.8). En este punto, Dios desechó por completo a Saúl como rey de Israel (v. 23). Samuel no quiso volver a ver al rey por el resto de sus días.

104. Selección múltiple: ¿Quién dijo al rey Saúl: «Obedecer es mejor que los sacrificios?». (a) David; (b) Jonatán; o (c) Samuel. *(c) Samuel* (1 S 15.22).

105. Pregunta: ¿A quién dijo Samuel: «Porque desechaste la palabra de Jehová, y Jehová te ha desechado para que no seas rey sobre Israel». *A Saúl* (1 S 15.26).

106. Selección múltiple: ¿Quién «cortó en pedazos a Agag delante de Jehová en Gilgal?». (a) David; (b) Samuel; o (c) Joab. *(b) Samuel* (1 S 15.33), para obedecer a Jehová en lo que Saúl había desobedecido. Agag era el rey de los amalecitas.

107. Selección múltiple: ¿Quién se asió de la punta del manto de Samuel para que no se fuera y lo rasgó? (a) Saúl; (b) Elí; o (c) Isaí. *(a) Saúl* (1 S 15.27).

108. Selección múltiple: ¿Cuál era la ciudad de Isaí? (a) Jerusalén; (b) Betel; o (c) Belén. *(c) Belén* (1 S 16.1).

109. Pregunta: ¿A cuáles dos varones ungió Samuel como reyes sobre Israel? *A Saúl y a David* (1 S 9.27-10.1; 16.13).

110. Selección múltiple: ¿En qué ciudad ungieron a David como rey de Israel? (a) Ramá; (b) Belén; o (c) Jerusalén. *(b) Belén* (1 S 16.1-13).

111. Selección múltiple: ¿En qué valle acampó el ejército de Israel cuando David peleó contra Goliat? (a) Valle de Sin; (b) valle de Ela; o (c) valle de Olad. (1 S 17.2). Quizá este valle estaba situado alrededor de veintitrés o veinticinco kilómetros al suroeste de Belén. Un Ela era un gran árbol de hoja perenne. Quizá había árboles parecidos en la zona.

112. Selección múltiple: ¿Cuál era el pueblo de Goliat? (a) Gat; (b) Garth; o (c) Garazet. *(a) Gat* (1 S 17.4), una de las cinco ciudades filisteas que resaltaba por tener hombres de gran estatura (Jos 11.22); cp. Dt 2.10, 11).

113. Pregunta: ¿De qué grupo de personas era parte Goliat? *De los filisteos* (1 S 17.4).

114. Pregunta: ¿La armadura de quién intentó usar David cuando iba a pelear contra Goliat? *La de Saúl* (1 S 17.38, 39). Saúl no sabía en ese tiempo que David había sido ungido como rey que ocuparía su lugar (16.13).

115. Selección múltiple: ¿Quién llevó a David, que tenía la cabeza de Goliat en su mano, ante Saúl? (a) Jonatán; (b) Abner; o (c) Joab. *(b) Abner* (1 S 17.57), el jefe del ejército de Saúl.

116. Pregunta: ¿Quién amó a David como a su propia alma? *A Jonatán* (1 S 18.1). Le demostró su amor a David mediante un pacto que selló al regalarle su manto, su espada, su arco, y su talabarte (v. 4).

117. Llene los espacios en blanco: Después de la victoria sobre los filisteos, las mujeres de Israel cantaban y danzaban, y decían: «_____ hirió sus miles, y _____ a

sus diez miles». «*Saúl ... David*» (1 S 18.7). Esta reacción de las mujeres de Israel incitó a Saúl contra David.

118. Selección múltiple: ¿A quién prometió Saúl como esposa a David, pero nunca se la dio sino a otro hombre? (a) Abigail; (b) Merab; o (c) Mical. *(b) Merab* (1 S 18.19). Después Saúl le dio a David su otra hija, Mical, como esposa.

119. Selección múltiple: ¿Quién descolgó a David por una ventana para que pudiera escapar de Saúl? (a) Jonatán; (b) Isaí; o (c) Mical. (c) Mical (1 S 19.12), la mujer de David e hija de Saúl.

120. Selección múltiple: ¿En qué ciudad David recibió pan sagrado para que comieran él y sus criados? (a) Betel; (b) Nob; o (c) Silo. *(b) Nob* (1 S 21.1-6). Jesús refiere este incidente en defensa de sus discípulos que recogían grano y comían en el día de reposo (Mt 12.3-4).

121. Selección múltiple: ¿Qué varón de Edom dijo a Saúl que el sacerdote Ahimelec ayudó a David para que escapara de la mano del rey? (a) Aquis; (b) Eliab; o (c) Doeg. *(c) Doeg* (1 S 22.9, 10), el jefe de los pastores de Saúl (21.7; 22.9).

122. Selección múltiple: Huyendo de Saúl, David escapó de Aquis el rey de Gat y fue a la cueva de: (a) Masada; (b) Adulam; o (c) Medulla. *(b) Adulam* (1 S 22.1). La ciudad de Adulam estaba situada al suroeste de Jerusalén cerca de las fronteras de Filistea.

123. Selección múltiple: ¿Adónde llevó David a sus padres para que Saúl no agrediera en su enojo contra ellos? (a) Mizpa de Moab; (b) Gabaa; o (c) Ramá. *(a) Mizpa de Moab* (1 S 22.3, 4).

124. Selección múltiple: ¿Qué profeta le dijo a David que no continuara escondiéndose de Saúl en el fuerte de Adulam sino que fuera a Judá? (a) Samuel; (b) Jeremías; o (c) Gad. *(c) Gad* (1 S 22.5).

125. Selección múltiple: ¿Quién mató a ochenta y cinco sacerdotes de Nob por mandato del rey Saúl? (a) Dagón; (b) Doeg; o (c) Abías. *(b) Doeg* (1 S 22.18). Había allí guardas de Saúl cuando Doeg cometió este acto horrible. Los guardas no habían querido obedecer la orden del rey de matar a los sacerdotes de Dios.

126. Selección múltiple: Cuando Saúl mandó a matar a los sacerdotes de Nob, uno de los hijos de Ahimelec escapó y fue adonde estaba David. ¿Cuál era su nombre? (a) Abinadab; (b) Abiatar; o (c) Ahitob. *(b) Abiatar* (1 S 22.20). Ahimelec era el principal sacerdote de Nob.

127. Selección múltiple: ¿Cuál era el nombre del desierto donde David tuvo la oportunidad de matar a Saúl pero solo cortó el borde de su manto? (a) En-gadi; (b) Masada; o (c) Parán. *(a) En-gadi* (1 S 24.1-4). Algunos de los hombres de David lo incitaron para que matara a Saúl. Pensaron que Dios había entregado a Saúl en manos de David.

128. Selección múltiple: ¿Qué mujer se casó con David casi inmediatamente después que falleciera su esposo Nabal? (a) Mical; (b) Abigail; o (c) Vasti. *(b) Abigail* (1 S 25.39-42). Es probable que Nabal no fuera el nombre verdadero de aquel hombre, sino un epíteto. Nabal significa «Insensato».

129. Selección múltiple: David había tomado como esposas a Mical y a Abigail. ¿A quién tomó después por esposa? (a) Dina; (b) Ester; o (c) Ahinoam. *(c) Ahinoam* (1 S 25.43).

130. Selección múltiple: ¿Quién estaba con David y lo incitó a que matara a Saúl cuando fueron juntos al campamento donde el rey dormía? (a) Aquis; (b) Abisai; o

(c) **Abiatar**. *(b) Abisai* (1 S 26.6-12), sobrino de Joab, que fue jefe del ejército cuando David ya era rey.

131 Selección múltiple: **¿Qué ciudad dio Aquis rey de Gat a David? (a) Siclag; (b) Endor; o (c) Jerusalén.** *(a) Siclag* (1 S 27.5, 6).

132. Selección múltiple: **¿A qué ciudad viajó Saúl para buscar ayuda de una adivina? (a) En-gadi; (b) Carmel; o (c) Endor.** (c) *Endor* (1 S 28.7, 8).

133. Selección múltiple: **Mientras David y sus hombres se hallaban fuera, ¿qué grupo de personas fue a Siclag, quemó la ciudad, y se llevaron cautivas a las mujeres y los niños? (a) filisteos; (b) amalecitas; o (c) gesuritas.** *(b) amalecitas* (1 S 30.1-3). Eran descendientes de Esaú (Gn 36.12).

134. Selección múltiple: **¿En qué monte murió Saúl en la batalla contra los filisteos? (a) monte Gerizim; (b) monte Gilboa; o (c) monte Sinaí.** *(b) monte Gilboa* (1 S 31.8). El monte Gilboa se encuentra como cinco millas al oeste del río Jordán y veinte y cinco millas al sur del Mar de Galilea.

135. Selección múltiple: **¿El cuerpo muerto de quién fue colgado en el muro de Bet-sán? (a) de Saúl; (b) de Abraham; o (c) de Jeroboam.** *(a) el de Saúl* (1 S 31.8-10). El cuerpo de los hijos de Saúl también fue colgado en el muro. Hombres valientes de Jabes de Galaad fueron y tomaron los cuerpos y los quemaron.

136. Selección múltiple: **¿En qué lugar fueron los cuerpos de Saúl y sus hijos cremados y sus huesos sepultados? (a) Jerusalén; (b) Jabes; o (c) Mamre.** *(b) Jabes* (1 S 31.11-13). Fueron hombres de Jabes los que sacaron los cuerpos de entre los filisteos.

137. Selección múltiple: **¿En qué ciudad los de Judá ungieron rey a David? (a) Betel; (b) Belén; o (c) Hebrón.** *(a) Hebrón* (2 S 2.1-4). Al principio se reconocía a David como rey de Judá, y no de todo Israel.

138. Selección múltiple: **Después de la muerte de Saúl, coronaron a David como rey de Judá. Sin embargo, Abner, el jefe del ejército de Saúl, ¿a quién tomó y lo hizo rey del resto de Israel? (a) Is-boset; (b) Mefi-boset; o (c) Hadad-ezer.** *(a) Is-boset* (2 S 2.8, 9), uno de los hijos de Saúl.

139. Selección múltiple: **¿Quién mató a Abner, el general del ejército de Saúl? (a) Isaí; (b) Asael; o (c) Joab.** *(c) Joab* (2 S 3.27).

140. Selección múltiple: **David reinó treinta y tres años en Jerusalén como rey de Israel. Reino siete años y medio sobre Judá ¿en qué ciudad? (a) Betel; (b) Hebrón; o (c) Belén.** *(b) Hebrón* (2 S 5.5).

141. Selección múltiple: **¿Qué profeta le comunicó a David la promesa de Dios de que su reino permanecería para siempre? (a) Natán; (b) Jeremías; o (c) Agabo.** *(a) Natán* (2 S 7.4-17). Natán fue el profeta más importante durante el reinado de David.

142. Selección múltiple: **¿Cuál era el nombre del hijo lisiado de Jonatán a quien David mostró gran misericordia? (a) Is-boset; (b) Mefi-boset; o (c) Siba.** *(b) Mefi-boset* (2 S 9).

143. Pregunta: **¿Qué profeta confrontó a David por su pecado con Betsabé?** *Natán* (2 S 12.1, 10).

144. Selección múltiple: **David llamó Salomón a su hijo que tuvo con Betsabé. Pero Dios, a través del profeta Natán, le dio otro nombre. ¿Qué nombre? (a); Joaquín (b) Josías; o (c) Jedidías.** *(c) Jedidías* (2 S 11.8, 10).

145. Selección múltiple: **¿En qué ciudad Absalón se declaró rey en directa rebeldía contra su padre David? (a) Betel; (b) Hebrón; o (c) Ramá.** *(b) Hebrón* (2 S 15.7-12), situada aproximadamente veinte millas al sur de Jerusalén. Absalón fue allí con el falso propósito de pagar voto a Jehová.

146. Selección múltiple: ¿Qué hombre, que había sido consejero de David, se volvió consejero de Absalón en su conspiración contra David? (a) Ahitofel; (b) Husai; o (c) Ahimaas. *(a) Ahitofel* (2 S 15.12), que dio el consejo más sabio a David y luego a Absalón.

147. Selección múltiple: Cuando David huyó de Jerusalén delante de Absalón, dejó a los dos sacerdotes y a sus hijos allí. El nombre de uno de los sacerdotes era Sadoc. ¿Cuál era el nombre del otro sacerdote? (a) Eleazar; (b) Ahimelec; o (c) Abiatar. *(c) Abiatar* (2 S 15.29). Estos dos hombres mantuvieron a David informado de los planes de Absalón mientras David se encontraba fuera de Jerusalén.

48. Pregunta: ¿Cuál de los consejeros, Husai o Ahitofel, a propósito dieron malos consejos a Absalón para salvar la vida de David y sus hombres? *Husai* (2 S 17.7-13).

149. Selección múltiple: ¿Quién mató a Absalón? (a) Sadoc; (b) Joab; o (c) Abner. *(b) Joab* (2 S 18.14). Absalón no podía defenderse cuando Joab lo mató en contra de la voluntad de David (v. 12).

150. Selección múltiple: ¿De qué grupo de personas era el hombre que dio a David la noticia de la muerte de Absalón? (a) hititas; (b) amonitas; o (c) cusitas. *(c) Cusitas* (2 S 18.32).

151. Selección múltiple: Después de la derrota de Absalón, un benjamita condujo las diez tribus del norte en revuelta contra David. ¿Cuál era el nombre del que condujo la revuelta? (a) Simei; (b) Seba; o (c) Barsilai. *(b) Seba* (2 S 20.1, 2), cuya revuelta terminó en Abel-bet-maaca, donde el pueblo lo degolló.

152. Selección múltiple: ¿Qué profeta fue a ver a David para hablar del castigo de Dios después de que David pecara al hacer un censo del pueblo,? (a) Samuel; (b) Gad; o (c) Mica. *(b) Gad* (2 S 24.10-12). Antes le advirtió a David que huyera para que Saúl no lo matara (1 S 22.5).

153. Pregunta: El rey Salomón estableció su reino removiendo a Abiatar como sacerdote y ejecutando tres hombres que eran un peligro en potencia contra él. Nombre uno de estos hombres. *Adonías, Joab, o Simei* (1 R 2.13-46). Adonías trató de subir como rey después de David. Joab apoyó a Adonías. Simei maldijo a David cuando éste huía de Absalón.

154. Selección múltiple: ¿De qué país Salomón consiguió madera de cedro y de ciprés para construir el templo? (a) Siria; (b) Asiria; o (c) Líbano. *(c) Líbano* (1 R 5.6-9). Hubo paz entre Israel y el Líbano durante el reinado de David y Salomón.

155. Llene el espacio en blanco: La reina de _____ vino a Jerusalén para probar a Salomón con preguntas difíciles. *Sabá* (1 R 10.1).

156. Selección múltiple: ¿Quién debía suceder a Salomón como rey de Israel? (a) Jeroboam; (b) Acaz; o (c) Roboam. *(c) Roboam* (1 R 12.1). Él provocó que el pueblo se volviera contra él y perdió las diez tribus del norte de Israel.

157. Selección múltiple: Jeroboam fue el primer rey de Israel después de la división del reino. ¿Desde qué ciudad gobernó Jeroboam? (a) Siquem; (b) Samaria; o (c) Sidón. *(a) Siquem* (1 R 12.25).

158. Pregunta: Acab fue uno de los reyes más perversos de Israel. Y tuvo una esposa también malvada. ¿Cuál fue el nombre de su esposa? *Jezabel* (1 R 16.29-31). Esta fue la misma Jezabel que más tarde procuró matar a Elías (19.1-3).

159. Selección múltiple: Dios le dijo a Elías que se escondiera para que Acab no lo pudiera encontrar. ¿A orillas de que arroyo le mandó que se escondiera? (a) el arroyo de Cedrón; (b) el arroyo de Querit; o (c) el arroyo de Cisón. *(b) el arroyo de Querit* (1 R 17.3), que desembocaba en el río Jordán.

160. Selección múltiple: ¿En qué monte Elías confronto a los profetas de Baal? (a) monte Gerizim; (b) monte Sinaí; o (c) monte Carmelo. *(c) monte Carmelo* (1 R 18.20-40).

161. Selección múltiple: ¿Qué profeta percibió que Jehová se le acercaba en «un silbo apacible y delicado?». (a) Jeremías; (b) Isaías; o (c) Elías. *(c) Elías* (1 R 19.11-13).

162. Selección múltiple: ¿Quién fue el rey de Asiria que tuvo guerra continua contra Acab, rey de Israel? (a) Ben-ammi; (b) Ben-hanán; o (c) Ben-adad. *(c) Ben-adad* (1 R 20-22).

163. Selección múltiple: ¿Qué profeta dijo al rey Acab que moriría en Ramot de Galaad? (a) Elías; (b) Micaías; o (c) Miqueas. *(b) Micaías* (1 R 22.13-23). Micaías habló la verdad cuando los otros profetas mentían. Dios siempre tuvo algunos profetas que no decían ante la presión de un rey malvado.

164. Selección múltiple: ¿En qué lugar profetizó Elías que se produciría la muerte de Jezabel? (a) Samaria; (b) Jezreel; o (c) Jehú. *(b) Jezreel* (1 R 21.23). Fue una muerte violenta. Primera de Reyes 21.25 dice que Acab se entregó a hacer lo malo más que ningún otro rey porque Jezabel su mujer lo incitaba.

165. Pregunta: ¿Quién fue llevado en un carro de fuego y un torbellino? *Elías* (2 R 2.11). Elías fue uno de dos varones en el Antiguo Testamento que Dios trasladó y no murieron. El otro fue Enoc (Gn 5.24).

166. Selección múltiple: ¿Cuál fue el nombre de la única mujer que reinó sobre Judá? (a) Ester; (b) Jezabel; o (c) Atalía. *(c) Atalía* (2 R 11.1-3). Atalía pudo tomar el poder porque el rey Ocozías de Judá, su hijo, ya estaba muerto. Procuró matar a todos los descendientes del rey, pero fracasó en su plan.

167. Selección múltiple: ¿Quién era el rey de Israel cuando Asiria los invadió y se los llevó cautivos? (a) Acaz; (b) Oseas; o (c) Jeconías. *(b) Oseas* (2 R 17.5, 6). Asiria se llevó cautivo a Israel unos 150 años antes de que Babilonia llevara cautivo a Judá (25.1).

168. Selección múltiple: ¿Qué rey de Judá mostró toda la riqueza del reino a los mensajeros de Babilonia? (a) Acaz; (b) Ezequías; o (c) Manasés. *(b) Ezequías* (2 R 20.12, 13). Aunque devoto y sabio en la mayoría de los asuntos, fue muy necio al hacer esto. Babilonia fue la que destruyó a Judá.

169. Selección múltiple: ¿Quién era el rey de Asiria cuando tomaron cautivo a Israel? (a) Senaquerib; (b) Ben-adad; o (c) Salmanasar. *(c) Salmanasar* (2 R 17.3-6). Salmanasar invadió a Israel y durante tres años mantuvo sitiada a Samaria, la ciudad capital.

170. Selección múltiple: ¿Quién fue el último rey de Judá que buscó a Jehová? (a) Ezequías; (b) Josías; o (c) Amnón. *(b) Josías* (2 R 23.24—24.20).

171. Selección múltiple: ¿Quién era el rey de Judá cuando llevaron a su nación a la cautividad babilónica? (a) Jeconías; (b) Joaquim; o (c) Sedequías. *(c) Sedequías* (2 R 25.1-7). Después de su captura, los hijos de Sedequías fueron degollados en presencia suya, y a Sedequías le sacaron los ojos.

172. Pregunta: ¿Qué gobernador de Persia decretó que algunos de los cautivos de Babilonia debían regresar a Jerusalén para edificar la casa de Jehová? *Ciro* (Esd 1.1, 2).

173. Selección múltiple: ¿Quién supervisó la reconstrucción del templo en Jerusalén después del retorno de los cautivos de Babilonia? (a) Zorobabel; (b) Tatnai; o (c) Esdras. *(a) Zorobabel* (Esd 3.8).

174. **Pregunta: Dos profetas profetizaron y alentaron al pueblo que reconstruía el templo, después de la cautividad babilónica. Nombre uno de ellos.** *Hageo o Zacarías* (Esd 5.1, 2).

175. **Selección múltiple: ¿A qué mujer sucedió Ester como reina de Persia? (a) Débora; (b) Vasti; o (c) Candase.** *(b) Vasti* (Est 2.17).

176. **Selección múltiple: ¿Cuál era el nombre del varón que crio a Ester? (a) Moriah; (b) Melatías; o (c) Mardoqueo.** *(c) Mardoqueo.* Mardoqueo crio a Ester porque había quedado huérfana.

177. **Selección múltiple: ¿Quién fue el rey que hizo reina a Ester? (a) Darío; (b) Artajerjes; o (c) Asuero.** *(c) Asuero* (Est 2.16, 17). Cuando Ester se convirtió en reina, Asuero no sabía que ella era judía. Este dato juega un papel importante en esta historia (v. 20).

EVENTOS

1. **Llene el espacio en blanco: Y llamó Dios a lo seco _____ y a las aguas ____ cuando los creó.** *Tierra ... Mares* (Gn 1.10).

2. **Complete la oración: «Entonces Jehová Dios formó al hombre _____».** *«Del polvo de la tierra, y sopló en su nariz aliento de vida, y fue el hombre un ser viviente»* (Gn 2.7).

3. **Selección múltiple: ¿Cómo se irrigaba la creación de Dios? (a) lluvia del cielo; (b) vapor que subía de la tierra; (c) manantial natural.** *(b) Un vapor que subía de la tierra* (Gn 2.6).

4. **Selección múltiple: ¿Qué notó Dios de su creación en el sexto día? (a) que había terminado; (b) que todo era bueno en gran manera; (b) o (c) que la tierra estaba llena.** *(b) Que todo era bueno en gran manera* (Gn 1.31).

5. **Llene el espacio en blanco: Dios hizo a la mujer de la _____ que tomó de Adán.** *Costilla* (Gn 2.22). El término hebreo traducido «costilla» no denota un simple hueso, sino una porción del costado de Adán que tenía carne. Eva no fue formada de una parte auxiliar, sino de la misma naturaleza de Adán (cf. v. 23). A Eva no la hicieron de una pieza de repuesto sino del cuerpo mismo de Adán (cf. v. 23).

6. **Selección múltiple: Dios echó a Adán y a Eva del huerto del Edén para que no_____ (a) se encontraran con la serpiente otra vez; (b) comieran del árbol de la vida, y vivieran para siempre; o (c) comieran del árbol de bien y del mal.** *(b) Comieran del árbol de la vida, y vivieran para siempre* (Gn 3.22). La corrupción del pecado los hizo inaptos para la inmortalidad. Dios fue misericordioso al proteger a Adán y Eva del árbol de la vida.

7. **Selección múltiple: Cuando Dios no tuvo en cuenta la ofrenda del fruto de la tierra, Caín se enojó mucho. ¿Qué le dijo Dios a Caín que estaba a la puerta para dominarlo? (a) Satanás; (b) el pecado; o (c) el orgullo.** *(b) el pecado* (Gn 4.7).

8. **¿Verdadero o falso? Dios dijo que raería de la faz de la tierra a los hombres, los animales, los reptiles y las aves porque se arrepintió de haberlos hecho.** *Verdadero* (Gn 6.7). Todos estaban corrompidos por la maldad de los hombres (v. 5).

9. **¿Verdadero o falso? Las aguas del diluvio prevalecieron sobre la tierra ciento setenta y cinco días.** *Falso.* Ciento cincuenta días (Gn 7.24).

10. **Llene los espacios en blanco: Noé debía meter en el arca ____ de todo animal limpio, ____ de las aves de los cielos, y de los animales que no son limpios.** *Siete ...*

siete ... dos (Gn 7.2, 3). Pareciera que los animales necesarios para los sacrificios fueron tomados en mayores cantidades para asegurar su supervivencia (cf. 8.20).

11. ¿Verdadero o falso? Noé envió un cuervo y una paloma desde el arca al final de los cuarenta días; la paloma regresó dos veces, pero el cuervo nunca regresó. *Verdadero* (Gn 8.7-12). Noé quería saber si las aguas se habían retirado para que él pudiera salir del arca.

12. Pregunta: ¿Qué incidente causó que Dios confundiera el lenguaje de la gente? *La edificación de la torre de Babel* (Gn 11.5-7).

13. ¿Verdadero o falso? La torre de Babel fue edificada para que la gente pudiera ascender a los cielos y hacer famoso el nombre de Dios. *Falso.* La gente quería hacer un nombre para ellos mismos, por si fuesen esparcidos sobre la faz de toda la tierra.

14. Llene el espacio en blanco: Por causa de Sarai que vivía en la casa de Faraón diciendo que era hermana de Abram, Dios envió grandes ___ a la casa del faraón. *Plagas* (Gn 12.17). Estas plagas fueron una advertencia al Faraón para que no tomara a Sarai como esposa.

15. ¿Verdadero o falso? Abram rehusó tomar ninguno de los bienes del rey de Sodoma para que éste no recibiera el crédito de hacer rico a Abram. *Verdadero* (Gn 14.23).

16. Selección múltiple: Cuando Dios prometió un hijo a Abraham de Sarai, Dios: (a) lo llamó necio por haberse reído; (b) llamó necia a Sarai por reírse; o (c) cambió el nombre de Sarai por Sara. *(c) Cambió su nombre de Sarai a Sara* (Gn 17.15, 16). Sara significa «Princesa» y expresa el trato especial de Dios con ella.

17. Pregunta: ¿Qué edad tendría Abraham cuando Dios instituyó la circuncisión al pedirle que se circuncidara? *Noventa y nueve años* (Gn 17.24).

18. Llene el espacio en blanco: Dios le dijo a Abraham que no destruiría Sodoma si hallaba en de ella por lo menos ___ justos. *Diez* (Gn 18.32). Este incidente revela la misericordia de Dios, la persistencia de Abraham y la maldad de Sodoma.

19. Pregunta: ¿Qué le pasó a la esposa de Lot cuando miró atrás mientras huía de Sodoma? *Se volvió una estatua de sal* (Gn 19.26).

20. ¿Qué hizo llover Dios sobre Sodoma y Gomorra para destruirlas? *Azufre y fuego* (Gn 19.24).

21. Selección múltiple: ¿Qué plaga envió Dios sobre la casa de Abimelec por causa de la presencia de Sara en ella? (a) rebelión en masa de los siervos; (b) muerte de su primogénito; o (c) todas las mujeres quedaron estériles. *(c) Todas las mujeres quedaron estériles* (Gn 20.18).

22. Selección múltiple: El hecho de que Abraham no rehusó dar su único hijo a Dios demostró que: (a) Abraham amaba a Dios; (b) Abraham era temeroso de Dios; o (c) Abraham no amaba a Isaac. *(b) Abraham era temeroso de Dios* (Gn 22.12).

23. Selección múltiple: Esaú despreció su primogenitura al darla a Jacob a cambio de: (a) comida; (b) dinero; o (c) una joven. *(a) Comida* (Gn 25.34).

24. Selección múltiple: ¿Qué determinó hacer Esaú a Jacob después de que Jacob engañara a Isaac para que le diera la bendición en vez de darla Esaú? (a) quitarle todas sus posesiones; (b) matarlo; o (c) quitarle su esposa. *(b) Matarlo* (Gn 27.41).

25. Selección múltiple: Describa el rebaño próspero de cabras y ovejas de Jacob. (a) Eran todas blancas; (b) eran todas negras; o (c) eran todas listadas, pintadas y salpicadas. *(c) Eran todas listadas, pintada y salpicadas* (Gn 30.39).

26. Llene el espacio en blanco: «No se dirá más tu nombre ___, sino ___ ; porque has luchado con Dios y con los hombres , y has vencido». *«Jacob ... Israel»*

(Gn 32.28). La persistencia de Jacob en su lucha con Dios le ganó un cambio de nombre de Jacob («Suplantador») a Israel («Has luchado con Dios y con los hombres, y has vencido»).

27. Llene el espacio en blanco: En el sueño de José, los _____ de sus hermanos se inclinaban ante él, y el sol, la luna y ___ estrellas se inclinaban ante él. *Manojos* _____ *once* (Gn 37.7, 9). A sus hermanos y a su padre no les gustó que José pensara un día tendrían que postrarse ante él.

28. Llene el espacio en blanco: En el sueño del faraón de los siete años de abundancia y los siete años de hambre, siete ___ gordas eran _____ por siete vacas flacas, y siete _____ hermosas eran devoradas por siete _____ menudas. *Vacas* _____ *espigas ... espigas* (Gn 41.18-24). Ninguno de los magos del faraón pudo interpretar aquel sueño. Al poder hacerlo, José captó la atención del faraón y este lo colocó en un puesto de importancia en su corte.

29. Selección múltiple: Según José, ¿con qué propósito lo envió Dios a Egipto? (a) para salvar la nación del hambre; (b) para salvar su vida; o (c) para preservar a su familia y sus descendientes. *(c) Para preservar a su familia y sus descendientes* (Gn 45.7).

30. Llene el espacio en blanco: José perdonó a sus hermanos diciendo: «Vosotros pensasteis ____ contra mí, mas Dios lo encaminó a ___ , para mantener en vida a mucho pueblo». «*Mal ... bien*» (Gn 50.20).

31. Selección múltiple: Cuando los hermanos de José llegaron a sus casas con sus sacos de grano, ¿Qué encontró cada uno en su saco de grano? (a) ratas; (b) su dinero; o (c) utensilios domésticos. *(b) su dinero* (Gn 42.35). Esto hizo que Jacob y sus hijos tuvieran miedo porque no sabían cómo explicar lo sucedido en caso de que necesitaran más grano de Egipto.

32. ¿Qué pidió el faraón que las parteras hicieran con los recién nacidos hebreos? (a) salvar a las niñas y matar a los niños; (b) salvar a los niños pero matar a las niñas; o (c) lisiar los pies de los niños. *(a) Salvar a las niñas y matar a los niños* (Éx 1.16). Lo hacían para controlar la población hebrea.

33. Selección múltiple: ¿Qué ordenó el faraón a su pueblo que hiciera cuando las parteras hebreas no fueron eficaces en el control de la población hebrea? (a) matar a cada hebreo varón menor de dos años; (b) echar todo recién nacido al río; o (c) traer cada recién nacido al Faraón para el servicio militar. *(b) Echar todo recién nacido al río* (Éx 1.22).

34. Llene el espacio en blanco: Dios dijo a Moisés que los hijos de Israel no saldrían con las manos vacías. Cada mujer debía pedir a su vecina alhajas de ____ y ____ y ____. De esta manera los hebreos despojarían a los Egipcios. *Plata ... oro ... vestidos* (Éx 3.22).

35. Llene el espacio en blanco: Las tres señales que Dios dio a Moisés para probar al pueblo que Él se apareció a Moisés fueron el cambio de la vara en _____ , que la mano de Moisés se volviera _____, y cambiar las aguas del rio en _____. *Culebra ... leprosa ... sangre* (Éx 4.3, 6, 9).

36. Selección múltiple: ¿Cuál fue la reacción de Dios a Moisés sobre su excusa de ser «tardo en el habla»? (a) Se rio; (b) lloró; o (c) se enojó. *(c) Se enojó* (Ex 4.14). Dios vio aquello como una excusa en vez de una inquietud legítima.

37. Llene el espacio en blanco: Después que Moisés pidiera al Faraón que dejara ir a los hijos de Israel, el faraón agravó la carga sobre ellos haciendo que recogieran la ___ necesaria para hacer ladrillo en lugar de dársela. *Paja* (Ex 5.7). El argumento

del faraón era que los israelitas pedían ir para adorar porque estaban ociosos y necesitaban más tareas (v. 17).

38. Selección múltiple: ¿Qué hicieron los hechiceros del faraón cuando la vara de Aarón se convirtió en culebra? (a) Adoraron al Dios de Israel; (b) se escondieron por temor; o (c) hicieron que sus varas se convirtieran también en culebras. *(c) Hicieron que sus varas se convirtieran también en culebras* (Éx. 7.11, 12).

39.Selección múltiple: Después de cuál plaga el faraón dijo: «Dejaré ir a tu pueblo?». (a) De sangre; (b) de ranas; o (c) de úlceras. *(b) De ranas* (Éx 8.8).

40. Selección múltiple: ¿Cuántas plagas pudieron los hechiceros del faraón imitar con sus conjuros? (a) la primera; (b) las dos primeras; o (c) las tres primeras. *(b) Las dos primeras* (Éx 7.20, 22; 8.7).

41. Selección múltiple: ¿Qué esparció Moisés en el aire que causó sarpullido en los hombres como en las bestias? (a) semillas; (b) chispas de fuego; o (c) ceniza. *(c) Ceniza* (Ex 9.10).

42. ¿Verdadero o falso? Después de la plaga de granizo, Faraón no solo dijo que los hebreos podían salir, sino que confesó su impiedad y la justicia de Jehová. *Verdadero* (Ex 9.27). Cuando el granizo cesó, «Faraón se obstinó en pecar, y endurecieron su corazón él y sus siervos» (vv. 29-34).

43. Llene los espacios en blanco: Respecto a la Pascua, Dios dijo a su pueblo que debían matar un cordero a la tarde. Después «tomarían de la sangre, y la pondrían en los dos _____ y en el _____ de las casas en que lo han de comer». *«Postes ... dintel» (Éx 12.7).* La Pascua debía observarse todos los años en el día catorce del primer mes del año religioso (v. 18).

44. Selección múltiple: ¿Qué fiesta estableció Dios para observar el día que sacó su pueblo de la tierra de Egipto? (a) fiesta de los panes sin levadura; (b) fiesta del Purim; o (c) fiesta de los tabernáculos. *(a) fiesta de los panes sin levadura* (Ex 12.17). Toda la levadura debía ser removida de las casas en preparación para la Pascua para recordar la purificación de las casas de los hebreos en Egipto.

45. Selección múltiple: ¿Cuánto tiempo estuvieron los israelitas en Egipto? (a) trescientos cincuenta años; (b) ochocientos años; o (c) cuatrocientos treinta años. *(c) 430 años* (Éx 12.41). Dios había dicho a Abraham que sus descendientes servirían en tierra ajena durante cuatro siglos (Gn 15.13).

46. Selección múltiple: ¿Qué tomaron de José los hijos de Israel cuando salieron de Egipto? (a) sus riquezas; (b) su cuerpo embalsamado; o (c) sus huesos. *(c) sus huesos* (Éx 13.19). Los huesos de José los conservaron para el día en que los hijos de Israel regresaran a la Tierra Prometida (Gn 50.25).

47. ¿Verdadero o falso? Dios llamó maná al alimento que proveyó diariamente a los Israelitas en el desierto. *Falso.* Los israelitas lo llamaron maná (Éx 16.31). Algunos han pensado que el nombre es una forma de interrogante que los israelitas hicieron cuando lo vieron por primera vez: «¿Qué es esto?» (v. 15).

48. Selección múltiple: ¿Cuánto tiempo los hijos de Israel comieron Maná? (a) diez años; (b) veinte años; o (c) cuarenta años. *(c) cuarenta años* (Ex 16.35).

49. Selección múltiple: ¿Cuánto tiempo estuvo Moisés en el monte cuando Dios le dio sus leyes? (a) diez días y diez noches; (b) treinta días y treinta noches; o (c) cuarenta días y cuarenta noches. *(c) Cuarenta días y cuarenta noches* (Éx 24.18).

50. Selección múltiple: ¿Cuál de estos materiales no se usó en la preparación de la cubierta sobre el tabernáculo? (a) pelo de cabra; (b) pelo de camello; o (c) pieles de carnero. *(b) Pelo de camello* (Éx 26.7, 14).

51. Llene el espacio en blanco: En el pectoral de la vestimenta del sacerdote había cuatro hileras de piedras, tres piedras por hilera. Cada piedra llevaba el nombre de uno de los _____ de _____. *Hijos (tribus)* _____ *Israel* (Éx 28.21). Había doce gemas diferentes sobre el pectoral. No había dos tribus representadas por el mismo tipo de piedra (vv. 15-20).

52. Selección múltiple: ¿Qué tipo de aceite se mandó que los hijos de Israel trajeran para hacer arder las lámparas de oro? (a) mineral; (b) incienso; o (c) aceite de oliva. *(c) Aceite de oliva* (Éx 27.20).

53. ¿Verdadero o falso? Se prohibió que los hijos de Israel hicieran aceite con la misma fórmula del aceite de la unción del tabernáculo. *Verdadero* (Éx 30.32). Esta fórmula particular de aceite y especias debía usarse solo en el servicio del tabernáculo. Usar de este aceite para uso personal era arriesgarse a que lo expulsaran de Israel (v. 33).

54. Pregunta: ¿Qué dio Dios a Moisés cuando acabó de hablar con en él en el monte Sinaí? *Las dos tablas del testimonio* (Éx 31.18). Estas contenían los Diez Mandamientos «escritos con el dedo de Dios».

55. Llene el espacio en blanco: La señal del pacto que Dios hizo con los hijos de Israel en el desierto fue el _____. *Día de reposo* (Éx 31.13).

56. Llene el espacio en blanco: Cuando Moisés regresó al campamento y vio el becerro de oro y las danzas de los israelitas, «ardió en ira, y arrojó las _____ de sus manos, y las quebró al pie del monte». «Tablas» (Éx 32.19).

57. ¿Verdadero o falso? Moisés quemó el becerro de oro, y lo molió hasta convertirlo en polvo, lo esparció sobre las aguas, e hizo que los hijos de Israel se bañaran en las aguas. *Falso*. Moisés los hizo beber de las aguas (Éx 32.20).

58. Llene el espacio en blanco: Dios dijo a los israelitas respecto de los habitantes de Canaán: «Derribaréis sus altares, y quebraréis sus estatuas, y cortaréis sus imágenes [_____] no harás _____ con los moradores de aquella tierra». «Alianza» (Éx 34.13, 15). Así lo explica: «No te has de inclinar a ningún otro dios, pues Jehová, cuyo nombre es Celoso, Dios celoso es» (v. 14).

59. ¿Verdadero o falso? Cuando Moisés descendió del Sinaí la segunda vez con las tablas, se ponía un velo sobre el rostro mientras hablaba con los israelitas porque su rostro resplandecía. *Falso*. Moisés se ponía el velo sobre el rostro, pero se lo quitaba cuando hablaba con Dios (Éx 34.35).

60. Selección múltiple: En Levítico 9, ¿cómo mostraba Jehová que aceptaba el sacrificio que los sacerdotes ofrecían por los hijos de Israel? (a) Hablaba su aprobación desde el cielo; (b) permitía que el sacerdote viviera; o (c) Dios consumía con fuego la ofrenda del sacrificio con las grosuras. *(c) Dios consumía con fuego la ofrenda del sacrificio con las grosuras* (Lv 9.24).

61. Selección múltiple: ¿Qué debían hacer los israelitas cuando oían que uno blasfemaba el nombre de Jehová? (a) desterrarlo; (b) apedrearlo; o (c) crucificarlo. *(b) apedrearlo* (Lv 24.11, 14).

62. Selección múltiple: ¿Qué tribu de Israel acampaba alrededor del tabernáculo que estaba en medio del campamento? (a) Judá; (b) Leví; o (c) Dan. *(b) Leví* (Nm 1.53; 2.17). Las otras tribus acampaban en grupos como el ejército del Señor (1.52). Los levitas acampaban como siervos del tabernáculo de Jehová.

63. Complete la oración: Dios le dijo a Aarón que bendijera a los hijos de Israel de esta manera: «Jehová te bendiga, y te guarde; _____». *«Jehová haga resplandecer su rostro sobre ti, y tenga de ti misericordia; Jehová alce sobre ti su rostro, y ponga en ti paz»* (Nm 6.24-26).

64. Llene los espacios en blanco: Cuando cada uno de los líderes de las tribus Israel hacia dedicación de ofrenda, había doce _____ de plata, doce _____ de plata, doce _____ de oro para la dedicación del altar del tabernáculo. *Platos ... jarros ... cucharas* (Nm 7.84). Todos estos utensilios eran las vasijas que los sacerdotes y los levitas usaban en el servicio del altar.

65. Selección múltiple: ¿Qué instrumentos fueron usados para dirigir el mover de los campamentos israelitas y para convocarlos a reunión ante la puerta del tabernáculo? (a) gongs; (b) trombones; o (c) trompetas. *(c) trompetas* (Nm 10.2).

66. Llene los espacios en blanco: Diez de los espías que fueron a Canaán recomendaron a Moisés que no trataran de poseer la tierra. Los cananeos eran _____ y ellos y ante ellos parecían _____.*Gigantes ... langostas* (Nm 13.33). Este informe persuadió los israelitas a no entrar en la tierra de Canaán en ese tiempo y los condenó a vagar por el desierto por cuarenta años (14.33).

67. Complete la oración: En cambio, Josué y Caleb dijeron: «La tierra por donde pasamos para reconocerla, es tierra en gran manera buena. Si el Señor se agrada de nosotros, él mismo nos introducirá a esta tierra y nos la entregará; ¡es una tierra que _____». «*Fluye leche y miel*» (Nm 14.7, 8). Los otros diez espías recomendaron que Israel no atacara a los cananeos. Los de Israel no aceptaron el informe de Caleb y Josué.

68. Selección múltiple: ¿Qué debían los hijos de Israel poner en los bordes de sus vestidos como recordatorio que debían obedecer los mandamientos de Jehová? (a) la piedra que representa su tribu; (b) el Urim y el Tumim; o (c) cordón de azul en las franjas. *(c) cordón azul en las franjas* (Nm 15.38, 39).

69. Selección múltiple: ¿Qué hizo Jehová para juzgar a los hijos de Israel cuando se quejaron por tener que rodear la tierra de Edom en lugar de pasar por ella? (a) lepra; (b) piojo; o (c) serpientes. *(c) serpientes* (Nm 21.6). Jesús se refirió a este incidente cuando dijo: «Y como Moisés levantó la serpiente en el desierto, así es necesario que el Hijo del Hombre sea levantado» (Jn 3.14).

70. Selección múltiple: ¿Qué quería Balac, rey de Moab, que Balaam hiciera por él para que pudiera derrotar a los hijos de Israel? (a) negociara con Israel por él; maldijera los israelitas; o (c) uniera sus fuerzas con él. (*b*) *maldijera los israelitas* (Nm 22.6).

71. Complete la oración: Debido a que Moisés golpeó la peña dos veces para sacar agua en lugar de hablarla, Jehová le dijo: «No _____». «*Meteréis esta congregación en la tierra que les he dado*» (Nm 20.12). Por haber hecho esto, Moisés mostró falta de fe, lo cual Dios consideraba crítica para la próxima gran tarea de su liderazgo: conducir Israel a Canaán.

72. ¿Verdadero o falso? Para salvar su casa de la destrucción de Jericó por los israelitas, Rahab debía atar un cordón amarillo en su ventana como un recordatorio a los espías de la promesa de librarla. *Falso*. Un cordón de grana (Jos 2.18).

73. Llene el espacio en blanco: Los despojos que Dios permitió que los israelitas salvaran de Jericó fueron plata, bronce, y hierro. Todo lo demás era _____. *Anatema* (Jos 6.18, 19). Anatema significa bajo maldición y nadie debía tocarlas.

74. Llene el espacio en blanco: Al séptimo día, después de que los israelitas marcharon siete veces alrededor de Jericó y de que los sacerdotes tocaron las trompetas, Josué ordenó a los israelitas «_____, porque Jehová os ha entregado la ciudad». «*Gritad*» (Jos 6.16). El grito de los israelitas sería un grito de triunfo. Debían expresar confianza de que Dios estaba destruyendo la ciudad sin ninguna acción militar de su parte.

75. ¿Verdadero o falso? Josué y los hijos de Israel derrotaron a los habitantes de Hai haciendo que salieran de la ciudad para que cayeran en una emboscada que les habían tendido. *Verdadero* (Jos 8.5-7).

76. Selección múltiple: ¿Cómo determinó Josué el territorio que se les daría a las siete tribus que se habían quedado sin recibir tierras? (a) les dejó que escogieran la tierra que querían; (b) les repartió según los hijos de Jacob del mayor al menor; o (c) echó suertes. *(c) Echó suertes* (Jos 18.10).

77. Selección múltiple: ¿Cuántas ciudades y sus campiñas en Canaán les concedieron a los levitas? (a) diez; (b) cuarenta; o (c) cuarenta y ocho. *(c) Cuarenta y ocho* (Jos 21.41). Cada tribu dio cuatro ciudades a los levitas distribuidas de manera uniforme para servir al pueblo.

78. Complete la oración: Josué anunció su muerte a Israel cuando dijo: «Y he aquí que yo estoy para entrar hoy _____». *«Por el camino de toda la tierra»* (Jos 23.14).

79. Selección múltiple: ¿Cuál fue la razón que los israelitas no completaron la conquista de Canaán? (a) Ellos no tenían carros; (b) estaban escasos de poder humano; o (c) ellos no echaron completamente a los cananeos de la tierra. *(c) Ellos no echaron completamente a los cananeos de la tierra* (c) Jue 1.28). En lugar de hacerlo, los tomaron como esclavos. Esto permitió que los cananeos influenciaran a Israel para que se apartaran de Jehová.

80. ¿Verdadero o falso? Dios ordenó a Aod, juez de Israel, que derribara el altar de Baal y edificara en el mismo lugar un altar a Dios. *Falso*. Dios mandó a Gedeón que edificara el altar (Jue 6.25-27).

81. Llene el espacio en blanco: Cuando Sansón tomó la miel del cuerpo muerto del león, quebrantó su voto ___. *Nazareo* (Jue 13.4, 5, 7). El voto nazareo era la promesa de separarse y abstenerse de ciertas cosas para agradar y servir a Dios. Cualquiera que tocara un cuerpo muerto quedaba inmundo (14.8, 9).

82. Llene el espacio en blanco: El grado de inmoralidad personal y tribal en Israel se ilustra en Jueces por la historia del ___ y su concubina. *Levita* (Jue 19).

83. Selección múltiple: ¿Qué hicieron los hijos de Benjamín a las hijas de Silo? (a) las raptaron; (b) las mataron; o (c) les robaron sus dioses domésticos. *(a) las raptaron* (Jue.). Por un juramento, ningún israelita podía dar una hija como esposa a un benjamita, y por eso los estos idearon un ardid para tomar esposas sin quebrantar exactamente el juramento (v. 18).

84. Complete la oración: Cuando escogió ir a Judá, Rut dijo a Noemí: «No me ruegues que te deje, y me aparte de ti; _____». *«Porque a dondequiera que tú fueres, iré yo, y dondequiera que vivieres, viviré. Tu pueblo será mi pueblo, y tu Dios mi Dios»* (Rt 1.16). La importancia de esta declaración radica en la fe de Rut en el Dios de Israel. Esa fe condujo a la inclusión de Rut en el linaje de Jesús aunque ella era una gentil (Mt 1.5).

85. Selección múltiple: ¿En qué época del año Noemí y Rut llegaron a Belén? (a) tiempo de cosecha; (b) siembra de la primavera; o (c) invierno. *(a) tiempo de cosecha* (Rt 1.22).

86. Selección múltiple: ¿Qué hacía Rut cuando Booz la vio por primera vez? (a) Oraba; (b) recogía; o (c) hablaba con Noemí. *(b) Recogía* (Rt 2.1-7). La ley requería que los dueños de tierras dejaran el grano de las esquinas de los campos durante la siega para los pobres (Lv 19.9, 10).

87. Selección múltiple: ¿Qué le dio el pariente de Rut a Booz para confirmar que él no iba a redimir a Rut? (a) diez siclos; (b) su cinto; o (c) su sandalia. *(c) su sandalia* (Rt 4.7, 8; pc. Dt 25.8-10).

88. Selección múltiple: Mientras Elí observaba a Ana que oraba pensó que ella estaba: (a) llorando; (b) borracha; o (c) durmiendo. *(b) borracha* (1 S 1.13).

89. Llene el espacio en blanco: Ana prometió a Jehová que si le daba un hijo varón, se lo dedicaría a él y que no pasaría ____ sobre su cabeza. *Navaja* (1 S 1.11).

90. Llene los espacios en blanco: Primera de Samuel 2 afirma que: «Samuel iba ____ y era acepto delante de ____ y delante de los ____». *«Creciendo ... Dios ... hombres.* (1 S 2.26). Esta declaración es similar a la que se dijo de Jesús en Lucas 2.52.

91. ¿Cuántos hijos tuvo Ana después de que diera a luz a Samuel? (a) Tres; (b) cinco; o (c) dos. *(b) Cinco (1 S 2.21).* Después de ser estéril por muchos años, dio a luz a tres hijos y dos hijas más. Jehová la recompenso en gran manera.

92. ¿Verdadero o falso? Los dos hijos del sacerdote Elí eran varones consagrados. *Falso.* Eran impíos y no tenían conocimiento de Jehová (1 S 2.12).

93. Selección múltiple: Cuando los filisteos capturaron el arca de Dios, ¿junto a qué imagen pagana la pusieron? (a) Asera; (b) Dagón; o (c) Zeus. *(b) Dagón* (1 S 5.2).

94. Selección múltiple: ¿Cuánto tiempo los filisteos estuvieron en posesión del arca hasta que la devolvieron a Israel? (a) un año; (b) noventa días; o (c) siete meses. *(c) Siete meses* (1 S 6.1). Durante estos siete meses los filisteos experimentaron solo dificultades (1 S 5).

95. Selección múltiple: ¿Cuánto tiempo el arca de Dios permaneció en la casa de Abinadab después que los filisteos la devolvieran? (a) Diez años; (b) veinte años; (c) siete años. *(b) Veinte años* (1 S 7.2). Cuando David tomó el poder el arca fue devuelta en su lugar en el tabernáculo (2 S 6.3, 17).

96. Selección múltiple: ¿Qué nombre dio Samuel a la piedra que puso para conmemorar la ayuda de Dios para derrotar a los filisteos? (a) Mizpa; (b) Eben-ezer; o (c) Bet-Peor. *(b) Eben-ezer (1 S 7.12).* Eben-ezer significa «Piedra de ayuda». Samuel dio el crédito a Dios por la victoria sobre los filisteos en el mismo lugar donde antes hubo derrota.

97. ¿Verdadero o falso? La petición de Israel de un rey era un rechazo directo del liderazgo de Samuel sobre el pueblo de Israel. *Falso.* Era un rechazo del gobierno de Dios (1 S 8.7).

98. Llene los espacios en blanco: Israel deseaba un rey para que pudieran ser como todas las ____ y el rey fuera su ____ en las guerras. *Naciones ... líder* (1 S 8.20).

99. Selección múltiple: La victoria de Saúl sobre una nación le ganó mucha popularidad. ¿Cuál era esta nación? (a) madianitas; (b) edomitas; o (c) amonitas. *(c) amonitas* (1 S 11.11-15). Saúl en derrotar a Amón porque el Espíritu de Dios vino sobre él (v. 6).

100. ¿Qué grupo de personas eran los principales enemigos de Israel al principio del reinado de Saúl? (a) madianitas; (b) gadarenos; o (c) filisteos. *(c) filisteos* (1 S 13).

101. Selección múltiple: Jonatán no había oído la orden del rey de que no comieran alimentos hasta que los filisteos fueran derrotados. Por eso, mientras pasaba por un bosque, comió: (a) manzanas; (b) miel; o (c) dátiles. *(b) Miel* (1 S 14.24-27). Su padre Saúl lo condenó a morir por aquel acto, pero el pueblo lo rescató (vv. 43-45).

102. Llene el espacio en blanco: El pueblo de Israel pecó después de derrotar a los filisteos en Micmas por tomar de las ovejas, bueyes y becerros de los filisteos y comer la carne con ____. *Sangre* (1 S 14.31-33). Eso estaba prohibido en la ley de Moisés (Dt 12.6).

103. ¿**Verdadero o falso? Saúl destruyó completamente a los amalecitas y todas sus posesiones.** *Falso.* Él tomó vivo al rey y a algunos de los animales (1 S 15.7-9).

104. Selección múltiple: ¿Qué estaba haciendo David cuando Samuel vino a Belén para ungirle como rey de Israel? (a) componiendo El Salmo; (b) cuidando las ovejas; o (c) afilando su espada. *(b) Cuidando las ovejas* (1 S 16.11). El tema del pastoreo se observa a lo largo de toda la Biblia. Incluso los líderes de la iglesia deben pastorear el rebaño de Dios (1 P 5.2).

105. Selección múltiple: ¿Qué estaba Samuel haciendo cuando Dios le dijo que el hombre mira lo que está delante de sus ojos, pero que Jehová mira el corazón? (a) Ofreciendo sacrificio; (b) escogiendo un sucesor de Saúl como rey; o (c) hablando a Saúl. *(b) Escogiendo un sucesor de Saúl como rey* (1 S 16.1-7).

106. Selección múltiple: La primera vez que Saúl llamó a David fue porque: (a) David era un músico talentoso; (b) David era un pastor talentoso; o (c) David era un escritor talentoso. *(a) David era un músico talentoso* (1 S 16.16-23). La música de David podía aplacar el espíritu de Saúl, que estaba turbado debido a su estilo de vida pecaminoso.

107. Pregunta: Un espíritu atormentaba a Saúl durante un tiempo de su reinado a consecuencia de su desobediencia de no destruir a los amalecitas ¿Provenía este Espíritu de Jehová o de Satanás? *De parte de Jehová* (1 S 16.14).

108. Pregunta: ¿Cuántas piedras puso David en su bolsa cuando fue a pelear contra Goliat? *Cinco piedras* (1 S 17.40).

109. Complete la oración: David dijo a Goliat que Jehová le entregaría a él y a los filisteos en su mano «y toda la tierra sabrá que hay_____». «*Dios en Israel*» (1 S 17.46).

110. Pregunta: ¿Cuántos filisteos mató David como dote para casarse con Mical, la hija de Saúl? (a) cien; (b) doscientos; o (c) 75. *(b) Doscientos* (1 S 18.27). David mató el doble de lo que pidió Saúl (v. 25).

111. Llene el espacio en blanco: David y sus hombres tuvieron permiso del sacerdote para comer del pan sagrado porque se habían guardado de estar con ____. *Mujeres* (1 S 21.4).

112. Pregunta: Cuando David llegó a Nob mientras huía de Saúl, no portaba armas. ¿Qué arma le dio el sacerdote de Nob? *La espada de Goliat* (1 S 21.8, 9).

113. Llene el espacio en blanco: Según 1 Samuel 18: «Saúl estaba temeroso de David, por cuanto _____ estaba con él». «*Jehová*» (1 S 18.12).

114. Pregunta: Según las Escrituras, ¿cuántas veces Saúl intentó matar a David con una lanza mientras David tocaba para él? *Dos* (1 S 18.10, 11; 19.9, 10).

115. Selección múltiple: ¿Qué parte de la vestimenta sacerdotal usó David en Keila para inquirir dirección de Jehová? (a) pectoral; (b) un efod; o (c) una vestimenta. *(b) un efod* (1 S 23.9-12). El efod es una parte de la vestimenta sacerdotal.

116. ¿Verdadero o falso? Saúl dio su hija Mical como esposa a otro hombre mientras que ella todavía estaba casada con David. *Verdadero* (1 S 25.44).

117. ¿Verdadero o falso? Una adivina hizo venir a Samuel de entre los muertos para que hablara con Saúl. *Verdadero* (1 S 28.11-19). Fue por Samuel que Saúl supo que había de morir al día siguiente (v. 19).

118. ¿Verdadero o falso? En la batalla contra los filisteos en la que Saúl murió, David peleaba del lado de los filisteos. *Falso.* David no peleó en esa batalla (1 S 29).

119. Pregunta: ¿Cuántos de los hijos de Saúl murieron con él en la batalla contra los filisteos? *Tres* (1 S 31.8). Estos fueron todos los hijos que tuvo Saúl, aparte de Is-boset, que fue proclamado rey por Abner después de Saúl (2 S 2.8, 9).

120. Selección múltiple: ¿Cuántos días el pueblo de Jabes de Galaad ayunó en luto por la muerte de Saúl? (a) Tres; (b) uno; (c) siete. *(c) Siete* (1 S 31.13).

121. Selección múltiple: ¿Qué no se debía anunciar en Gat ni proclamar en las plazas de Escalón? (a) el pecado de David y Betsabé; (b) la muerte de Saúl y Jonatán; o (c) el relato de Jonás y el gran pez. *(b) La muerte de Saúl y Jonatán* (2 S 1.17-27). Esto está registrado como parte de la endecha de David sobre la muerte de los líderes de Israel. Esto habló David a pesar de que Saúl había procurado matarlo.

122. Selección múltiple: ¿Qué tipo de problema físico tenía Mefi-boset? (a) Era ciego; (b) era sordo; o (c) era lisiado. *(c) Era lisiado* (2 S 4.4). Mefi-boset se había lastimado cuando tenía cinco años de edad.

123. Selección múltiple: ¿Cuánto tiempo Is-boset, el hijo de Saúl, reinó como rey sobre Israel mientras David reinaba sobre Judá? (a) un año; dos años; o (c) tres años. *(b) Dos años* (2 S 2.10).

124. Selección múltiple: ¿Cuál fue la respuesta de Mical, la esposa de David, cuando le vio que danzaba con toda su fuerza delante de Jehová? (a) Lo amó; (b) lo envidió; o (c) lo menospreció. *(c) Lo menospreció* (2 S 6.16). Por esa conducta, Mical quedó estéril (v. 23).

125. Selección múltiple: ¿Qué hizo Hiram rey de Tiro con respecto a David? (a) le dio una hija por esposa; (b) peleó contra David; o (c) le construyó una casa. *(c) Le construyó un palacio* (2 S 5:11).

126. ¿Verdadero o falso? David construyó un templo para que allí estuviera el arca de Jehová. *Falso*. David quiso construir un templo, pero Jehová no le permitió (2 S 7.1-17).

127. Selección múltiple: Cuando David envió sus siervos por mostrar bondad a ese pueblo, el rey de Amón maltrató a los siervos cortándoles los vestidos por la mitad y: (a) rapándoles la cabeza; (b) rapándoles la mitad de la barba; o (c) poniéndoles una marca en la frente. *(b) Les rapó la mitad de la barba* (2 S 10.4). Los varones israelitas tenían la obligación de usar barbas (Lv 19.27).

128. Pregunta: ¿Dónde estaba David cuando vio que Betsabé se bañaba? *Sobre el terrado de la casa real* (2 S 11.2).

129. Pregunta: Cuando Natán confrontó a David por su pecado de adulterio y asesinato, contó la historia de un hombre pobre que tenía una sola posesión. ¿Cuál era esa posesión? *Una corderita* (2 S 12.3).

130. Selección múltiple: ¿Qué hizo David cuando murió el hijo que tuvo con Betsabé? (a) tuvo gran luto; (b) dejó el luto; o (c) compuso un salmo. *(b) Dejó el luto* (2 S 12.18-20).

131. Selección múltiple: Para mostrar su gran dolor y vergüenza porque su medio hermano la violó, ¿qué se puso Tamar sobre su cabeza? (a) Un velo negro; (b) cenizas; o (c) agua amarga. *(b) Cenizas* (2 S 13.19). No escondió su vergüenza.

132. Selección múltiple: Aunque David permitió que Absalón regresara a Jerusalén tres años después que éste matara a Amnón, rehusó verlo. ¿Cuánto tiempo estuvo Absalón en Jerusalén antes de que David lo viera? (a) tres años; (b) dos años; o (c) un año. *(b) dos años* (2 S 14.28-33).

133. ¿Verdadero o falso? En la batalla contra Absalón y su ejército, David ordenó que, en caso que alguno tuviera la oportunidad, que matara a Absalón. *Falso.* David mandó que trataran con benignidad a Absalón (2 S 18.5).

134. Complete la oración: Cuando David oyó de la muerte de Absalón dijo: «¡Hijo mío Absalón, hijo mío, hijo mío Absalón! ¡Quién me diera que ____». *«Hubiera muerto yo en tu lugar!»* (2 S 18.33, RVC).

135. ¿Verdadero o falso? Como Joab había matado a Absalón y terminado la revuelta, David lo recompensó grandemente. *Falso.* Enojado, David lo destituyó como jefe del ejército (2 S 19.13).

136. Selección múltiple: ¿Qué castigo envió Jehová sobre los israelitas por haber Saúl maltratado a los gabaonitas? (a) derrota en la batalla; (b) hambre; o (c) una tormenta de granizo. *(b) Hambre* (2 S 21.1). La promesa de tratar bien a los gabaonitas la hizo Josué muchos años antes (Jos 9.3, 15-20). Dios no olvida sus promesas.

137. Selección múltiple: ¿Cuántos hombres de la familia de Saúl fueron entregados a los gabaonitas para hacer expiación por el maltrato de Saúl de ese pueblo? (a) Siete; (b) cinco; o (c) diez. *(a) Siete* (2 S 21.3-7).

138. Pregunta: ¿De entre cuántos posibles castigos de parte de Jehová debía David escoger por su pecado de hacer censo del pueblo de Israel? *De entre tres castigos probables* (2 S 24.12). David podía escoger siete años de hambre, huir de sus enemigos durante tres meses o que hubiera tres años de peste (v. 13).

139. Llene el espacio en blanco: Cuando Adonías se dio cuenta de que su plan de volverse rey fracasó, tuvo miedo de Salomón y fue y se asió de los ____ del altar para que no lo castigaran. *Cuernos* (1 R 1.50).

140. Llene el espacio en blanco: De camino a su coronación, Salomón montó la _____ del rey David. *Mula* (1 R 1.38-40).

141. Selección múltiple: ¿Dónde estaba Joab cuando lo mataron por orden del rey Salomón? (a) En su casa; (b) en la casa del rey; o (c) en el tabernáculo. *(c) En el tabernáculo* (1 R 2.28-35).

142. Llene el espacio en blanco: Salomón pidió a Jehová que le diera un corazón entendido para juzgar al pueblo de Israel, y para discernir entre lo ____ y lo ____. *Bueno ____ malo* (1 R 3.9).

143. Llene el espacio en blanco: La sabiduría de Salomón se notó por la manera que condujo la disputa entre dos mujeres que decían ser la madre del mismo ____. *Niño* (1 R 3.16-27).

144. Selección múltiple: ¿Cuánto tiempo tomó Salomón en la construcción del templo? (a) Diez años; (b) tres años; o (c) siete años. *(c) Siete años* (1 R 6.38).

145. Selección múltiple: Dos grandes columnas fueron erigidas en el vestíbulo del templo de Salomón. El nombre de una era Joaquín. ¿Cuál fue el nombre de la otra? (a) Jochin; (b) Boaz; o (c) Rut. *(b) Boaz* (1 R 7.21).

146. Llene el espacio en blanco: Durante el reinado de Salomón, había tanta riqueza en Israel que la ____ llegó a ser tan común en Jerusalén como las piedras. *Plata* (1 R 10.27).

147. Pregunta: ¿Fueron los ancianos o los jóvenes los que le aconsejaron al rey Roboam que se pusiera al servicio del pueblo de Israel como líder de la nación? *Los ancianos* (1 R 12.6, 7).

148. Selección múltiple: ¿Qué dos objetos mandó a fabricar Jeroboam para que las diez tribus de Israel adoraran? (a) Pilares de Asera; becerros de oro; o (c) imágenes de sí mismo. *(b) Becerros de oro* (1 R 12.25-28).

149. Selección múltiple: ¿Qué señal recibió Jeroboam de que había pecado levantando ídolos y lugares de adoración fuera de Jerusalén? (a) Una plaga sobre su familia; (b) una tormenta de granizo sobre su cosecha; o (c) quiebra de su altar. *(c) Quiebra de su altar* (1 R 13.3). Sin embargo, esta señal no detuvo a Jeroboam de seguir en su idolatría. Más bien se volvió más idólatra todavía (1 R 13.33).

150. Selección múltiple: ¿Qué otra tribu de Israel se unió a la de Judá para convertirse en el reino del sur llamado Judá? (a) Rubén; (b) Benjamín; o (c) Simeón. *(b) Benjamín* (1 R 12.21). Estas dos tribus continuaron siendo la nación de Judá hasta la cautividad babilónica. El reino nunca volvió a unirse.

151. Selección múltiple: ¿Por qué Asa quitó a su madre, Maaca, de ser reina madre de Judá? (a) Trató de arrebatarle el poder; (b) se encontró que era deshonesta; o (c) había hecho un ídolo de Asera para adorar. *(c) Había hecho un ídolo inmoral de Asera para adorarlo* (1 R 15.13).

152. Selección múltiple: Zimri mató a Ela para usurpar el reino de Israel. Cuando era obvio que él sería destronado por Omri, Zimri cometió suicidio. ¿Cómo lo hizo? (a) Se acuchilló a sí mismo; (b) prendió fuego a la casa consigo en ella; o (c) tomó veneno. *(b) Prendió fuego a la casa consigo dentro* (1 R 16.18).

153. Selección múltiple: Jehová envió aves para llevar alimentos a Elías que se escondía de Acab. ¿Qué clase de aves envió Jehová? (a) cuervos; (b) palomas; o (c) águilas. *(a) Cuervos* (1 R 17.6).

154. Pregunta: Mientras Elías se quedó en casa de la viuda de Sarepta, dos cosas milagrosamente no escasearon en su casa. Nombre una de las cosas que no escaseó. *La harina de la tinaja y el aceite de la vasija* (1 R 17.14-16).

155. Selección múltiple: ¿Cuántos profetas de Baal había cuando Elías los confrontó en el monte Carmelo? (a) cien; (b) cuatrocientos cincuenta; o (c) cincuenta. *(b) Cuatrocientos cincuenta* (1 R 18.22).

156. Selección múltiple: ¿Cuántos profetas de Jehová escaparon de la masacre que ordenó Jezabel a través de la acción de Abdías? (a) cien; (b) ciento cincuenta; o (c) doscientos cincuenta. *(a) Cien* (1 R 18.4). Abdías era un hombre temeroso de Jehová y mayordomo del malvado Acab (v. 3).

157. Selección múltiple: ¿Cuántas personas preservó Jehová de seguir a Baal durante el reinado de Acab? (a) setecientos; siete mil; o (c) setenta mil. *(b) siete mil* (1 R 19.18).

158. Selección múltiple: Eliseo araba la tierra cuando Elías echó sobre él su manto. ¿Con cuántas yuntas de bueyes araba Eliseo? (a) dos; (b) doce; o (c) ocho. *(b) Doce* (1 R 19.19).

159. Pregunta: Asa era un rey temeroso de Jehová en Judá. Lo sucedió su hijo Josafat. ¿Fue Josafat bueno o malvado durante su reinado? *Josafat era bueno* (1 R 22.42, 43). La única mancha en el historial de Asa y en el de Josafat es que no quitaron los lugares altos donde Israel adoraba (1 R 15.14; 22.43).

160. Llene el espacio en blanco: «Elías dijo a Eliseo: «¿Qué quieres que haga por ti, antes de que me separen de ti?». Y Eliseo le dijo: «Te ruego que me des una doble porción de tu _____». *Espíritu* (2 R 2.9).

161. Selección múltiple: Después de que el Señor se llevó a Elías, cincuenta hombres salieron a buscarlo. ¿Cuántos días lo estuvieron buscando? (a) siete; (b) diez; o (c) tres. *(c) Tres* (2 R 2.17).

162. ¿Verdadero o falso? Ambos, Elías y Eliseo, a través del poder de Dios, resucitaron a un muchacho de la muerte en la casa donde éstos moraban. *Verdadero* (2 R 4.18-37; 1 R 17.17-24).

163. Selección múltiple: ¿Qué instrumento flotó milagrosamente en el río Jordán mediante la obra de Eliseo? (a) un martillo; (b) un hacha; o (c) una pala. *(b) un hacha* (2 R 6.1-7).

164. Selección múltiple: Todos los reyes de Israel eran idólatras. Sin embargo, Jehú hizo justicia al acabar con a todos los profetas de uno de los dioses paganos: (a) Moloc; (b) Baal; (c) Dagón. *(b) Baal* (2 R 10.18-28).

165. Selección múltiple: ¿Cuánto tiempo estuvo escondido Joás para proteger su vida antes de que se volviera rey de Israel? (a) Diez años; (b) seis años; (c) tres años. *(b) Seis años* (2 R 11.3). Josaba, hija del rey Joram, salvó a Joás.

166. Pregunta: ¿Qué nación se llevó cautivo al reino norteño de Israel? *Asiria* (2 R 17.5, 6).

167. Selección múltiple: ¿Cuántos grados Dios hizo volver la sombra en el reloj como señal para Ezequías que Dios le extendía la vida? (a) Cinco; (b) diez; o (c) quince. *(b) Diez* (2 R 10.8-11).

168. Selección múltiple: ¿Qué cosa importante que se había perdido se descubrió durante el reinado de Josías? (a) El libro de la Ley; (b) el arca del pacto; o (c) el altar del incienso. *(a) El libro de la ley* (2 R 22.8).

169. Pregunta: ¿Qué nación derrotó totalmente a Judá y tomó el pueblo en cautividad? *Babilonia* (2 R 25).

170. Llene el espacio en blanco: Cuando los babilonios tomaron cautiva a Judá, ellos dejaron a los _____ de la tierra para que labrasen las viñas y la tierra. Pobres (2 R 25.12).

171. Selección múltiple: ¿Qué pecado cometió el rey Uzías para que Dios le enviara lepra? (a) Ofreció una ofrenda a Baal; (b) cometió adulterio; o (c) ofreció incienso en el altar del incienso. *(c) Ofreció incienso en el altar del incienso* (2 Cr 26.14-16). Solo los sacerdotes podían ofrecer las ofrendas (vv. 17, 18).

172. Llene el espacio en blanco: Ezequías condujo al pueblo en celebración de la fiesta de los panes sin levadura y determinó que celebrasen otros _____ días. *Siete* (2 Cr 30.21-23).

173. Cuando los primeros cautivos volvieron de Babilonia a Jerusalén, ¿qué fue lo primero que construyeron? (a) Un altar para ofrecer holocausto; (b) un altar del incienso; o (c) una sinagoga. *(a) Un altar para ofrecer holocausto* (Esd 3.2).

174. Llene el espacio en blanco: Esdras oró: «Y ahora por un breve momento ha habido misericordia de parte de Jehová nuestro Dios, para hacer que nos quedase un _____ libre». «*Remanente*» (Esd 9.8).

175. Llene el espacio en blanco: Amán escribió una ley «para matar y exterminar a todos los _____, jóvenes y ancianos, niños y mujeres». «Judíos» (Est 3.13).

176. Selección múltiple: ¿De qué manera ejecutaron a Amán? (a) por apedreamiento; (b) en la horca; o (c) por decapitación. *(b) En la horca* (Est 7.9, 10). Lo colgaron en la misma horca que había preparado para ahorcar a Mardoqueo.

177. Pregunta: ¿Qué fiesta judía se celebra para conmemorar la liberación de Dios del pueblo judío a través de Ester? *Purim* (Est 9.26-32).

LEY Y PROMESA

1. Llene el espacio en blanco: «Por tanto, dejará el hombre a su padre y a su madre, y se unirá a su mujer, y serán una _____». *«Sola carne»* (Gn 2.24). El apóstol Pablo aplica este versículo al discurrir sobre Cristo y la iglesia (Ef 5.31).

2. Selección múltiple: ¿Cuál fue la relación del hombre con los peces, las aves, las bestias, y todo animal que se arrastra sobre la tierra? (a) Debía ser gobernado por ellos (b) debía ejercer dominio sobre ellos; o (c) ellos estaban separados pero eran iguales. *(b) Debía ejercer dominio sobre ellos* (Gn 1.26).

3. Pregunta: ¿De cuál árbol del huerto Adán y Eva no debían comer? *Del árbol de la ciencia del bien y del mal* (Gn 2.17).

4. Selección múltiple: Por comer del fruto prohibido, Eva debía experimentar una multiplicación de dolor al: (a) labrar el huerto; (b) dar a luz; o (c) pecar. *(b) Al dar a luz* (Gn 3.16).

5. Selección múltiple: ¿Quiénes dijo Dios a Noé que debían entrar el arca con él? (a) sus hijos; (b) su esposa y sus hijos; o (c) su esposa, sus hijos, y las esposas de sus hijos. *(c) Su esposa, sus hijos, y las esposas de sus hijos* (Gn 6.18). Las personas y también los animales entraron en el arca en pareja, varón y hembra.

6. Selección múltiple: En la promesa de Jehová de nunca volver a destruir a todo ser viviente, ¿qué ciclo no mencionó que no cesaría mientras la tierra permaneciera? (a) la vida y la muerte; el frío y el calor; o (c) el verano y el invierno. *(a) La vida y la muerte* (Gn 8.22).

7. Selección múltiple: ¿Qué nueva fuente de alimento proveyó Dios a Noé como parte de su pacto? (a) plantas amarillas; (b) carne de animales; o (c) hongos. *(b) Carne de animales* (Gn 9.3). Antes la dieta del hombre consistía en hierbas y frutas (1.29).

8. Selección múltiple: ¿Por cuánto tiempo el arcoíris sería una señal que Dios no volvería a destruir todo ser viviente por el diluvio de las aguas? (a) a través de las diez generaciones de Noé; (b) para siempre; o (c) hasta el nacimiento de Cristo. *(b) Para siempre* (Gn 9.16).

9. Llene los espacios en blanco: Dios dijo a Abram que haría de él una _____ grande, y engrandecería su _____ y serían _____ en Abram las familias de la tierra. *Nación ... nombre ... benditas* (Gn 12.1-3). Esta fue la primera declaración del pacto con Abraham (cf. 13.14-16; 15.18-21; 17.7-14; 22.16-18).

10. Selección múltiple: ¿Qué debe uno contar a fin de numerar la descendencia de Abram? (a) la grama del campo; (b) las piedras de la playa; (b) el polvo de la tierra. *(c) El polvo de la tierra* (Gn 13.16).

11. Selección múltiple: Dios le reveló a Abram en un sueño que sus descendientes serían extranjeros y servirían en una tierra ajena por (a) cuatrocientos años; (b) seiscientos años; o (c) setenta años. *(a) Cuatrocientos años* (Gn 15.13). Esto se cumplió durante las cuatro centurias que los israelitas pasaron en Egipto antes de que Dios los sacara por medio de Moisés (cf. Ex 12.40).

12. Llene los espacios en blanco: El mismo día que Jehová prometió a Abram que le daría descendencia, hizo pacto con él diciendo: «A tu descendencia daré esta tierra, desde el río de _____ hasta el río grande, el _____». *«Egipto ... Éufrates»* (Gn 15.18).

13. Complete la oración: El ángel de Jehová dijo a Agar: «He aquí que has concebido, y darás a luz un hijo, y llamarás su nombre Ismael, porque _____». *«Jehová ha oído tu aflicción»* (Gn 16.11).

14. ¿Verdadero o falso? La señal del pacto entre Abraham y Jehová fue la circuncisión de todos los varones. *Verdadero* (Gn 17.10, 11).

15. ¿Verdadero o falso? Solo los parientes de sangre y los varones descendientes de Abraham de ocho días de nacido y mayor de edad debían ser circuncidados como señal del pacto entre Jehová y Abraham. *Falso*. Todos los nacidos y comprados de la casa de Abraham debían ser circuncidados (Gn 17.13).

16. ¿Verdadero o falso? Sara se rio cuando Jehová dijo que ella tendría un hijo. *Verdadero* (Gn 18.10-12). Sara se rio de la idea de que fuera a concebir un hijo a la edad de noventa años, pues dudaba que Dios pudiera hacer que así fuera (v. 14).

17. Llene el espacio en blanco: Dios prometió a Abraham: «Y también del hijo de la sierva haré una _____ porque es tu descendiente». *«Nación»* (Gn 21.13).

18. Selección múltiple: ¿Qué dio Abraham a Abimelec como señal del pacto entre ellos? (a) siete vacas; (b) siete corderas; o (c) privilegios de tomar del agua de su pozo. *(b) Siete corderas* (Gn 21.30). Este pacto resolvió una disputa sobre los derechos de tomar agua del pozo que Abraham había cavado para sus rebaños en tierra de los filisteos.

19. Llene el espacio en blanco: Dios prometió a Abraham por su obediencia respecto a Isaac: «En tu simiente serán _____ todas las familias de la tierra, por cuando obedeciste a mi voz». *«Benditas»* (Gn 22.18). Pablo identificó la simiente de Abraham como la de Cristo, con lo que extendió la promesa de Dios a Abraham a todos los que creyeren en Cristo (Gá 3.16-22).

20. Llene el espacio en blanco: Abraham hizo que su siervo le prometiera que no tomaría una esposa para Isaac de las hijas de los _____ sino de la casa de su padre. *Cananeos* (Gn 24.37, 38).

21. Selección múltiple: ¿El nacimiento de quienes anunciaba Dios cuando dijo: «Dos naciones hay en tu seno, _____. Un pueblo será más fuerte que el otro pueblo, y el mayor servirá al menor?». (a) Caín y Abel; (b) Esaú y Jacob; o (c) Manasés y Efraín. *(b) Esaú y Jacob* (Gn 25.23, 24). De Esaú descienden los edomitas, y Jacob fue el padre de la nación de Israel.

22. Llene el espacio en blanco: En su bendición a Esaú, Isaac le dijo: «Y por tu _____ vivirás». *«Espada»* (Gn 27.40).

23. Selección múltiple: ¿Qué construyó Labán y Jacob como testimonio que ni el uno ni el otro pasaría la señal para hacer mal? (a) un montón de sal; (b) un montón de oro; o (c) Un montón de piedra. *(c)Un montón de piedra* (Gn 31.46, 51, 52).

24. Llene los espacios en blanco: Dios le cambió el nombre de Jacob a _____ y le dijo: «Crece y multiplícate; una nación y conjunto de naciones procederán de ti, y _____ saldrán de tus lomos». *«Israel ... reyes»* (Gn 35.10, 11). Jacob significa suplantador o engañador, mientras que Israel significa »Príncipe de Dios». El cambio de nombre se originó cuando Jacob peleó con Dios (32.28).

25. Selección múltiple: En el sexto día de la semana, ¿cuánto más maná recogían los israelitas que los otros cinco días? (a) doble porción; (b) triple porción; o (c) cuatro veces más. *(a) Doble porción* (Éx 16.22).

26. ¿Verdadero o falso? Cuándo el pueblo de Israel escuchó las condiciones del pacto de Jehová se quejaron que era demasiado y murmuraron en contra de Moisés. *Falso*. Ellos acordaron hacer todo lo que Jehová había dicho (Éx 19.8).

27. Complete la oración: El primero de los Diez mandamientos declara: «No tendrás _____». «*Dioses ajenos delante de mí*» (Éx 20.3).

28. Llene los espacios en blanco: Dios mandó a los hijos de Israel que guardaran el día de reposo, y citó los eventos de la _____ como precedente para la conducta de los israelitas. *Creación* (Ex 20.11).

29. Llene los espacios en blanco: «Honra a tu _____ y a tu _____, para que tus días se alarguen en la tierra que Jehová tu Dios te da». «*Padre ... madre*» (Éx 20.12). Pablo llamó a esto «el primer mandamiento con promesa» debido a que la prolongación de la vida está conectada con ella (Ef 6.2).

30. Complete la oración: La importancia que Dios da a la santidad de la vida se revela en el mandamiento: «No_____». «*Matarás*» (Éx 20.13).

31. Llene el espacio en blanco: El respecto que Dios espera que el hombre muestre por la relación matrimonial se evidencia en el mandamiento: «No cometerás _____». «*Adulterio*» (Éx 20.14). El castigo del adulterio era la muerte de ambas partes (Lv 20.10-12).

32. Selección múltiple: El respecto que Dios espera que uno muestre por la propiedad de otro se evidencia en el mandamiento: «No (a) matarás; (b) robarás; o (c) tomarás el nombre de Dios en vano». *(b) «Robarás»* (Éx 20.15).

33. Complete la oración: Si uno murmura, corre el riesgo de quebrantar el mandamiento: «___». «*No hablarás contra tu prójimo falso testimonio*» (Éx 20.16).

34. Selección múltiple: ¿Por qué razón no se debía aplicar la pena de muerte? (a) Por golpear al padre o la madre; (b) por raptar y vender a una persona; o (c) por herir el ojo de un siervo. *(c) Por herir el ojo de un siervo (Éx 21.26)*. No se condenaba al amo por herir el ojo de su siervo, pero por su crueldad se requería que se le diera la libertad al siervo.

35. Selección múltiple: Si un hombre prestaba dinero a otro que fuera pobre, no debía: (a) pedir devolución del dinero; (b) cobrar intereses; o (c) establecer un tiempo para su devolución. *(b) cobrar intereses* (Éx 22.25).

36. Llene los espacios en blanco: Respecto a la justicia apropiada, los israelitas tenían el mandamiento de: «No recibirás _____; porque el _____ ciega a los que ven, y pervierte las palabras de los justos». «*Soborno ... soborno*» (Éx 23.8 NVI).

37. Llene los espacios en blanco: Toda ofrenda de harina, horneada o no, debía llevar _____ y adobarse con _____. «*Aceite ... sal*» (Lv 2.1, 13). El incienso que se agregaba al aceite producía un aroma agradable para el sacrificio. La sal servía al oferente como recordatorio del pacto (v. 2, 13).

38. ¿Verdadero o falso? Si la ofrenda fuere holocausto vacuno podía ser macho o hembra, pero la ofrenda de paz del ganado debía ser macho. *Falso*. La ofrenda de holocausto debía ser macho; las ofrendas de paz podían ser macho o hembra (Lv 1.3; 3.1).

39. Selección múltiple: Si un jefe pecaba sin proponérselo, ¿qué debía ofrecer por su pecado? (a) Un toro joven; (b) un macho cabrío; o (c) un carnero. *(b) Un macho cabrío* (Lv 4.22, 23).

40. ¿Verdadero o falso? La ofrenda diaria de harina de Aarón y de sus hijos debía quemarse una quinta parte y el resto se podía comer. *Falso*. La ofrenda debía quemarse por completo (Lv 6.23).

41. Llene los espacios en blanco: Nadie debía comer la _____ ni la _____ del animal que se ofrecía en sacrificio. *Grosura ... sangre* (Lv 7.25, 26). La grosura pertenecía a Jehová como lo mejor del sacrificio, y la sangre representaba la vida del animal y no se debía consumir (3.16; 17.14).

42. Selección múltiple: En la consagración del sacerdocio, ¿cuantos días debían Aarón y sus hijos permanecer en el tabernáculo? (a) tres; (b) diez; o (c) siete. *(c) Siete* (Lv 8.33).

43. ¿Verdadero o falso? Los hijos de Israel podían comer animales que tuvieran pezuña hendida o que rumiaran. *Falso*. Los animales debían tener las dos características, no una o la otra (Lv 11.3, 4).

44. Selección múltiple: ¿Qué aves podían los israelitas comer? (a) tórtola; (b) el búho; o (c) buitre. *(a) Tórtola* (Lv 11.13-19).

45. ¿Verdadero o falso? Las leyes hebreas prohíben comer langostas. *Falso* (Lv 11.22). Los hebreos pueden comer insectos alados «que tuviere piernas además de sus patas para saltar con ellas sobre la tierra» (v. 21).

46. Llene los espacios en blanco: Cuando los días de purificación de una mujer que había dado a luz se cumplían, esta debía ofrecer un _____ y ofrecer para _____ delante de Jehová. *Holocausto ... expiación* (Lv 12.6).

47. Selección múltiple: ¿Qué tipo de enfermedad o condición debían los sacerdotes observar cuando examinaban a las personas por hinchazón, erupción, mancha blanca, o llaga? (a) Soriasis; (b) manchas de la edad; o (c) lepra. *(c) Lepra* (Lv 13.1-46). La lepra era un término general que incluía varias enfermedades de la piel contagiosas, entre ellas la enfermedad específica conocida hoy como lepra.

48. Llene el espacio en blanco: Dios dijo a Moisés y a Aarón acerca del hombre cuando se le cayere el cabello: «Cuando se le cayere el cabello, es _____ pero limpio». *Calvo* (Lv 13.40). Esta no es una afirmación de lo obvio. Es una opinión de que una enfermedad no es lo que ha causado la caída del cabello, sino el paso del tiempo.

49. ¿Verdadero o falso? En los sacrificios aceptables, la ley hebrea no hacia distinción entre los que podían pagar por ellos y los que no podían. *Falso* (Lv 14.21). A los pobres se les permitía ofrecer sacrificios menos costosos.

50. Selección múltiple: El sacerdote debía tomar la sangre de la ofrenda por la culpa y untarla sobre tres lugares del hombre sanado de lepra. ¿Cuáles no fueron estos lugares? (a) el lóbulo de la oreja derecha; (b) la rodilla derecha; o (c) el pulgar de su pie derecho. *(b) La rodilla derecha* (Lv. 14.14).

51. Selección múltiple: ¿De qué estaba hecho las vestiduras sagradas del sumo sacerdote? (a) algodón; (b) lino; o (c) seda. *(b) Lino* (Lv 16.4).

52. Selección múltiple: ¿Cómo Aarón identificaba cuál macho cabrío era para el Señor y cuál el chivo expiatorio? (a) por su color; (b) por su tamaño; o (c) echando suertes. *(c) Echando suertes* (Lv 16.8).

53. Selección múltiple: ¿Qué debía poner el sumo sacerdote sobre el fuego dentro del velo para que la nube cubriera el propiciatorio? (a) sangre; (b) incienso; o (c) mirra. *(c) Incienso* (Lv 16.13).

54. Selección múltiple: ¿Sobre qué se ponían los pecados de los hijos de Israel para hacer expiación por ellos? (a) el propiciatorio; (b) el chivo expiatorio; o (c) el altar de bronce. *(b) El chivo expiatorio* (Lv 16.21). «Y aquel macho cabrío llevará sobre sí todas las iniquidades de ellos a tierra inhabitada» (v. 22).

55. Selección múltiple: ¿Con qué frecuencia el sumo sacerdote ofrecía expiación por los pecados de los hijos de Israel para que estuvieran limpios delante de Jehová? (a) Una vez a la semana; (b) una vez al mes; o (c) una vez al año. *(c) Una vez al año* (Lv 16.34).

56. Complete la oración: Los hijos de Israel tenían prohibido comer sangre: «Porque la vida de la _____». *Carne en la sangre está* (Lv 16.34).

57. ¿Verdadero o falso? Dios mandó que los israelitas segaran completamente las esquinas de sus campos y que recogieran el fruto caído para dárselos al pobre. *Falso*. Ellos debían dejar algo para el pobre y para el extranjero (Lv 19,9, 10).

58. Llene los espacios en blanco: Un recordatorio de dos palabras se repite después de las muchas leyes que Jehová dio a Moisés y a su pueblo: «Guardad, pues, todos mis estatutos y todas mis ordenanzas, y ponedlos por obra. _____». *Yo Jehová* (Lv 19.37).

59. ¿Verdadero o falso? El propósito de las leyes de santificación del pueblo era mantener a los israelitas apartados de los pueblos de sus alrededores para que fueran santos para Dios. *Verdadero* (Lv 20.26).

60. ¿Verdadero o falso? Era prohibido que el sumo sacerdote se casara con una divorciada, repudiada o ramera, pero podía casarse con una viuda. *Falso*. Debía casarse solo con una virgen (Lv 21.14).

61. ¿Verdadero o falso? Los animales con defectos no se podían ofrecer como holocausto. *Verdadero* (Lv 22.18-20).

62. Llene el espacio en blanco: La fiesta semanal del Señor que los israelitas debían observar era el ____. «Día de reposo» (Lv 23.2, 3).

63. Selección múltiple: ¿Qué fiesta solemne a Jehová comienza el día catorce del mes primero a la tarde? (a) La pascua; (b) los panes sin levadura; o (c) Pentecostés. *(c) La pascua* (Lv 23.5).

64. Selección múltiple: ¿Qué fiesta servía como un recordatorio de que los israelitas habitaron en tiendas después de escapar de los egipcios? (a) la fiesta de los tabernáculos; (b) la fiesta de las trompetas; o (c) el Pentecostés. *(a) La fiesta de los tabernáculos* (Lv 23.34, 42, 43). Esto a veces se conoce como la fiesta de las enramadas porque los israelitas construyeron y vivían en estructuras temporales durante esa semana.

65. Llene el espacio en blanco: El año del jubileo ocurría cada ____ años, según la ley judía. *Cincuenta* (Lv 25.10).

66. Selección múltiple: ¿Qué nacionalidades los israelitas no debían tener como esclavas? (a) cananeo; (b) edomitas; o (c) israelitas. *(c) Israelitas* (Lv 25.39, 42). Los israelitas podían tener un acuerdo de tiempo hasta el Año del jubileo (v. 40).

67. Selección múltiple: ¿Qué de lo siguiente no sería una consecuencia de que los israelitas desobedecieran los mandamientos de Jehová? (a) ciudades devastadas; (b) tierras desoladas; o (c) borrados de la faz de la tierra. *(c) borrados de la faz de la tierra* (Lv 26.44).

68. Llene el espacio en blanco: La única excusa para no pagar el valor estimado de una persona consagrada a Jehová es que fuera muy ____. *Pobre* (Lv 27.8).

69. Llene el espacio en blanco: Porque los israelitas rechazaron la orden de Dios de entrar en Canaán, fueron condenados a vagar cuarenta años por el desierto, un año por cada ____ que los espías estuvieron en la tierra. *Día* (Nm 14.34). Durante cuarenta años, todo el pueblo que rechazó la orden de Dios murió.

70. Selección múltiple: ¿Cuál era la ofrenda de libación que los israelitas debían presentar a Jehová? (a) vino; (b) agua caliente; o (c) agua de manantial. *(a) Vino* (Nm 15.10).

71. ¿Verdadero o falso? No había una ofrenda aceptable en caso de pecado intencional. *Verdadero* (Nm 15.30, 31). Uno solo podía apelar a la misericordia de Dios (cf. Sal 51.1, 16, 17).

72. Llene el espacio en blanco: Dios dijo a Aarón: «Y he aquí yo he dado a los hijos de Leví todos los ____ de Israel por heredad, por su ministerio, por cuanto ellos sirven en el ministerio del tabernáculo de reunión». «*Diezmos*» (Nm 18.21). Los levitas no recibieron una herencia de tierra como las demás tribus. Recibieron cuarenta y ocho ciudades para habitar, además de los diezmos (cf. Jos 21:41).

73. Llene el espacio en blanco: Dios prometió a los hijos de Gad, Rubén, y la media tribu de Manasés la tierra de _____ al este de Jordán, si ayudaban a los demás israelitas a poseer el territorio de Canaán. *Galaad* (Nm 32.29, 33).

74. Llene los espacios en blanco: «Moisés dijo a los israelitas antes de que entraran en Canaán: «Jehová es Dios arriba en el cielo y abajo en la tierra, y no _____». «*Hay otro*» (Dt 4.39).

75. Llene los espacios en blanco: «Seis días trabajarás, y harás toda tu obra; más el séptimo día es ___ a _____ tu Dios». «*Reposo ... Jehová*» (Dt 5.13-15).

76. Llene los espacios en blanco: «Oye, Israel: Jehová _____ Dios ___ es». «*Nuestro ... uno*» (Dt 6.4).

77. Llene los espacios en blanco: «Y amarás a Jehová tu Dios de todo tu _____, y de toda tu _____, y con toda tu _____». «*Corazón ... alma ... mente*» (Dt 6.5). Jesús llamó a este el gran mandamiento (Mt 22.36, 37).

78. Llene los espacios en blanco: Respecto a los mandamientos de Dios, Moisés dijo a los israelitas: «Y las repetirás a tus hijos, y hablarás de ellas _____ en tu casa, y _____ por el camino, y al _____ y cuando te _____». «*Estando ... andando ... acostarte ... levantes*» (Dt 6.7).

79. Llene el espacio en blanco: Los israelitas debían atar los mandamientos de Dios en sus manos como una _____. *Señal* (Dt 6.8). Esto les recordaría que Dios era el que controlaba sus actividades.

80. ¿Verdadero o falso? Jehová escogió a Israel como su pueblo porque ellos eran más en número que cualquier otra nación. *Falso*. Ellos eran muy insignificantes en número (Dt 7.7).

81. Llene los espacios en blanco: Dios guio a Israel por el desierto por cuarenta años para afligirle y para probarle, para saber lo que había en su _____, si había de guardar o no sus _____. *Corazón ... mandamientos* (Dt 8.2). A lo largo de las Escrituras Dios estuvo probando a su pueblo para conocer su fe.

82. Complete la oración: Dios alimentó los israelitas con maná para hacerles saber que no solo de pan vivirá el hombre, más de _____. «*Todo lo que sale de la boca de Jehová*» (Dt 8.3). Jesús citó este versículo bíblico para refutar la tentación de Satanás cuando le pidió que convirtiera las piedras en pan (Mt 4.4).

83. Llene el espacio en blanco: Mientras el pueblo se alistaba para ir a Canaán, Moisés describió a Jehová su Dios como fuego _____. *Consumidor* (Dt 9.3).

84. Llene los espacios en blanco: «Ahora, pues, Israel, ¿qué pide Jehová tu Dios de ti, sino que temas a Jehová tu Dios, que _____ en todos sus caminos, y que lo _____ y sirvas a Jehová tu Dios con todo tu _____ y con toda tu _____». «*Andes ... ames ... corazón ... alma*» (Dt 10.12).

85. Llene el espacio en blanco: Los israelitas debían amar a los extranjeros de entre ellos porque extranjeros fueron en la tierra de _____. *Egipto* (Dt 10.19).

86. Llene los espacios en blanco: Moisés dijo: «He aquí yo pongo hoy delante de vosotros la _____ y la _____: la _____ si oyereis los mandamientos de Jehová vuestro Dios y la _____ si no oyereis los mandamientos de Jehová vuestro Dios». «*Bendición ... maldición ... bendición ... maldición*» (Dt 11.26-28).

87. ¿Verdadero o falso? Cuando los israelitas cruzaron a la Tierra Prometida, podían ofrecer sacrificios en diferentes lugares. *Falso.* Solo podían ofrecer sacrificios en el lugar escogido por Dios (Dt 12.1-14).

88. Pregunta: ¿Qué tribu de Israel debía participar de todos los diezmos y las ofrendas de los israelitas? *La tribu de Leví, los levitas* (Dt 12.17-19).

89. ¿Verdadero o falso? El oferente podía comer de la carne del holocausto. *Verdadero* (Dt 12.27). La carne de las ofrendas por el pecado y la culpa debían comerla solo los sacerdotes (Lv 7.7).

90. ¿Verdadero o falso? El profeta falso debía morir. *Verdadero* (Dt 13.5).

91. ¿Verdadero o falso? Si el hermano de un israelita, hijo, hija, esposa o un amigo íntimo le incitare a servir a otros dioses, el «incitador» debía ser expulsado de Israel. *Falso.* El «incitador» debía morir apedreado (Dt 13.6-10).

92. ¿Verdadero o falso? Los Diez Mandamientos se encuentran en los libros de Éxodo y Levítico. *Falso.* Se encuentran en Éxodo y en Deuteronomio (Éx 20.1-17; Dt 5.6-21).

93. ¿Verdadero o falso? Si la gente de una ciudad en Israel era encontrada adorando dioses falsos, ellos y todos sus ganados debían morir. *Verdadero* (Dt 13.12-15).

94. Llene los espacios en blanco: Una ciudad israelita donde se encontrara la idolatría debía ser _____ y nunca más _____. *Quemada ... edificada* (Dt 13.12-16).

95. Pregunta: ¿Qué parte de la cabeza no debían raparse los israelitas en señal de duelo por un muerto, la parte delantera o la trasera? *La delantera* (Dt 14.1). Es muy probable que esta fuera una práctica de los que adoraban ídolos.

96. Pregunta: Dos condiciones hacía de un animal abominable y no comible para los hijos de Israel. Nombre uno de ellas. El que no rumia o no tiene pezuña hendida (Dt 14.6).

97. Pregunta: ¿Por qué razón específica se consideraba que el camello era inmundo y los israelitas no debían comerlo? *El camello no tenía pezuña hendida* (Dt 14.7). Un animal, para que fuera comible, debía tener la pezuña hendida y debía rumiar. Una sola característica no era suficiente.

98. Pregunta: ¿Por qué razón específica el pueblo de Israel no debía comer cerdo? El cerdo no rumia.

99. Llene los espacios en blanco: Según la ley de Moisés: «No comerás el cabrito en la _____». *«Leche de su madre»* (Dt 14.21).

100. Selección múltiple: ¿Con qué frecuencia debían los israelitas guardar sus diezmos en sus ciudades para los levitas, el extranjero, el huérfano y la viuda que había allí? (a) cada dos años; (b) cada tres años; o (c) cada setenta años. *(b) cada tres años* (Dt 14.28, 29).

101. ¿Verdadero o falso? Israel podía prestar a otras naciones pero no tomar préstamos de ellas. *Verdadero* (Dt 15.6). Tomar prestado de otra nación era dar a esa nación poder sobre ellos.

102. Verdadero o falso? Según la ley de Moisés los israelitas debían prestar al pobre lo que necesitara. *Verdadero* (Dt 15.8).

103. ¿Verdadero o falso? Según la ley de Moisés, ¿cuánto tiempo un hebreo podía tener a otro hebreo como esclavo antes de darle la libertad? (a) tres años; (b) seis años; o (c) siete años. *(b) Seis años* (Dt 15.12).

104. Llene el espacio en blanco. Si un hombre o una mujer quería permanecer como esclavo de por vida con su amo hebreo, el amo debía tomar una lesna, y horadar la _____ del esclavo. *Oreja* (Dt 15.17).

105. Selección múltiple: ¿Qué no era permitido que los hebreos hicieran a los primeros macho de sus ovejas y sus vacas? (a) comerlos; (b) montarlos; o (c) trasquilarlos. *(c) Trasquilarlos* (Dt 15.19).

106. Pregunta: ¿Por cuántos días debían los israelitas comer del pan sin levadura durante la Pascua? *Siete días* (Dt 16.3). La Pascua era conocida también como la fiesta de los panes sin levadura.

107. Selección múltiple: El pan sin levadura que debía comerse durante la Pascua lo llamaban pan de: (a) liberación; (b) redención; o (c) aflicción. *(c) Aflicción* (Dt 16.3). Comer pan sin levadura era un recordatorio a los israelitas del sufrimiento que experimentaron en Egipto y la liberación de Dios.

108. ¿Verdadero o falso? Los israelitas debían sacrificar y comer la pascua cada uno en su propia casa. *Falso*. Ellos debían sacrificar y comer la pascua en el lugar que Jehová hubiera escogido (Dt 16.5-7).

109. Selección múltiple: ¿Cuántas semanas después de las fiesta de las semanas se celebraba la Pascua? (a) tres; (b) siete; o (c) catorce. *(b) siete* (Dt 16.9, 10). La Fiesta de las Semanas después se llamó Pentecostés porque seguía cincuenta días después de la Pascua.

110. Selección múltiple: ¿Qué tipo de ofrenda se debía presentarse al Señor durante la fiesta de las semanas? (a) ofrenda arrojada; (b) ofrenda sacudida; o (c) ofrenda voluntaria. *(c) Ofrenda voluntaria* (Dt 16.10).

111. Pregunta: ¿A cuántas de las fiestas anuales debía asistir todo varón? *A tres* (Dt 16.16). Estas eran la Fiesta de los Panes sin Levadura (Pascua), la Fiesta de las Semanas, y la Fiesta de los Tabernáculos.

112. Llene el espacio en blanco: En las fiestas anuales, cada uno debía dar _____ a la bendición que Jehová le hubiere dado. *Conforme* (Dt 16.17).

113. Llene los espacios en blanco: «Por dicho de _____ o _____ testigos morirá el que hubiere de morir; no morirá por el dicho de _____ testigo». *«Dos ... tres ... un»* (Dt 17.6).

114. ¿Verdadero o falso? Una de las responsabilidades del rey bajo la ley de Moisés era escribir para sí una copia de la **Ley**. *Verdadero* (Dt 17.18).

115. Llene el espacio en blanco: Moisés predijo en Deuteronomio 17 que Israel pediría un _____ como todas las naciones que están a sus alrededores. *Rey* (Dt 17.14). Esta profecía se cumplió unos cuatrocientos años después en los días de Samuel.

116. Llene el espacio en blanco: «Los levitas no tienen heredad entre sus hermanos; _____ es su heredad». *«Jehová»* (Dt 18.2). Esto significa que los levitas no debían poseer tierra. Debían vivir en la tierra provista entre otras tribus y recibir mantenimiento de ellos.

117. Selección múltiple: ¿Qué tribu de Israel fue escogida para ministrar al pueblo en nombre de Jehová? (a) Simeón; (b) Leví; o (c) Benjamín. *(b) Leví* (Dt 18.1-5).

118. Pregunta: Llene el espacio en blanco: Moisés dijo: «_____ de en medio de ti, de tus hermanos, como yo, te levantará Jehová tu Dios; a él oiréis». *«Profeta»* (Dt 18.15). Pedro citó este versículo al mostrar que Jesús era aquel a quien Moisés se refería (Hch 3.22).

119. Pregunta: Según Deuteronomio 18.22, ¿cómo podían los israelitas determinar si un profeta era de verdad profeta de Dios? *Si no se cumplía lo que decía, el profeta era falso* (Dt 18.22).

120. Pregunta: ¿En cuántas partes debía Israel dividir la tierra después de conquistada, a fin de establecer ciudades de refugio? *Tres* (Dt 19.1-3). Aquellas ciudades eran para la protección de cualquier persona que sin querer hubiera cometido asesinato.

121. Llene el espacio en blanco: Las ciudades de refugio debían proveer refugio para el hombre que haya matado a su prójimo sin intención, que no había tenido _____ con él. *Enemistad* (Dt 19.4).

122. Pregunta: ¿Qué se hacía a un testigo falso? *Recibía el castigo que pensaba que se le iba a aplicar a su prójimo* (Dt 19.16, 19).

123. Selección múltiple: Un hombre no debía ir a la guerra si había edificado una casa nueva pero todavía no la había (a) pintado; (b) terminado; o (c) dedicado. (c) *Dedicado* (Dt 20.5).

124. Selección múltiple: Un hombre no debía ir a la guerra si había plantado una viña pero todavía no: (a) había comido de ella; (b) la había cultivado; o (c) la había cosechado. *(a) Había comido de ella* (Dt 20.6). El establecimiento de la viña era de gran importancia en una sociedad agrícola.

125. ¿Verdadero o falso? Si un hombre estaba comprometido con una mujer pero todavía no se había casado con ella, no debía ir a la guerra. *Verdadero* (Dt 20.7).

126. Selección múltiple: Cuando el ejército de Israel salía a la guerra, alguien debía ir y recordarles que Jehová iba con ellos para pelear por ellos. ¿Quién desempeñaba esta función? (a) el rey; (b) un profeta; o (c) un sacerdote. *(c) Un sacerdote* (Dt 20.2-4).

127. ¿Verdadero o falso? El soldado israelita «medroso» debía ser fuerte en Dios e ir a la guerra. *Falso*. Debía volver a su casa, para que no amedrentara el corazón de los demás (Dt 20.8).

128. ¿Verdadero o falso? Antes de que el ejército de Israel atacara una ciudad fuera de la Tierra Prometida, debían hacerle una oferta de paz. *Verdadero* (Dt 20.10). Esta ley no se aplicaba a ciudades que estuvieran dentro de la tierra que Dios les había dado. Había que exterminar por completo a esos pueblo (Dt 20.16).

129. Llene el espacio en blanco: «Pero de las ciudades de estos pueblos que Jehová tu Dios te da por _____, ninguna persona dejarás con vida». *«Heredad»* (Dt 20.16).

130. ¿Verdadero o falso? Si un hombre deseaba casarse con una mujer que había sido tomada cautiva en batalla, la mujer debía raparse la cabeza antes de que pudieran casarse. *Verdadero* (Dt 21.11, 12).

131. ¿Verdadero o falso? Si un hombre **tomaba esposa de entre las cautivas de guerra y decidiera después que había cometido un error, podía dejarla en libertad.** *Verdadero* (Dt 21.14). Sin embargo, no debía venderla ni tratarla como esclava.

132. ¿Verdadero o falso? Si un hombre tenía dos esposas y solo amaba una, podía dar el derecho de primogenitura al hijo de la amada, aunque fuera hijo de la otra. *Falso* (Dt 21.15-17). El primogénito recibía doble porción sin tener en cuenta cuál de las esposas era su madre.

133. Pregunta: ¿Qué castigo se daba al hijo contumaz y rebelde que no cambiaba incluso después de haber sido castigado por sus padres? *Debía morir apedreado* (Dt 21.18-21).

134. ¿Verdadero o falso? Si un hombre fuere ejecutado por un pecado digno de muerte, se dejaba su cuerpo colgado de un madero pero no debía pasar la noche colgado. *Verdadero* (Dt 21.22, 23). Pablo cita el final del versículo 23 al hablar de la muerte de Cristo: «Maldito todo el que es colgado en un madero» (Gá 3.13).

135. ¿Verdadero o falso? Si un israelita encontrara algo que otro había perdido, podía quedarse con lo que encontró. *Falso*. Si el dueño lo buscaba, debía devolvérselo (Dt 22.1-3).

136. Selección múltiple: ¿Qué se requería que un israelita pusiera a su terrado? (a) una chimenea; (b) un pretil; o (c) los Diez Mandamientos. *(b) Un pretil* (Dt 22.8). La mayoría de las casas tenían terrado plano y fueron construidas para que las personas pudieran caminar sobre ellas.

137. ¿Verdadero o falso? Era permitido que arasen juntos el buey con el asno si uno no tenía dos bueyes. *Falso* (Dt 22.10). Sin duda este era un mandamiento práctico, debido al tamaño y la fuerza diferentes de los dos animales.

138. Pregunta: ¿Cuantos flecos debían colgar de la vestimenta de un israelita? *Cuatro* (Dt 22.12). Los flecos eran un recordatorio para que se cumpliera los mandamientos de Jehová (Nm 15.37-41).

139. ¿Verdadero o falso? Si a una mujer casada la sorprendían cometiendo adulterio con un hombre, el castigo para el hombre era menor que el de la mujer. *Falso*. Ambos debían morir (Dt 22.22).

140. Selección múltiple: El castigo por el adulterio era el apedreamiento. ¿Cuál era el castigo si una mujer comprometida tenía sexo con otro hombre? (a) Pagar una multa al novio; (b) pagar una multa al padre de la novia; o (c) ambos debían morir apedreados. *(c) Ambos debían morir apedreados* (Dt 22.23, 24).

141. Pregunta: Si un hombre tenía relaciones sexuales con una mujer soltera, debía casarse son ella y pagar al padre una dote. ¿Qué otra condición debía cumplir el hombre? No podía divorciarse de ella mientras viviera **(Dt 22. 28, 29)**.

142. Selección múltiple: Un hijo ilegítimo no podía entrar en la congregación de Jehová. ¿Hasta cuántos descendientes suyos tampoco podían entrar? (a) cinco; (b) diez; o (c) siete. *(b) Diez* (Dt 23.2).

143. ¿Verdadero o falso? Si un esclavo escapaba de su amo y viniera a un israelita, el israelita debía entregarle a su amo. *Falso*. Debía permitir que se quedara con él, donde el esclavo escogiere (Dt 23.15, 16).

144. ¿Verdadero o falso? Cada israelita debía hacer un voto a Jehová y no debía demorar en pagarlo. *Falso*. Todos los votos eran totalmente voluntarios (Dt 23.22, 23).

145. ¿Verdadero o falso? Era permitido que un israelita entrara en la viña de su prójimo y comiera todas las uvas que quisiere mientras estaba allí. *Verdadero* (Dt 23.24).

146. Llene el espacio en blanco: La ley de Moisés declara: «Cuando entres en la mies de tu prójimo, podrás arrancar espigas con tu mano; mas no aplicarás _____ a la mies de tu prójimo». *«Hoz»* (Dt 23.25).

147. ¿Verdadero o falso? El divorcio estaba completamente prohibido bajo la ley de Moisés. *Falso* (Dt 24.1-4). Deuteronomio 24.1 declara que el hombre puede dar carta de divorcio si hubiere hallado en ella alguna cosa «indecente». Lo que constituye algo «indecente» es un tema que todavía se debatía en la época de Cristo (Mt 19.3).

148. Llene el espacio en blanco: «No tomarás en prenda la muela del _____, ni la de abajo ni la de arriba; porque sería tomar en prenda la vida del hombre». *«Molino»* (Dt 24.6).

149. Pregunta: Si un hombre fuere hallado culpable ante el tribunal judío y el castigo que se diere fuere azotes, ¿cuántos azotes debía recibir? *Cuarenta* (Dt 25.1-3). Era una práctica común dar treinta y nueve azotes, no más; no evitar que se violara la ley dando más (cf. 2 Co 11.24).

150. Selección múltiple: ¿La memoria de quién debía Israel borrar de debajo del cielo? (a) Edom; (b) Amalec; o (c) Ammon. *(b) Amalec* (Dt 25.17-19).

151. Llene los espacios en blanco: «No tendrás en tu bolsa ____ grande y ____ chica». *Pesa ... pesa* (Dt 25.13). Los israelitas usaban pesas para su compra y venta de materiales y grano. Esta era una prohibición contra la deshonestidad.

152. ¿Verdadero o falso? Si un hombre no quiere edificar la casa de su hermano muerto, la viuda debía quitarle la sandalia y escupirle en la cara. *Verdadero* (Dt 25.7-9).

153. Selección múltiple: Después de que el pueblo entrara a la Tierra Prometida, debían edificar un altar hecho de: (a) piedras cortadas; (b) piedras no lisas; o (c) piedras enteras. *(c) Piedras enteras* (Dt 27.6).

154. Selección múltiple: Dios prometió a Israel la bendición por su obediencia y la maldición por su desobediencia. La maldición debía pronunciarse desde el monte Ebal y la bendición desde el monte: (a) Gerizim; (b) Horeb; o (c) Olivos. *(b) Gerizim* (Dt 27.11-13).

155. Llene el espacio en blanco: «Las cosas _____ pertenecen a Jehová nuestro Dios; mas las reveladas son para nosotros y para nuestros hijos para siempre, para que cumplamos todas las palabras de esta ley». *«Secretas»* (Dt 29.29).

156. Llene el espacio en blanco: Si la rebelde Israel regresara a Jehová, él prometía _____ sus corazones, para que amaran a Jehová su Dios con todo el corazón y toda su alma. *Circuncidar* (Dt 30.1-6).

157. Llene los espacios en blanco: Cuando Moisés concluyó de dar la ley, dijo: «He puesto delante la vida y la ____ la bendición y la _____; escoge, pues, la ____ para que vivas tú y tu descendencia». *«Muerte ... maldición ... vida* (Dt 30.19).

158. Selección múltiple: La ley debía leerse a todo el pueblo cada siete años, ¿en qué fiesta judía? (a) Pascua; (b) Purim; o (c) Tabernáculos. *(c) Tabernáculos* (Dt 31.10-12).

159. Complete la oración: Dios instruyó a Josué mientras se preparaba para entrar a Canaán: «Nunca se apartará de tu boca este libro de la ley, sino que _____». *«De día y de noche meditarás en él»* (Jos 1.8).

160. Pregunta: ¿Qué se leyó a los hijos de Israel cuando renovaron su pacto con Jehová después de la derrota de Hai? *Todas las palabras de la ley* (Jos 8.34). Esta era la ceremonia de renovación en los montes Ebal y Gerizim como Moisés mandó que Israel hiciera cuando entraran a Canaán (Dt 27-28).

161. ¿Verdadero o falso? Los habitantes de Jerusalén engañaron a Josué para que hiciera pacto de paz con ellos pretendiendo ser de una tierra lejana. *Falso*. Los habitantes de Gabaón fueron los que engañaron a Josué (Jos 9.3-9).

162. Complete la oración: Al final de su vida, Josué dijo al pueblo: «Escogeos hoy a quien sirváis». Él fue un ejemplo para que ellos lo imitaran y dijeran____: *«Yo y mi casa serviremos a Jehová»* (Jos 24.15).

163. Llene el espacio en blanco: Cuando los israelitas renovaron su voto para servir a Jehová en Siquem, Josué les dijo: «Vosotros sois ____ contra vosotros mismos de que habéis elegido a Jehová para servirlo». *«Testigos»* (Jos 24.22).

164. ¿Verdadero o falso? Todas las cosas buenas que Jehová prometió a los hijos de Israel se cumplieron cuando se establecieron en Canaán. *Verdadero*. «No faltó palabra de todas las buenas promesas que Jehová había hecho a la casa de Israel; todo se cumplió» (Jos 21.45).

165. Llene el espacio en blanco: Cuando los hijos de Israel acamparon en Gilgal después de cruzar el Jordán, celebraron la fiesta de la _____ a los catorce días del mes, por la tarde. *Pascua* (Jos 21.45).

166. ¿Verdadero o falso? Ninguno de los hijos de Israel nacido en el desierto durante los cuarenta años estaba circuncidado. *Verdadero* (Jos 5.5).

167. Selección múltiple: ¿Cuál de los siguientes no era de la familia de los levitas que recibieron las ciudades en la tierra de Canaán? (a) Asdodeos; (b) coatitas; o (c) los gersonitas. *(a) Asdodeos* (Jos 21.10, 27, 34). Los asdodeos habitaban una de las cinco principales ciudades de los filisteos (13.3).

168. Llene el espacio en blanco: Porque los israelitas habían quebrantado el pacto y no obedecieron, Jehová dijo: «Tampoco yo volveré más a arrojar de delante de ellos a ninguna de las naciones que dejó Josué cuando murió; para _____ con ellas a Israel, si procurarían o no seguir el camino de Jehová». *«Probar»* (Jue 2.21, 22).

169. Llene los espacios en blanco: El ciclo de pecado, opresión del enemigo, y liberación que los israelitas experimentaron cumplió las palabras de Josué cuando dijo respecto de los cananeos: «Os serán por _____ por _____ por _____ para vuestros costados y por _____ para vuestros ojos». *«Lazo ... tropiezo ... azote ... espinas»* (Jos 23.13).

170. Selección múltiple: ¿Qué señal le pidió Gedeón a Dios como señal de que salvaría a Israel?: (a) fuego que consumía una ofrenda; (b) un vellón de lana mojado, luego un vellón de lana seco; o (c) una vara que se convertía en serpiente. *(b) Un vellón de lana mojado, luego un vellón de lana seco* (Jue 6.37, 39).

171. Complete la oración: Jehová dijo a los israelitas, cuando se quejaron del trato de los filisteos, amonitas, y amorreos: «Yo no os libraré más. Anda y clamad a los _____». *«Dioses que habéis elegido; que os libren ellos en el tiempo de vuestra aflicción»* (Jue 10.13, 14).

172. ¿Verdadero o falso? El ángel de Jehová dijo a la madre de Sansón antes de que éste naciera que sería nazareo desde la edad de dos años hasta que muriera. *Falso*. Desde su nacimiento hasta su muerte (Jue 13.6, 7).

173. Llene el espacio en blanco: Los israelitas prometieron en Mizpa que ninguno de ellos daría su hija a los de la tribu de _____ por esposa. *Benjamín* (Jue 21.1).

174. Selección múltiple: ¿Qué pronunció Jotam sobre los hombres malos de Siquem? (a) una plaga; (b) una sentencia de muerte; o (c) una maldición. *(c) Una maldición* (Jue 9.57). Siquem se apartó de Jehová para seguir a Abimelec, hijo de Gedeón, como rey.

175. Selección múltiple: ¿En qué capítulo de 2 Samuel se encuentra el pacto de Dios con David de establecer su reino para siempre? (a) tres; (b) siete; o (c) diez. *(b) Siete* (2 S 7.4-17)

176. Pregunta: ¿De quién hablaba Dios cuando dijo a David: «Él edificará casa a mi nombre?». *Salomón* (2 S 7.13; 1 R 5.2-5).

177. Pregunta: El pacto de Dios con David respecto de un reino eterno se lo repitió a uno de sus descendientes. ¿Quién recibió también esta promesa? *Salomón* (1 R 9.2, 4, 5).

POESÍA

TEMA DE LOS LIBROS POÉTICOS		
LIBRO	PALABRA CLAVE	TEMA
Job	Soberanía	Dios se reveló a sí mismo en su majestad y poder a Job. Estaba claro que el tema verdadero no era el sufrimiento de Job (causado por el pecado de Job) sino la soberanía de Dios.
El Salmo	Adoración	Los cinco libros de El Salmo abarcan los siglos desde Moisés hasta el período posterior al exilio, y cubren toda la gama de emociones y experiencias humanas. Adecuados para servir como himnario del templo, estaban preparados para la música y centrados en la adoración.
Prover-bios	Sabiduría	Proverbios fue diseñado para equipar al lector en sabiduría práctica, discernimiento, disciplina y discreción. Se destaca el desarrollo de todas las habilidades en todos los detalles de la vida, de modo que la belleza y la rectitud reemplacen la insensatez y el mal con depender de Dios.
Eclesiastés	Vanidad	El predicador aplica su gran mente y recursos a la búsqueda del significado y el propósito en la vida. Halló que toda la sabiduría, la riqueza, las obras, el placer y el poder conducen a la futilidad y a la vanidad. La única fuente de sentido esencial y plenitud es Dios mismo.
Cantares	Amor en el matrimonio	Esta hermosa canción retrata la relación íntima de amor entre Salomón y su novia sulamita. Amplía las virtudes del amor físico y emocional en el matrimonio.

MEMORIA

1. Complete la oración: «Respondiendo Satanás a Jehová dijo: ¿Acaso Job _____?». «*Teme a Dios de balde?*» (Job 1.9). Satanás estaba convencido que Job servía a Dios por lo que había recibido y no por amor a Dios como Dios.

2. Complete la oración: Job dijo: «Desnudo salí del vientre de mi madre, y desnudo volveré allá _____». «*Jehová dio, y Jehová quitó; sea el nombre de Jehová bendito*» (Job 1.21).

3. Complete la oración: La esposa de Job dijo: «¿Aún retienes tu integridad? _____». «*Maldice a Dios, y muérete*» (Job 2.9).

4. Complete la oración: Elifaz dijo este proverbio a Job: «El hombre nace para la aflicción, como _____». «*Las chispas se levantan para volar por el aire*» (Job 5.7).

5. Llene los espacios en blanco: Job se lamentó: «El hombre nacido de _____ es _____ de días, y hastiado de _____». «*Mujer ... corto ... sinsabores*» (Job 14.1).

6. Llene los espacios en blanco: Una de las grandes interrogantes de Job fue: «Si el hombre _____ ¿volverá a _____?». «*Muriere ... vivir*» (Job 14.14).

7. Complete la oración: Job expresó a sus consoladores cuán cercano estaba a la muerte con la conocida frase: «Mi piel y mi carne se pegaron a mis huesos, y he escapado con _____». «La piel de mis dientes» (Job 19.20).

8. Llene los espacios en blanco: En medio del sufrimiento, Job tuvo esperanza. Y dijo: «Yo sé que mi _____ _____ y al fin se _____ sobre el polvo». «*Redentor vive _____ levantará*» (Job 19.25).

9. Llene el espacio en blanco: Job, mientras reflexionaba con sus amigos sobre el poder de Dios, dijo: «Él extiende el norte sobre _____, cuelga la tierra sobre _____». «*Vacío _____ nada*» (Job 26.7). Aunque las dificultades de Job eran muy a nivel personal, la mayoría de sus reflexiones acerca de Dios fueron cósmicas en alcance. Esta perspectiva a la larga le capacitó para ir más allá del dolor a una fe mayor.

10. Llene los espacios en blanco: Job había cuestionado la justicia de Dios por haber dejado que sufriera. Dios le respondió poniendo a prueba el conocimiento y la experiencia de Job acerca del mundo: «¿Quién puso su piedra angular, cuando alababan todas las _____ del alba, y se regocijaban todos los _____ de _____?». «*Estrellas ... hijos ... Dios*» (Job 38.6, 7).

11. Llene el espacio en blanco: Dios indicó a Job su incapacidad para argumentar con Él al preguntarle si podía controlar los monstruos de la creación. Dios preguntó: «¿Sacarás tú al _____ con anzuelo?». «*Leviatán*» (Job 41.1). El leviatán era una criatura desconocida de gran tamaño. A menudo se piensa que se refiere al cocodrilo, que se usa poéticamente en Job con exageración para impresionar.

12. Llene los espacios en blanco: Después de que Dios se le apareció a Job, éste lamentó haber hablado contra Dios. Por eso confesó: «Yo hablaba lo que no _____; cosas demasiado _____ para mí, que yo no comprendía». «*Entendía ... maravillosas*» (Job 42.3). Esta confesión fue la base del nuevo entendimiento de Job acerca de Dios y su victoria final sobre Satanás.

13. Complete la oración: Después de que Dios confrontara a Job por hablar impulsivamente, este se humilló y dijo: «De oídas te había oído; mas ahora mis ojos te ven. Por tanto, me aborrezco, y me _____». «*Arrepiento en polvo y ceniza*» (Job 42.5, 6). Los amigos de Job querían que se arrepintiera de su pecado de comisión, pero Dios quería que Job se arrepintiera del pecado de su actitud presente. La discusión no logró lo que logró el haber visto a Dios.

14. Llene el espacio en blanco: Después de que Job pasara con éxito su prueba y entendiera mucho mejor a Dios, el libro de Job concluye diciendo: «Y _____ Jehová el postrer estado de Job más que el primero». «*Bendijo*» (Job 42.12).

15. Llene el espacio en blanco: El Salmo 2 es un salmo mesiánico. La última parte del versículo 7 se cita más de una vez en el Nuevo Testamento, y dice: «Mi _____ eres tú; yo te _____ hoy». «*Hijo _____ engendré*» (Sal 2.7; cp. Mt 3.17; Lc 3.22). Pablo citó este versículo en Hechos 13.33, y se cita también en Hebreos 1.5 y en 5.5 los autores se refieren este versículo.

16. Llene los espacios en blanco: Pedro cita El Salmo 16.10 en referencia a Jesús en Hechos 2.31, 32, diciendo: «Su _____ no fue dejada en el Hades, ni su carne vio _____». «*Alma ... corrupción*» (Sal 16.10). Este salmo fue uno de los textos básicos que empleó Pedro para probar que Jesús era el Mesías cuando predicó en el día de Pentecostés.

17. Llene los espacios en blanco: El Salmo 19 declara: «Los cielos cuentan la _____ de Dios, y el firmamento anuncia la _____». *«Gloria … obra de sus manos»* (Sal 19.1). Como Pablo declara en Romanos 1.20, todos los hombres pueden conocer que hay un Dios a través de la creación. Todos están sin excusa. La creación de Dios «se los grita» al hombre.

18. Llene los espacios en blanco: El Salmo 19 declara: «La ley de Jehová es _____ que convierte el _____». *«Perfecta … alma»* (Sal 19.7).

19. Llene los espacios en blanco: El Salmo 19 declara: «Los mandamientos de Jehová son _____, que alegran el _____». *«Rectos … corazón»* (Sal 19.8).

20. Llene el espacio en blanco: El Salmo 19 declara: «El precepto de Jehová es puro, que alumbra los _____». *«Ojos»* (Sal 19.8). Aquí «ojos» se refiere a los ojos del corazón. Tiene que ver con el entendimiento espiritual (cf. Ef. 1.15-19).

21. Llene los espacios en blanco: El Salmo 19 el salmista ora: «Sean gratos los _____ de mi _____ y la _____ de mi _____ delante de _____». *«Dichos … boca … meditación … corazón … ti»* (Sal 19.14).

22. Complete la oración: «Dios mío, Dios mío, ¿por qué _____». *«Me has desamparado?»* (Sal 22.1). Estos versículos son las mismas palabras que Cristo pronunció desde la cruz. Profetizan de su muerte espiritual en lugar de nosotros.

23. Llene los espacios en blanco: El Salmo 22, hablando de la experiencia de la Cruz, dice: «He sido derramado como _____, y todos mis _____ se descoyuntaron; mi corazón fue como _____, derritiéndose en medio de mis entrañas». *«Aguas… huesos … cera»* (Sal 22.14).

24. Pregunta: Cite El Salmo 23.1. *«Jehová es mi pastor; nada me faltará»* (Sal 23.1).

25. Llene los espacios en blanco: El Salmo 23 dice: «Aunque ande en valle de sombra de _____, no temeré _____ alguno, porque tú estarás _____; tú _____ y tu _____ me infundirán aliento». *«Muerte … mal … conmigo … vara … cayado»* (Sal 23.4).

26. Llene los espacios en blanco: El Salmo 24.1 declara: «De Jehová es la tierra y su _____; el _____, y los que en él habitan». *«Plenitud … mundo»* (Sal 24.1).

27. Llene los espacios en blanco: El Salmo 24 dice: «Alzad, oh puertas, vuestras cabezas, y alzaos vosotras, _____ _____ y entrará el Rey de _____». *«Puertas eternas … gloria»* (Sal 24.7). Esta es una figura de la entrada triunfal de Cristo en Jerusalén a través de las puertas de la ciudad, y su ascensión a la ciudad celestial, la nueva Jerusalén.

28. Llene los espacios en blanco: «Gustad, y _____ que es _____ Jehová; dichoso el hombre que _____ en él». *«Ved … bueno … confía»* (Sal 34.8).

29. Llene los espacios en blanco: «Muchas son las _____ del justo, pero de todas ellas le _____ Jehová». *«Aflicciones … librará»* (Sal 34.19).

30. Llene los espacios en blanco: «Jehová hace nulo el consejo de las _____, y frustra las _____ de los pueblos». *«Naciones … maquinaciones»* (Sal 33.10). Dios es soberano sobre las obras de todas las naciones sobre la tierra. Nada ocurre fuera de su control.

31. Llene los espacios en blanco: «No te _____ a causa de los malignos, ni tengas _____ de los que hacen iniquidad». *«Impacientes … envidia»* (Sal 37.1).

32. Complete la oración: «Encomienda a Jehová tu camino, y confía en él; y el _____». *«Lo hará»* (Sal 37.5).

33. Llene los espacios en blanco: «Como el _____ brama por las corrientes de las _____, así clama por ti, oh Dios, el _____ mía». «*Ciervo ... aguas ... alma*» (Sal 42.1).

34. Llene los espacios en blanco: El Salmo 42.11 y el 43.5 dicen: «¿Por qué te _____, oh alma mía, y te turbas dentro de mí? Espera en _____; porque aun he de _____, _____». «*Abates ... Dios ... alabarle*». (Sal 42.11; 43.5).

35. Llene los espacios en blanco: «Dios es nuestro amparo y _____, nuestro pronto _____ en las tribulaciones». «*Fortaleza ... auxilio*» (Sal 46.1).

36. Llene los espacios en blanco: Cuando David pide limpieza en el Salmo 51, dice: «Purifícame con _____, y seré limpio; lávame, y seré más blanco que la _____». «*Hisopo ... nieve*» (Sal 51.7). El hisopo es una planta que crece en Israel. Es muy pequeña y aromática. Se usaba con frecuencia en racimos con madera de cedro y lana para la limpieza ceremonial (cf. Lv 14.1-9, 48-53).

37. Llene los espacios en blanco: «Crea en mí, oh Dios, un _____ limpio, y renueva un _____ recto dentro de mí». «*Corazón ... espíritu*» (Sal 51.10).

38. Llene los espacios en blanco: «Echa sobre Jehová tu _____, y él te _____; no dejará para siempre caído al _____». «*Carga ... sustentará ... justo*» (Sal 55.22).

39. Complete la oración: «En el día que temo, yo _____». «*En ti confío*» (Sal 56.3). El temor del hombre y de las circunstancias no puede coexistir con la confianza en Dios.

40. Llene los espacios en blanco: «Dios, Dios mío eres tú; de madrugada te _____; mi alma tiene _____ de ti, mi carne te anhela, en tierra _____ y _____ donde no hay _____». «*Buscaré ... sed ... seca ... árida ... aguas*» (Sal 63.1).

41. Complete la oración: «Dios tenga misericordia de nosotros, y nos bendiga; haga _____ sobre nosotros». «*Resplandecer su rostro*» (Sal 67.1). Este salmo reitera las palabras de una bien conocida bendición de Números 6.24-26, que a menudo se usa para concluir el culto de adoración.

42. Llene los espacios en blanco: «Porque me consumió el celo de tu _____; y los denuestos de los que _____ cayeron sobre mí». «*Casa ... vituperaban*» (Sal 69.9).

43. Llene los espacios en blanco: El Salmo 69 predice la Cruz al decir: «Me pusieron además hiel por _____, y en mi sed me dieron a beber _____». «*Comida ... vinagre*» (Sal 69.21). Cuando Jesús, desde la cruz, dijo que tenía sed se le dio a beber vinagre (Mt 27.34, 48; Mr 15.23, 36; Lc 23.36; Jn 19.28-30). La «hiel» también es una referencia a la amargura del vinagre.

44. Llene los espacios en blanco: «Porque es mejor un día en tus atrios que _____ fuera de ellos. Escogería antes estar a la _____ de la casa de mi Dios, que habitar en las _____ de maldad». «*Mil ... puerta ... moradas*» (Sal 84.10).

45. Llene los espacios en blanco: «Señor, tú nos has sido _____ de generación en generación». «*Refugio*» (Sal 90.1). El Salmo 90 quizás es el más antiguo de los salmos en Salterio, pues los escribió Moisés.

46. Llene los espacios en blanco: «Antes que naciesen los montes y formases la tierra y el mundo, desde el siglo y hasta el siglo, tú _____ Dios». «*Eres*» (Sal 90.2).

47. Llene los espacios en blanco: «Enséñanos de tal modo a _____ nuestros _____, que traigamos al corazón sabiduría». «*Contar ... días*» (Sal 90.12). Ante la brevedad de la vida, el creyente debe hacer que cada minuto cuente para Dios.

48. Complete la oración: «El que habita al abrigo del Altísimo morara bajo _____». «*La sombra del Omnipotente*» (Sal 91.1). Morar bajo la sombra del Señor es vivir bajo su protección.

49. Complete la oración: «Con sus plumas te _____, y debajo de sus _____ estarás seguro». «*Cubrirá ... alas*» (Sal 91.4). Como el ave protege a sus polluelos del peligro, Dios protege al creyente de todo lo que pueda dañarlo.

50. Complete la oración: «Pues a sus ángeles mandará acerca de ti, que te guarden en todos tus caminos. En las manos te llevarán, para que_____». «*Tu pie no tropiece en piedra*» (Sal 91.11, 12). Satanás citó este versículo a Jesús cuando le tentó a tirarse desde el pináculo del templo (Mt 4.5, 6).

51. Llene los espacios en blanco: «Plantados en la casa de Jehová, en los atrios de nuestro Dios _____». «*Florecerán*» (Sal 92.13).

52. Llene los espacios en blanco: «Venid, _____ y _____; arrodillémonos delante de Jehová nuestro Hacedor». «*Adoremos ... postrémonos*» (Sal 95.6).

53. Llene los espacios en blanco: «Grande es Jehová, y _____». «*Digno de suprema alabanza*» (Sal 96.4).

54. Llene los espacios en blanco: «Cantad alegres a Dios, habitantes de la toda la tierra. Servid a Jehová con alegría; venid ante su presencia con regocijo». «*Alegría ... regocijo*» (Sal 100.1, 2).

55. Llene los espacios en blanco: «Reconoced que _____; Él nos hizo, y no nosotros a nosotros mismos». «*Jehová es Dios*» (Sal 100.3).

56. Llene los espacios en blanco: «Entrad por sus puertas con _____, por sus atrios con _____; alabadle, _____». «*Acción de gracias ... alabanza ... bendecid su nombre*» (Sal 100.4).

57. Llene los espacios en blanco: «Porque Jehová es _____; para siempre es su _____, y su _____ por todas las generaciones». «*Bueno ... misericordia ... verdad*» (Sal 100.5).

58. Llene los espacios en blanco: «Bendice, alma mía, a Jehová, y bendiga _____ su santo nombre». «*Todo mi ser*» (Sal 103.1).

59. Llene los espacios en blanco: «Misericordioso y clemente es Jehová; lento para la _____, y grande en _____». «*Ira ... misericordia*» (Sal 103.8).

60. Complete la oración: «Como el padre se compadece de los hijos, se compadece Jehová de _____». «*Los que le temen*» (Sal 103.13).

61. Llene los espacios en blanco: Jesús citó El Salmo 110.1, que dice: «Jehová dijo a mi Señor: Siéntate _____, hasta que ponga a tus enemigos por estrado de tus pies». «*A mi diestra*» (Sal 110.1). Jesús habló esto a los fariseos para demostrar que el Mesías era más que un hijo humano de David porque David le llamó Señor (Mt 22.41-46).

63. Llene el espacio en blanco: «¿Qué pagaré a Jehová por todos sus _____ para conmigo?». «*Beneficios*» (Sal 116.12). La respuesta del salmista es que invocará el nombre de Jehová y delante de todo su pueblo declarará lo que Dios hizo por él (vv. 13, 14).

64. Complete la oración: «Mi fortaleza y mi cántico es JAH, y él me ha sido por _____». «*Salvación*» (Sal 118.14).

65. Complete la oración: «La piedra que desecharon los edificadores ha venido a ser _____». «*Cabeza del ángulo*» (Sal 118.22). En Efesios 2.20, se considera que la iglesia es como un edificio asentada sobre los apóstoles y los profetas con Jesús como la «piedra angular».

66. Complete la oración: «Este es el día que hizo Jehová; nos _____». «*Gozaremos y alegraremos en él*» (Sal 118.24).

67. Complete la oración: «Bendito el que viene _____». «*En el nombre de Jehová*» (Sal 118.26). Este versículo lo gritaba la gente durante la entrada de Jesús en Jerusalén una semana antes de su crucifixión (Mt 21.9; 23.39; Mr 11.9; Lc 13.35; 19.38).

68. Llene el espacio en blanco: «¿Con qué _____ el joven su camino? Con guardar tu palabra». «*Limpiará*» (Sal 119.9).

69. Complete la oración: «En mi corazón he guardado tus dicho _____». «*Para no pecar contra ti*» (Sal 119.11). Guardar sus dichos es aprenderlos de memoria y meditar en ellos.

70. Llene los espacios en blanco: «_____ mis ojos, y miraré las _____ de tu ley».. «*Abre … maravillas*» (Sal 119.18). La capacidad de discernir lo que se enseña en las Escrituras proviene de Dios. Pablo dijo que las cosas del Espíritu se deben discernirse espiritualmente (1 Co 2.14).

71. Llene los espacios en blanco: «Lámpara es a mis _____ tu palabra, y lumbrera a mi _____» «*Pies … camino*» (Sal 119.5). La idea es que Dios guía nuestra vida a través de las Escrituras.

72. Complete la oración: «Alzaré mis ojos a los montes; ¿de dónde vendrá mi socorro? Mi socorro _____». «*Viene de Jehová que hizo los cielos y la tierra*» (Sal 121.1, 2).

73. Llene los espacios en blanco: «Jehová es tu guardador; Jehová es tú _____ a tu mano derecha». «*Sombra*» (Sal 121.5).

74. Llene los espacios en blanco: «Los que sembraron con _____, con _____ segarán». «*Lágrimas … regocijo*» (Sal 126.5). Este salmo hace referencia al regreso de la cautividad (vv. 1-4). «Las lágrimas» se refieren al tiempo de la cautividad y el «regocijo» al regreso.

75. Llene los espacios en blanco: «Si _____ no edificare la _____, en vano trabajan los que la edifican». «*Jehová … casa*» (Sal 127.1).

76. Llene los espacios en blanco: «He aquí, herencia de Jehová son los _____; cosa de estima el fruto del _____». «*Hijos … vientre*» (Sal 127.3).

77. Llene el espacio en blanco: «Como _____ en mano del valiente, así son los hijos habidos en la juventud». «*Saetas*» (Sal 127.4). Para ser útil la saeta debe sacarse de la aljaba y ser disparada. Así también vienen tiempos cuando debemos dejar libres a nuestros hijos.

78. Llene los espacios en blanco: «¿Adónde me iré de tu _____? ¿Y a dónde huiré de tu _____?». «*Espíritu … presencia*» (Sal 139.7). El salmista no habla de esta manera porque desea escapar de la presencia de Dios sino porque está maravillado de cuánto Dios desea estar con él.

79. Llene los espacios en blanco: «Si subiere a los _____, allí estás tú; y si en el _____ hiciere mi estrado, he aquí, allí tú estás». «*Cielos … Seol*» (Sal 139.8).

80. Llene los espacios en blanco: «Te alabaré; porque _____ y maravillosas _____, _____ son tus obras; estoy maravillado, y mi _____ lo sabe muy bien». «*Formidables … alma*» (Sal 139.14).

81. Llene los espacios en blanco: «No fue encubierto de ti mi _____, bien que en _____ fui formado, y entretejido en lo más profundo de la tierra». «*Cuerpo … oculto*» (Sal 139.15). «En lo más profundo de la tierra» se refiere al vientre de la madre. El versículo reconoce la actividad de Dios en la formación de cada niño.

82. Llene los espacios en blanco: «Examíname, oh Dios, y conoce _____; pruébame y conoce mis pensamientos; y ve si hay en mí camino de perversidad, y guíame en el camino _____». «*Mi corazón … eterno*» (Sal 139.23, 24).

83. Complete la oración: «Pon guarda a mi _____, oh Jehová; guarda la puerta de mis _____». «*Boca ... labios*» (Sal 141.3). Incluso el salmista halla imposible controlar su lengua.

84. Complete la oración: «Oh Jehová, ¿qué es el hombre para que en él pienses, o el hijo de hombre _____?». «*Para que lo estimes*» (Sal 144.3). El autor de Hebreos aplica este versículo a Jesús al argumentar la superioridad de Cristo a los ángeles (He 2.6).

85. Llene los espacios en blanco: El último versículo del libro de los el Salmo exclama: «_____ lo que _____ alabe a JAH». «*Todo ... respira*» (Sal 150.6).

86. Llene los espacios en blanco: el Salmo 150 es una alabanza pura. En el versículo 2, el salmista nos exhorta: «Alabadle por sus _____; alabable conforme a la muchedumbre de su _____». «*Proezas ... grandeza*» (Sal 150.2).

87. Llene los espacios en blanco: Uno de los proverbios dice: «La _____ clama en las calles, alza su voz en las _____». «*Sabiduría ... plazas*» (Pr 1.20).

88. Complete la oración: Un proverbio conocido dice: «Fíate de Jehová de todo tu corazón, y _____». «*No te apoyes en tu propia prudencia*» (Pr 3.5).

89. Complete la oración: Un versículo que termina con una cita más larga dice: «Reconócelo en todos tus caminos, y _____». «*Él enderezará tus veredas*» (Pr 3.6).

90. Llene los espacios en blanco: Uno de los proverbios dice: «No seas sabio en tu propia opinión; teme a _____, y apártate del mal; porque será _____ a tu cuerpo, y _____ para tus huesos». «*Jehová ... medicina ... refrigerio*» (Pr 3.7, 8).

91. Llene los espacios en blanco: Un proverbio dice: «No menosprecies, hijo mío, el _____ de Jehová, ni te fatigues de su _____; porque Jehová al que ama castiga, como el padre al hijo a quien quiere». «*Castigo ... corrección*» (Pr 3.11, 12). «Es verdad que ninguna disciplina al presente parece ser causa de gozo, sino de tristeza; pero después da fruto apacible de justicia a los que en ella han sido ejercitados» (He 12.11).

92. Complete la oración: Uno de los proverbios dice: «Sobre toda cosa guardada, guarda tu corazón; porque _____». «*De él mana la vida*» (Pr 4.23).

93. Llene los espacios en blanco: Uno de los proverbios dice: «Ve a la _____, oh _____, mira sus caminos, y sé sabio». «*Hormiga ... perezoso*» (Pr 6.6). Aunque la diligencia de la hormiga es puro instinto, sirve como ejemplo para un estilo de vida que el hombre puede escoger y hacer una disciplina espiritual.

94. Llene los espacios en blanco: Uno de los proverbios dice: «Un poco de _____, un poco de _____, y cruzar por un poco las manos para _____; así vendrá tu necesidad como caminante, y tu pobreza como hombre armado». «*Sueño ... dormitar ...reposo*» (Pr 6.10, 11).

95. Complete la oración: Uno de los proverbios dice: «¿Tomará el hombre fuego en su seno_____». «*Sin que sus vestidos ardan?*» (Pr 6.27). A Salomón no le preocupaba el fuego. Solo estaba comparando el adulterio con el jugar con fuego (vv. 20-29).

96. Complete la oración: «El temor de Jehová es el _____, y el conocimiento del Santísimo es la inteligencia». «*Principio de la sabiduría*» (Pr 9.10). «Temor» no es terror. Alude al asombro, el respeto, y el conocimiento que el trato con Dios envuelve la posibilidad de juicio como también recompensa.

97. Llene los espacios en blanco: Salomón escribió: «El _____ sabio alegra al padre, pero el _____ necio es tristeza de su madre». «*Hijo ... hijo*» (Pr 10.1).

98. Llene los espacios en blanco: Proverbios enseña: «El odio despierta _____; pero el amor cubrirá todas las _____ ». *«Rencillas ... faltas»* (Pr 10.12). El odio divide a las personas mientras que el amor las une.

99. Llene los espacios en blanco: Proverbios enseña: «Donde no hay _____, caerá el pueblo; más en la multitud de consejeros hay _____ ». *«Dirección sabia ... seguridad»* (Pr 11.4).

100. Llene los espacios en blanco: Proverbios enseña: «Como zarcillo de oro en el _____ de un cerdo es la _____ y apartada de razón». *«Hocico ... mujer hermosa»* (Pr 11.22). El carácter es fundamental y la belleza es ornamental. Una sociedad que valora más la belleza está confundida a nivel fundamental.

101. Llene los espacios en blanco: Proverbios enseña: «El que detiene el castigo, a su hijo _____; mas el que lo _____, desde temprano lo corrige». *«Aborrece ... ama»* (Pr 13.24).

102. Complete la oración: En Proverbios, Salomón observó: «Hay camino que al hombre le parece derecho; _____». *«Pero su fin es camino de muerte»* (Pr 14.12; 16.25).

103. Llene los espacios en blanco: Un proverbio dice: «En toda _____ hay fruto; mas las vanas _____ de los labios empobrecen». *«Labor ... palabras»* (Pr 14.23).

104. Complete la oración: Proverbios enseña: «La justicia engrandece a la nación; mas _____». *«El pecado es afrenta de las naciones»* (Pr 14.34). La mayoría de los proverbios trata sobre la sabiduría personal. Este y unos cuantos más relativos al tema tratan de la justicia nacional.

105. Complete la oración: Termina este proverbio: «La blanda respuesta quita la ira; mas _____». *«La palabra áspera hace subir el furor»* (Pr 15.1).

106. Llene los espacios en blanco: Proverbios enseña: «El corazón alegre _____; mas por el dolor del corazón el espíritu se _____ ». *«Hermosea el rostro ... abate»* (Pr 15.13).

107. Llene los espacios en blanco: Un proverbio dice: «Mejor es la comida de legumbres donde hay _____, que de buey engordado donde hay _____». *«Amor ... odio»* (Pr 15.17). La salud emocional es mejor que la riqueza.

108. Llene los espacios en blanco: Proverbios enseña: «Todos los _____ del hombre son _____ en su propia opinión; pero Jehová pesa los_____». *«Caminos ... limpios ... espíritus»* (Pr 16.2).

109. Complete la oración: Proverbios enseña: «Antes del quebrantamiento es la soberbia, y_____». *«Antes de la caída la altivez de espíritu»* (Pr 16.18). El orgullo y la arrogancia son los precursores de la autodestrucción.

110. Llene los espacios en blanco: Un proverbio dice: «En todo tiempo ama el _____, y es como un _____ en tiempo de angustia». *«Amigo ... hermano»* (Pr 17.17). La amistad sobrevive al conflicto. De hecho, la amistad ayuda a soportar el conflicto.

111. Llene los espacios en blanco: Un proverbio dice: «El _____ alegre constituye buen _____; mas el _____ triste seca los huesos». *«Corazón ... remedio ... espíritu»* (Pr 17.22). El bienestar emocional afecta toda la personalidad para bien o para mal.

112. Complete la oración: Uno de los proverbios dice: «El hombre que tiene amigos ha de mostrarse amigo; y _____». *«Amigo hay más unido que un hermano»* (Pr 18.24). Más que nada, Salomón tenía en mente que un amigo verdadero, que es una criatura especial, sería más leal que ningún otro, pero los cristianos con razón concluyeron que Jesús es el Amigo más cercano y han aplicado a él este pasaje.

113. Llene los espacios en blanco: Proverbios enseña sobriedad. Un proverbio dice: «El vino es _____, la sidra alborotadora, y cualquiera que por ellos yerra no es _____ ». «*Escarnecedor … sabio*» (Pr 20.1).

114. Complete la oración: Un proverbio sobre la tranquilidad doméstica dice: «Mejor es vivir en un rincón del terrado que con _____». «*Mujer rencillosa en casa espaciosa*» (Pr 21.9).

115. Complete la oración: Uno de los proverbios más conocidos sobre la crianza de los hijos dice: «Instruye al niño en su camino, y aun _____». «*Cuando fuere viejo no se apartará de él*» (Pr 22.6).

116. Llene los espacios en blanco: Un proverbio que favorece los valores tradicionales dice: «No traspases los _____ antiguos que pusieron tus … ». «*Linderos … padres*» (Pr 22.28). En Proverbios, este consejo habla de la importancia de respetar los logros del pasado. En la ley, esta era una legislación que prohibía la alteración de los límites (Dt 19.14; 27.17).

117. Llene los espacios en blanco: Un proverbio acerca de la disciplina dice: «No rehúses _____ al muchacho; porque si lo _____ con vara, no morirá». «*Corregir … castigas … morirá*» (Pr 23.13).

118. Llene los espacios en blanco: Un proverbio sobre el carácter consistente dice: «Como _____ turbia y _____ corrompido, es el justo que cae delante del impío». «*Fuente … manantial*» (Pr 25.26).

119. Llene los espacios en blanco: Un proverbio sobre el dominio propio dice: «Como ciudad derribada y sin _____ es el hombre cuyo _____ no tiene rienda». «*Muro … espíritu*» (Pr 25.28). Una ciudad sin muros es vulnerable a cualquier enemigo que se acerca. Un hombre sin dominio propio tampoco tiene defensa contra todo lo que amenaza a su espíritu.

120. Llene los espacios en blanco: Un proverbio dice: «El que cava foso _____ en él; y al que revuelve la _____, sobre él le volverá». «*Caerá … piedra*» (Pr 26.27). La violencia a la postre volverá a su instigador (cf. 6.12-15).

121. Llene los espacios en blanco: Un proverbio acerca de la amistad dice: «Fieles son las _____ del que ama; pero importunos los _____ del que aborrece». «*Heridas … besos*» (Pr 27.6). Lo peor que uno recibe de un amigo es mejor que lo mejor que recibe de un enemigo.

122. Complete la oración: Un proverbio acerca de lo inesperado de la vida dice: «No te jactes del día de mañana; porque _____». «*No sabes qué dará de sí el día*» (Pr 27.1).

123. Complete la oración: Un proverbio sobre la confesión dice: «El que encubre sus pecados no prosperará; mas el que los _____». «*Confiesa y se aparta alcanzará misericordia*» (Pr 28.13).

124. Llene los espacios en blanco: Un proverbio acerca del contentamiento dice: «No me des _____ ni _____; no sea que me _____, y te niegue. O que siendo _____, hurte». «*Pobreza … riquezas … sacie … pobre*» (Pr 30.8, 9).

125. Complete la oración: Un proverbio dice: «Mujer virtuosa, ¿quién la hallará? Porque _____». «*Su estima sobrepasa largamente a la de las piedras preciosas*» (Pr 31.10). El rey Lemuel hizo esta interrogante para responderla de manera positiva con una extensa descripción de una mujer sabia por la cual Proverbios 31 es famoso.

126. Llene los espacios en blanco: Un proverbio acerca del carácter dice: «_____ es la gracia, y _____ la hermosura; la mujer que teme a Jehová, esa será alabada». «*Engañosa ... vana*» (Pr 31.30).

127. Llene los espacios en blanco: U proverbio acerca de la revelación de Dios dice: «Toda _____ de Dios es limpia; no añadas a sus _____, para que no te reprenda, y seas hallado mentiroso». «*Palabra ... palabras*» (Pr 30.5, 6).

128. Llene los espacios en blanco: Un proverbio que advierte contra la necedad dice: «El _____ para el caballo, el _____ para el asno, y la _____ para la espalda del necio». «*Látigo ... cabestro ... vara*» (Pr 26.3).

129. Llene los espacios en blanco: En Proverbios, Agur confiesa indagar acerca de cuatro cosas: «El rastro del _____ en el aire; el rastro de la _____ sobre la pena; el rastro de la _____ en medio del mar; y el rastro del _____ en la doncella». «*Águila ... culebra ... nave ... hombre*» (Pr 30.19).

130. Llene los espacios en blanco: El libro de Eclesiastés comienza de esta manera: «_____ del Predicador, hijo de David, rey de ... ». «*Palabras ... Jerusalén*» (Ec 1.1).

131. Complete la oración: Una de las ideas clave de Eclesiastés se encuentra en este versículo: «Vanidad de vanidades, dijo el Predicador; _____». «*Vanidad de vanidades, todo es vanidad*» (Ec 1.2). El término «vanidad» enfatiza el vacío o la falta de sustancia de aquellas cosas que el hombre tiende a creer importantes.

132. Llene los espacios en blanco: En Eclesiastés, Salomón escribió de la futilidad de las obras de esta manera: «Lo _____ no se puede enderezar, y lo incompleto no puede _____». «*Torcido ... contarse*» (Ec 1.15). El pecado trajo desorden al mundo, y ningún esfuerzo humano puede poner otra vez en orden al mundo.

133. Llene los espacios en blanco: En Eclesiastés, Salomón evaluó su búsqueda del placer de esta manera: «Y he aquí, todo era _____ y aflicción de espíritu, y sin provecho debajo del _____». «*Vanidad... sol*» (Ec 2.11).

134. Complete la oración: En Eclesiastés 3, Salomón escribió: «Todo tiene su tiempo, _____». «*Y todo lo que se quiere debajo del cielo tiene su hora*» (Ec 3.1). Esto presenta el poema más famoso del libro que cada actividad de la vida tiene su lugar bajo el balanceado e inescrutable plan de Dios.

135. Llene los espacios en blanco: En Eclesiastés, Salomón observó el anhelo del hombre por Dios. Escribió: «Todo lo hizo _____ en su tiempo; y ha puesto _____ en el corazón de ellos». «*Hermoso ... eternidad*» (Ec 3.11).

136. Llene los espacios en blanco: En Eclesiastés, Salomón escribió de los beneficios de la amistad de esta manera: «Mejores son dos que uno; porque tienen mejor paga de su trabajo. Porque si _____, el uno levantará a su compañero; pero ¡ay del solo! que cuando cayere, no habrá segundo que lo levante». «*Cayeren*» (Ec 4.9, 10).

137. Complete la oración: Salomón, en Eclesiastés, aconsejó: «Mejor es que no prometas, y no que _____». «*Prometas y no cumplas*» (Ec 5.5).

138. Llene los espacios en blanco: En Eclesiastés, Salomón escribió: «Acuérdate de tu _____ en los días de tu _____». «*Creador ... juventud*» (Ec 12.1).

139. Complete la oración: La conclusión de Salomón en Eclesiastés es esto: «El fin del todo el discurso oído es este: Teme a Dios, y _____». «*Guarda sus mandamientos; porque esto es el todo del hombre*» (Ec 12.13).

140. Llene los espacios en blanco: En Eclesiastés, Salomón debió decir esto respecto a la futilidad del estudio: «No hay fin de hacer muchos _____; y el mucho _____ es fatiga de la carne». «*Libros ... estudio*» (Ec 12.12). Salomón no estaba desestimando el estudio. Pero decía que mucho estudio no es esencial, sobre todo si no comienza con el temor a Dios.

141. Llene los espacios en blanco: En el Cantar de los Cantares de Salomón, la sulamita se describe a sí misma de esta manera: «Yo soy la_____ de Sarón, y el _____ de los valles». «*Rosa ... lirio*» (Cnt 2.1).

142. Complete la oración: La sulamita les habló a las hijas de Jerusalén acerca de su amado. Dijo: «Me llevó a la casa del banquete, _____». «*Y su bandera sobre mí fue amor*» (Cnt 2.4). Debido a que el Cantar de los Cantares de Salomón se ha aplicado a la relación de Cristo con su iglesia, esta frase acerca de la bandera de amor es una de las más alentadoras y hermosas para los cristianos.

143. Llene los espacios en blanco: Salomón alabó la castidad de su amada: «_____ cerrado eres, hermana mía, esposa mía; _____ cerrada, fuente sellada». «*Huerto ... fuente*» (Cnt 4.12).

144. Llene los espacios en blanco: En el Cantar de los Cantares de Salomón, la sulamita describe así a Salomón: «Su paladar, dulcísimo, y todo él _____. Tal es mi amado, tal es mi _____ ». «*Codiciable ... amigo*» (Cnt 5.16). No solo tenían una relación romántica, sino que la sulamita y Salomón tenían el respeto y el deleite de estar juntos que caracteriza a los amigos.

145. Llene los espacios en blanco: La sulamita rogó a Salomón: «Ponme como un sello sobre tu _____, como una marca sobre tu _____». «*Corazón ... brazo*» (Cnt 8.6). Ya sea que se busque el amor de Dios o del hombre, es natural buscar una garantía de amor. Al menos las promesas de Dios siempre son fieles.

146. Llene los espacios en blanco: En el Cantar de los Cantares de Salomón, la novia reflexiona: «Las muchas aguas no podrán apagar el _____, ni lo _____ los ríos». «*Amor ... ahogarán*» (Cnt 8.7).

147. Complete la oración: En el Cantar de los Cantares de Salomón, la novia habló del valor del amor genuino: «Si diese el hombre todos los bienes de su casa por este amor, _____». «*De cierto lo menospreciarían*» (Cnt 8.7).

148. Llene los espacios en blanco: El Cantar de los Cantares de Salomón concluye con esta apelación de la sulamita: «Apresúrate, _____, y sé semejante al corzo, o al cervatillo, sobre las _____ de los aromas». «*Amado mío ... montañas*» (Cnt 8.14).

SABIDURÍA E INSTRUCCIÓN

1. Selección múltiple: En el libro de Job, Satanás dio a Dios dos circunstancias en las cuales pensó que Job maldeciría a Dios. ¿Cuáles fueron estas circunstancias? (a) Hambruna y pestilencia; (b) pérdida de bienes materiales y de salud; o (c) prosperidad y poder. *(b) Pérdida de bienes materiales y de salud* (Job 1.11; 2.5). Satanás pensó que Job servía a Dios por la bendición que recibía. Estaba seguro que al quitarle sus bendiciones, Job dudaría.

2. Selección múltiple: Cuando Dios evaluó la vida de Job ante Satanás, dijo: «No hay otro como él en la tierra». ¿Qué era excepcional en cuanto a Job? (a) su riqueza; (b) su rectitud y temor de Dios; o (c) su cuidado sacerdotal de su familia. *(b) Su rectitud y temor de Dios* (Job 1.8). Satanás no creyó la evaluación de Dios de Job y propuso mostrarle a Dios que Job lo adoraba motivado por el deseo de recibir sus bendiciones (vv. 9, 10).

3. ¿Verdadero o falso? Satanás consideró sus ataques a la familia y a la salud de Job como la obra de Dios. *Verdadero* (Job 1.11; 2.5). Satán sabía muy bien que al fin y al cabo nada podría hacer si Dios no se lo permitía. Satanás fue la causa inmediata del mal; el permiso de Dios era el control supremo.

4. ¿Verdadero o falso? Cuando Satanás acusó a Job ante Dios y obtuvo permiso para atacarle, Dios estableció límites a la libertad de Satanás. *Verdadero* (Job 1.12; 2.6).

5. ¿Verdadero o falso? Luego que Dios dio permiso a Satanás para tocar las posesiones de Job y a su familia, Dios no se sintió responsable de las acciones de Satanás. *Falso*. Dios dijo a Satanás: «Tú me incitaste contra él para que lo arruinara sin causa» (Job 2.3).

6. Selección múltiple: Dios estaba orgulloso de que Job se mantuviera firme, pero la esposa de Job dijo que era una torpeza que siguiera manteniéndose firme. ¿Qué Job mantenía firme? (a) su lengua; su integridad; o (c) su verdad contra sus tres consoladores. *(b) Su integridad* (Job 2.3, 9).

7. ¿Verdadero o falso? La esposa de Job creía si Dios no protegiera los bienes de una persona, su familia, su salud, entonces no era digno de fe. *Verdadero* (Job 2.9). Ella no confiaba en Dios por quien él es sino por lo que Dios pueda hacer por ella.

8. Selección múltiple: A la luz de la gran pérdida que Job sufrió, ¿cuál fue su primera reacción ante sus amigos? (a) Mejor que no hubiera nacido; (b) que Satanás dejara de atacarlo; o (c) que pudiera quitarse la vida. *(a) Mejor que no hubiera nacido* (Job 3.3-26).

9. ¿Verdadero o falso? El primer amigo de Job, Elifaz, comenzó a consolarlo diciéndole que debía recordar el consejo que había dado a otros que sufrían problemas y seguir el mismo consejo. *Verdadero* (Job 4.1-6). El punto básico de los consoladores de Job era que Job estaba sufriendo por sus pecados y que debía arrepentirse.

10. Selección múltiple: ¿Qué dijo Job a sus «consoladores» que el atribulado deseaba de sus amigos? (a) Simpatía; (b) bondad; o (c) dinero. *(b) Bondad* (Job 6.14).

11. Selección múltiple: ¿A qué Job comparó sus consoladores que le atormentaban en vez de mostrarle bondad? (a) como a un torrente que desaparece cuando hace mucho calor; (b) a buitres sobre cuerpos muertos; o (c) a las olas del océano que golpean contra el despeñadero. *(a) Como a un torrente que desaparece cuando hace mucho calor* (Job 6.15-17). La metáfora se refiere a la promesa incumplida de consolar en vez de lo destructivo de sus comentarios.

12. ¿Verdadero o falso? Cuando Job comenzó a argumentar con sus amigos, reconoció que un hombre no puede contender con Dios, pero cuando la discusión terminó, complació a Job la idea de vindicarse ante Dios. *Verdadero* (Job 9.32-35; 31.35-40). Lo convencido que estaba Job de su inocencia lo llevó a perder humildad ante Dios.

13. Selección múltiple: Job utilizó proverbio donde comparó la boca que percibe el sabor con un acto de sabiduría. (a) El ojo que descubre a un necio; (b) el oído que distingue las palabras; o (c) la mente analítica de los filósofos. *(b) El oído que distingue las palabras* (Job 12.11). Indicaba que la verdadera sabiduría utiliza le naturaleza más básica de un órgano, no un cualidad derivada.

14. ¿Verdadero o falso? Job reconoció que si estuviera en el lugar de sus amigos, obraría hacia ellos como ellos actuaron hacia él. *Falso*. Job dijo que ofrecería fortaleza y consolación (Job 15.2-5).

15. ¿Verdadero o falso? Job estaba espantado de Dios porque pensó que Dios actuaba por capricho, sin un diseño o propósito. *Falso.* Job se espantaba porque Dios nunca cambia y actúa según un plan cuidadoso (Job 23.13-15).

16. ¿Verdadero o falso? Job dijo que la mala fortuna hace a un hombre despreciable a ojos de quienes lo temían cuando era un triunfador. *Verdadero* (Job 30.1-15).

17. ¿Verdadero o falso? Job estaba tan seguro de su inocencia de toda ofensa ante Dios y el hombre que no tuvo necesidad de evaluar su conducta. *Falso.* Job con mucho cuidado describió su conducta irreprochable en varios aspectos (Job 31.1-34).

18. ¿Verdadero o falso? Eliú, el más joven de los tres amigos de Job, podía entender mejor la necesidad espiritual de Job que sus amigos de más edad. *Verdadero.* Eliú no relacionó el sufrimiento directamente con el pecado, y predijo la línea de razonamiento de Dios con Job (Job 32-37).

19. Selección múltiple: En el Salmo 1, el justo y el injusto se comparan. El justo se compara con un árbol floreciente. ¿A qué se compara el injusto? (a) al polvo; (b) al tamo que arrebata el viento; o (c) a un árbol que muere. *(b) Al tamo que arrebata el viento* (Sal 1.4).

20. Selección múltiple: Según el Salmo 2, ¿cómo sirven los líderes sabios de la tierra? (a) con temor; (b) con gozo; o (c) con amor. *(a) Con temor* (Sal 2.11). Temer a Dios significa tener total respeto y reverencia ante él. El líder sabio siempre tendrá un sentido de la total autoridad de Dios sobre su vida. No será orgulloso.

21. Selección múltiple: Según el Salmo 14, ¿qué tipo de persona dice en su corazón que no hay Dios? (a) el malvado; (b) el necio; o (c) el orgulloso. *(b) El necio* (Sal 14.1).

22. Selección múltiple: Según el Salmo 15, solo ciertas personas habitan en el tabernáculo de Jehová. ¿Qué hablan estas personas en su corazón? (a) Sabiduría; (b) verdad; o (c) religión. *(b) Verdad* (Sal 15.1, 2). Habitar en el tabernáculo de Jehová es vivir en su presencia. Una persona debe ser sincera a fin de vivir ese tipo de relación con Dios.

23. Selección múltiple: Según el Salmo 16, ¿qué hay a la diestra de Dios para siempre? (a) bendiciones; (b) gozos; o (c) delicias. *(c) Delicias* (Sal 16.11).

24. Selección múltiple: Según el Salmo 19, la ley de Jehová tiene un efecto en el alma receptiva. ¿Qué efecto tiene la ley en el alma? (a) Efecto de conversión; (b) efecto de convicción; o (c) efecto de sobriedad. *(a) Efecto de conversión* (Sal 19.7).

25. Selección múltiple: el Salmo 19 declara que la ley de Jehová es perfecta. ¿Cómo se describe en la siguiente frase el testimonio de Jehová? (a) Es bueno; (b) es justo; o (c) es fiel. *(c) Es fiel* (Sal 19.7). Es fiel en el sentido de que se puede confiar que hará lo que prometió. El testimonio de Jehová es lo que dijo acerca de sí mismo y de su obra.

26. Selección múltiple: Si, según el Salmo 19.7, la ley de Jehová es perfecta y el testimonio de Jehová es fiel, ¿qué son los mandamientos de Jehová según este versículo? (a) rectos; (b) puros; o (c) claros. *(a) Rectos* (Sal 19.8). Estos tres términos, ley, testimonio y preceptos son maneras de referirse a la Palabra de Dios. Cada término enfatiza un aspecto ligeramente diferente de la Palabra.

27. Selección múltiple: Según el Salmo 19, ¿qué cualidad de los preceptos de Jehová puede alumbrar los ojos de aquellos que en lo espiritual ven y obedecen? (a) Su santidad; (b) su pureza; (c) su firmeza. *(b) Su pureza* (Sal 19.8).

28. Selección múltiple: En el Salmo 19, el salmista pide a Jehová que lo guarde de cierto tipo de pecado. ¿Qué tipo de pecado le preocupa al salmista? (a) pecados

de vicio; (b) pecados de inmoralidad; o (c) pecados de soberbias. *(c) Pecados de soberbias* (Sal 19.13). Un pecado de soberbia es el que se comete con arrogancia sin tener en cuenta a Dios. El orgullo está en detrás de este tipo de pecado.

29. Selección múltiple: Según el Salmo 22, ¿dónde habita Dios entre su pueblo de Israel? (a) En el templo; (b) en sus corazones; o (c) entre sus alabanzas. *(c) Entre sus alabanzas* (Sal 22.3).

30. Pregunta: Según el Salmo 23.2, ¿dónde hace Jehová que el salmista descanse? *En pastos delicados.* Los pastos delicados metafóricamente son el alimento espiritual que Dios da la creyente. Que descansen sobre pastos delicados muestra la abundante satisfacción que Dios provee a los suyos.

31. Pregunta: Según el Salmo 23, ¿junto a qué Jehová guía al salmista? *Junto a aguas de reposo* (Sal 23.2). La oveja solo bebe de «aguas de reposo». Dios siempre sacia nuestra sed espiritual.

32. Pregunta: Según el Salmo 23, ¿qué conforta Jehová? *El alma* (Sal 23.3). El alma reconfortada es la que vuelve a la condición en que Dios siempre ha querido que esté.

33. Pregunta: Según el Salmo 23, si Jehová es nuestro pastor, ¿por dónde podremos andar sin temor del mal? *Por el valle de sombra de muerte* (Sal 23.4). En sentido metafórico, el valle de sombra de muerte es la situación sin esperanza en la vida a través de la cual una persona pasa.

34. Pregunta: Según el Salmo 23, ¿qué instrumentos pastoriles usa Jehová para alentar a los suyos? *Su vara y su cayado* (Sal 23.4). La vara se usaba para apartar a los enemigos. El cayado se empleaba como instrumento de guía y para sacar la oveja de lugares difíciles.

35. Según el Salmo 23, cuándo Jehová es nuestro pastor, ¿dónde prepara la mesa para nosotros? *En presencia de nuestros angustiadores* (Sal 23.5). Cuando el pastor estaba presente, la oveja podía pastar apaciblemente incluso si sus enemigos naturales rondaban cercan.

36. Pregunta: Según el Salmo 23, ¿a qué nivel está nuestra copa cuándo la abundancia que tiene Jehová como pastor para nosotros se refleja? *Está rebosando* (Sal 23.5). Una copa rebosante indica satisfacción porque todas las necesidades están suplidas. La copa rebosante muestra que Dios puede satisfacer nuestras necesidades.

37. Selección múltiple: Como resultado de que Dios era su pastor, ¿qué dos cosas asegura el salmista le seguirían todos los días de su vida? (a) Verdad y belleza; (b) esperanza y amor; o (c) el bien y la misericordia. *(c) El bien y la misericordia* (Sal 23.6). El bien y la misericordia están unidos aquí para mostrar que Dios siempre da lo que es bueno a su pueblo y no porque lo merezca. De hecho, no es lo que en realidad su pueblo merece.

38. Pregunta: Según el Salmo 23, si Jehová es nuestro pastor, ¿cuánto tiempo podemos esperar que moremos en su casa? *Por largos días* (Sal 23.6). En el Antiguo Testamento y en el Nuevo Testamento, los escritores notaron que su relación con Dios continuaría más allá de la vida terrenal. Esta relación es eterna.

39. Selección múltiple: Según el Salmo 24, el que subirá al monte de Jehová y estará en su lugar santo, ¿qué cualidades debe poseer? (a) Una buena conciencia; (b) ojos claros y pies ligeros; o (c) manos limpias y corazón puro. *(c) manos limpias y corazón puro* (Sal 24.4). La confesión regular del pecado es absolutamente necesaria para poder presentarnos en oración ante la presencia de Dios. No estamos sin pecado, por tanto no debemos tratar de esconder nuestro pecado.

40. Selección múltiple: Con frecuencia en la poesía hebrea el escritor pide a Jehová que lo guíe a cierta clase de sendero. ¿Qué palabra se usa en el Salmo 27 para describir ese sendero? (a) Seguridad; (b) rectitud; o (c) belleza. *(b) Rectitud* (Sal 27.11). Cuando una persona anda sobre camino de rectitud quiere decir que alguien ha trabajado y removido las piedras y otros obstáculos. El salmista pide a Jehová que haga esto para su andar en la vida.

41. Selección múltiple: Un tema que se trata a lo largo de la literatura de sabiduría del Antiguo Testamento es que Jehová preserva, ¿qué tipo de persona? (a) la famosa; (b) la bondadosa; o (c) la fiel. *(c) La fiel* (Sal 31.23). Dios no pide tengamos éxito ante los ojos de los hombres. El solo pide que seamos fieles (cf. Mt 25.14-30).

42. Selección múltiple: ¿Cómo el Salmo 33 describe a la nación cuyo Dios es Jehová? (a) Buena; (b) bienaventurada; o (c) duradera. *(b) Bienaventurada* (Sal 33.12).

43. Selección múltiple: el Salmo 34 pregunta: «¿Quién es el hombre que desea vida, que desea muchos días para ver el bien?». La respuesta dice que este hombre guarda algo del mal. ¿Qué guarda del mal? (a) Sus ojos; (b) sus manos; o (c) su lengua. *(c) Su lengua* (Sal 34.12, 13). Para tener un entendimiento según el Nuevo Testamento de la lengua lea Santiago 3.1-12.

44. Selección múltiple: Según el Salmo 40, ¿qué Dios no desea aunque era un requisito en la ley de Moisés? (a) Los diezmos y las ofrendas; (b) los sacrificios y las ofrendas; o (c) la obediencia a los padres. *(b) los sacrificios y las ofrendas* (Sal 40.6). No se trata de que Dios deseara que su pueblo dejara sus sacrificios. Más bien, a Dios no le agradaba que ellos no le obedecieran, aunque trataban de cubrirlo con sus actividades religiosas. La obediencia de corazón es lo que Dios desea (vv. 7, 8).

45. Selección múltiple: Según el Salmo 46, ¿qué debemos hacer para saber que Jehová es Dios? (a) Orar constantemente; (b) meditar en las Escrituras; o (c) estar quietos. *(c) Estar quietos* (Sal 46.10).

46. Selección múltiple: Según el Salmo 51, ¿qué aspecto de la salvación del salmista debe ser restaurada antes que pueda enseñar a los trasgresores los caminos de Dios? (a) el gozo de la salvación; (b) la paz de la salvación; o (c) la seguridad de la salvación. *(a) El gozo de la salvación* (Sal 51.12). El Salmo 51 fue escrito como una confesión del pecado de David con Betsabé. En este salmo descubrimos cuán devastador es el pecado al cuerpo.

47. Pregunta: Según el Salmo 53, ¿cuántos hay allí que hagan bien? *Ninguno* (Sal 53.1, 3). Pablo usa este versículo en Romanos 3.12 para mostrar que todos son culpables ante Dios. Nadie puede descansar en sus propias obras.

48. Llena el espacio en blanco: El salmista expresa la piadosa actitud hacia la vida en el Salmo 56, cuando declara: «En Dios he confiado: No temeré; ¿Qué puede hacerme el _____?». *«Hombre»* (Sal 56.11).

49. Selección múltiple: Cuando el salmista estaba buscando a Jehová en «tierra seca» durante su vida, como describe el Salmo 63, ¿qué dos cosas buscaba que Dios manifestara? (a) Sabiduría y poder; (b) poder y gloria; o (c) amor y verdad. *(b) Poder y gloria* (Sal 63.1, 2).

50. Selección múltiple: En el Salmo 68 y a través de toda las Escrituras, se describe a Dios inclinando su favor para ayudar ¿a qué dos grupos? (a) Al pobre y necesitado; (b) a los niños y las madres; o (c) al huérfano y a la viuda. *(c) Al huérfano y a la viuda* (Sal 68.5). En Santiago 1.27, Santiago describe que la religión pura y sin mácula delante de Dios es visitar a los huérfanos y a las viudas en sus tribulaciones.

51. Selección múltiple: el Salmo 68 declara: «Dios, nuestro Dios ha de salvarnos, y de Jehová el Señor es el librar». «¿Librar de qué?» (a) Los enemigos; (b) la muerte; o (c) el temor. *(b) La muerte* (Sal 68.20).

52. Llene el espacio en blanco: Jesús y el salmista del Salmo 73 afirma que la bondad de Dios es para con los _____ de corazón. *Limpios* (Sal 73.1). Jesús dijo: «Bienaventurados los de limpio corazón, porque ellos verán a Dios». (Mt 5.8).

53. Llene el espacio en blanco: En el Salmo 73, el salmista batalla con el problema de la _____ de los impíos. *Prosperidad* (Sal 73.3). Jesús enseñó que Dios hace salir el sol y hace llover sobres justos e injustos (Mt 5.45). Las bendiciones materiales no vienen automáticamente porque seamos buenos, ni la pobreza resulta necesariamente de las malas obras.

54. Llene el espacio en blanco: Según el Salmo 76, Dios está en control de los asuntos del hombre que incluso la _____ del hombre lo alabará. *Ira* (Sal 76.10). José dijo a sus hermanos que al venderle por esclavo pensaron mal contra él, pero que Dios lo encaminó a bien (Gn 50.20).

55. Llene los espacios en blanco: el Salmo 78 habla de los tratos de Dios con Israel. El salmista lo escribe por el bien de los hijos para que estos «pongan en Dios su confianza, y no se olviden de las _____ de Dios; que guarden sus _____». *«Obras ... mandamientos»* (Sal 78.7).

56. Llene el espacio en blanco: el Salmo 78, que cuenta los tratos de Dios con la nación de Israel infiel, fue escrito para que los hijos no sean como sus _____ *Padres* (Sal 78.8).

57. Llene el espacio en blanco: Debido a que Dios habita en la eternidad, no en el tiempo, mil años para nosotros es como una de las _____ de la noche para Dios. *Vigilias* (Sal 90.4).

58. Pregunta: Según el Salmo 90, el tiempo de vida humano es como ¿cuántos años? *Setenta años* (Sal 90.5, 6).

59. Llene el espacio en blanco: Mientras el salmista contempla la brevedad de la vida en el Salmo 90, él compara nuestra vida con la _____ que crece en la mañana y a la tarde es cortada. *Hierba* (Sal 90.5, 6).

60. Llene el espacio en blanco: «El justo florecerá como la palmera; crecerá como _____ en el Líbano». *«Cedro»* (Sal 92.12). Los cedros del Líbano eran símbolos de fortaleza y estabilidad en el mundo antiguo.

61. Selección múltiple: Según el Salmo 95, ¿qué se quitará de la persona que endurece su corazón contra Dios? (a) Paz; (b) gozo; o (c) reposo. *(c) Reposo* (Sal 95.8-11).

62. ¿Verdadero o falso? El hombre tiene el derecho que le dio el Señor de vengarse del que le ha hecho mal. *Falso*. La venganza pertenece a Dios (Sal 94.1).

63. Llene el espacio en blanco: Según el Salmo 97, si amamos a Jehová debemos aborrecer el _____. *Mal* (Sal 97.10).

64. Pregunta: el Salmo 100 dice cómo debemos acercarnos a Dios. Cuatro palabras diferentes se emplean para expresar la actitud que debemos tener. Nombre una de las cuatro. *Alegría, cantos, acción de gracias, alabanza* (Sal 100.2, 4).

65. Selección múltiple: Según el Salmo 101, ¿el que hace qué cosa a su prójimo Dios lo destruirá? (a) Infama; (b) roba; o (c) odia. *(a) Infama* (Sal 101.5).

66. Selección múltiple: Al comparar la inmutabilidad de Dios con el envejecimiento de su creación, el salmista declara que los cielos envejecerán como una

vestidura y que Dios los mudará. ¿Cómo qué los mudará? (a) Túnica; (b) vestimenta; (c) manto. *(b) Vestimenta* (Sal 102.26).

67. Selección múltiple: Según el Salmo 103, el ministerio de Jehová en nuestra vida nos rejuvenece como: (a) el león; (b) el águila; el tigre. *(b) El águila* (Sal 103.5).

68. Llene el espacio en blanco: Por qué los miembros del reino animal viven, mueren y envejecen es un misterio para el hombre. Según el Salmo 104, la muerte ocurre cuando Dios les quita el _____. *Hálito* (Sal 104.29). En Génesis 2.7, leemos que el hombre fue un ser viviente cuando Dios sopló en su nariz aliento de vida. Dios es soberano sobre el principio y el final de la vida.

69. Llene el espacio en blanco: No siempre es bueno tener lo que queremos. El salmista nos recuerda que Dios dio a los israelitas lo que ellos deseaban en el desierto, pero resultó en _____ sobre ellos. *Mortandad* (Sal 106.15).

70. Selección múltiple: Según el Salmo 107, Dios «sacia al alma menesterosa, y al alma hambrienta llena de»: (a) Bien; (b) verdad; o (c) amor. *(a) Bien* (Sal 107.9).

71. Selección múltiple: Según el Salmo 110, ¿de qué orden es el Mesías? (a) Leví; (b) Elí; o (c) Melquisedec. *(c) Melquisedec* (Sal 110.4). Para mayor explicación de este sacerdocio lea Hebreos 7.1-28.

72. Pregunta: el Salmo 115.8 declara: «Semejantes a ellos son los que los hacen, y cualquiera que confía en ellos». ¿A qué alude «ellos» en este salmo? *A los ídolos* (Sal 115.3-8). Nos volvemos semejantes a lo que adoramos.

73. Selección múltiple: El Salmo 115.3 dice que Dios está en los cielos y ha hecho: (a) lo que es justo; (b) lo que es bueno; o (c) todo lo que quiso. *(c) Todo lo que quiso* (Sal 115.3).

74. Llene los espacios en blanco: Según el Salmo 115, debemos confiar en Dios en vez de confiar en los _____ , porque Dios ha hecho todo lo que quiso, pero un _____ nada puede hacer. *Ídolos … ídolo* (Sal 115.3-8). Si uno lee todo el Salmo, encuentra que a Dios le «agrada» ser ayuda y escudo para su pueblo.

75. Selección múltiple: Según el Salmo 118, ¿quién rechazó la «piedra angular»? (a) los picapedreros; (b) los constructores; o (c) los arquitectos. *(b) Los edificadores* (Sal 118.22). Jesús es la «piedra angular», y los «edificadores» eran los judíos y los líderes que rechazaron a Jesús (1 P 2.1-8).

76. Selección múltiple: Según el Salmo 119, si un joven guarda la palabra de Dios, él: (a) encontrará su camino; (b) limpiará su camino; o (c) discernirá su camino. *(b) Limpiará su camino* (Sal 119.9).

77. Llene el espacio en blanco: Para que el salmista no pudiera pecar contra Dios, él _____ la palabra de Dios en su corazón. *Guardó* (Sal 119.11). La figura habla de poner las Escrituras en un lugar seguro donde no la pueda tomar un enemigo sino que esté disponible cuando se necesite.

78. Llene el espacio en blanco: El salmista confirma en el Salmo 119: «Más que todos mis _____ he entendido, porque tus testimonios son mi meditación». *Maestros* (Sal 119.99, RVC). En vez de las filosofías de los hombres , la Palabra de Dios permite que las personas tengan un verdadero entendimiento y discernimiento de la vida.

79. Selección múltiple: Según Salmo 119, toda la Palaba de Dios es: (a) buena; (b) santa; o (c) verdad. *(c) Verdad* (Sal 119.160).

80. Llene el espacio en blanco: Sabemos que Dios siempre nos ayudará porque él es un Dios que no se _____. *Ni dormirá. Adormecerá* (Sal 121.4). Dios siempre está alerta a nuestras necesidades.

81. Llene los espacios en blanco: Según el Salmo 121: «Jehová es tu sombra a tu mano derecha. El _____ no te fatigará de día, ni la _____ de noche». *«Sol ... luna»* (Sal 121.5, 6). Este salmo testifica que la vida está controlada por el Creador, no por la creación.

82. Selección múltiple: Según el Salmo 125.2, Jehová esta alrededor de su pueblo como (a) muros; (b) montes; o (c) sacerdotes. *(b) Montes.*

83. Selección múltiple: El salmista tenía la certeza de que Jehová protegía las ciudades de Israel. Por tanto, escribió que si Jehová no guardare la ciudad, ¿quién vela en vano? (a) El ejército; (b) el rey; o (c) la guardia. *(c) La guardia* (Sal 127.1).

84. Selección múltiple: Según el Salmo 127, Dios da un regalo especial a su «amado» en medio de un mundo muy agitado. ¿Cuál es ese regalo? (a) Mucho dinero; (b) el sueño; o (c) gozo. *(b) El sueño* (Sal 127.2).

85. Llene el espacio en blanco: En el Salmo 130, el salmista nos recuerda: «Jehová, si mirares a los _____ ¿Quién, oh Señor, podrá mantenerse?». *«Pecados»* (Sal 130.3).

86. Selección múltiple: Según el Salmos 130, se debe temer a Dios debido a su (a) justicia; (b) perdón; o (c) juicio. *(b) Perdón* (Sal 130.4).

87. Selección múltiple: ¿Tiene el salmista un alma acallada porque no anda en (a) negocios; (b) grandezas; o (c) asuntos insignificantes? *(b) Grandezas* (Sal 131.1, 2).

88. Selección múltiple: En el Salmo 133, ¿con qué se compara el rocío refrescante que cae sobre el monte Hermón? (a) alabanza en el templo; (b) la ofrenda de incienso; o (c) hermanos juntos en armonía. *(c) Hermanos juntos en armonía* (Sal 133.1, 3).

89. Selección múltiple: El Salmo136 enfatiza que la misericordia de Dios nunca se acaba. ¿Cuántas veces se repite esto en el Salmo 136? (a) cada versículo; (b) cada dos versículos; o (c) cada tres versículos. *(a) Cada versículo.* La frase «Porque para siempre es su misericordia» se repite en cada uno de los veinte seis versículos del Salmo 136.

90. ¿Verdadero o falso? Dios conoce nuestras palabras aún antes que las pronunciemos. *Verdadero* (Sal 139.4).

91. Llene los espacios en blanco: No es bueno tratar de esconderse en la obscuridad de Dios porque la _____ resplandece como el _____. *Noche ... día* (Sal 139.12).

92. Selección múltiple: El salmista se maravilla en el Salmo 139 de las (a) bendiciones de Dios; (b) los pensamientos de Dios; o (c) las estrellas que son más numerosas que la arena. *(b) los pensamientos de Dios* (Sal 139.17, 18).

93. Selección múltiple: Según el Salmo 139, ¿qué estaban escritas en el libro de Dios antes de que existieran? (a) los nombres de las personas que nacerían; (b) descripciones de la vida diaria de las personas; o (c) nombres de los reyes de Israel. *(b) Descripciones de la vida diaria de las personas* (Sal 139.16).

94. Selección múltiple: Cuando el salmista considera la brevedad de la vida en el Salmo 144, dice: «El hombre es semejante a la vanidad; sus días son como (a) el día; (b) sombra que pasa; o (c) un suspiro». *(b) « sombra que pasa»* (Sal 144.4).

95. Llene el espacio en blanco: Sintiendo la grandeza de Dios, el salmista exalta: «Él cuenta el número de las «_____»; a todas ellas llama por sus nombres». *«Estrellas»* (Sal 147.4). El que Dios les haya puesto a las estrellas indica que tiene autoridad sobre ellas.

96. Selección múltiple: ¿A qué comparó Salomón en Proverbios la obediencia del hijo a la sabiduría de sus padres? (a) Dinero en el banco; (b) ganar un premio; o (c) joyas de adorno. *(c) Joyas de adorno* (Pr 1.8, 9).

97. Selección múltiple: Hay dos mujeres en el primer capítulo de Proverbios. Una de ellas es la sabiduría. ¿Quién es la otra mujer? (a) la seductora; (b) la inteligente; o (c) la necia. *(a) La seductora* (Pr 2.16-19). Ella se contrasta con la sabiduría. La sabiduría puede enriquecer y prosperar; la seductora ocasiona pobreza y destrucción.

98. Selección múltiple: Proverbios 1 contiene las principales personificaciones del libro. ¿Quién es esta mujer? (a) Israel; (b) la necia; o (c) la sabiduría. *(c) La sabiduría* (Pr 1.20-33). Se retrata la sabiduría como una mujer preocupada que busca ayudar al simple. Ella clama en voz alta para que cualquiera que la oiga pueda encontrarla.

99. ¿Verdadero o falso? Salomón compara proverbios a declaraciones y dichos profundos. *Verdadero* (Pr 1.6). No quiere decir que los proverbios son obscuros o engañosos sino que requieren esfuerzo para discernir su significado para la vida.

100. Selección múltiple: Según Proverbios, ¿cuál de estos es verdadero? (a) hombres violentos prosperan con injusticias; (b) hay honor entre ladrones; o (c) hombres violentos cometen el peor acto de violencia contra ellos mismos. *(c) hombres violentos cometen el peor acto de violencia contra ellos mismos* (Pr 1.17-19). Eso contrasta contra la actitud del violento que piensa que puede hacer siempre lo que se le antoja con su violencia y no sufrir consecuencia (vv. 10-16).

101. Selección múltiple: En Proverbios, ¿la casa y el camino de quién guía a la muerte? (a) de la mujer inmoral; (b) de la necia; o (c) del violento. *(a) La mujer inmoral* (Pr 2.16-18). Ellas conducen a la muerte al abandonar la verdad para seguir caminos torcidos (vv. 13-15).

102. Selección múltiple: ¿A qué comparó salomón la búsqueda de la sabiduría? (a) a un juego de oportunidades; (b) a una caza del tesoro; o (c) cortejo. *(b) Una caza del tesoro* (Pr 2.4).

103. ¿Verdadero o falso? En Proverbios, Salomón comparó la disciplina de Jehová con un granjero que entrena su mula. *Falso*. La comparación es con un padre que disciplina a su hijo (Pr 3.12). Esta comparación radica en la ley y se extiende hasta el Nuevo Testamento (Dt 8.5; He 12.6, 7).

104. Selección múltiple: En Proverbios, la mano derecha de la sabiduría sostiene largura de días. ¿Qué hay en su mano izquierda? (a) Riquezas y honra; (b) familia y amigos; o (c) el reino de Dios. *(a) Riquezas y honra* (Pr 3.16).

105. ¿Verdadero o falso? En Proverbios, Salomón advirtió que se considerara antes de hacer el bien a un prójimo. *Falso*. Dijo que es no es bueno demorar hacer el bien cuando uno tiene el poder para hacerlo (Pr 3.27, 28).

106. ¿Verdadero o falso? Cuando Salomón advirtió: «Sobre toda cosa guardada, guarda tu corazón», él se preocupaba por la participación emocional del corazón. *Falso*. A Salomón le preocupaba la integridad (Pr 4.23-27).

107. Selección múltiple: ¿Qué dice Salomón que comienza dulce como la miel pero que su final es amargo como el ajenjo? (a) el orgullo; (b) los labios de la mujer extraña; o (c) poder y riqueza. *(b) Los labios de la mujer extraña* (Pr 5.3, 4).

108. Selección múltiple: ¿Acerca de qué Salomón instruye con el proverbio: «Bebe el agua de tu misma cisterna»? (a) Salud pública; (b) fidelidad marital; o (c) prestar y pedir prestado. *(b) Fidelidad marital* (Pr 5.15-20). El contexto enfatiza la superioridad de la fidelidad sobre la promiscuidad.

109. Selección múltiple: ¿Cuál de estas no es una lección que el perezoso debía aprender de la hormiga en Proverbios? (a) trabajar cuando no le observan; (b) no decir chismes; o (c) hacer las cosas en el tiempo indicado. *(b) No decir chismes* (Pr 6.6, 7).

110. Pregunta: Según Proverbios, ¿qué tipo de persona se cruza los brazos, duerme, se queda en la casa para que un león no le coma, y gira en su cama como la puerta gira en sus quicios? *El perezoso* (Pr 6.9, 10; 22.13; 26.14).

111. Selección múltiple: ¿Cuál es la actividad favorita del perezoso en el libro de Proverbios? (a) comer; (b) festejar; o (c) dormir. *(c) Dormir* (Pr 6.9, 10). Incluso comer es una actividad trabajosa para el perezoso (Pr 26.15).

112. Selección múltiple: «Los ojos altivos, la lengua mentirosa, y las manos derramadoras de sangre» son abominaciones a Jehová. ¿Cuántas abominaciones hay en esa lista de Proverbios? (a) tres; (b) siete; o (c) doce. *(b) Siete* (Pr 6.16-19).

113. Selección múltiple: Según Proverbios, ¿a causa de qué se reduce al hombre «a un bocado de pan»? (a) Pobreza; (b) necedad; o (c) a causa de una ramera. *(c) A causa de la mujer ramera* (Pr 6.26). La pobreza y la necedad son propiedades internas de un hombre, que debe controlar. La ramera es una personalidad independiente que se debe evitar.

114. Selección múltiple: Según Proverbios, ¿qué es jugar con fuego? (a) Robar; (b) adulterio; o (c) chisme. *(b) Adulterio* (Pr 6.27-29).

115. Selección múltiple: Según Proverbios, ¿cuándo no se tiene en cuenta al ladrón que hurta? (a) Cuando hurta porque tiene hambre; (b) cuando es un hombre poderoso; o (c) cuando ellos también son ladrones. *(a) Cuando hurta porque tiene hambre* (Pr 6.26).

116. Selección múltiple: La sabiduría se personifica en Proverbios 8. ¿Con quién habita la sabiduría en esa personificación? (a) conocimiento; (b) amor; o (c) cordura. *(c) Cordura* (Pr 8.12). La sabiduría emplea el conocimiento con discreción. Eso es cordura.

117. Selección múltiple: Según Proverbios 8, ¿qué comete la persona que peca contra la sabiduría? (a) defrauda su alma; (b) hiere a su prójimo; o (c) se expone al juicio de Dios. *(a) Defrauda su alma* (Pr 8.36).

118. ¿Verdadero o falso? Según Proverbios, el sabio razona con un escarnecedor y lo corrige para ayudarlo a cambiar. *Falso* (Pr 9.7, 8; 13.1; 15.12). Corregir a un escarnecedor solo conducirá a la vergüenza y al odio porque el escarnecedor causa solo problemas.

119. ¿Verdadero o falso? Según Proverbios, un necio es aquel que se complace de sus opiniones y es impaciente con el consejo de los demás. *Verdadero* (Pr 1.7; 9.8; 12.15; 15.5).

120. ¿Verdadero o falso? «Las aguas hurtadas son dulces, y el pan comido en oculto es sabroso». *Falso*. Esto es lo que dice un necio según Proverbios. Tiene suficiente verdad en él para tentarnos a creerlo (Pr 9.13-18).

121. ¿Verdadero o falso? El sabio de Proverbios se distingue por su disposición de aprender y por su conocimiento. *Verdadero* (Pr 1.5; 9.9).

122. ¿Verdadero o falso? El insensato no disfruta de la necedad. La detesta. *Falso* (Pr 2.14; 10.23; 15.21). El insensato cree que su insensatez es sabiduría. En orgullosa confianza avanza hacia su destrucción.

123. ¿Verdadero o falso? Las maneras de hablar que pervierten la verdad no engañarán por mucho tiempo. Se vuelven conocidas. *Verdadero* (Pr 10.9, 31, 32; 17.20).

Por su naturaleza, la falsedad pone a la gente en conflicto con la realidad y revela que es peligrosa.

124. Selección múltiple: ¿Qué dice un proverbio que es la «corona del hombre». (a) Su cabeza; (b) la sabiduría; o (c) la mujer virtuosa. *(c) La mujer virtuosa* (Pr 16.9).

125. Llene los espacios en blanco: Un proverbio dice: «El corazón del hombre _____ su camino; mas Jehová _____ sus pasos». «*Piensa ... endereza*» (Pr 16.9). Este proverbio se refiere a la libertad del hombre en relación con la soberanía de Dios.

126. ¿Verdadero o falso? Las transacciones comerciales son de mucha importancia para Dios, por lo que Proverbios dice que el peso y las balanzas justas son de Jehová. *Verdadero* (Pr 11.1; 16.11).

127. Selección múltiple: ¿Qué significa la expresión, «antes del quebrantamiento es la soberbia»?: (a) cuando una persona pierde el orgullo, fracasa; (b) el orgullo prepara el camino para la destrucción; o (c) el orgullo y la destrucción no pueden habitar juntos. *(b) El orgullo prepara el camino para la destrucción* (Pr 16.18).

128. ¿Verdadero o falso? El libro de Proverbios enseña que uno debe ser amable con sus enemigos, no alegrarse de sus fracasos sino ayudarlos a suplir sus necesidades básicas. *Verdadero* (Pr 24.17, 18; 25.21, 22). La venganza pertenece a Dios, de modo que solo Dios tiene el derecho de hacer cualquier cosa que no sea buena a la vida de la persona.

129. ¿Verdadero o falso? El libro de Proverbios enseña que los amigos abundan en los tiempos buenos, pero los amigos verdaderos son pocos. *Verdadero* (Pr 14.20; 17.17; 18.24; 19.4, 6, 7).

130. Selección múltiple: En el libro de Proverbios, ¿ qué significa la declaración «fieles son las heridas del que ama»?: (a) Amigos falsos te herirán; (b) un amigo no lo hace intencionalmente cuando te hiere; o (c) un amigo verdadero te herirá cuando es por tu propio bien. *(c) Un amigo verdadero te herirá cuando es por tu propio bien* (Pr 27.6). El sabio apreciará y se beneficiará de la corrección de un amigo.

131. Selección múltiple: En el libro de Proverbios, ¿qué significa el dicho: «El hombre aguza el rostro de su amigo» como «hierro con hierro se aguza»?: (a) los amigos terminan peleando; (b) los amigos se pulen el uno al otro; o (c) los amigos se desgastan el uno al otro. *(b) Los amigos se pulen el uno al otro* (Pr 27.17). Los bordes se afinan en reuniones con amigos buenos.

132. Selección múltiple: En el libro de Proverbios, ¿quién se compara como «el que enloquece, y echa llamas y saetas y muerte»?: (a) el que hace bromas pesadas; (b) el burlón; o (c) el adúltero. *(a) El que hace bromas pesadas* (Pr 26.18, 19). Siempre dice que no lo hace para herir, pero la herida queda aunque no haya sido su intención.

133. Selección múltiple: ¿Qué quiere decir el libro de Proverbios cuando habla de una persona depravada que provoca discordias y que guiña los ojos, que habla con los pies, y hace seña con los dedos? (a) Lenguaje corporal puede comunicar desprecio; (b) los necios tienen un código de señas; o (c) él irrita a los demás con su insensatez. *(a) El lenguaje corporal puede comunicar desprecio* (Pr 6.12-14). Una persona malvada y depravada aprende esto y usa lenguaje corporal para complacer a otros que se gozan riéndose de la gente.

134. ¿Verdadero o falso? Desde la perspectiva de Proverbios, una persona que habla mucho es más probable que sea necia que sabia. *Verdadero* (Pr 10.14, 19; 17.27, 28). La sabiduría puede controlarse, pero la necedad se desboca.

135. ¿Verdadero o falso? Según Proverbios, las relaciones familiares hacen que las relaciones interpersonales sean más fáciles de resolver. *Falso.* Las relaciones familiares intensifican los problemas interpersonales (Pr 17.21; 18.19; 21.9).

136. Selección múltiple: Salomón escribió: «Sale el sol, y se pone el sol, y se apresura a volver al lugar de donde se levanta». ¿Qué verdad ilustra esto? (a) Es vano corregir a un insensato; (b) no hay nada nuevo bajo el sol; o (c) es necedad ocultar el pecado. *(b) No hay nada nuevo bajo el sol* (Ec 1.5, 9).

137. Llene el espacio en blanco: Salomón dijo: «Es don de Dios que todo hombre coma y beba, y goce del _____ de toda su labor». *«Bien»* (Ec 3.13).

138. Llene los espacios en blanco: Salomón escribió: «Más vale un puño lleno con _____, que ambos puños llenos con _____ y aflicción de espíritu». *«Descanso … trabajo»* (Ec 4.6).

139. Llene los espacios en blanco: En Eclesiastés, Salomón escribió: «Dulce es el _____ del trabajador, como mucho coma poco; pero al rico no le deja _____ la abundancia». *«Sueño … dormir»* (Ec 5.12). Este pasaje supone que el obrero acepta su labor como un don de Dios y que al rico lo gobierna su riqueza.

140. Llene los espacios en blanco: «Mejor es la buena _____ que el buen ungüento; y mejor el día de la muerte que el día del nacimiento». *«Fama»* (Ec 7.1).

141. Llene los espacios en blanco: Hablando de la relación del castigo y las malas obras, Salomón escribió: «Por cuanto no se ejecuta _____ sentencia sobre la mala obra, el corazón de los hijos de los hombres está en ellos dispuesto para hacer el _____». *«Luego … mal»* (Ec 8.11).

142. Llene los espacios en blanco: Salomón escribió en favor de la sabiduría: «Si se _____ el hierro, y su filo no fuere _____, hay que añadir entonces más fuerza». *«Embotare … amolado»* (Ec 10.10). La sabiduría capacita al hombre para vivir con menos conflicto y un espíritu reposado.

143. Selección múltiple: ¿Qué parte de la personalidad de su amado la sulamita compara «como ungüento derramado»? (a) Su sonrisa; (b) sus ojos; (b) su nombre. *(c) Su nombre* (Cnt 1.3). Ella compara el carácter de su amado con su nombre. Su nombre, cuando se pronuncia, le inunda de pensamientos sobre su amado.

144. Selección múltiple: ¿Cuáles de estos se compara mejor en sentido con la enseñanza que se repite de Cantares: «No despertéis ni hagáis velar al amor hasta que quiera»? (a) Deja que duerman los perros; (b) no despertéis la pasión muy temprano en un romance; o (c) las aguas serenas corren profundo. *(b) No despertéis la pasión muy temprano en un romance* (Cnt 2.7; 8.4).

145. ¿Verdadero o falso? La sulamita explicó a Salomón que en su amor no podía haber celos de otra persona. *Falso.* Ella demandó compromiso porque su amor y su celo están muy relacionados (Cnt 8.6).

146. ¿Verdadero o falso? Los participantes en Cantares están tan cautivados por su amor que no pueden pensar en la educación moral de los más jóvenes. *Falso.* A ellos les preocupa la hermana más joven (Cnt 8.8, 9). Lo que les preocupa es la pureza moral de la joven.

147. ¿Verdadero o falso? La sulamita que cautivó el corazón de Salomón consideró su gran virtud como de mucho valor en el amor romántico. *Verdadero* (Cnt 8.10). Consideraba que su fuerza era tan atractiva como sus rasgos físicos.

148. ¿Verdadero o falso? Según Cantares, la riqueza puede influenciar el amor en gran manera. *Falso.* «Si diese el hombre todos los bienes de su casa por este amor, de cierto lo menospreciarían» (Cnt 8.7).

GENERAL

1. **Selección múltiple: ¿En qué tierra vivía Job? (a) Ur; (b) Uz; o (c) Nod.** *(b) Uz* (Job 1.1).

2. **Selección múltiple: ¿Cuántos hijos tuvo Job después de sus problemas? (a) siete hijas y tres hijos; (b) siete hijos y siete hijas; o (c) siete hijos y tres hijas.** *(c) Siete hijos y tres hijas* (Job 1.2). La cultura antigua del Cercano Oriente valoraba a los hijos, de modo que la preponderancia de hijos habría sido también una indicación de su victoria.

3. **Selección múltiple: ¿Cuáles fueron los nombres de los tres amigos de Job que fuero a consolarlo? (a) Sadrac, Mesac, y Abed-nego; Joab, Asael, y Abner; o (c) Elifaz, Bildad, y Zofar.** *(c) Elifaz, Bildad, y Zofar* (Job 1.81).

4. **¿Verdadero o falso? Los amigos de Job lo reconocieron a gran distancia y corrieron a saludarlo.** *Falso.* Como lo reconocieron a Job, se llenaron de inmenso dolor y lo endecharon (Job 1.82).

5. **Selección múltiple: En el libro de Job, ¿qué sucedió cuando «un día fueron a presentarse delante de Jehová los hijos de Dios»? (a) Satanás fue a acusar a Job; (b) Job murió y fue al cielo; o (c) Job enriqueció más antes de sus problemas.** *(a) Satanás fue a acusar a Job* (Job 1. 6; 1.8). Como ser angelical, Satanás tenía acceso a la presencia de Dios con los otros ángeles que no habían caído.

6. **¿Verdadero o falso? Si Satanás no hubiera acusado a Dios de consentir a Job, Dios nunca habría hablado de Job con Satanás.** *Falso.* Dos veces Dios mencionó a Job como un modelo de varón justo (Job 1.8; 2.3).

7. **Selección múltiple: ¿Cuál de los hijos de Job celebraba una fiesta para sus hermanos y hermanas cuando murieron? (a) el menor; (b) el del medio; o (c) el mayor.** *(c) El mayor* (Job 1.13). Fue una coincidencia, pues ellos se turnaban para hacer fiesta en cada una de las casas de los siete hermanos (v. 4).

8. **Selección múltiple: ¿Cuál de estas no es una de las maneras como el ganado de Job murió cuando Satanás trató de instigar a Job contra Dios? (a) un gran viento; (b) sabeos atracadores; o (c) el fuego de Dios del cielo.** *(a) Un gran viento* (Job 1.14-17).

9. **Selección múltiple: Cuando Satanás trató de volver Job contra Dios, ¿Cómo mató a los siete hijos y tres hijas de Job? (a) Un gran viento sopló y echó la casa; (b) un fuego quemó la casa; o (c) atracadores caldeos atacaron la casa.** *(a) Un gran viento sopló y derrumbó la casa* (Job 1.19).

10. **¿Verdadero o falso? Cuando Job oyó que su ganado y sus hijos murieron, rasgó su manto, rasuró su cabeza, y maldijo a Dios.** *Falso.* Job adoró en vez de maldecir a Dios (Job 1.20). Su dolor no lo apartó de Dios sino que lo acercó a Él.

11. **Llene los espacios en blanco: La Biblia describe la extensión de la aflicción de Job con una sarna maligna «desde la _____ del _____ hasta la _____ de la _____».** *«Planta … pie … coronilla ... cabeza»* (Job 2.7).

12. **Pregunta: ¿Quién dijo a Job: «Maldice a Dios, y muérete»?** *La esposa de Job* (Job 2.9). Ella quería que Job adoptara la actitud hacia Dios que Satanás esperaba (v. 5).

13. **Selección múltiple: ¿Por qué los tres amigos de Job se sentaron en silencio con él por siete días y siete noches? (a) A ninguno se le ocurría lo que debían decir; (b) ellos querían que Job hablara primero; o (c) veían que su dolor era muy grande.** *(c) Veían que su dolor era muy grande* (Job 1.83).

14. ¿Verdadero o falso? Los tres amigos de Job rasgaron sus mantos, esparcieron polvo sobre sus cabezas, y lloraron compasivos con él. *Verdadero* (Job 2.12). La cultura del Cercano Oriente proveía maneras efectivas de expresar y compartir el dolor.

15. Selección múltiple: En el libro de Job, había con Elifaz, Bildad, y Zofar un compañero más joven que habló cuando las palabras de los ancianos no estaban ayudando a Job. ¿Cuál era su nombre? (a) Eliú; (b) Tobías; o (c) Temán. *(a) Eliú* (Job 32. 2).

16. ¿Verdadero o falso? Aunque Job necesitaba aprender de Dios, Dios dijo que Job había hablado lo correcto de Él. *Verdadero* (Job 42.7, 8). Job no había hablado falsedades, sino de forma incompleta

17. Selección múltiple: ¿Cuáles son los dos mostros en los capítulos 40 y 41 de Job? (a) un gigante y un dragón; (b) una cabra y un avestruz; o (c) behemot y leviatán. *(c) Behemot y leviatán* (Job 40.15; 41.1). Aunque estas criaturas no se identifican en la Biblia, se cree que estas son descripciones poéticas del hipopótamo y el cocodrilo respectivamente. Oriundos de Egipto, eran asombro a aquellos que solo habían oído hablar de ellos.

18. ¿Verdadero o falso? Antes que Dios perdonara a los amigos de Job, pidió que Job orara por ellos. *Verdadero* (Jo 42.8). Esto era para afirmar a los amigos de Job que este había hablado de Dios como era debido mientras que ellos no.

19. Selección múltiple: En el libro de Job, ¿Por qué se encendió la ira de Dios contra los tres amigos de Job? (a) No era cierto lo que había dicho de Job; (b) no era exacto todo lo que habían dicho de Dios; o (c) No era exacto todo lo que habían dicho de la sabiduría. *(b) no era exacto todo lo que habían dicho de Dios* (Job 42.7). Lo peor de lo que dijeron los amigos fue que aseguraron que hablaban la verdad de Dios.

20. Selección múltiple: Cuando Dios le habló a Job al final del libro, ¿desde dónde habló Dios? (a) desde el templo; (b) desde el fuego; o (c) desde el torbellino. *(c) Desde el torbellino* (Job 28.1; 40.6).

21. Selección múltiple: Al final del libro de Job, después que Job hizo algo, Jehová le restauró sus pérdidas materiales y los hijos que había perdido. ¿Qué hizo Job? (a) Se arrepintió; (b) oró por sus amigos; o (c) se divorció de su esposa. *(b) Oró por sus amigos* (Job 41.80).

22. Selección múltiple: ¿Quién consoló y confortó a Job después que terminara su aflicción y recuperara su salud? (a) sus hermanos, hermanas, y amigos; (b) Elifaz, Bildad, y Zofar; o (c) su esposa. *(a) Sus hermanos, hermanas, y amigos* (Job 41.81).

23. Selección múltiple: Después que Dios restaurara la salud de Job, sus hermanos, hermanas, y amigos hicieron fiesta con Job y le dieron regalos. ¿Qué regalos cada uno le dio? (a) Un par de animales; (b) una muda de ropas; o (c) una pieza de dinero y un anillo de oro. *(c) Una pieza de dinero y un anillo de oro* (Job 41.86).

24. ¿Verdadero o falso? El contexto cultural del libro de Job no es hebreo. *Verdadero*. Job moraba en la tierra de Uz, que podría ser Edom (cf. Lm 4.21).

25. ¿Verdadero o falso? Job vivió ochenta años, lo cual indica que vivió por debajo de la expectativa de vida según la medida moderna. *Falso*. Job vivió 140 años después de sus pruebas (Job 41.86). Su tiempo fue muy cercano al de Abraham. .

26. ¿Verdadero o falso? La discusión de Job con sus tres amigos consiste de tres ciclos de discursos de cada uno. Cada ciclo es más breve cuando Job rechaza rendirse. *Verdadero*. La tercera vez Elifaz habló más, Bildad habló menos, y Zofar no habló (Job 4-25).

27. Selección múltiple: ¿Cuáles dos escritores bíblicos aluden a Job, mostrando que la Biblia considera que Job es histórico? (a) Moisés y Pablo; (b) Jeremías y Mateo; o (c) Ezequiel y Santiago. *(c) Ezequiel y Santiago* (Ez 14.14, 20; Sgt 5.11). Ezequiel usa Job como un ejemplo de justicia, y Santiago lo usa como un ejemplo de perseverancia.

28. ¿Verdadero o falso? Puede que Job sea el libro más antiguo de la Biblia. *Verdadero.* La función de Job como sacerdote patriarcal sugiere una era antes de la Ley y el sacerdocio. El uso frecuente de *Shadai* como nombre de Dios señala una fecha previa a Moisés.

29. Llene el espacio en blanco: En el Salmo 1, se describe al justo que se deleita y medita «en la _____ de Jehová». *La ley* (Sal 1.2). Es imposible ser justo y no amar la Palabra de Dios.

30. Selección múltiple: el Salmo 2 habla del consejo de las naciones contra Jehová y su Ungido. ¿Cuál sería la respuesta inicial de Jehová? (a) Ira; (b) temor; o (c) risa. *(c) Risa* (Sal 2.4).

31. Selección múltiple: Según el Salmo 15, ¿Qué no hace con su lengua el que puede habitar en el tabernáculo de Jehová no hace algo con su lengua.? (a) Miente; (b) calumnia; o (c) jura. *(c) Calumnia* (Sal 15.1-3).

32. Selección múltiple: En el Salmo 12, las palabras de Jehová son limpias. Se les compara con el metal que se refina en horno siete veces. ¿Qué metal se usa para la comparación? (a) Oro; (b) plata; o (c) bronce. *(b) Plata* (Sal 12.6).

33. Selección múltiple: David declara en el Salmo 16 que había hallado la plenitud de algo en la presencia de Jehová. ¿Qué halló David? (a) Plenitud de paz; (b) Plenitud de amor; o (c) plenitud de gozo. *(c) Plenitud de gozo* (Sal 16.11). En la oración final de Cristo por sus discípulos, pidió que ellos pudieran tener su gozo cumplido en ellos (Jn 17.13).

34. Selección múltiple: En el Salmo 19, David hace una comparación interesante de la salida del sol. ¿A qué compara David la salida del sol? (a) A un corredor; (b) a un soldado; o (c) como un esposo. *(c) Como un esposo* (Sal 19.5).

35. ¿Verdadero o falso? Según el Salmo 19, toda la tierra sabe de Dios a través de su creación de los cielos. *Verdadero* (Sal 19.1-6). «No hay lenguaje, ni palabras, ni es oída su voz» (v. 3).

36. Llene el espacio en blanco: En el Salmo 19, el salmista habla de ley, testimonio, estatutos, mandamientos, temor, y castigos divinos. En el versículo 10 afirma que son más deseables que el _____. *Oro* (Sal 19.10).

37. Llene el espacio en blanco: el Salmo 19 habla de la Palabra de Dios de muchas maneras diferentes, y el salmista dice que son más dulces que _____ *Miel* (Sal 19.10).

38. Selección múltiple: el Salmo 19 encuentra al salmista que pide a Dios que lo limpie ¿de qué errores? (a) errores habituales; (b) errores ocultos; o (c) errores que dañan. *(b) Errores ocultos* (Sal 19.12). Los pecados que tenemos la tendencia de esconder son los que más nos dominan y los más destructivos.

39. ¿Verdadero o falso? Según el Salmo 22, el salmista cree que la primera vez que tuvo que confiar en Dios fue durante una batalla. *Falso.* Él confiaba desde su nacimiento y mientras mamaba de los pechos de su madre (Sal 22.9).

40. Selección múltiple: En el Salmo 22, ¿a qué dos animales son semejantes los enemigos del salmista? (a) lobos y zorros; (b) serpientes y chacales; o (c) toros y

leones. *(c) Toros y leones* (Sal 22.12, 13). El toro es un símbolo de fuerza y el león símbolo de fuerza y fiereza.

41. **Selección múltiple: El salmista dijo que cuando Dios lo librara lo alabaría en cierto lugar. ¿En qué lugar lo alabaría? (a) En el templo; (b) en medio de la congregación; o (c) sobre el terrado.** *(b) En medio de la congregación* (Sal 22. 22, 25). El crédito a Dios no se debe dar en secreto sino públicamente.

42. **Selección múltiple: En la conocida frase del Salmo 42, se deben alzar las puertas para que entre el Rey de gloria. En el versículo 10, ¿cómo se describe al Rey de gloria? (a) Señor de todos; (b) Jehová de Israel; o (c) Jehová de los ejércitos.** *(c) Jehová de los ejércitos* (Sal 24.10). Los «ejércitos» alude al ejercito del cielo que peleaba por Israel en sus batallas.

43. **Selección múltiple: ¿Cuál de los salmos es muy específico en profetizar la experiencia de Jesús en la cruz? (a) el Salmo 96; (b) el Salmo 22; o el Salmo 2.** *(b) El Salmo 22.* La primera línea del Salmo fue pronunciada por Cristo en la cruz: «Dios mío, Dios mío, ¿por qué me has desamparado?» (Mr 15.34).

44. **Pregunta: ¿Qué salmo describe a Jehová como nuestro pastor?** *El Salmo 23.* Este es el más conocido de todos los salmos.

45. **Selección múltiple: El salmista declara en el Salmo 27 que una cosa desea: estar en la casa de Jehová todos los días de su vida. ¿Qué cualidad de Jehová desea contemplar? (a) Bondad; (b) la hermosura; o (c) la verdad.** *(b) La hermosura* (Sal 27.4).

46. **Selección múltiple: ¿De qué salmo se dice que se escribió para la dedicación de la casa de David? (a) el Salmo 20; (b) el Salmo 30; o (c) el Salmo 40.** *(b) El Salmo 30.* David pudo construir para sí una hermosa casa, pero la construcción del templo se le dejó a Salomón (cf. 2 S 7.4-17).

47. **Selección múltiple: Dos salmos se destacan por el tema de la confesión y el perdón del pecado. Nombre el que primero aparece en el libro de los el Salmo. (a) El Salmo 21; (b) el Salmo 32; o (c) el Salmo 43.** *(b) El Salmo 32.* El otro es el Salmo 51.

48. **Pregunta: ¿Qué salmo se atribuye a David «cuando mudó su semblante delante de Abimelec, y él lo echó, y se fue»?.** *El Salmo 34* (título). La persona llamada Abimelec probablemente es el rey de Aquis, rey de Gat, según se registra en 1 de Samuel 21.10-15.

49. **Selección múltiple: En su evangelio, Juan cita el Salmo 34.20. ¿De qué manera se cumplió la muerte de Cristo en la cruz? (a) Burlado por la multitud; (b) echando suertes por su manto; o (c) no será quebrado ninguno de sus huesos.** *(c) No será quebrado ninguno de sus huesos* (Jn 19.36).

50. **Llene el espacio en blanco: Según el Salmo 34, el hombre que desea muchos días para ver el bien, debe «apartarse del mal, y hacer el bien; buscar la _____, y seguirla».** *«Paz»* (Sal 34.14).

51. **Llene el espacio en blanco: Según el Salmo 34: «El _____ de Jehová acampa alrededor de los que le temen, y los defiende».** *«Ángel»* (Sal 34.7).

52. **Llene el espacio en blanco: Según el Salmo 37 y Mateo 5.5, ¿quiénes heredarán la tierra? (a) los pacificadores; (b) el pobre en espíritu; o (c) los mansos.** *(c) Los mansos* (Sal 37.11).

53. **Llene los espacios en blanco: Al comparar el justo con el impío, el Salmo 37 declara: «El impío toma _____ y no paga, más el justo tiene _____, y da».** *«Prestado … misericordia»* (Sal 37.21). La justicia siempre se demuestra en un estilo de vida recto.

54. Selección múltiple: En el Salmo 39, el salmista hace una declaración importante: «¿Todo hombre en su mejor estado es cómo qué?» (a) Polvo; (b) vapor; o (c) cuerpo. *(b) Vapor* (Sal 39.5).

55. Selección múltiple: ¿Cuántos salmos se incluyen en el Libro primero de todo el libro de los el Salmo? (a) Cincuenta y uno; (b) cuarenta y uno; o (c) treinta y cinco. *(b) Cuarenta y uno.*

56. Pregunta: «Aun el hombre de mi paz, en quien yo confiaba, el que de mi pan comía, alzó contra mí el calcañar». ¿En referencia a qué persona se cumplió este versículo que Jesús citó según Juan 13.18? *Judas Iscariote* (Sal 41.9).

57. Selección múltiple: ¿Cuántas divisiones o libros hay en el libro de Salmos? (a) Cinco; (b) siete; o (c) tres. *(a) Cinco.*

58. Selección múltiple: ¿En qué libro del Nuevo Testamento encontramos estas palabras del Salmo 44? «Pero por causa de ti nos matan cada día; somos contados como ovejas para el matadero». (a) Hechos; (b) Romanos; o (c) Hebreos. *(b) Romanos* (Sal 44.22; Ro 8.36).

59. Selección múltiple: ¿Qué salmo se dice que David escribió después de pecar con Betsabé? (a) el Salmo 119; (b) el Salmo 32; o (c) el Salmo 51. *(c) El Salmo 51* (título). Los títulos o inscripciones de los salmos dan valiosa información para comprender ciertos salmos en su contexto histórico. Hay fuerte evidencia para esta exactitud histórica.

60. Selección múltiple: Mientras David confiesa su pecado y pide limpieza en el Salmo 51, ruega a Dios que no quite algo de él. ¿Qué no quiere perder David? (a) su paz; (b) su salvación; o (c) el Espíritu Santo. *(c) El Espíritu Santo* (Sal 51.11).

61. Selección múltiple: el Salmo 53.3 dice: «Cada uno se había vuelto atrás; todos se habían corrompido; no hay quien haga lo bueno, no hay ni aun uno». ¿En qué libro del Nuevo Testamento se cita este versículo? (a) Mateo; (b) Romanos; o (c) Hebreos. *(b) Romanos* (Ro 3.12). Pablo usa este versículo en su argumento de que Dios no acepta a nadie en base a las obras.

62. Selección múltiple: En el Salmo 58, el impío se compara a un tipo específico de serpiente que a propósito se vuelve sorda par a no oír al encantador. ¿Qué tipo de serpiente se menciona? (a) Víbora; (b) áspid; o (c) Pitón. *(b) Áspid* (Sal 58.3-5).

63. Selección múltiple: ¿Qué monte se designa como el monte de Dios en el Salmo 68? (a) Sion; (b) Horeb; o (c) Basán. *(c) Basán* (Sal 68.15). Basán estaba situado al este del río Jordán. Se le asigno su propiedad a la media tribu de Manasés (Dt 3.13).

64. Selección múltiple: el Salmo 68.18: «Subiste a lo alto, cautivaste la cautividad, tomaste dones para los hombres». ¿En qué epístola de Pablo se cita en alusión a los dones espirituales? (a) Romanos; (b) Gálatas; o (c) Efesios. *(c) Efesios* (Ef 4.8). En Efesios 4. 8, se describe a Jesús que ascendió al cielo después de su resurrección y desde allí distribuyó varios dones espirituales a los de su iglesia para su edificación.

65. Pregunta: el Salmo 72.20 dice: «Aquí terminan las oraciones de David, hijo de Isaí». ¿Cuál de los cinco libros de Salmos en el himnario concluye con este versículo? *Libro dos.* Es probable que este versículo lo agregara un editor después de compilar muchos de los salmos de David y organizarlos.

66. Pregunta: En el Salmo 73, el salmista batalla con el problema de cómo Dios puede permitir que el impío prospere. Halla la solución a esta dificultad cuando encuentra a Dios. ¿En qué lugar? *En el santuario* (Sal 73.17).

67. Selección múltiple: En el Salmo 74, el salmista habla del control que tiene Jehová sobre su creación. En el versículo 14, habla que Jehová magulló la cabeza de un monstro marino. ¿Qué nombre tenía esta criatura? (a) Gran Eel; (b) neandertal; o (c) leviatán. *(c) Leviatán* (Sal 74.14).

68. Selección múltiple: ¿A qué se describe como «comida de los ángeles» en el Salmo 78? (a) Miel; (b) maná; o (c) granada. *(b) Maná* (Sal 78.24, 25), quizás debido a su origen sobrenatural.

69. Selección múltiple: Moisés golpeó la peña en el desierto y brotó agua. ¿A qué compara el salmista en el Salmo 78 el volumen del agua que brotó? (a) Manantial; (b) ríos; o (c) goteos. *(b) Ríos* (Sal 78.16).

70. Selección múltiple: ¿De qué persona dice el salmista que «no lo sorprenderá el enemigo»? (a) Salomón; (b) Moisés; o (c) David. *(c) David* (Sal 89.20, 22).

71. Selección múltiple: ¿Qué salmo se atribuye a Moisés? (a) el Salmo 80; (b) el Salmo 90; o (c) el Salmo 119. *(b) El Salmo 90* (título). Cuando se lee a la luz de esta verdad, el Salmo 90 toma un nuevo significado. Si alguno entiende la brevedad de la vida fue Moisés debido a que fue testigo de un gran número de personas que murieron en el desierto.

72. Selección múltiple: En el Salmo 89, ¿basado en su pacto con quién el salmista ruega que Dios libre a Israel? (a) Abraham; (b) Moisés; o (c) David. *(c) David* (Sal 89.20-37, 49). El pacto davídico se encuentra en 2 Samuel 7.16.

73. Pregunta: ¿Quién citó el Salmo 91.11, 12 según se registra en Mateo 4.6? La oración inicial dice: «Pues a sus ángeles mandara acerca de ti». *Satanás* (Sal 91.11, 12; Mt 4.6). Esto fue durante la tentación de Cristo en el desierto.

74. Pregunta: ¿A quién juró Jehová que no entrarían en su reposo? *A la generación de israelitas que murieron durante los cuarenta años de vagar en el desierto* (Sal 95.8-11).

75. Selección múltiple: el Salmo 95.11: «Por tanto, juré en mi furor que no entrarían en mi reposo», ¿en qué libro del Nuevo Testamento se cita? (a) Romanos; (b) Apocalipsis; o (c) Hebreos. *(c) Hebreos* (He 4.3, 5). El escritor a los Hebreos lo aplica al reposo espiritual. Si un creyente es desobediente y no vive por fe, no puede disfrutar del reposo que Dios da.

76. Selección múltiple: el Salmo 98 es un salmo que habla del retorno de Jehová para juzgar la tierra. ¿Qué deben hacer los ríos cuando el Señor regrese? (a) Secarse; (b) correr rápidamente; o (c) batir las manos. *(c) Batir las manos* (Sal 98.8). En Romanos 8.20-22, Pablo habla que la creación entera está sujeta a corrupción por causa de la caída del hombre. Considera que la creación gime anhelando su liberación cuando Cristo regrese.

77. Selección múltiple: ¿Qué salmo contiene las líneas: «Reconoced que Jehová es Dios; Él nos hizo, y no nosotros a nosotros mismos; Pueblo suyo somos, y ovejas de su prado»?. (a) el Salmo 25; (b) el Salmo 23; (c) el Salmo 100. *(c) El Salmo 100* (Sal 100.3). La idea que Dios es nuestro Pastor y que nosotros somos sus ovejas ocurre con frecuencia en el Antiguo Testamento. En el Nuevo Testamento Jesús se llamó a sí mismo el buen pastor (Jn 10.11).

78. Llene los espacios en blanco: En el Salmo 102, el salmista se siente tan abrumado por las circunstancias de la vida que se compara con el pelicano en el desierto, y como el búho de las soledades, y como el _____ solitario sobre el tejado. *Pájaro* (Sal 102.6, 7). ¡Qué figura tan vívida de la soledad! Sin embargo, al final del salmo, el salmista expresa el consuelo que recibió de Jehová.

79. Selección múltiple: ¿Qué salmo comienza con las palabras: «Bendice, alma mía, a Jehová, y bendiga todo mi ser su santo nombre» (a) el Salmo 100; (b) el Salmo 103; o el Salmo 32. *(b) El Salmo* 103 (Sal 103.1).

80. Pregunta: ¿Habla el Salmo 103 de la bendición de Jehová sobre el individuo o de sus bendiciones sobre la nación de Israel? *Las bendiciones de Dios sobre el individuo* (Sal 103).

81. Selección múltiple: ¿Cuál es el último salmo del cuarto libro en los Salmos? (a) El Salmo 106; (b) el Salmo 115; o (c) el Salmo 120. *(b) El Salmo 106.*

82. Selección múltiple: el Salmo 109.8 dice: «Tome otro su oficio». De estos tres, ¿a quién se aplica en el Nuevo Testamento? (a) Jesús; (b) Pablo; o (c) Judas. *(c) Judas* (Hch 1.20). Este versículo fue usado como la base para la elección de los apóstoles de Matías para tomar el lugar de Judas como apóstol.

83. Selección múltiple: ¿Qué salmo expresa el concepto de que la muerte de un creyente es preciosa a los ojos de Dios? (a) el Salmo 23; (b) el Salmo 116; o (c) el Salmo 119. *(b) El Salmo 116* (Sal 116.15).

84. Selección múltiple: ¿Cuál es el salmo más corto en Salmos? (a) el Salmo 96; (b) el Salmo 28; o (c) el Salmo 117. *(c) el Salmo 117.* Es un salmo de dos versículos que llama a los gentiles a alabar a Dios.

85. Selección múltiple: ¿Cuántos versículos tiene el Salmo más corto? (a) uno; (b) dos; o (c) tres. *(b) Dos* (Sal 117).

86. Selección múltiple: ¿Cuál es el Salmo más extenso y cuantos versículos tiene? (a) el Salmo 119; (b) el Salmo 112; o (c) el Salmo 117. *(a) el Salmo 119.*

87. Selección múltiple: el Salmo 119 se divide en dos secciones basado en el alfabeto hebreo. ¿Cuántas divisiones tiene? (a) Veinte; (b) veintidós; o (c) veintitrés. *(b) Veintidós.*

88. Selección múltiple: el Salmo 119 se divide en secciones basado en el alfabeto hebreo. ¿Cuántos versículos hay en cada sección? (a) Siete; (b) ocho; o (c) diez. (b) *Ocho* (Sal 119).

89. Selección múltiple: ¿Cuántos versículos hay en el Salmo 119? (a) 112; (b) 148; o (c) 176. *(c) 176* (Sal 119).

90. Selección múltiple: ¿Cuál es el tema principal del Salmo 119? (a) El templo de Jehová; (b) la palabra de Dios; o (c) la Creación. *(b) La palabra de Dios* (Sal 119). Muchos términos diferentes se emplean para aludir a la palabra de Dios. Algunos son: Ley, testimonios, estatutos, juicios, y preceptos.

91. Pregunta: ¿Quién escribió setenta y tres de los ciento cincuenta salmos en el libro de los Salmos? *David* (títulos de los salmos).

92. Selección múltiple: Los salmos 120-124 lo cantaban los judíos que viajaban a Jerusalén en ocasión de las fiestas anuales. En sus inscripciones se llaman Canto: (a) De fiestas; (b) de adoración; o (c) gradual o de la ascensión. *(c) Gradual* (título).

93. Selección múltiple: El Salmo 120 es el primero de un grupo de salmos denominados «Cánticos Graduales o de la Ascensión». ¿Cuántos salmos consecutivos se denominan de esta manera? (a) Siete; (b) diez; o (c) quince. *(c) Quince* (títulos de los salmos 120-134). Estos salmos se cantaban camino a Jerusalén. Jerusalén se consideraba siempre más alto que ningún otro lugar en Israel porque era el lugar de adoración donde Dios moraba.

94. Selección múltiple: ¿Quién es el autor de el Salmo 127, que comienza: «Si Jehová no edificare la casa, en vano trabajan los que la edifican»?. (a) David; (b) Lemuel; o (c) Salomón. *(c) Salomón* (título). Salomón construyó una casa para Jehová.

95. Selección múltiple: ¿En qué salmo se encuentra el versículo que dice: «¡Oh, cuánto amo yo tu ley! Todo el día es ella mi meditación»?». (a) el Salmo 23; (b) el Salmo 1; o (c) el Salmo 119. *(c) El Salmo 119* (Sal 119.97).

96. ¿Verdadero o falso? Los salmos 90-106 (Libro Cuarto) en su mayoría son salmos de David. *Falso.* En su mayoría son anónimos.

97. Selección múltiple: ¿Cuántos salmos dicen a quiénes se dirigen: «Al músico principal» en el título? (a) Veinte; (b) cincuenta y cinco; o (c) setenta y siete. *(b) Cincuenta y cinco.*

98. Selección múltiple: ¿Qué salmo describe vívidamente como Dios estaba presente incluso cuando el salmista estaba siendo formado en el vientre de su madre? (a) el Salmo 103; (b) el Salmo 119; o (c) el Salmo 139. *(c) El Salmo 139* (Sal 139.15, 16). Este salmo declara que el valor de un individuo proviene de Dios y no de las habilidades de un individuo, su apariencia o sus bienes materiales.

99. Pregunta: ¿Cuántos salmos hay en el libro de los el Salmo? *Ciento cincuenta.* Estos salmos cubren un espacio de tiempo desde Moisés hasta el regreso del exilio bajo Esdras y Nehemías.

100. Selección múltiple: el Salmo 150 exhorta que alabemos a Dios con instrumentos musicales. ¿Cuántos instrumentos musicales se mencionan específicamente? (a) Diez; (b) ocho; o (c) seis. *(b) Ocho* (Sal 150.3-5). La adoración en Israel no era algo callado. Estaba lleno de entusiasmo. Para una descripción de la celebración y adoración de Israel, lea Nehemías 12. 27-43.

101. Llene los espacios en blanco: el Salmo 150.5 nos alienta a que alabemos a Dios con un instrumento específico. Dice: «Alabadle con _____ resonantes; alabable con _____ de júbilo». *«Címbalos … címbalos»* (Sal 150.5).

102. Pregunta: ¿Cuáles son las tres palabras que se encuentran en el libro de los Salmos, que caracteriza este himnario hebreo desde el principio al final? *«Alabe a Jehová»* (Sal 150.6). Es instructivo que el más extenso libro del Antiguo Testamento sea de alabanza a Dios.

103. Selección múltiple: ¿Qué tienen en común Salomón, Agur, y Lemuel? (a) Eran hijos de David; (b) eran reyes de Israel; o (c) escribieron en el libro de Proverbios. *(c) Escribieron en el libro de Proverbios* (Pr 1.1; 30.1; 31.1).

104. ¿Verdadero o falso? Aunque el libro de Proverbios es una colección de cientos de dichos separados de varios autores, tiene un propósito bien definido. *Verdadero* (Pr 1.2-6). Proverbios tiene por intención instilar sabiduría y dar entendimiento de los dichos y otras formas de enseñanza.

105. Selección múltiple: ¿Quién compiló los proverbios de Salomón que se encuentran en los capítulos 25 al 29 del libro de Proverbios? (a) la sulamita; (b) los varones de Ezequías; o (c) el rey Lemuel. *(b) Los varones de Ezequías* (Pr 25.1). Ezequías fue un rey bueno y grande de Judá que «siguió a Jehová, y no se apartó de él, sino que guardó los mandamientos» (2 R 18.6).

106. Selección múltiple: ¿Qué es cierto de cada uno de los veintidós versículos de Proverbios 31.10-31? (a) Cada uno comienza con la misma palabra; (b) la primera letra de cada versículo forma un acróstico del nombre del autor; o (c) la primera letra de cada versículo consecutivamente sigue el alfabeto hebreo. *(c) La primera letra de cada versículo consecutivamente sigue el alfabeto hebreo.*

107. Selección múltiple: ¿Qué escritor de Proverbios dirige sus proverbios a Itiel y Ucal? (a) Salomón; (b) Agur; o (c) Lemuel. *(b) Agur* (Pr 30.1). Itiel y Ucal son algo desconocidos como lo es Agur.

108. **Selección múltiple:** ¿Qué autor de Proverbios depreció su proverbio al escribir: «Ciertamente más rudo soy yo que ninguno»? (a) Salomón; (b) Agur; o (c) Lemuel. *(b) Agur* (Pr 30.1, 2).

109. **Selección múltiple:** ¿Quién enseñó a Lemuel las palabras que escribió como Proverbios 31? (a) Salomón; (b) Jehová; o (c) su madre. *(c) Su madre* (Pr 31.1).

110. **Selección múltiple:** ¿Qué título se da al Lemuel que escribió Proverbios 31? (a) Rey; (b) profeta; o (c) escriba. *(a) Rey* (Pr 31.1).

111. **¿Verdadero o falso?** Todos excepto 19 de los dichos en Proverbios 10-15 usan paralelos de principios opuestos para contrastar el justo con el impío. *Verdadero.* Este es el más largo pasaje de paralelismo contrastante en la Biblia.

112. **Pregunta:** ¿Qué capítulo de Proverbios exalta a una mujer como buena persona, esposa, madre, y prójima? *Proverbios 31.*

113. **¿Verdadero o falso?** Los primeros y últimos capítulos de Proverbios están llenos de declaraciones de individuos mientras que los capítulos del medio tienen pasajes más extensos y continuos. *Falso.* Los primeros y últimos capítulos son más continuos. Los capítulos del medio son compilaciones de dichos individuales.

114. **Selección múltiple:** Proverbios personifica la sabiduría e incluso le da una casa para vivir. ¿Cuántos pilares tiene esta casa perfecta? (a) Tres; (b) siete; o (c) doce. *(b) Siete* (Pr 9.1). Los siete pilares denotan la perfección de la habitación de esta cualidad perfecta.

115. **¿Verdadero o falso?** Los dichos del libro de Proverbios siempre se agrupan por tema. *Falso.* Las porciones extensas del libro aparecen al azar.

116. **¿Verdadero o falso?** El libro de Proverbios es probable que existiera en su forma presente en el tiempo de Salomón. *Falso.* Los varones de Ezequías compilaron los capítulos 25 al 29.

117. **Selección múltiple:** En Proverbios, ¿qué significa «salieres fiador por alguno»? (a) cofirmante de un préstamo; (b) investigando una historia; o (c) ser un testigo de carácter. *(a) Cofirmante de un préstamo* (Pr 6.1; 11.15).

118. **¿Verdadero o falso?** Hay varios proverbios dirigidos a ciertos líderes del gobierno. *Verdadero* (Pr 16.10-15; 25.5-7; 31.4, 5). Los escritores de Proverbios eran en el caso de Salomón y Lemuel, reyes que se interesaban por la sabiduría de los futuros gobernantes.

119. **¿Verdadero o falso?** En Proverbios, Lemuel advierte a los reyes que eviten beber vino para no pervertir la ley. *Verdadero* (Pr 31.4, 5).

120. **Selección múltiple:** En los proverbios de Agur ¿qué tienen en común el Seol, la matriz estéril, la tierra, y el fuego? (a) Nunca se sacian; (b) son corrosivas; o (c) son temibles. *(a) Nunca se sacian* (Pr 30.15, 16).

121. **¿Verdadero o falso?** Según Proverbios, es bueno si una mujer odiada se casa. *Falso* (Pr 30.21-23).

122. **¿Verdadero o falso?** Proverbios sugiere que una generación que desprecia a su padres terminará oprimiendo a los menesterosos. *Verdadero* (Pr 30.11-14).

123. **Selección múltiple:** Según Proverbios, ¿qué pasa cuando «no hay profecía»?. (a) El pueblo perece; (b) el pueblo hace lo que le parece; o (c) el pueblo se desenfrena. *(c) El pueblo se desenfrena* (Pr 29.18). En este contexto, la revelación no parece indicar una nueva revelación sino respeto por la Escritura que ya existe (la «Ley»).

124. **Selección múltiple:** ¿Qué significa el proverbio: «Huye el impío sin que nadie lo persiga»?. (a) el impío esta siempre listo; (b) al impío le gusta vagar por los alrededores; o (c) el impío desconfía de todos. *(c) El impío desconfía de todos* (Pr 28.1).

125. ¿Verdadero o falso? El libro de Proverbios favorece la riqueza gradual en lugar de la riqueza repentina. *Verdadero* (Pr 14.23; 15.27; 21.25, 26; 22. 29; 23.4; 5; 28.8, 20).

126. ¿Verdadero o falso? La codicia del jugador se condena en el libro de Proverbios. *Verdadero* (Pr 15.27; 21.25, 26; 28.20).

127. Pregunta: Un proverbio dice: «La blanda respuesta quita la ira» (Pr 15.1). ¿Es este proverbio una declaración de la verdad general de Dios o una declaración de su verdad absoluta? *Un proverbio es una verdad general que puede (debido al pecado) tener excepciones.*

128. Pregunta: ¿Cuál fue la principal ocupación del «Predicador» que escribió Eclesiastés? *Rey* (Ec 1.1, 12). Él fue «hijo de David, rey de Jerusalén, rey sobre Israel y en Jerusalén». Entre los descendientes de David, solamente Salomón gobernó por un periodo de tiempo sobre todo Israel desde Jerusalén.

129. Selección múltiple: ¿Cuáles de estos es el mejor sinónimo de «vanidad» en la expresión «vanidad de vanidades, todo es vanidad»? (a) Vaciedad; (b) orgullo; o (c) egoísmo. *(a) Vaciedad* (Ec 1.2).

130. Pregunta: ¿Dónde vive el Predicador de Eclesiastés? *Jerusalén* (Ec 1.1, 12; 2.7).

131. ¿Verdadero o falso? En Eclesiastés, el autor describe algunos de los jardines palaciegos y su hogar. *Verdadero* (Ec 2.4-8). Los detalla en orden a fin de mostrar la vanidad de los grandes logros.

132. Llene los espacios en blanco: Del rico Eclesiastés dice: «Como salió del vientre de su madre, _____, así vuelve, yéndose tal como vino; y _____ tiene de su trabajo para llevar en su mano». «*Desnudo ... nada*» (Ec 5.15). Pero aun, debe dejar su riqueza a un heredero que puede derrocharlo todo (1.88, 19).

133. ¿Verdadero o falso? El libro de Eclesiastés está escrito en prosa filosófica. *Falso*. La mayoría de Eclesiastés está escrito en coplas proverbiales.

134. Pregunta: ¿Qué viene primero en la Biblia, los Cantares de Salomón o Eclesiastés? *Eclesiastés.*

135. ¿Verdadero o falso? El autor de Eclesiastés cree que la fortaleza de un rey es mayor que la sabiduría de cualquier hombre. *Falso*. Él cree que la sabiduría puede derrotar a un rey, pero no recibirá gloria (Ec 9.13-18).

136. Verdadero o falso? El libro de Eclesiastés concluye que la vida del hombre moderno está llena de iniquidades, incertidumbres, cambios de suerte, e injusticias, y por tanto, no se puede confiar en Dios. *Falso* (Ec 11.83, 14). Porque la vida es incierta, Dios es más que necesario.

137. Selección múltiple: Salomón comparó la apariencia de la sulamita con un árbol. Nombre el árbol. (a) Moras; (b) manzano; o (c) la palmera. *(c) La palmera* (Cnt 7.7), que es elegante y cordial.

138. ¿Verdadero o falso? Los perfumes aparecen de manera prominente en la historia de amor de Cantares. *Verdadero* (Cnt 1.3; 3.6; 4.6).

139. ¿Verdadero o falso? En Cantares, la sulamita estaba orgullosa de su bronceado. *Falso*. Ella sentía que eso era señal de negligencia en su apariencia (Cnt 1.6).

140. Pregunta: ¿En qué estación vino Salomón a su amada y le pidió que viniera? *Primavera* (Cnt 2.11, 12).

141. ¿Verdadero o falso? La sulamita buscó a su amado y lo llevó a si casa para que conociera a su madre. *Verdadero* (Cnt 3.4). El amor de Salomón y la sulamita fue intenso desde el principio. Ellos fueron bien directos con respecto a sus intenciones.

142. ¿Verdadero o falso? Salomón tenía una carroza en el que viajaba con su **amada.** *Verdadero* (Cnt 3.9, 10). Estas carrozas se conocían también como palanquines y eran de uso común en aquellas regiones.

143. Selección múltiple: ¿Qué apariencia de la sulamita cautivó a Salomón? (a) sus ojos; (b) su cabello; o (c) sus labios. *(b) Su cabello* (Cnt 7.5).

144. Llene el espacio en blanco: La sulamita en Cantares pide: «Confortadme con _____; porque estoy enferma de amor». *«Manzanas»* (Cnt 2.5).

145. Selección múltiple: A Salomón le gustaba comparar a su amada con una **paloma.** Ella comparaba a Salomón con: (a) Un águila; (b) un cervatillo; o (c) un **león.** *(b) Un cervatillo* (Cnt 2.9, 17). El cervatillo representa gracia y agilidad.

146. Selección múltiple: Aunque Salomón amó solamente a la sulamita, ¿Cuántas reinas se menciona en Cantares? (a) dos; (b) doce; o (c) sesenta. *(c) Sesenta* (Cnt 6.8).

147. Selección múltiple: ¿Cuál perfume se menciona con más frecuencia en Cantares? (a) Incienso; (b) nardo; o (c) mirra. *(c) Mirra* (Cnt 1.13; 3.6; 4.14).

148. Selección múltiple: ¿Desde qué punto de vista está escrito la mayoría de los Cantares? (a) desde el punto de vista de Salomón; (b) desde el punto de vista de la sulamita; o (c) desde el punto de vista de los amigos de Salomón. *(b) Desde el punto de vista de la sulamita.*

PROFECÍA

PREDICCIÓN

1. Selección múltiple: ¿Qué profetizó Isaías que serían hechos de espadas y lanzas? (a) Instrumentos agrícolas; (b) un ídolo; o (c) monedas. *(a) Instrumentos agrícolas* (Is 2.4).

2. Selección múltiple: Según Isaías, cuando las naciones conviertan sus espadas en arados, ¿para qué no se adiestrarán más? (a) Nacionalismo; (b) guerra; o (c) hacer espadas. *(b) Guerra* (Is 2.4).

3. Selección múltiple: Para e explicar lo destructivo sería el Día del Señor, Isaías dijo que siete mujeres se verían forzadas a hacer algo. ¿Qué serían forzadas a hacer? (a) Casarse con el mismo hombre; (b) comer del mismo plato; o (c) vivir en una casa. *(a) Casarse con el mismo hombre* (Is 4.1). Demasiados hombres perderían la vida en los ejércitos que se oponen a Jehová.

4. ¿Verdadero o falso? Cuando el Señor comisionó a Isaías como profeta, le dijo que esperara que el pueblo de Israel comprendiera y obedeciera la palabra del Señor. *Falso* (Is 6.9, 10). El Señor dijo que las percepciones de Israel eran sordas, y que sus corazones carecían de entendimiento.

5. Selección múltiple: Cuando Dios comisionó Isaías para profetizar, el Señor le dijo que la tierra sería desolada. ¿Qué porción del pueblo permanecería? (a) un tercio; (b) un cuarto; o (c) una décima. *(c) Una décima* (Is 6.13).

6. Selección múltiple: ¿Cuál sería la dieta del hijo de la virgen que Isaías profetizó como señal al rey Acaz? (a) mantequilla y miel; (b) langostas y miel; o (c) vegetales y agua. *(a) Mantequilla y miel* (Is 7.15).

7. Selección múltiple: El rey Acaz temía a Siria y a Efraín, pero Isaías le dijo que el verdadero enemigo sería: (a) Egipto; (b) Asiria; o (c) Persia. *(b) Asiria* (Is 7.17).

8. Selección múltiple: ¿Quién tuvo un hijo cuya infancia establecía el tiempo para la derrota Asiria de Samaria? (a) Rey Uzías; (b) Oseas; o (c) Isaías. (c) Isaías. *(c) Isaías* (Is 8.3, 4). Este niño tenía un nombre inusual Maher-Salal-hasbaz, que significa: «Acelera el Despojo, Apresúrate al Botín»

9. Selección múltiple: ¿Qué dos tribus del norte de Israel profetizó Isaías que vería gran luz cuando viniera el Mesías? (a) Dan y Aser; (b) Zabulón y Neftalí; o (c) Isacar y Manasés. *(b) Zabulón y Neftalí* (Is 9.1). Estas dos tribus se llamaron «Galilea de los gentiles» debido al número de cananeos en los alrededores y dentro.

10. Selección múltiple: ¿Dónde Isaías predijo que el niño llamado «Admirable, Consejero, Dios Fuerte, Padre Eterno, Príncipe de Paz» gobernaría? (a) En el Cielo; (b) en el trono de misericordia; o (c) en el trono de David. *(c) En el trono de David* (Is 9.7).

11. Pregunta: ¿Qué profetizó Isaías que estaría sobre los hombros del «Admirable, Consejero, Dios fuerte, Padre Eterno, Príncipe de Paz»? *El gobierno* (Is 9.6).

12. **¿Verdadero o falso?** Isaías predijo que Asiria haría a Jerusalén todo lo que ella hizo para castigar a Samaria. *Falso.* Asiria sería castigada por pensar que Jerusalén caería como Samaria (Is 10.11, 12).

13. **Llene los espacios en blanco:** En Romanos, Pablo citó esta profecía de Isaías sobre la restauración de Israel. «Porque si tu pueblo, oh Israel, fuere como las _____ del _____, el _____ de él volverá; la destrucción acordada rebosara justicia». «*Arenas ... mar ... remanente*» (Is 10.22).

14. **Selección múltiple:** ¿De qué «tronco» profetizó Isaías que saldría el vástago (Mesías)? (a) de Isaí; (b) de Judá; o (c) Abraham. *(a) Isaí* (Is 11.1).

15. **Selección múltiple:** Según Isaías, cuando el Mesías estableciera su paz, ¿qué animal morara con el cordero? (a) El león; (b) el zorro; o (c) el lobo. *(c) El lobo* (Is 11.6, 65.25).

16. **Selección múltiple:** Según Isaías, cuando el Mesías estableciera su paz, ¿qué jugaría sobre la cueva del áspid sin sufrir daño? (a) el cordero; (b) la víbora; o (c) el niño de pecho. *(c) El niño de pecho* (Is 11.8).

17. **Selección múltiple:** ¿Qué dijo Isaías que llenaría la tierra «como las aguas cubren el mar» cuando reine el Mesías? (a) El conocimiento de Jehová; (b) el gozo y la alabanza a Jehová; o (c) el cuerpo de los enemigos de Dios. *(a) El conocimiento de Jehová* (Is 11.9).

18. **Selección múltiple:** ¿Quién profetizó Isaías que sería el instrumento de Dios para castigar a Babilonia? (a) Los asirios; (b) los griegos; o (c) los medos. *(c) Los medos* (Is 13.17).

19. **Selección múltiple:** Cuando Isaías profetizó la caída de Babilonia, en su poesía vio en la impiedad de Babilonia a una persona que el profeta llama «hijo de la mañana». ¿De quién se trata? (a) Nabucodonosor; (b) Ciro; o (c) Lucifer. *(c) Lucifer* (Is 14.12).

20. **Selección múltiple:** ¿A quién Isaías citó que dijo: «Subiré al cielo, junto a las estrellas de Dios, levantaré mi trono»? (a) Lucifer; (b) el vástago de Isaí; o (c) el rey de Asiria. *(a) Lucifer* (Is 14.12, 13).

21. **Selección múltiple:** ¿De qué nación Isaías dijo que sus ídolos temblarían y sus hechiceros y adivinos se desvanecerían? (a) Moab; (b) Filistea; o (c) Egipto. *(c) Egipto* (Is 19.1, 3).

22. **Selección múltiple:** ¿Qué dos enemigos profetizó Isaías que se unirían a Israel en servir a Jehová de los ejércitos? (a) Moab y Ammón; (b) Ismael y Edom; o (c) Egipto y Asiria. *(c) Egipto y Asiria* (Is 19.24, 25).

23. **Selección múltiple:** ¿Qué profeta caminó desnudo y descalzo por tres años como señal contra Egipto y Etiopía? (a) Isaías; (b) Jeremías; o (c) Ezequiel. *(a) Isaías* (Is 20.3).

24. **Selección múltiple:** ¿Cuál de los principales profetas pasó mucho tiempo de su ministerio animando a los reyes de Judá que los asirios no capturarían a Jerusalén? (a) Isaías; (b) Jeremías; o (c) Ezequiel. *(a) Isaías* (Is 7; 8; 10; 20). Jeremías y Ezequiel pasaron tiempo asegurando a su público que Babilonia capturaría vio Jerusalén.

25. **Selección múltiple:** ¿Qué noticia previó Isaías en una visión en la que a un centinela llegaban hombres montados sobre asnos y camellos? (a) El nacimiento del Mesías; (b) la caída de Babilonia; o (c) la restauración de Jerusalén. *(b) La caída de Babilonia* (Is 21.7-9).

26. Completa los espacios en blanco: Isaías comparó la comodidad del reino de Dios con « sombra de _____ peñasco en _____ calurosa». *«Gran ... tierra»* (Is 32.2). Cuando Jehová reina, Isaías dijo, todo estará bien con el justo desde el menor al mayor, y el necio y el impío serán vistos exactamente como son (vv. 1-8).

27. ¿Verdadero o falso? Isaías estaba angustiado por la posibilidad de que sus profecías se cumplieran. *Verdadero* (Is 21.3, 4; 22.4).

28. Selección múltiple: Cuando Isaías vio la invasión de Jerusalén, ¿qué vio que los residentes derribaban para fortificar el muro? (a) sus casas; (b) el templo; o (c) el monte de los Olivos. *(a) Sus casas* (Is 22.10).

29. Selección múltiple: Según Isaías, ¿qué le pasará a la luna en el día en que el Señor exalte a su pueblo? (a) brillará como el sol; (b) se volverá sangre; o (c) tragará una tercera parte de las estrellas. *(a) Brillará como el sol, y el sol brillará siete veces mayor* (Is 30.26).

30. ¿Verdadero o falso? Isaías profetizó que Asiria caería por la espada de varón. *Falso.* «Caerá Asiria por espada no de varón» (Is 31.8).

31. ¿Verdadero o falso? La visión de Isaías de Jerusalén contenía un tabernáculo que nunca sería quitado. *Verdadero* (Is 33.20).

32. Selección múltiple: ¿Dónde vio Isaías una calzada que sería llamado «Camino de Santidad»? (a) En el cielo; (b) de Asiria a Egipto; o (c) a Sion. *(c) En Sion* (Is 35.8-10).

33. Selección múltiple: ¿Cuál fue la señal que Dios dio al rey Ezequías medio de Isaías por de que su vida se prolongaría otros quince años? (a) un nacimiento virginal; (b) el ejército asirio derrotado; o (c) El reloj de sol volvería diez grados atrás. *(c) El reloj de sol volvió diez grados atrás* (Is 38.5-8).

34. Pregunta: Cuando el rey Ezequías mostró la riqueza de su palacio, tesoros y todo lo que había en su casa a los embajadores de Babilonia, ¿qué profetizó Isaías que pasaría? *Que todos los tesoros de su casa serían llevados a Babilonia* (Is 39.3, 6).

35. Selección múltiple: Isaías proclamó consuelo sobre Jerusalén porque ella había recibido castigo múltiple por sus pecados. ¿Cuánto castigo ella había sufrido? (a) Doble; (b) triple; o (c) cuádruple. *(a) Doble* (Is 40.3).

36. Pregunta: Según Isaías, ¿qué diría una voz que clama en el desierto? *«Preparad camino a Jehová; enderezad calzada en la soledad a nuestro Dios»* (Is 40.3).

37. Selección múltiple: ¿Quién en Isaías 40 dirá a las ciudades de Judá: «¡Ved aquí al Dios vuestro!»? (a) El Mesías; (b) Isaías; o (c) Jerusalén. *(c) Jerusalén* (Is 40.9). Jerusalén estaba situada en los collados donde su carácter sería un faro para las otras comunidades.

38. Llene los espacios en blanco: Isaías dijo de Dios: «Él está sentado sobre el _____ de la tierra, cuyos moradores son como _____». *«Círculo ... langostas»* (Is 40.22).

39. Selección múltiple: Babilonia fue llamada «señora de reinos» según Isaías. ¿Qué dos cosas esperaba esta señora que nunca le sucediera? (a) Divorciarse y volver a casarse; (b) ser anciana y morir; o (c) orfandad y viudez. *(c) Orfandad y viudez* (Is 47.5, 8).

40. ¿Verdadero o falso? En párrafos adjuntos, Isaías usa el término siervo para referirse a Israel y al Mesías, el salvador de Israel. *Verdadero* (Is 49.3, 5). Israel y el Mesías eran testimonios vivos de la rectitud y la justicia del Padre, quien desea y merece la adoración de todos los hombres en todas partes.

41. Selección múltiple: ¿Qué dijo Isaías que son hermosos sobre los montes? (a) la nieve de invierno; (b) el florecimiento que produciría el Mesías; o (c) los pies del que trae alegres nuevas. *(c) Los pies del que trae alegres nuevas* (Is 52.7).

42. Selección múltiple: ¿Qué animal usa Isaías como símbolo para el descarrío del pecador y la mansedumbre del Salvador? (a) asno; (b) paloma; o (c) oveja. *(c) Oveja* (Is 53.6, 7).

43. Selección múltiple: ¿Mediante qué dijo Isaías que el siervo sufriente sanaría a los pecadores? (a) por imposición de manos; (b) por su llaga; o (c) por la resurrección de los muertos. *(b) Por su llaga* (Is 53.5). Su castigo fue para lidiar con las transgresiones y las iniquidades nuestras, y para darnos paz.

44. Selección múltiple: En Isaías cuando Jehová juró que en los últimos días nunca más se enojaría con Israel otra vez, ¿a qué promesa histórica se compara este juramento? (a) a su pacto con Abraham; (b) su promesa a Noé de nunca destruir por diluvio el mundo otra vez; o (c) su promesa a David de un reino eterno. *(b) Su promesa a Noé de nunca volver a destruir el mundo por diluvio* (Is 54.9).

45. ¿Verdadero o falso? Jehová dijo en Isaías que el ayuno que escogió no es abstenerse de comer sino el ayuno que desata ligaduras de opresión. *Verdadero* (Is 58.5, 6). Dios no se complace en la aflicción del cuerpo, pero se siente complacido y honrado cuando cesa la impiedad por amor a su nombre.

46. Selección múltiple: Isaías describe el juicio final en términos de preparación del vino. ¿Qué indicaba cuán terrible sería el juicio? (a) La cantidad de vino que se ha producido; (b) la calidad del vino; o (c) las manchas en los vestidos del hacedor del vino. *(c) La mancha en los vestidos del hacedor del vino* (Is 63.2, 3).

47. Selección múltiple: En Isaías, ¿qué cosas prometió Jehová crear de nuevo de manera que no haya memoria de lo anterior ni jamás vuelvan al pensamiento?. (a) su templo; (b) el trono de David; o (c) nuevos cielos y nueva tierra. *(c) Nuevos cielos y nueva tierra* (Is 65.17).

48. Llene los espacios en blanco: Si los hijos de Dios regresaran a Él y confesaran su infidelidad, Jeremías dijo: «En aquellos tiempos irán de la casa de _____ a la casa de _____, y vendrán juntamente de la tierra del norte a la tierra que hice heredar a vuestros padres». «*Judá … Israel*» (Jer 3.18). Jehová prometió restaurar un remanente de toda la nación con Jerusalén como su capital (vv 14, 17).

49. Pregunta: ¿De qué dirección Jehová dijo a Jeremías que advirtiera a Israel y a Judá que vendría la destrucción? *Del norte* (Jer 4.6).

50. ¿Verdadero o falso? Debido al pecado de Judá, Jehová dijo a Jeremías que profetizara al pueblo respecto de la destrucción venidera: «No obstante, en aquellos días, dice Jehová, los destruiré por completo». *Falso*. «No os destruiré del todo» (Jer 5.18).

51. Llene el espacio en blanco: Para indicar a Jeremías que estaba listo para hacer cumplir su palabra, Jehová mostró a Jeremías una vara de _____, el primero que florece en la primavera. *Almendro* (Jer 1.11). Esto era un recordatorio de la vara de Aarón que brotó para confirmar su sacerdocio sobre todo aquel de otra tribu (Nm 17.1-8).

52. ¿Verdadero o falso? Jeremías dijo si se hallara un hombre justo, Dios perdonaría Jerusalén. *Verdadero* (Jer 5.1).

53. Selección múltiple: Jeremías dijo a Judá que porque ellos habían olvidado a Jehová y servido a dioses ajenos en su tierra, Dios los castigaría: (a) Olvidándose de ellos; (b) haciendo que sirvieran a extraños en tierra ajena; o (c) destruyendo casas donde hubieran hallado dioses ajenos. *(b) Haciendo que sirvieran a extraños en tierra ajena* (Jer 5.19). Si Judá quería dioses ajenos, Jehová también los enviaría a una tierra extraña.

54. Selección múltiple: El pueblo de Jerusalén pensó que su ciudad estaba segura porque el templo estaba allí. Sin embargo, ¿qué otra ciudad Jeremías les recordó que fue destruida estando allí el santuario? (a) Jericó; (b) Belén; o (c) Silo. *(c) Silo* (Jer 7.12).

55. Selección múltiple: Si Judá no enmendaba sus formas de actuar y su adoración a Dios obedeciendo en vez de solo tener rituales, Jeremías profetizó que Jehová los echaría de su presencia, «como eché a todos vuestros hermanos, a toda la generación de _____». (a) Simeón; (b) Rubén; o (c) Efraín. *(c) Efraín* (Jer 7.15). Efraín había sido la tribu dominante del reino norteño de Israel y el territorio donde estaba situada Samaria, la capital. Por eso Jeremías llamó Efraín a toda la nación.

56. ¿Verdadero o falso? Cuando el castigo de Jehová cayera sobre Judá, Jeremías dijo que el pueblo escogería la vida antes que la muerte. *Falso.* Ellos escogerían la muerte antes que la vida (Jer 8.3).

57. Llene los espacios en blanco: Porque los varones de Anatot trataron de matar a Jeremías por sus profecías, Jehová dijo que los castigaría. «Los jóvenes morirían a _____, sus hijos y sus hijas de _____, y no quedaría remanente de ellos». *«Espada … hambre … remanente»* (Jer 11.21-23).

58. Selección múltiple: ¿Qué dijo Jehová a Jeremías que escondiera y luego quitara para ilustrar la ruina y la condición de Judá que para nada era buena? (a) Un cinto; (b) una vara; o (c) un zapato. *(a) Un cinto* (Jer 13.4, 6, 10).

59. ¿Verdadero o falso? Con la señal de las vasijas de barro Jeremías ilustró a Judá que Dios los llenaría de embriaguez y causaría que se quebrantaran el uno contra el otro para destruirlos. *Falso.* Con la señal de las tinajas de vino (Jer 13.12-14).

60. Selección múltiple: Aunque había sequía en Judá, quien dijo: «Ni espada ni hambre habrá en esta tierra» (a) Jeremías; (b) el rey; o (c) los profetas. *(c) Los profetas* (Jer 14.15).

61. ¿Verdadero o falso? Dios instruyó a Jeremías que no se casara ni tuviera hijos porque estos podrían sufrir una muerte horrible. *Verdadero* (Jer 16.2, 4). La muerte de los hijos e hijas pudo haber ocurrido durante la invasión y la conquista de Jerusalén por los babilonios.

62. Selección múltiple: ¿Qué le dijo Dios a Jeremías que sería de los cuerpos de los que murieron en la destrucción de Judá? (a) Serían enterrados en el desierto; (b) serían carne para las aves y las bestias; o (c) serían quemados. *(b) Serían carne para las aves y las bestias* (Jer 16.4).

63. Selección múltiple: ¿Por qué ofensa Jeremías profetizó que Dios «haría descender fuego por las puertas de Jerusalén y consumirá los palacios de _____, y no se apagará»? (a) Adulterio; (b) idolatría; o (c) por quebrantar el día de reposo. *(c) Por quebrantar el día de reposo* (Jer 17.27).

64. ¿Verdadero o falso? Jeremías profetizó en Tofet por causa de la desolación de Jerusalén el pueblo en su desesperación practicaría el canibalismo. *Verdadero* (Jer 19.9). En Tofet los residentes de Jerusalén habían ofrecido sus hijos a Baal (v. 5). Durante la invasión de Jerusalén, los residentes se comerían a sus hijos.

65. Selección múltiple: ¿Qué tenía que quebrar Jeremías a la vista del pueblo de Tofet para ilustrar que Dios destruiría Jerusalén? (a) Una roca; (b) una vara; o

(c) **una vasija de barro.** *(c) Una vasija de barro* (Jer 19.1, 10). Ninguna vasija ni la ciudad podía ser restaurada debido a la destrucción que sufrirían (v. 11).

66. Llene el espacio en blanco: Dios mostró a Jeremías una canasta de _____ **buenos, que representaban a los judíos deportados a Babilonia a los cuales Dios restauraría su tierra.** *Higos* (Jer 24.5). Jehová dijo que era por el bien de ellos que los deportarían.

67. Llene el espacio en blanco: Jehová reveló su plan de castigar a Babilonia y otras ciudades paganas cuando dijo a Jeremías: «Toma de mi mano la copa del vino de este _____ **, y da a beber de él a todas las naciones a las cuales yo te envío».** *«Furor»* (Jer 25.15).

68. Selección múltiple: ¿Qué usó Jeremías como señal que solamente por sumisión a Babilonia, Judá y otras naciones podían escapar la destrucción? (a) Cilicio; (b) una banda negra sobre el brazo; o (c) un yugo. *(c) Un yugo* (Jer 27.1-11).

69. ¿Verdadero o falso? Según Mateo, la declaración de Jeremías acerca de Raquel «que lamenta por sus hijos» en Ramat se cumplió cuando Herodes ordenó matar los niños tras el nacimiento de Jesús. *Verdadero* (Jer 31.15; Mt 2.16-18).

70. ¿Verdadero o falso? La compra de una tierra que Jeremías hizo en Anatot sirvió como señal que Dios se proponía restaurar a su pueblo su tierra. *Verdadero* (Jer 32.9, 14, 15). Anatot era la ciudad de Jeremías (Jer 1.1), así preveía el tiempo en que regresaría a su casa a morar.

71. ¿Verdadero o falso? Jeremías profetizó que bajo el nuevo pacto que Dios establecería con la Israel restaurada «no enseñará más ninguno a su prójimo, ni ninguno a su hermano diciendo: Conoce a Jehová». *«Verdadero»* (Jer 31.34). Bajo este nuevo pacto, Jehová dijo: «Todos me conocerán, desde el más pequeño de ellos hasta el más grande».

72. Selección múltiple: Jeremías escribió que cuando Jehová restaurara a Judá y a Jerusalén, que nunca le faltaría algo a David. ¿Qué nunca le faltaría a David? (a) un varón que se siente sobre el trono de Israel; (b) salmos para alabar a Dios; o (c) animales de holocausto para la familia real. *(a) Un varón que se siente sobre el trono de Israel* (Jer 33.17).

73. ¿Verdadero o falso? Jehová prometió a través de Jeremías multiplicar los descendientes de David y de Leví como las estrellas y como la arena del mar. *Verdadero* (Jer 33.22). David representaba la tribu gobernante y Leví la tribu sacerdotal. Eran siervos que Dios había designados entre las tribus.

74. Selección múltiple: ¿Qué hizo Jeremías y Baruc en el cuarto año de Joacim con todas las profecías contra Israel y Judá? (a) las cantaron antifonalmente al rey; (b) las enviaron a través de toda Israel; o (c) las escribieron en un rollo de libro y la leyeron a Jerusalén. *(c) Las escribieron en un rollo de libro y las leyeron al pueblo de Jerusalén* (Jer 36.1, 2, 10).

75. Selección múltiple: ¿Qué dijo Jehová de Joacim por haber quemado las profecías de Jeremías? (a) Nabucodonosor lo quemaría; (b) le sacarían los ojos; o (c) nunca ningún descendiente de Joacim será rey. *(c) Nunca ningún descendiente de Joacim será rey* (Jer 36.29, 30).

76. ¿Verdadero o falso? Jeremías profetizó la ira de Dios sobre cualquiera en Jerusalén que se rindiera a los babilonios para que no lo mataran. *Falso.* Jeremías aconsejó que se rindieran y por eso lo encarcelaron como traidor (Jer 38.1-6).

77. Selección múltiple: ¿Cómo profetizó Jeremías que el rey Sedequías, el último rey de Judá, moriría? (a) En batalla; (b) en paz como un cautivo en Babilonia; o (c) torturado. *(b) En paz como un cautivo en Babilonia* (Jer 34.2, 5).

78. Selección múltiple: Jeremías dio un nombre a Jerusalén en su gloria futura, que también dio al Mesías. ¿Cuál fue el nombre? (a) Rey de gloria; (b) Príncipe de Paz; o (c) Jehová, justicia nuestra. *(c) Jehová, justicia nuestra* (Jer 33.16; ver 23.6). En Jeremías, el nombre primero se atribuye al Mesías y luego a la capital del Mesías.

79. ¿Verdadero o falso? Jeremías profetizó que si los judíos sobrevivientes del asedio babilónico de Jerusalén huían a Egipto, lo que más temían les sucedería allí. *Verdadero* (Jer 42.15-17).

80. Selección múltiple: ¿Qué profetizó Jeremías al meter grandes piedras en el enladrillado a la puerta de la casa de Faraón? (a) El lugar de entierro del Faraón; (b) el lugar del trono de Nabucodonosor; o (c) El lugar de nuevas plagas contra Egipto. *(b) El lugar del trono de Nabucodonosor* (Jer 43.9, 10).

81. Selección múltiple: ¿Qué señal dio Jeremías a los judíos que huyeron a Egipto para que no adoraran a los dioses egipcios? (a) la entrega del faraón a Nabucodonosor; (b) un cometa; o (c) una inundación del Nilo. *(a) La entrega del faraón Hofra a Nabucodonosor*, igual que la entrega de Sedequías de Judá (Jer 44.30).

82. Selección múltiple: Jeremías profetizó que antes que Egipto atacara Gaza, la destrucción vendría del norte sobre Ascalón. ¿Qué nación enfrentaba extinción? (a) Moab; (b) Edom; o (c) Filistea. *(c) Filistea* (Jer 47). Gaza y Ascalón eran dos de las cinco ciudades de los filisteos. Asdod, Gat, y Ecrón fueron las otras dos.

83. Selección múltiple: ¿Qué nación conocida por sus viñedos Jeremías compara a una antigua vendimia establecida sobre sus sedimentos, que se inclina y se derrama? (a) Líbano; (b) Moab; o (c) Siria. *(b) Moab* (Jer 48.11, 12). Como el buen vino que se ha mantenido reposado durante su añejamiento, Moab nunca conoció la deportación.

84. Selección múltiple: Jeremías profetizó en detalle la caída de un reino bajo ataque desde el norte. Nombre este reino cuyos dioses fueron Bel y Merodac. (a) Egipto; (b) Babilonia; o (c) Siria. *(b) Babilonia* (Jer 50.2, 3).

85. Selección múltiple: ¿Cómo Jeremías visualizó el final de la destrucción inminente de Babilonia? (a) Quemó un modelo de la ciudad; (b) hundió su profecía en el Éufrates con una piedra; o (c) rasuró su cabeza. *(b) Ató una piedra al rollo del libro de su profecía, y lo echó en medio del* Éufrates (Jer 51.63).

86. Selección múltiple: ¿Qué dos naciones profetizó Jeremías que caerían ante un enemigo que atacaría como «león que sube de la espesura del Jordán»? (a) Edom y Babilonia; (b) Israel y Judá; o (c) Asiria y Babilonia. *(a) Edom y Babilonia* (Jer 49.19; 50.35, 44).

87. Selección múltiple: ¿Qué libro de la Biblia escrito por un profeta tiene el punto principal: «Jehová ha hecho lo que tenía determinado; ha cumplido su palabra _____ Destruyó y no perdonó (Jerusalén)»? (a) Ezequiel; (b) Lamentaciones; o (c) Jeremías. *(b) Lamentaciones* (Lm 2.17).

88. Selección múltiple: ¿Qué Ezequiel dividió en tres partes para ilustrar las tres formas diferentes que el pueblo sería destruido en la conquista babilónica? (a) Sus hijos; (b) su cabello; o (c) su manto. *(b) Su cabello* (Ez 5.1, 2).

89. ¿Verdadero o falso? Una pequeña parte del cabello de Ezequiel escondido bajo una roca representó el remanente que no sería destruido. *Falso*. Ezequiel ató una parte del cabello en la falda de su manto (Ez 5:3; 6:8).

90. Llene el espacio en blanco: Para ilustrar la desgracia de Jerusalén cuando llegara la destrucción, Ezequiel dijo que el pueblo se ceñiría de cilicio, y les cubriría terror; en todo rostro habrá vergüenza, y «todas sus cabezas estarán _____». «*Rapadas*» (Ez 7.18).

91. Selección múltiple: El que Ezequiel abriera un boquete en la pared y saliera por allí con sus enseres delante de Israel fue para ellos una señal de que: (a) Les robarían; (b) se los llevarían cautivos; o (c) escaparían a Egipto. *(b) Se los llevarían cautivos* (Ez 12.4, 5).

92. Selección múltiple: Ezequiel profetizó el castigo de Dios para los que estaban en Israel que recubrieron la pared con lodo suelto. Estos fueron: (a) los profetas que visionaron la paz; (b) los líderes que guiaron a la adoración al sol; o (c) las profetisas que cosían vendas mágicas. *(a) Los profetas que visionaron la paz* (Ez 13.15, 16). El muro era figura del apoyo que aquellos profetas dieron a la nación. Era un apoyo inadecuado, un muro débil que lucía bueno debido a su recubrimiento.

93. Selección múltiple: ¿Mediante qué dijo Ezequiel que Jehová «tomará a la casa de Israel por el _____, ya que se han apartado de mí todos ellos por sus ídolos». (a) Por el cabello; (b) por las orejas; o (c) por el corazón. *(c) corazón* (Ez 14.5).

94. ¿Verdadero o falso? Espada, hambre, fieras y pestilencia, fueron los cuatro juicios severos que Ezequiel dijo que Dios enviaría sobre Jerusalén «para cortar de ella hombres y bestias». *Verdadero* (Ez 14.21). Por la misericordia de Dios, habría un remanente salvo de este juicio severo (v. 22).

95. Llene el espacio en blanco: Ezequiel describió a entrega que hizo Dios de los habitantes de Jerusalén a la desolación cuando arroja «la madera de la _____, la cual di al fuego para que la consumiese». «*Vid*» (Ez 15.6).

96. Selección múltiple: ¿De cuál árbol Ezequiel profetizó que Jehová cortará un tallo, y lo plantará sobre el monte de Israel, donde crecerá, y dará fruto y debajo de él habitarán todo tipo de aves? (a) Roble; (b) Acacia; o (c) Cedro. *(c) Cedro* (Ez 17.22, 23). Dios prometió en su parábola salvar al remanente de Israel del cual un día haría una gran nación.

97. ¿Verdadero o falso? En el lamento de Ezequiel por Israel, Judá y sus reyes se describen como la leona y sus cachorros. *Verdadero* (Ez 19.1-9).

98. Selección múltiple: Debido a la rebelión de Sedequías, Israel y su línea de gobernantes serían destruidos. Ezequiel profetizó esto en la parábola de la sequedad: (a) de la mano; (b) del cetro; o (c) de la viña. *(c) Viña* (Ez 19.10-14).

99. Llene el espacio en blanco: Después de repasar la historia idólatra y rebelde de Israel Ezequiel, dio este mensaje de parte de Dios: «Y no ha de ser lo que habéis pensado. Porque vosotros decís: Seamos como las _____, como las demás familias de la tierra, que sirven al palo y a la piedra». «*Naciones*» (Ez 20.32).

100. Selección múltiple: ¿Cuándo dijo Ezequiel que Israel recordaría todas las cosas que habían hecho para contaminarse ellos mismos y que se detestarían por todo el mal que habían cometido? (a) Cuando estuvieron en Babilonia; (b) cuando sean restaurados a su tierra; o (c) durante la invasión de Jerusalén. (b) *Cuando serían restaurados a su tierra* (Ez 20.41-43). Esto sería posible porque en cautividad los israelitas rebeldes serían apartados (vv. 35-38).

101. Selección múltiple: ¿Quién dijo: «Mío es el Nilo; pues yo lo hice» y Dios envió castigo sobre su nación? (a) El príncipe de Tiro; (b) Nabucodonosor; o (c) el faraón. *(c) El faraón* (Ez 29.1-3).

102. Llene el espacio en blanco: Ezequiel profetizó que Jehová «destruirá las riquezas de Egipto por mano de _____ rey de Babilonia». «*Nabucodonosor*» (Ez 30.10).

103. Selección múltiple: ¿La caída de quién Ezequiel vio al decir que Jehová había quebrado su brazo y no había sido «vendado poniéndole medicinas»? (a) El príncipe de Tiro; (b) Nabucodonosor; o (c) Faraón, rey de Egipto. *(c) Faraón, rey de Egipto* (Ez 30.21).

104. Selección múltiple: ¿Con la caída de qué otra nación se compara la de Egipto, y se describe a tal nación como un cedro en el Líbano? (a) Edom; (b) Asiria; (c) Israel. *(b) Asiria* (Ez 31.2, 3, 18). Aunque Asiria era más importante que todos los demás reinos, llegó «el día que descendió al Seol» (v. 15). Lo mismo le pasaría a Egipto.

105. Llene los espacios en blanco: Dios le dijo a Ezequiel que él era para Israel hermoso de voz y que canta y toca bien instrumentos «y _____ tus palabras, pero no las _____ por obra». «*Oirán ... pondrán*» (Ez 33.32).

106. Selección múltiple: Ezequiel pronunció el castigo de Dios contra Edom porque trataron mal a Israel y a Judá. El castigo de Dios se dirigía al: (a) monte de Seir; (b) monte Nebo; o (c) monte Horeb. *(a) Monte de Seir* (Ez 35.15). El monte de Seir era el principal de Edom y podía representar a toda la nación, como Sion podía representar a todo Judá.

107. Selección múltiple: ¿Qué dijo Jehová a Ezequiel que representan los huesos secos? (a) a los caídos en Jerusalén; (b) a los caídos en las naciones gentiles; o (c) a toda la casa de Israel. *(c) A toda la casa de Israel* (Ez 37.11).

108. Llene el espacio en blanco: Dios dijo a Ezequiel que profetizara a su pueblo en el valle de los huesos secos: «He aquí que yo abro vuestros _____, y os haré subir de vuestras sepulturas, y os traeré a la tierra de Israel». «*Sepulcros*» (Ez 37.12). Los sepulcros de Israel eran las naciones gentiles donde ellos habían sido esparcidos.

109. Selección múltiple: ¿Cuáles de las señales de Ezequiel indicaba que Israel y Judá serían una nación? (a) Las dos hermanas; (b) los dos palos; o (c) los huesos secos. *(b) Los dos palos* (Ez 37.16-19).

110. ¿Verdadero o falso? Ezequiel profetizó que Israel sería una nación, y nunca más se dividiría en dos reinos. *Verdadero* (Ez 37.22).

111. Selección múltiple: ¿Qué rey mesiánico dijo Ezequiel que reinaría para siempre los reinos unidos y restaurados de Israel y Judá? (a) Salomón; (b) David; o (c) Josías. *(b) David* (Ez 37.24).

112. Llene el espacio en blanco: Ezequiel profetizó: «Y sabrán las naciones que yo Jehová santifico a Israel, estando mi _____ en medio de ellos para siempre». «*Santuario*» (Ez 37.28). Ezequiel vio para Israel un reino eterno y un templo eterno (vv. 25, 28).

113. Selección múltiple: ¿Cuál profecía de Ezequiel se cumpliría en la tierra de Israel cuando Gog la atacare, para mostrar el furor de Jehová y la ira contra Gog? (a) Un gran temblor de tierra; (b) una gran tormenta de nieve; o (c) una plaga de langostas. *(a) Un gran temblor de tierra* (Ez 38.19).

114. Selección múltiple: ¿Semejante a qué metal era la apariencia del varón en la visión de Ezequiel que lo llevó a recorrer el nuevo templo? (a) oro; (b) bronce; o (c) plata. *(b) Bronce* (Ez 40.3).

115. Selección múltiple: ¿Qué dijo el varón con la caña de medir a Ezequiel que hiciera con todo lo que le había mostrado? (a) que contara todo lo que había visto a Israel; (b) que lo mantuviera en secreto; o (c) que lo escribiera y lo guardara en el arca del pacto. *(a) Que contara todo lo que había visto a Israel* (Ez 40.4).

116. Selección múltiple: Cuando Ezequiel vio la gloria de Dios entrar en el nuevo templo, dijo: «Y las visiones eran como la visión que vi junto al río _____» (a) Éufrates; (b) Jordán; o (c) Quebar. *(c) «Quebar»* (Ez 43.3).

117. Selección múltiple: Que vio Ezequiel correr de debajo del umbral de la casa hacia el oriente? (a) Sangre; (b) un río; o (c) raíces. *(b) Un río* (Ez 47.1).

118. Selección múltiple: Daniel dijo al rey Nabucodonosor que la cabeza de oro de la gran imagen que vio en su sueño representaba: (a) Darío; (b) Nabucodonosor; o (c) Cristo. *(b) Nabucodonosor* (Dn 2.38). El reino de Nabucodonosor ha sido reconocido como superior a los tres posteriores que fueron representados por plata, bronce y hierro mezclado con arcilla (vv. 32, 33).

119. Selección múltiple: En el sueño de Nabucodonosor, ¿qué era inusual acerca de la piedra que hirió a la imagen en sus pies y la desmenuzó? (a) era translucida; (b) fue cortada, no con mano; o (c) surgió del desierto. *(b) Fue cortada, no con mano* (Dn 2.34).

120. Selección múltiple: ¿Cuál de las siguientes afirmaciones no fue cierta de los reinos representados por la piedra del sueño de Nabucodonosor? (a) Que estaría firme siempre; (b) que consumiría a los otros reinos; o (c) sería gobernada por César. *(c) Sería gobernada por César* (Dn 2.44).

121. ¿Verdadero o falso? En el sueño de Nabucodonosor, la imagen desmenuzada (los reinos gentiles) por la piedra (los reinos que Dios creó) desapareció para siempre. *Verdadero*: «Entonces fueron desmenuzados también el hierro, el barro cocido, el bronce, la plata y el oro, y fueron como tamo de las eras del verano, y se los llevo el viento sin que de ellos quedara rastro alguno» (Dn 2.35).

122. Llene los espacios en blanco: Según su sueño Nabucodonosor debía, en su condición humillada, morar con las _____ del campo y con hierba del campo se apacentaría como los _____ (Dn 4.25). *«Bestias ... bueyes»*

123. Llene los espacios en blanco: La humillante condición de locura de Nabucodonosor duraría, según la interpretación de Daniel de su sueño, hasta «que conozca que el _____ tiene dominio en el reino de los hombres, y que lo da a quien él _____». *«Altísimo ... quiere»* (Dn 4.25). Cuando Nabucodonosor volvió en sí, dijo: «Ahora yo alabo, engrandezco y glorifico al Rey del cielo. Dios puede humillar a los que actúan con soberbia» (v. 37).

124. Selección múltiple: El árbol en el sueño de Nabucodonosor, que lo representa a él fue cortado. ¿Cuál era el significado de que el tronco y las raíces quedaron? (a) su reino sería restaurado; (b) debían servir como recordatorio de su caída; o (c) debían representar su sepulcro. *(a) Su reino sería restaurado* (Dn 4.26).

125. ¿Verdadero o falso? Cuando Nabucodonosor volvió a su estado mental normal, rehusó reconocer el poder y la grandeza de Dios. *Falso.* (Dn 4.34). Reconoció que su «dominio es sempiterno, y su reino por todas las edades».

126. Selección múltiple: ¿Cuál de los siguientes no fue uno de los significados de la inscripción que Belsasar vio en la pared? (a) Su reino fue contado y está terminado; (b) pesado ha sido en la balanza, y fue hallado falto; o (c) sería librado de la destrucción de Babilonia. *(c) Sería librado de la destrucción de Babilonia* (Dn 5.26-28, 30).

127. Selección múltiple: ¿Cuál de los siguientes no representa a uno de los cuatro reyes que se levantarían de la tierra, según la visión de Daniel? (a) Un león; (b) un oso; o (c) un toro. *(c) Un toro* (Dn 7.4-7).

128. Selección múltiple: Según Daniel, ¿qué figura perseguiría a los santos del Altísimo? (a) El cuerno; (b) el león; o (c) el oso. *(a) El cuerno* (Dn 7.24, 25).

129. Llene el espacio en blanco: En la visión de Daniel, el macho cabrío que derrotó al _____ representaba el reino de_____ . *carnero ... Grecia* (Dan 8.21). El macho cabrío tenía un cuerno largo que representaba a Alejandro Magno. El cuerno grande fue reemplazado por cuatro cuernos pequeños cuando Alejandro dividió su reino entre sus cuatro generales (vv. 21, 22).

130. Llene los espacios en blanco: Daniel profetizó de los judíos que participarían con Antíoco en la profanación del templo: «Con _____ seducirán a los violadores del pacto; mas el pueblo que conoce a su _____ se esforzará y actuará». *Lisonjas ... Dios* (Dn 11.32). Muchos judíos murieron al oponerse a Antíoco, pero luego Judas Macabeo comenzó revueltas que condujo al periodo de la independencia judía en el siglo segundo a.C.

131. Llene los espacios en blanco: Después de los «tiempos de problemas» que se menciona en Daniel 12, aquellos que fueron sabios por obedecer a Dios «resplandecerán como el resplandor del _____; y los que enseñan la justicia a la multitud, como las _____ a perpetua eternidad». *«Firmamento ... estrellas»* (Dan 12.3).

132. Selección múltiple: ¿Qué proclamó el casamiento de Oseas con Gomer acerca de las naciones de Israel? (a) que los israelitas debían casarse; (b) que Israel ya no era pueblo de Dios; o (c) Israel cometía fornicación espiritual. *(c) Que Israel cometía fornicación espiritual* (Os 1.2).

133. Selección múltiple: ¿Qué hijo de Oseas sirvió de señal de que Israel sería derrotado en un valle fértil? (a) Lo-ruhama; (b) Jezreel; o (c) Lo-ammi. *(b) Jezreel* (Os 1.4, 5). Jezreel fue el nombre de una fértil planicie al norte de Israel y nordeste de la cima del monte Carmelo. Jehú había matado allí a la familia del perverso rey Acab (2 R 10.11).

134. Selección múltiple: ¿Qué hijo de Oseas tuvo un nombre que predecía que Dios ya no tendría misericordia de Israel? (a) Lo-ruhama; (b) Lo-ammi; o (c) Maher-salal-hasbaz. *(a) Lo-ruhama* (Os 1.6).

135. Selección múltiple: ¿De quién Oseas escribe cuando dijo: «Vosotros no sois pueblo mío, les será dicho: «Sois hijos del Dios vivo» »?. (a) los creyentes gentiles; (b) la nación de Israel; o (c) Nínive. *(b) La nación de Israel* (Os 1.10). Dios los había rechazado como su pueblo cuando los asirios conquistaron a Israel, pero en una restauración futura, Dios reafirmará su relación especial con ellos (cf. v. 9).

136. ¿Verdadero o falso? Oseas profetizó solamente contra Israel; no abordó los pecados de Judá. *Falso* (Os 5.5, 10; 6.4).

137. Llene los espacios en blanco: Oseas prometió a Israel: «Nos dará vida después de _____días; en el _____día nos resucitará». *«Dos ... tercer»* (Os 6.2). Oseas no estaba haciendo referencias de tiempo literales. Decía que el castigo de Israel no era permanente y que podrían esperar que pronto Dios comenzara la restauración.

138. Selección múltiple: ¿Qué profeta comparó el afán de Israel de seguir dioses falsos «como horno encendido por el hornero» con una torta sin remover en él? (a) Isaías; (b) Jonás; o (c) Oseas. *(c) Oseas* (Os 7.4-8). Israel estaba descontrolado con los falsos dioses y su entusiasmo ardía sin control.

139. Pregunta: ¿Qué profetizó Oseas que los israelitas dirían a las montañas y a los collados ante la venida del juicio? *«Cubridnos»* y *«Caed sobre nosotros»* (Os 10.8).

140. ¿Verdadero o falso? La profecía de Oseas se vuelve progresivamente más negativa, y el libro termina con una imagen de una mujer y sus hijos que mueren en la guerra. *Falso.* El libro termina con una visión de la restauración (Os 14).

141. Selección múltiple: En Joel, ¿qué tipo de plaga había Judá experimentado que ilustraba el efecto del ejército que se acerca? (a) Langosta; (b) moscas; o (c) ranas. *(a) Langostas* (Jl 1.4).

142. Selección múltiple: ¿Sobre quiénes profetizó Joel que el Señor derramaría de su Espíritu? (a) sobre los sacerdotes; (b) sobre toda carne; o (c) sobre sus profetas. *(b) Sobre toda carne* (Jl 2. 28). Este derramamiento del Espíritu ocurriría después de la restauración que Joel profetizó había profetizado (vv. 12-27) y antes de que llegara «el día grande y espantoso de Jehová» (vv. 30-32).

143. Selección múltiple: ¿Dónde profetizó Joel que la naciones gentiles se reunirían para el castigo? (a) el valle de Josafat; (b) el valle de Cedrón; o (c) el valle de Hinom. *(a) El valle de Josafat* (Jl 3.12).

144. Llene los espacios en blanco: La profecía de Joel termina con bendiciones para Judá, el remanente fiel: «Pero Judá sería habitada para _____, y Jerusalén por _____ y _____». *«Siempre ... generación ... generación»* (Jl 3.20).

145. Selección múltiple: ¿Qué profeta comenzó a hablar del castigo de las naciones con esta frase: «Por tres pecados _____ y por cuatro»?: (a) Oseas; (b) Joel; o (c) Amós. *(c) Amós* (Am 1.3, 6, 9, 11, 13; 2.1, 4, 6).

146. Llene el espacio en blanco: Amós tenía esta actitud hacia su ministerio: «Si el león ruge, ¿quién no temerá? Si habla Jehová el Señor, ¿quién no _____?». *«Profetizará»* (Am 3.8).

147. Selección múltiple: ¿A qué funcionario de Israel Amós profetizó que su esposa sería ramera y sus hijos morirían? (a) Reyes; (b) sacerdotes; o (c) varón poderoso. *(b) Sacerdote* (Amós 7.10, 17). El sacerdote era Amasías, que dijo al rey Jeroboam II: «Amós se ha levantado contra ti en medio de la casa de Israel; la tierra no puede sufrir todas sus palabras» (v. 10).

148. Selección múltiple: El hambre que Amós profetizó era de: (a) lluvia; (b) de carne y vino; o (c) de oír la palabra de Jehová. *(c) De oír la palabra de Jehová* (Am 8.11).

149. ¿Verdadero o falso? La profecía de Amós termina con un mensaje de castigo contra Israel. *Falso.* Amós termina con un mensaje de restauración del pueblo, la adoración, y la riqueza (Am 9.11-15).

150. Selección múltiple: ¿La destrucción de qué ciudad profetizó Abdías? (a) Samaria; (b) Tiro; o (c) Edom. *(c) Edom* (Abd 8, 9).

151. Llene el espacio en blanco: El mensaje de Jonás a Nínive fue: «De aquí _____ días, Nínive será destruida». *«Cuarenta»* (Jon 3.4).

152. Pregunta: ¿Qué hecho en el libro de Jonás ilustra a Cristo tres días y tres noches en el sepulcro? *Y estuvo Jonás en el vientre del pez tres días y tres noches* (Jon 1.17; Mt 12.39, 40).

153. ¿Verdadero o falso? Miqueas ministró en Jerusalén pero habló de Israel y de Judá. *Verdadero* (Mi 1.1).

154. Pregunta: ¿Qué profeta preguntó: «¿Y que pide Jehová de ti sino que hagas justicia, y ames misericordia, y te humilles ante Dios?». *Miqueas* (Mi 6.8).

155. Selección múltiple: Aunque los gobernadores, sacerdotes, y los profetas afirmaban que dependían de Jehová, ¿qué afirmó Miqueas que era su motivo verdadero para el liderazgo? (a) Dinero; (b) poder; o (c) placer. *(a) Dinero* (Mi 3.11).

156. Pregunta: ¿Qué profeta profetizó que el Mesías nacería en Belén? *Miqueas* (Mi 5.2).

157. Complete la oración: Miqueas esperaba la restauración de Jehová de Israel cuando: «Eche en lo _____ todos nuestros pecados». *«profundo del mar»* (Mi 7.19).

158. ¿Verdadero o falso? Nahum predijo gozo por la destrucción de Asiria debido a su historia de crueldad. *Verdadero* (Nah 3.19). «Todos los que oigan tu fama batirán las manos sobre ti, porque ¿sobre quién no pasó continuamente tu maldad?».

159. Selección múltiple: Habacuc fue escrito como un diálogo. ¿Quiénes son los dos conferenciantes? (a) Habacuc y Nabucodonosor; (b) Judá y Jehová; o (c) Habacuc y Jehová. *(c) Habacuc y Jehová* (Hab 1.-3).

160. ¿Verdadero o falso? Al igual que los salmos, el libro de Habacuc comienza con interrogantes acerca de los caminos de Dios pero termina con una confianza explícita en él. *Verdadero* (Hab 1.2, 13; 3.17-19).

161. Selección múltiple: ¿Cómo llama Habacuc su respuesta a Jehová en el capítulo 3? (a) Una oración; (b) una queja; o (c) una doxología. *(a) Una oración* (Hab 3.1). La oración de Habacuc centra en la persona de Dios y en su actividad a favor de su pueblo.

162. ¿Verdadero o falso? Aunque el Día de Jehová en Sofonías es un tiempo de castigo terrible, incluye bendición después del castigo. *Verdadero* (Sof 3.8-20).

163. ¿Verdadero o falso? Según Sofonías, el Día de Jehová será un tiempo de castigo de los hijos de Israel, que tendría poco efecto sobre las naciones gentiles. *Falso*. También, las naciones gentiles son apartadas para castigos específicos (Sof 2.4-15).

164. Selección múltiple: ¿Qué clase de gente poblaría Jerusalén conforme a Sofonías después del Día de Jehová? (a) los sobrevivientes; (b) los justos y santos; o (c) el humilde y pobre. *(c) El humilde y pobre* (Sof 3.12).

165. Selección múltiple: Según Hageo, ¿cómo la gloria del templo que fue reconstruido se compara al de Salomón? (a) Será mayor; (b) será menor; o (c) será la misma. *(a) Será mayor* (Hag 2.9).

166. Selección múltiple: Hageo profetizó que cuando Jehová echó las naciones gentiles, ¿a quién constituiría como anillo de sellar? (a) a Hageo; (b) al sacerdote Josué; o (c) al gobernador Zorobabel. *(c) El gobernador Zorobabel* (Hag 2.22, 23).

167. Llene los espacios en blanco: Zacarías profetizó un tiempo en que «Sin _____ será habitada Jerusalén, a causa de la multitud de hombres y de ganado en medio de ella. Yo seré para ella, dice Jehová, _____ de fuego en derredor». *«Muros … muro»* (Zac 2.4, 5).

168. Selección múltiple: ¿Cuáles fueron los nombres que Zacarías puso a sus cayados, que representaban el anterior pacto de unidad de Israel? (a) Ahola y Aholiba; (b) Gracia y Ataduras; o (c) Ebal y Gerizim. *(b) Gracia y Ataduras* (Zac 11.7). El pacto y la unidad fueron violados durante la historia idólatra de Israel y Judá antes de su cautividad (vv. 10, 14).

169. Selección múltiple: Según Zacarías, ¿qué pasará al Monte de los Olivos cuando el Señor descienda sobre él en el Día de Jehová? (a) se levantará sobre todos los montes; (b) se nivelará con la llanura; o (c) se partirá en dos. *(c) Se partirá en dos* (Zac 14.4).

170. Selección múltiple: Según Zacarías, ¿qué fluirá de Jerusalén al este y oeste después del Día de Jehová? (a) aguas vivas; (b) conocimiento de Jehová; o (c) riqueza. *(a) Aguas vivas* (Zac 14.8).

171. **Selección múltiple: En la visión de Zacarías, ¿quiénes eran los dos olivos que vierten aceite a las lámparas? (a) Moisés y Elías; (b) El serafín; o (c) los dos ungidos.** *(c) Los dos ungidos «que están delante del Señor de toda la tierra»* (Zac 4.14). En este contexto, estos dos eran Zorobabel (el líder real) y Josué (el líder sacerdote) (2.6-10; 3.6-10).

172. **Selección múltiple: Zacarías tuvo una visión de una mujer en una cesta, llevada a Babilonia, y habitó allí. ¿Qué representaba la mujer? (a) Iniquidad; (b) Israel; o (c) sabiduría.** *(a) Iniquidad* (Zac 5.8).

173. **Selección múltiple: Zacarías hizo unas coranas de plata y oro y las puso en la cabeza del sumo sacerdote Josué como una profecía del Mesías. ¿Qué nombre le puso Zacarías a Josué? (a) El Rey; el Siervo; o Renuevo.** *(c) Renuevo* (Zac 6.12).

174. **Selección múltiple: ¿De quién Malaquías profetizó: «Ellos edificarán, y yo destruiré; y les llamarán territorio de impiedad, y pueblo contra el cual Jehová está indignado para siempre»?. (a) Israel; (b) Egipto; o (c) Edom.** *(c) Edom* (Mal 1.4). Malaquías estaba resaltando la preferencia del Dios de Jacob y sus descendientes sobre Esaú y sus descendientes (vv. 2-5).

175. **Selección múltiple: ¿De quién Malaquías profetizó: «Enviaré maldición sobre vosotros, y maldeciré vuestras bendiciones»? (a) Los sacerdotes; (b) los gentiles; o (c) al pueblo idólatra.** *(a) Los sacerdotes* (Mal 2.1, 2).

176. **Selección múltiple: ¿A quién Malaquías profetizó que Dios enviaría para «purificar a los hijos de Levi, y limpiarlos como a oro y como a plata, para que ofrezcan a Jehová ofrenda de justicia»? (a) El guardador del pacto; (b) el refinador del pacto; o (c) el Mensajero del pacto.** *(c) El mensajero del Pacto* (Mal 3.1-3).

177. **Llene los espacios en blanco: Malaquías profetizó la venida de Juan el Bautista y Cristo cuando dijo: «He aquí, yo envío mi _____, el cual preparará el camino delante de mí; y vendrá súbitamente a su templo el Señor a quien vosotros buscáis, y el _____ del pacto, a quien deseáis vosotros».** *«Mensajero ... mensajero»* (Mal 3.1).

HISTORIA

1. **Selección múltiple: Isaías fue comisionado para llevar el mensaje de Jehová a Judá al final del reinado del reinado de un rey. ¿Quién fue ese rey? (a) Acaz; (b) Uzías; o (c) Ezequías.** *(b) Uzías* (Is 6.1-8). Isaías recibió la comisión en el año en que el rey Uzías murió.

2. **Pregunta: ¿Dónde el Señor se le apareció a Isaías y le preguntó: «¿A quién enviaré, y quién irá por nosotros?».** *En el templo* (Is 6.1, 8).

3. **Selección múltiple: ¿Quién tomó un carbón encendido del altar en el templo para limpiar los labios de Isaías? (a) Un serafín; (b) el sumo sacerdote; o (c) el rey Uzías.** *(a) Un serafín* (Is 6.6, 7). Isaías 6.1-7 es la única referencia bíblica a esta clase particular de seres angelicales.

4. **Selección múltiple: Durante el reinado del rey Acaz, Judá estaba en problemas por la alianza de Israel con otra nación. ¿Cuál fue la nación cuya caída Isaías profetizó que coincidiría con un nacimiento especial? (a) Filistea; (b) Edom; o (c) Siria.** *(c) Siria* (Is 7.1, 16).

5. Selección múltiple: ¿Qué profeta nombró a su hizo Maher-salal-hasbaz? (a) Oseas; (b) Isaías; o (c) Joel. *(c) Isaías* (Is 8.3).

6. Selección múltiple: ¿Qué imperio se apoderó de Damasco y Samaria antes que el hijo de Isaías tuviera edad para hablar? (a) Asiria; (b) Babilonia; o (c) Grecia. *(a) Asiria* (Is 8.4).

7. ¿Verdadero o falso? En Galilea de los gentiles, Isaías dijo que los israelitas andarían en obscuridad. *Verdadero* (Is 9.1, 2). Al parecer la gran población gentil había influenciado a la mayoría israelita para que se apartara de la devoción al Dios verdadero.

8. Selección múltiple: En Isaías. ¿A qué nación Dios llamó «vara y báculo de mi furor, en su mano he puesto mi ira»?. (a) Babilonia; (b) Asiria; o (c) Egipto. *(b) Asiria* (Is 10.5). Dios había empleado a Asiria para castigar a Israel, pero en tiempos de Isaías, era Asiria la que podía esperar la ira de Dios.

9. Selección múltiple: ¿Contra qué nación profetizó Isaías en el año que el rey Acaz murió? (a) Babilonia; (b) Persia; o (c) Filistea. *(c) Filistea* (Is 14.28, 29).

10. Selección múltiple: ¿Qué nación profetizó Isaías que recibiría castigo en tres años? (a) Moab; (b) Filistea; o (c) Siria. *(a) Moab* (Is 16.14).

11. ¿Verdadero o falso? Isaías usó el nombre de Zoán como un sinónimo de Egipto. *Verdadero* (Is 9.11, 13; 30.2-4).

12. Selección múltiple: Cuando los asirios capturaron cierta ciudad, el Señor mandó a Isaías que anduviera desnudo y descalzo por todo Judá como señal de que Egipto sería llevado desnudo a la cautividad. ¿Cuál era la ciudad cercana? (a) Samaria; (b) Asdod; o (c) Petra. *(b) Asdod* (Is 20.1, 2).

13. Selección múltiple: En Isaías 22, el profeta habló contra el valle de la visión. ¿Cómo se llama también ese valle? (a) Jerusalén; (b) Jezreel; o (c) Líbano. *(a) Jerusalén* (Is 22.1, 5, 9, 10).

14. Selección múltiple: ¿Por quién pidió Isaías a Tarsis, a Chipre, a Sidón, y a Egipto que lloraran? (a) Samaria; (b) Tiro; o (c) Damasco. *(b) Tiro* (Is 23.1-14). Tiro había sido el centro comercial que sirvió a todos estos lugares. Les dolería mucho su destrucción.

15. Selección múltiple: ¿Con cuál poder mundial advirtió Isaías a Judá que no debían aliarse? (a) Babilonia; (b) Egipto; o (c) Persia. *(b) Egipto* (Is 30.1-5; 31.1-3).

16. Selección múltiple: Fuera de Jerusalén, en el valle de Hinom, había un lugar donde se practicaban sacrificios humanos. ¿Cómo llamó Isaías y Jeremías a ese lugar? (a) Gehena; (b) Tofet; o (c) Seol. *(b) Tofet* (Is 30.33; Jer 7.31, 32; 19).

17. Selección múltiple: Senaquerib de Asiria tomó todas las ciudades de Judá excepto Jerusalén. ¿Qué ciudad fortificada de Judá era su base de ataque a Jerusalén? (a) Hebrón; (b) Laquis; o (c) Adulam. *(b) Laquis* (Is 36.2). Laquis estaba al suroeste de Jerusalén y muy cerca de la ciudad capital.

18. ¿Verdadero o falso? Rabsaces entregó a Senaquerib los términos para la rendición de Jerusalén a Ezequías en una reunión secreta de alto nivel en la que asistió Isaías. *Falso*. El mensaje fue leído públicamente para destruir la moral hebrea (Is 36.11-13).

19. Selección múltiple: ¿A qué nación se describe como caña frágil, que atravesará la mano si uno se apoya en ella? (a) Israel; (b) Asiria; o (c) Egipto. *(c) Egipto* (Is 36.6; Ez 29.6, 7).

20. Selección múltiple: Cuando se dijo al rey Ezequías que los asirios demandaban rendición, ¿adónde se fue Ezequías? (a) Masada; (b) a la casa de Isaías; o (c) al templo. *(c) El templo* (Is 37.1).

21. ¿Verdadero o falso? Isaías apunta que cuando el ejército asirio fue llamado a desistir de la invasión a Jerusalén, el comandante envió un mensaje que reconocía el poder de Jehová sobre todas las naciones. *Falso.* Él envió un mensaje advirtiendo contra la esperanza de liberación divina (Is 37.10-13).

22. Selección múltiple: ¿Qué hizo el rey Ezequías con la carta de amenaza de las fuerzas asirias? (a) La extendió delante de Jehová; (b) la quemó ante Dios en el templo; o (c) la envió a Egipto con un ruego para que le ayudaran. *(a) La extendió delante de Jehová* (Is 37.14).

23. Selección múltiple: ¿Qué escribió Isaías que ocurrió en el campamento asirio que vino para atacar a Jerusalén? (a) que se ahogó en el Mar Rojo; (b) el ángel de Jehová los mató por la noche; o (c) fuego cayó del cielo. *(b) El ángel de Jehová los mató por la noche* (Is 37.36). Isaías hizo anotaciones paralelas de este evento en 2 Reyes 19.

24. Selección múltiple: ¿Qué pasó al rey asirio cuyo ejército destruyó el Señor cuando trató de invadir Jerusalén? (a) sus hijos lo mataron; (b) murió como un anciano pobre; o (c) creyó en el Señor y murió en paz. *(a) Sus hijos lo mataron* (Is 37.37, 38).

25. Selección múltiple: ¿Cuántos años Jehová añadió al rey Ezequías en respuesta a su oración? (a) Cinco; (b) quince; o (c) veinte. *(b) Quince* (Is 38.5). La sombra retrocedió diez grados en el reloj de sol de Acaz como señal de que Jehová extendía la vida de Ezequías (v. 8).

26. ¿Verdadero o falso? Jehová agregó quince años a la vida del fiel rey Ezequías, y fueron los mejores años de su reinado. *Falso.* Ezequías neciamente pavimentó el camino para que Babilonia conquistara a Judá (Is 39).

27. Selección múltiple: ¿Qué nación envió cartas y presentes cuando el rey Ezequías recobró la salud? (a) Babilonia; (b) Egipto; o (c) Líbano. *(b) Babilonia* (Is 39.1). Este contacto despertó el interés babilónico en conquistar Judá debido a su riqueza (vv. 2, 6).

28. Selección múltiple: ¿Quién fue el rey de Babilonia que felicitó a Ezequías por su recuperación de una sería enfermedad? (a) Nabucodonosor; (b) Merodac-baladán; o (c) Belsasar. *(b) Merodac-baladán* (Is 39.1).

29. Selección múltiple: En Isaías 44, ¿a quién se llama pastor de Jehová? (a) El Mesías; (b) Ciro; o (c) Gabriel. (b) *Ciro* (Is 44.28). Ciro era el pastor de Jehová, no por causa de su fe, sino porque reconstruiría Jerusalén y cumpliría los propósitos de Dios.

30. Selección múltiple: ¿Qué dioses de babilonia mostró Isaías que se postraban ante Jehová? (a) Marduk y Tamuz; (b) Bel y Nebo; o (c) Bel y el Dragón. *(b) Bel y Nebo* (Is 46.1).

31. Selección múltiple: ¿Qué nación Isaías dijo que se llamó a sí misma «señora de los reinos»? (a) Asiria; (b) Babilonia; o (c) Persia. *(b) Babilonia* (Is 47.1, 5, 7).

32. ¿Verdadero o falso? Isaías fue el profeta de la espiritualidad interna; y le importaba poco observar el día de reposo. *Falso.* Isaías hizo alusiones específicas al día de reposo (Is 56.1-8; 58.13, 14).

33. Llene los espacios en blanco: Jeremías profetizó desde el año trece del reinado del rey _____ hasta el final del año undécimo del rey _____. *Josías ... Sedequías* (Jer 1.2, 3). El año undécimo de Sedequías fue el año en que los babilonios tomaron a Jerusalén (2 R 25.1-4).

34. Selección múltiple: Jeremías observó que los profetas de Judá profetizaron falsedades y que sus sacerdotes gobernaron por su propio poder. ¿Cómo se sentía el pueblo respecto a esta condición? (a) Les agradaba; (b) lo aborrecían; o (c) temían por su vida. *(a) Les agradaba* (Jer 5.31).

35. Verdadero o falso? Según Jeremías, las naciones alrededor de Judá fueron más leales a sus dioses falsos que Judá a su Dios verdadero. *Verdadero* (Jer 2.11).

36. Selección múltiple: En su primer sermón respecto al pecado voluntario de Judá, Jeremías les dijo que ellos tenían muchos dioses como tenían: (a) ríos; (b) ciudades; o (c) tribus. *(b) Ciudades* (Jer 2.28).

37. Llene el espacio en blanco. Según el segundo sermón de Jeremías a Judá, ellos debieron volverse a Jehová, debido al ejemplo infiel del reino norteño de _____. *Israel* (Jer 3.6-8).

38. Llene el espacio en blanco: En su segundo sermón, cuando Jeremías llamó a Israel y Judá que se volvieran a Jehová, se refirió a ellos como «hijos _____». *«Rebeldes»* (Jer 3.12, 14, 22).

39. Selección múltiple: Como una señal que ellos habían vuelto a Jehová de todo corazón, Jeremías dijo a los varones de Judá y de Jerusalén que ellos debían circuncidar sus: (a) mentes; (b) sus hijos; o (c) sus corazones. *(c) Sus corazones* (Jer 4.4). Moisés, Jeremías, y Pablo usaron esta metáfora para sugerir que uno debía volverse más sensible espiritualmente (Dt 10.16; Jer 9.25, 26; Ro 2.28, 29).

40. Llene el espacio en blanco: Cuando Jeremías describió la cercanía de la destrucción de Jerusalén en su segundo sermón, se refirió a ella como «la hija de _____». *«Sion»* (Jer 4.31).

41. Selección múltiple: ¿Qué Jeremías deseaba poder hacer porque todos en su pueblo eran adúlteros y traidores? (a) dejarlos; (b) reformarlos; o (c) traicionarlos. *(a) Dejarlos* (Jer 9.2). Les dejaría con dolor pero no enojado ni disgustado (v. 1).

42. Selección múltiple: ¿Por qué Dios no quería que su pueblo «aprendiera el camino de las naciones»? (a) Debido a su riqueza; (b) debido a su idolatría; o (c) debido a que eran incircuncisos. *(b) Debido a su idolatría* (Jer 10.1-5).

43. Selección múltiple: ¿Los hombres de qué ciudad Conspiraron para matar a Jeremías porque profetizaba en el nombre de Jehová? (a) los de Jerusalén; (b) los de Tecoa; o (c) los de Anatot. *(c) Los de Anatot* (Jer 11.21). Jeremías era de Anatot, una ciudad sacerdotal en el territorio de Benjamín.

44. Selección múltiple: ¿Qué frase usó repetidamente Jeremías para describir la conducta desobediente de Israel? (a) se fueron cada uno tras la imaginación de su malvado corazón; (b) reprobados y reprochables; o (c) dureza de corazón malvado. *(a) Se fueron cada uno tras la imaginación de su malvado corazón* (Jer 7.24; 11.8).

45. Selección múltiple: En qué lugar dijo Jehová a Jeremías que escondiera el cinto como símbolo de la cautividad y destierro de su pueblo? (a) Jericó; (b) Asiria; o (c) el Eufrates. *(c) El Eufrates* (Jer 13.4).

46. Selección múltiple: ¿Qué dos varones, que anteriormente con éxito intercedieron por Israel, Dios le dijo a Jeremías que no podrían persuadirlo para que mirara favorablemente a su pueblo? (a) Moisés y Abraham; (b) Samuel y Josué; o (c) Moisés y Samuel. *(c) Moisés y Samuel* (Jer 15.1). Moisés había intercedido por la misericordia de Jehová hacia el desobediente Israel en el desierto (Ex 32.11-14; Nm 14.13-20). Samuel intercedió por Israel en la batalla contra los filisteos (1 S 8.8, 9).

47. Selección múltiple: ¿A causa de qué rey de Judá dijo Jehová que los entregaría para que se horrorizaran al verlos todos los reinos de la tierra? (a) Manasés;

(b) Sedequías; o (c) Josías. *(a) Manasés* (Jer 15.4). Manasés había reinado por cincuenta y cinco años (2 R 21.1). El Señor dijo acerca de él: «Ha hecho más mal que todo lo que hicieron los amorreos que fueron antes de él» (v. 11), y por causa de él Jehová prometió limpiar a Jerusalén «como se limpia un plato, que se friega y se vuelve boca abajo» (v. 13).

48. Selección múltiple: ¿Qué lugar fue vuelto a nombrar Valle de la Matanza por todos los sacrificios de niños ofrecidos a Baal? (a) Tofet; (b) Jerusalén; o (c) Valle de Cedrón. *(a) Tofet* (Jer 19.6).

49. Selección múltiple: ¿Qué rey de Judá dijo Jehová «en sepultura de asno será enterrado, arrastrándole y echándole fuera de las puertas de Jerusalén»? (a) Joacaz; (b) Joacim; o (c) Joaquín. *(b) Joacim* (Jer 22.18, 19).

50. Selección múltiple: ¿A qué rey de Judá se le dijo que ninguno de sus descendientes lograría sentarse sobre el trono de David, ni reinar sobre Judá? (a) Joacaz; (b) Joacim; o (c) Conías. *(c) Conías o Joaquín o Jeconías* (Jer 22.28, 30).

51. Selección múltiple: ¿Quién puso a Jeremías en el cepo por lo que había profetizado? (a) Sedequías; (b) Baruc; o (c) Pasur. *(c) Pasur* (Jer 20.2).

52. Selección múltiple: ¿Qué rey de Judá envió a Pasur, el sacerdote, a Jeremías para que averiguara qué se debía hacer a fin de parar el ataque de Nabucodonosor? (a) Josías; (b) Sedequías; o (c) Ezequías. *(b) Sedequías* (Jer 21.1, 2).

53. Pregunta: ¿Cuánto tiempo dijo Jeremías que los judíos servirían al rey de Babilonia? *Setenta años* (Jer 25.11). Daniel y Esdras hallaron aliento e instrucción de esta porción de la profecía de Jeremías (Dn 9.2; Esd 1.1).

54. ¿Verdadero o falso? El profeta Hilcías quitó el yugo del cuello de Jeremías y lo quebró. *Falso.* Hananías lo quitó (Jer 28.10). Hananías fue un profeta falso que incitaba a defenderse de los babilonios al profetizar que los judíos obtendrían la victoria(v. 15).

55. Selección múltiple: En Jeremías, cuando Jehová prometió reconstruir Israel, ¿con qué clase de amor les recordó que les había amado? (a) Amor eterno; (b) amor fraternal; o (c) amor salvador. *(a) Amor eterno* (Jer 31.3).

56. Selección múltiple: ¿A qué nación huyó el pueblo que dejaron los babilonios en Jerusalén porque temían a Nabucodonosor? (a) Egipto; (b) Arabia; o (c) Persia. *(a) Egipto* (Jer 43.3, 4, 7). Algunos de los que quedaron en Jerusalén habían conspirado para matar al gobernador que Nabucodonosor había designado, y el pueblo temía quedarse en la ciudad y enfrentar represalias (Jer 41.1, 2).

57. Selección múltiple: ¿Dónde los babilonios alcanzaron a Sedequías cuando huía de Jerusalén y el ejército de este lo abandonó? (a) El valle de Hinom; (b) los llanos de Jericó; o (c) el valle de sal. *(b) Los llanos de Jericó* (Jer 52.8).

58. Selección múltiple: ¿Qué ley los judíos habían descuidado por mucho tiempo Sedequías volvió a poner en vigor temporalmente? (a) Promulgó libertad de los siervos hebreos; (b) el año del jubileo; o (c) apedrear a los blasfemos. *(a) Promulgó libertad para los siervos hebreos* (Jer 34.8-11). Los siervos hebreos debían ser libres en el Año del Jubileo (cf. Lv 25.39-46).

59. Selección múltiple: ¿Qué familia en Judá rehusaron casas, cultivos, y vino, y Jeremías los presentó al pueblo de Judá como ejemplos de obediencia? (a) los levitas; (b) los recabitas; o (c) los nazareos. *(b) Los recabitas* (Jer 35).

60. Selección múltiple: ¿Qué rey de Judá rasgó y quemó las profecías de Jeremías que le fueron leídas? (a) Joacaz; (b) Joacim; o (c) Sedequías. *(b) Joacim* (Jer 36.23, 28). Joacim hizo esto porque Jeremías había profetizado que el reino de Babilonia conquistaría Judá (v. 29).

61. Selección múltiple: ¿Qué hizo Joacim que provocó que Jehová prometiera que nunca un descendiente del rey de Judá sería rey? (a) Se rebeló contra Nabucodonosor; (b) encarceló a Jeremías; o (c) quemó el rollo de la profecía de Jeremías. *(c) Quemó el rollo de la profecía de Jeremías* (Jer 36.29-31).

62. Selección múltiple: ¿Qué rey de Judá inquirió tres veces de Jehová a través de Jeremías pero nunca tuvo el coraje de obedecerle? (a) Sedequías; (b) Joaquín; o (c) Joacaz. *(a) Sedequías* (Jer 21.1, 2; 37.17; 38.14).

63. Selección múltiple: ¿A qué cárcel Jeremías pidió al rey Sedequías no lo volviera a mandar para que no morir allí? (a) la mazmorra de Malquías; (b) al patio de la prisión; o (c) la casa de Jonatán el escriba. *(c) La casa de Jonatán el escriba* (Jer 37.15, 20). El rey cedió y alivió el encarcelamiento de Jeremías, pero los nobles interfirieron y lo pusieron en una cisterna donde se hundió en el cieno (Jer 37.21; 38.1-6).

64. Selección múltiple: ¿Qué estaba Jeremías haciendo cuando fue arrestado y acusado de intento de traición? (a) salía para ir a pescar; (b) inspeccionaba una heredad; o (c) alentaba a los discípulos. *(b) Inspeccionaba una heredad* en Benjamín, que había adquirido como una promesa del plan de Dios para restaurar a Israel (Jer 37.11-15; cf. 32.8-15). Se le acusó de desertar al ejército de Babilonia, que tenía sitiada a Jerusalén.

65. ¿Verdadero o falso? Los funcionarios de Ezequías deseaban ejecutar a Jeremías por desalentar la voluntad del pueblo para pelear contra Babilonia. *Verdadero* (Jer 38.4).

66. Selección múltiple: ¿Qué nación, que caería ante Babilonia, incluía las ciudades de Migdol, Menfis, Tafnes? (a) Judá; (b) Asiria; o (c) Egipto. *(c) Egipto* (Jer 46.14, 25). Las ciudades de Migdol, Menfis, y Tafnes los judíos huyeron para hallar seguridad (41.1), y Menfis era sede de la adoración a Amón, la divinidad solar.

67. Selección múltiple: ¿Por qué Sedequías temía recibir el consejo de Jeremías de rendirse a los babilonios? (a) El temía a Nabucodonosor; (b) temía la tortura; o (c) temía a los judíos traidores. *(c) Temía a los judíos traidores* (Jer 38.19).

68. Selección múltiple: ¿Qué pasó en el día noveno del cuarto mes del undécimo año del reinado de Sedequías? (a) Babilonia tomó a Jerusalén; (b) Jeremías fue encarcelado; o (c) Gedalías fue asesinado. *(a) Babilonia tomó a Jerusalén* (Jer 39.2, 3).

69. Selección múltiple: ¿Qué debía hacer Seraías con el libro de la profecía de Jeremías contra Babilonia después de leerla en voz alta en Babilonia? (a) Llevarlo de vuelta a Jeremías en Egipto; (b) presentarlo a Nabucodonosor; o (c) atarle una piedra y echarlo en el Éufrates. *(c) Atarle una piedra y echarlo en el medio del Eufrates* (Jer 51.63).

70. Selección múltiple: ¿A quién nombraron como gobernador de Judá los babilonios después de la conquista? (a) Gedalías; (b) Ebed-Melec; o (c) Ismael. *(a) Gedalías* (Jer 40.5).

71. Selección múltiple: ¿Quién inspiró a Ismael, un miembro de la familia real, para que asesinara a Gedalías el nuevo gobernador de Judá? (a) Baalis, rey de Amón; (b) Jeremías; o (c) el depuesto rey Sedequías. (a) *Baalis, rey de Amón* (Jer 40.14; 41.1).

72. Selección múltiple: ¿Qué llora Jeremías en Lamentaciones? (a) la idolatría de Judá; (b) sus calamidades personales; o (c) la caída de Jerusalén. *(c) La caída de Jerusalén* (Lm 1.1, 6-8).

73. Selección múltiple: En Lamentaciones, ¿cómo Jeremías usualmente se refiere general de Jerusalén? (a) como una prostituta; (b) como una hija virgen; o (c) como una vieja sin dientes. *(b) Como una hija virgen* (Lm 1.15; 2.13).

74. ¿Verdadero o falso? Parte del primer lamento de Jeremías está escrito como si Jerusalén estuviera hablando a los que pasan por ella y se asombran de su destrucción. *Verdadero* (Lm 1.12-22).

75. Selección múltiple: ¿De quién Jeremías lamenta que ha sido un enemigo del templo, las fiestas, el rey, y el sacerdocio de Jerusalén? (a) Nabucodonosor; (b) Marduc; o (c) el Señor. *(c) El Señor* (Lm 2.5-7). El Señor se había vuelto un oponente activo después que Judá y Jerusalén se hundieron en el pecado.

76. Selección múltiple: ¿Cuáles de estos Jeremías no recuerda en sus lamentaciones como un aliento de Dios? (a) Su santuario; (b) sus misericordias; o (c) sus fidelidades. *(a) Su santuario* (Lm 3.22, 23).

77. Selección múltiple: ¿Con qué frase Jehová se dirigió a Ezequiel? (a) Hijo de Israel; (b) Mi mensajero; o (c) Hijo de hombre. *(c) Hijo de hombre* (Ez 2.1, 3, 8; 3.1, 3, 4, 10).

78. ¿Verdadero o falso? Los aros de las cuatro ruedas en la visión de Ezequiel estaban llenos de manos. *Falso. Estaban llenos de ojos* (Ez 1.8).

79. Selección múltiple: Para asegurar que Ezequiel no fuera un reprochador de la rebelde Israel, Dios le hizo: (a) mudo; (b) ciego; o (c) cojo. *(a) Mudo* (Ez 3.26). Las únicas veces que Ezequiel habló a través de este tiempo de su ministerio fue cuando el Señor abrió su boca (v. 27).

80. Selección múltiple: ¿Cuántos días Ezequiel se acostó del lado izquierdo para llevar la iniquidad de la casa de Israel? (a) 40; (b) 390; o (c) 400. *(b) 390* (Ez 4.5). Cada día representaba un año de la iniquidad pasada de Israel.

81. Selección múltiple: Ezequiel vio todas las abominaciones siguientes en el templo excepto: (a) las mujeres que lloraban por Tamuz; (b) el sacrificio de animales manchados; o (c) ídolos pintados en los muros. *(b) Sacrificio de animales manchados* (Ez 8.10, 14).

82. Llene el espacio en blanco: El líder de Jerusalén vestido de lino, que tenía en su cintura el tintero de escribano debía recorrer la ciudad y «poner una señal en la frente a los hombres que gimen y que claman a causa de todas las _____ que se hacen en medio de ella». *«Abominaciones»* (Ez 9.4). En esta visión, solo aquellos que tenían una señal en la frente podían escapar de la muerte (v. 6).

83. Selección múltiple: Los líderes de Jerusalén que debían matar a los que estaban en Jerusalén que no recibieron la señal debían empezar en: (a) el santuario; (b) a las puertas de la ciudad; o (c) en el mercado. *(a) El santuario* (Ez 9.6).

84. Selección múltiple: ¿A quién vio Ezequiel ir y tomar fuego de entre las ruedas y de los querubines para esparcirlos sobre Jerusalén? (a) Jeremías; (b) el varón que marcó a los que debían salvarse; o (c) Dios. *(b) El varón que marcó a los que debían salvarse* (Ez 9.1-4; 10.6, 7).

85. Selección múltiple: ¿Cuántos varones Jehová señaló a Ezequiel que planeaban iniquidad y daban consejo malos a Jerusalén? (a) Seis; (b) diez; o (c) veinticinco. *(c) Veinticinco* (Ez 11.1, 2).

86. Llene el espacio en blanco: En Ezequiel, Jehová comparó los _____ de Israel a las zorras del desierto. *Profetas* (Ez 13.4).

87. Selección múltiple: Según Ezequiel, ¿el padre de quién era amorreo y su madre hetea? (a) el de Ezequiel; (b) el de Jerusalén; o (c) Jeremías. *(b) El de Jerusalén* (Ez 16.3). El profeta estaba tratando de caracterizar la impureza espiritual de Jerusalén. Aunque la ciudad tenía un trasfondo cananeo, la población israelita se había vuelto como los gentiles en sus perspectivas.

88. ¿Verdadero o falso? Según Ezequiel, Jerusalén había cometido fornicación con los egipcios, los filisteos, los asirios, los caldeos, y los griegos. *Falso*. Jerusalén no había cometido fornicación con los griegos (Ez 16.26-29).

89. Llene los espacios en blanco: Ezequiel afirmó que Jerusalén era más corrupta en todo que su hermana del norte _____ y su hermana del sur _____. *Samaria ... Sodoma* (Ez 16.46, 47).

90. Complete la oración: La respuesta de Israel a la explicación de Ezequiel de que el justo que se aparta de su justicia y hace iniquidad morirá y el que hace justicia, vivirá es que «_____ el camino del Señor». «*Es injusto*» (Ez 18.29, nvi).

91. Selección múltiple: Ezequiel le recordó a Israel que el Señor les dio: (a) el tabernáculo; (b) el sistema de sacrificio; o (c) sus días de reposo en el desierto como señal «para que supiesen que yo soy Jehová que los santifico». *(c) Sus días de reposo* (Ez 20.12). Moisés y Ezequiel conectaban la observación del día de reposo con la salida de Israel de Egipto (cf. Dt 5.12; Ez 20.10-12).

92. Selección múltiple: ¿Qué instrumento de la destrucción de Jehová estaba «afilada, y también pulida. Para degollar víctimas» en Jerusalén por el rey de Babilonia? (a) una espada; (b) una espada ropera; o (c) una antorcha. *(a) Una espada* (Ez 21.9, 10). Ezequiel identificó la espada que Babilonia blandiría contra Israel como la espada de Jehová (v. 3).

93. Selección múltiple: ¿Quién en Jerusalén dijo Ezequiel que no sabía distinguir entre lo santo y lo profano, ni la diferencia entre lo limpio y lo inmundo, y apartaron sus ojos del día de reposo de Jehová? (a) Los sacerdotes; (b) los profetas; o (c) las profetisas. *(a) Los sacerdotes* (Ez 22.26).

94. ¿Verdadero o falso? Jehová mandó a Ezequiel que registrara el nombre del día exacto en que el rey de Babilonia comenzó su invasión de Jerusalén. *Verdadero* (Ez 24.1, 2). El día era el diez del décimo mes del año noveno del reinado de Sedequías en Jerusalén (cf. 2 R 25.1).

95. Selección múltiple: Los amantes que castigaron a Ahola, o Samaria, fueron: (a) egipcios; (b) asirios; o (c) babilonios. *(a) Asirios* (Ez 23.5, 9). Esto había sucedido; y Ezequiel quería que la segunda hermana, Jerusalén, supiera que ella enfrentaba una suerte similar en manos de los caldeos, que es Babilonia (vv. 22-26).

96. ¿Verdadero o falso? Dios dijo a Ezequiel que su tiempo de mudez terminaría cuando oyera de la caída de Jerusalén. *Verdadero* (Ez 24.21, 25-27).

97. Llene el espacio en blanco: Dios entregó el territorio de _____ a los orientales por cuanto «batiste tus manos, y golpeaste con tu pie, y te gozaste en el alma con todo tu menosprecio para la tierra de Israel». *Amón* (Ez 25.3-7).

98. Selección múltiple: ¿Qué sucedió el día que la esposa de Ezequiel murió? (a) cayó Edom; (b) cayó Jerusalén; o (c) Ezequiel murió también. *(b) Cayó Jerusalén* (Ez 24.15-27).

99. Selección múltiple: ¿De quién Ezequiel escribió que decía en su orgullo: «Yo soy un dios, en el trono de Dios estoy sentado en medio de los mares»? (a) El príncipe de Israel; (b) el rey de Babilonia; o (c) el príncipe de Tiro. *(c) El príncipe de Tiro* (Ez 28.2).

100. Selección múltiple: ¿Cuántos años había estado Ezequiel en cautividad cuando recibió la noticia de la toma de Jerusalén? (a) Veinticinco años; (b) doce años; o (c) treinta años. *(b) Doce años* (Ez 33.21).

101. ¿Verdadero o falso? Ezequiel se enteró de la toma de Jerusalén en una visión. *Falso*. Un mensajero le llevó la noticia (Ez 33.21).

102. Selección múltiple: Ezequiel dijo que la restauración y la prosperidad de Jerusalén no lo hacía por ellos, sino por: (a) las naciones gentiles que menospreciaban al Dios de Israel; (b) los profetas de quienes se habían burlados; o (c) su santo nombre. *(c) Su santo nombre* (Ez 36.22).

103. Llene los espacios en blanco: Los de Israel dijeron después que los huesos revivieron con tendones y carne y aliento: «Nuestros huesos se _____, y _____ nuestra esperanza, y somos del todo _____». *«Secaron ... pereció ... destruidos»* (Ez 37.11).

104. Selección múltiple: Ezequiel debía profetizar contra quién «en tierra de Magog, príncipe soberano de Mesec, y Tubal»? (a) Gog; (b) Sedequías; o (c) Sadoc. *(a) Gog* (Ez 38.2).

105. Selección múltiple: ¿Dónde estaba situada la tierra de Magog en relación a Israel? (a) Al sur; (b) en las regiones del norte; o (c) al este. *(b) En las regiones del norte* (Ez 38.14, 15).

106. Selección múltiple: ¿Por cuánto tiempo las armas del ejército de Gog se quemarán en el fuego en las ciudades de Israel? (a) tres años; (b) siete años; o (c) diez años. *(b) Siete años* (Ez 39.9).

107. Selección múltiple: ¿Cuánto tiempo tomaría a la casa de Israel enterrar los muertos del ejército de Gog para limpiar su tierra? (a) siete días; (b) siete meses; o (c) siete años. *(b) Siete meses* (Ez 39.11, 12).

108. Selección múltiple: ¿En qué año de la cautividad de Judá Jehová mostró en visión a Ezequiel el nuevo templo? (a) en el año doce; (b) en el año décimo; o (c) en el año veinticinco. (c) *En el año veinticinco* (Ez 40.1, 5).

109. Selección múltiple: Según Ezequiel, ¿los hijos de quién eran los sacerdotes que oficiarían en el nuevo templo? (a) Sedequías; (b) Sadoc; o (c) Zacarías. *(b) Sadoc* (Ez 40.46).

110. Llene los espacios en blanco: El nombre de la nueva ciudad que Ezequiel vio desde el monte en Israel era «_____». *«JEHOVÁ ESTÁ ALLÍ»* (Ez 48.35).

111. Llene en espacio en blanco: Las tres puertas de cada lado de la nueva ciudad que Ezequiel vio fueron nombradas por las _____ de Israel. *Tribus* (Ez 48.31-34). A diferencia de los territorios de las otras tribus del Antiguo Testamento, Leví recibió un lugar, y Manasés y Efraín quedaron combinados bajo el nombre de José (cf. Nm 2).

112. Selección múltiple: ¿Quién era rey de Judá cuando Nabucodonosor conquistó Jerusalén? (a) Salomón; (b) Joás; o (c) Joacim. (c) *Joacim* (Dn 1.1, 2). Joacim era el hijo de Josías (2 R 23.34)

113. Llene los espacios en blanco: Los nombres más conocidos de Ananías, Misael y Azarías son _____, _____, _____. *Sadrac, Mesac, y Abed-nego* (Dn 1.7).

114. Selección múltiple: ¿Qué comieron Daniel y sus amigos por diez días en lugar de la comida y el vino del rey? (a) Pan y leche; (b) vegetales y agua; o (c) tortas de harina y jugo de granada. *(b) Vegetales y agua* (Dn 1.12, 14).

115. Llene los espacios en blanco: A Daniel, Sadrac, Mesac y Abed-nego Dios les dio conocimiento e inteligencia en todas las letras y ciencias, pero Daniel tuvo el donde de entender _____ y _____. *Visiones ... sueños* (Dn 1.17).

116. Llene el espacio en blanco: Cuando Nabucodonosor examinó a Daniel y a sus tres amigos, los halló _____ veces mejores que todos en asunto de sabiduría e inteligencia que los magos y astrólogos. *Diez* (Dn 1.20). Diez veces es una expresión poética que significa muchísimo mejor.

117. Selección múltiple: ¿Qué sucedió con Daniel, Sadrac, Mesac, y Abed-nego por haber Daniel interpretado el sueño de Nabucodonosor? (a) los asesinaron; (b) los ascendieron; o (c) los encarcelaron. *(b) Los ascendieron* (Dn 2.48, 49).

118. Llene el espacio en blanco: Como Sadrac, Mesac, y Abed-nego se negaron a adorar la imagen de oro que Nabucodonosor mandó hacer, el rey, furioso, mandó que los echaran a un horno _____ veces más caliente de lo acostumbrado. *Siete* (Dn 3.19). El horno alcanzó tal grado de calor que los hombres que arrojaron a los tres hebreos en el horno, el fuego los mató cuando cumplían las órdenes (v. 22).

119. Llene el espacio en blanco: Después que Sadrac, Mesac, y Abed-nego salieron del horno de fuego sin sufrir daño, Nabucodonosor adoró al Dios de ellos, «por cuanto no hay dios que pueda _____ como éste». *«Librar»* (Dn 3.29). -

120. Selección múltiple: Los vasos de oro y plata que Belsasar y su corte usaron para beber provenían de: (a) los judíos en cautividad; (b) la imagen que Nabucodonosor mandó hacer; o (c) el templo de Jerusalén. *(c) El templo en Jerusalén* (Dn 5.2).

121. Selección múltiple: ¿Cuánto tiempo después de la revelación de Daniel de que los medos y los persas se apoderarán del reino de Belsasar, murió este rey? (a) Diez años; (b) Diez días; o (c) esa misma noche. *(c) Esa misma noche* (Dn 5.13-30).

122. Selección múltiple: ¿Quién recibió el reino después que Belsasar murió? (a) Ciro el persa; (b) Darío el medo; o (c) Alejandro el Grande. *(b) Darío el medo* (Dn 5.30, 31).

123. Selección múltiple: ¿Qué profeta profetizó en Israel durante el mismo periodo de tiempo que Isaías en Judá. (a) Oseas; (b) Amós; o (c) Nahúm. *(a) Oseas* (Os 1.1; Is 1.1). Miqueas también fue contemporáneo en Judá que profetizó a veces en Israel (Mi 1.1).

124. Selección múltiple: ¿Cuál era el nombre de la prostituta con la que Oseas se casó? (a) Tamar; (b) Rahab; o (c) Gomer. *(c) Gomer* (Os 1.2, 3). El Señor mandó a Oseas que tomara a Gomer para ilustrar la infidelidad de Israel y el dolor que le causaba a Dios.

125. Selección múltiple: ¿Qué nombre aparece en Oseas como un nombre personal, el nombre de un lugar, y una alabanza por las abundantes bendiciones de Dios? (a) Gomer; (b) Lo-ammi; o (c) Jezreel. *(c) Jezreel* (Os 1.4, 5; 2.22).

126. Pregunta: ¿Qué compró Oseas por «quince siclos de plata y un homer y medio de cebada»? *La libertad de su esposa adúltera* (Os 3.1-3).

127. Selección múltiple: ¿A qué ídolo se refirió Oseas como una ofensa de Samaria? (a) Un pez; (b) un becerro; o (c) un hombre. *(b) Un becerro* (Os 8.5, 6).

128. Selección múltiple: Oseas comparó el futuro de Israel a dos ciudades destruidas con Sodoma y Gomorra. Nombre estas ciudades. (a) Adma y Zeboim; (b) Betsaida y Corazín; o (c) Debir y Laquis. *(a) Adma y Zeboim* (Os 11.8; Dt 29.23).

129. Selección múltiple: En Oseas, ¿qué función del padre se usa como paralelo del amor de Dios por Israel en el desierto? (a) Enseñaba a hablar; (b) enseñaba a andar; o (c) disciplinaba. *(b) Enseñaba a andar* (Os 11.3).

130. Selección múltiple: Aparte de la langosta ¿qué otra devastación experimentó Judá en el tiempo de la profecía de Joel? (a) Sequía; (b) plaga de ranas; o (c) guerra. *(a) Sequía* (Joel 1.20). Aquella sequía estuvo seguida de fuego que consumió los pastos de las bestias (vv. 19, 20).

131. Llene los espacios en blanco: Cuando Joel llamó a Judá al arrepentimiento, les recordó el carácter de Dios: «Misericordioso es y clemente, tardo para la _____

y grande en misericordia, y que se duele del castigo». «*Ira ... castigo*» (Jl 2.13). El llamado de Joel a Israel fue: «Rasgad vuestro corazón, y no vuestros vestidos».

132. Selección múltiple: ¿A quiénes los filisteos vendieron el pueblo de Judá y de Jerusalén? (a) a los romanos; (b) a los babilonios; o (c) a los griegos. *(c) A los griegos* (Jl 3.6).

133. Selección múltiple: ¿Quién era el rey de Israel cuando Amós profetizó? (a) Jeroboam; (b) Omri; o (c) Jehú. *(a) Jeroboam* (Am 1.1). Este no era el Jeroboam que condujo Israel en revuelta contra Roboam, el hijo de Salomón (1 R 12.20). Amós profetizó durante el reinado de Jeroboam II (767-753 A.C.) casi doscientos años después del primer Jeroboam.

134. Selección múltiple: ¿Cómo llamó Amós a los ricos de Samaria que oprimían al pobre? (a) cerdos de Siria; (b) ovejas de Edom; o (c) vacas de Basán. *(c) Vacas de Basán* (Am 4.1).

135. Selección múltiple: ¿Qué dijo Amós que pasó a Betel y Gilgal? (a) Jacob ofrendó a Dios; (b) Israel adoró ídolos; o (c) Israel construyó casas de marfil. *(c) Israel adoró ídolos* (Am 4.4; 5.5).

136. Selección múltiple: ¿En qué ciudad se le dijo a Amós que nunca volviera a profetizar porque era la residencia del rey de Israel? (a) Betel; (b) Samaria; o (c) Gilgal. *(b) Betel* (Am 7.13).

137. Selección múltiple: ¿A dónde el sacerdote Amasías le dijo a Amós que fuera y profetizara? (a) Nínive; (b) Judá; o (c) Edom. *(b) Judá* (Am 7.12). Amós era de Tecoa en Judá, al sur de Jerusalén. Amasías esencialmente dijo a Amós que fuera a su tierra y lo dejara en paz (Am 1.1).

138. Selección múltiple: ¿Qué profeta dejó su ocupación como «boyero, que recoge higos silvestres»? (a) Amós; (b) Sofonías; o (c) Nahúm. *(a) Amós* (Am 7.14).

139. Selección múltiple: En Amós, ¿qué son Moloc y Quiún? (a) ciudades; (b) dioses; o (c) meses. *(b) dioses* (Am 5.26).

140. Selección múltiple: ¿Qué nación se describe como «tú que moras entre las hendiduras de las peñas»? (a) Filisteos; (b) Egipto; o (c) Edom. *(c) Edom* (Abd 1, 3). Edom era un desierto y muy rocoso. Petra, una de las principales ciudades de Edom fue construida al final de un cañón estrecho para protección.

141. Selección múltiple: ¿Qué ciudad de Edom conecta Abdías por nombre con hombres poderosos? (a) Temán; (b) Bosra; o (c) Petra. *(a) Temán* (Abd 9).

142. Pregunta: ¿A qué ciudad Jehová envió a Jonás a predicar contra la iniquidad? *Nínive* (Jon 1.1, 2).

143. Selección múltiple: ¿A qué lugar huyó Jonás tratando de escapar de la presencia de Jehová? (a) Tarsis; (b) Jope; o (c) Sidón. *(a) Tarsis* (Jon 1.3).

144. Selección múltiple: ¿Qué dijo Jonás a los varones de la nave que hicieran para calmar la tormenta del mar? (a) que arrojara al mar la carga; (b) que lo tiraran al mar; o (c) que oraran a Dios. *(b) Que lo tiraran al mar* (Jon 1.12).

145. Pregunta: ¿Qué preparó Jehová para salvar a Jonás de ahogarse cuando lo tiraron al mar? *Un gran pez que lo engullera* (Jon 1.17).

146. Selección múltiple: ¿Quién fue el único profeta con el que Jesús se comparó a sí mismo? (a) Joel; (b) Jonás; o (c) Daniel. *(b) Jonás* (Mt 12.39, 40). Jesús dijo que estaría en el corazón de la tierra tres días como estuvo Jonás en el vientre del gran pez.

147. Selección múltiple: ¿Dónde estaba Jonás cuando oró: «Pagaré lo que prometí. La salvación es de Jehová»? (a) En el fondo de la nave; (b) en Nínive; o (c) en el vientre del pez. *(c) En el vientre del pez* (Jon 2.1, 9).

148. **Selección múltiple:** ¿Quién mandó: «Cúbranse de cilicio hombres y animales, y clamen a Dios fuertemente; y conviértanse cada uno de su mal camino»? (a) Dios; (b) el rey de Nínive; o (c) Nabucodonosor. *(b) El rey de Nínive* (Jon 3.6-8).

149. **Selección múltiple:** Según el libro de Jonás, la población de Nínive era de más de: (a) doscientos mil; (b) dos mil; o (c) ciento veinte mil. *(c) Ciento veinte mil* (Jon 4.11). Estos ciento veinte mil eran inocentes del conocimiento necesario para responder a Dios; por tanto, Dios se compadeció de ellos cuando se arrepintieron.

150. **Selección múltiple:** Miqueas, que profetizo el nacimiento de Jesús en Belén, aparece como uno de los personajes en uno de los profetas mayores. ¿Cuál de los profetas mayores lo menciona? (a) Isaías; (b) Jeremías; o (c) Ezequiel. *(b) Jeremías* (Jer 26.18).

151. **Selección múltiple:** ¿Qué dijo Miqueas a las hijas de Sion que hicieran con el cuerno de hierro y las uñas de bronce? (a) hiere las naciones; (b) trilla las naciones; o (c) enseña las naciones. *(b) Trilla las naciones* (Mi 4.13). En sentido figurado, trillar es separar lo que no tiene valor de lo que sí lo tiene.

152. **Selección múltiple:** ¿A quiénes Miqueas describe como los que «claman: Paz, cuando tienen algo que comer, y al que no les da de comer, proclaman guerra contra él»? (a) Jueces; (b) sacerdotes; o (c) profetas. *(c) Profetas* (Mi 3.5). Los profetas eran falsos. Estaban a favor del que les daba de comer, en vez de estar de lado del Señor.

153. **Selección múltiple:** ¿Quién era el principal enemigo extranjero en las profecías de Miqueas? (a) Asiria; (b) Babilonia; o (c) Persia. *(a) Asiria* (Mi 5.5; 7.12).

154. **Selección múltiple:** ¿Qué dos reyes de afirmaba Miqueas que representaban el mal de la nación? (a) Jehú y Jeroboam; (b) Omri y Acab; o (c) Ismael y Acab. *(b) Omri y Acab* (Mi 6.16).

155. **Llene los espacios en blanco:** Miqueas concluyó sus profe´cías con un mensaje de esperanza que mencionaba a dos patriarcas. «Cumplirás la verdad a _____, y a _____ la misericordia». *«Jacob ... Abraham»* (Mi 7.20). Los patriarcas representaban su descendencia, la nación de Israel, en la profecía de Miqueas.

156. **¿Verdadero o falso?** Nahum contiene descripciones vívidas de antiguas guerras. *Verdadero* (Nah 2.1-7; 3.1-4). Describe armamentos y uniformes, sonidos de batalla, terror de los no combatientes, y los cadáveres.

157. **Selección múltiple:** ¿La destrucción de qué imperio profetizó Nahum? (a) Egipto; (b) Asiria; o (c) Persia. *(b) Asiria* (Nah 3.18, 19).

158. **Selección múltiple:** ¿Qué ciudad egipcia situada sobre un río dijo Nahum que había caído como habría caído Nínive? (a) No Amón; (b) Cairo; o (c) Alejandría. *(a) Tebas.* (Nah 2.8; 3.8, 10).

159. **Selección múltiple:** ¿Qué dijo Nahum que sucedería a Nínive cuando «se abran las puertas de los ríos»? (a) El rey se ahogaría; (b) el fuego se apagaría para siempre; o (c) el palacio quedaría destruido. *(c) El palacio quedaría destruido* (Nah 2.6).

160. **Selección múltiple:** ¿Cuál era la profesión de Habacuc? (a) Ganadero; (b) sacerdote; o (c) profeta. *(c) Profeta* (Hab 1.1).

161. **Selección múltiple:** ¿Qué profeta se quejó de Dios y se puso alerta para oír la respuesta de Dios? (a) Jeremías; (b) Jonás; o (c) Habacuc. *(c) Habacuc* (Hab 2.1).

162. **Selección múltiple:** ¿Qué profeta dijo: «Mas el justo por su fe vivirá»? (a) Habacuc; (b) Isaías; o (c) Sofonías. *(a) Habacuc* (Hab 2.4).

163. **¿Verdadero o falso?** Sofonías puede ser el único profeta en la Biblia que era descendiente de un rey. *Verdadero* (Sof 1.1).

164. Selección múltiple: Durante el reinado de cual rey Sofonías profetizó en Judá? (a) Uzías; (b) Josías; o (c) Manasés. *(b) Josías* (Sof 1.1).

165. ¿Verdadero o falso? Sofonías profetizó después que Josías hizo sus famosas reformas. *Falso*. La condición de Judá era idolátrica (Sof 1.4-9).

166. ¿Verdadero o falso? Sofonías concentra en Jerusalén y alude a ella como si viviera allí. *Verdadero* (Sof 1.4, 9, 10; 3.1-7). Describe de forma vívida el ambiente local cuando dice: «Voz de clamor desde la puerta del Pescado, y aullido desde la segunda puerta» (1.10).

167. ¿Verdadero o falso? Según Hageo, Judá experimentaba sequía y falta de prosperidad porque habían olvidado los mandamientos de Dios para reconstruir el templo. *Verdadero* (Hag 1.6-11).

168. Selección múltiple: ¿Qué le pasó a Zacarías en la noche del 15 de febrero del 519 a. C. (Zac 1.7)? (a) Contrajo matrimonio; (b) tuvo una serie de ocho visiones; o (c) profetizó primero del Mesías. *(b) Tuvo una serie de ocho visiones* (Zac 1.7-6.8). La fecha se puede determinar debido a la precisión de Zacarías y porque se conocen las fechas de Darío I de Persia de fuentes extra bíblicas.

169. Selección múltiple: ¿Qué sugiere el contexto que eran las dos ramas de olivo que alimentaban la lámpara en la visión de Zacarías? (a) Hageo y Zacarías; (b) Josué y Zorobabel; o (c) Gabriel y Miguel. *(b) Josué y Zorobabel* (Zac 3.6-10; 4.6-10).

170. Selección múltiple: Como hijo de Berequías y nieto de Iddo, ¿qué habría sido la profesión de Zacarías? (a) Príncipe; (b) Sacerdote; o (c) músico del templo. *(b) Sacerdote* (Zac 1.1; Neh 12.1, 4, 16). Según Nehemías, Iddo era un sacerdote de la línea de Aarón y no un levita ordinario.

171. Selección múltiple: Cuando Zacarías profetizó, ¿qué posición tenía Josué? (a) Rey; (b) gobernador; o (c) sumo sacerdote. *(c) Sumo sacerdote* (Zac 3.8).

172. Selección múltiple: ¿Qué puso Zacarías en el templo reconstruido como un memorial del Mesías venidero? (a) Una rama; (b) un pollino; o (c) una corona. *(c) Una corona* (Zac 6.14).

173. Selección múltiple: Zacarías tuvo palabras duras para los líderes que habían provocado el descarrío de Judá. ¿Cómo los llamó? (a) Príncipes ineptos; (b) viñadores haraganes; o (c) pastores inútiles. (c) *Pastores inútiles* (Zac 11.4-17).

174. Selección múltiple: ¿A quién Malaquías acusa de corromper el pacto de Leví? (a) los sacerdotes; (b) los gentiles; o (c) los idólatras. *(a) Los sacerdotes* (Mal 2.7, 8).

175. Selección múltiple: ¿Contra quién Malaquías advierte de no obrar deslealmente? (a) los vecinos; (b) Dios; o (c) sus esposas. *(c) Sus esposas* (Mal 2.14, 15). Dios veía el divorcio como la violación de un pacto del cual Él era testigo.

176. Selección múltiple: ¿De qué manera Israel robaba a Dios, según Malaquías? (a) lealtad; (b) diezmos y ofrendas; o (c) sacrificios. *(b) Diezmos y ofrendas* (Mal 3.8).

177. Selección múltiple: ¿Qué amonestó Malaquías a los israelitas que recordaran al final de su profecía? (a) La protección de Dios; (b) la liberación de Dios; o (c) la ley de Moisés. *(c) La ley de Moisés* (Mal 4.4).

FRASES CONOCIDAS

1. Llene los espacios en blanco: Isaías dijo que Jehová que no estaba complacido con los sacrificios de Israel: «Hastiado estoy de _____ de carneros y de sebo de

animales gordos; no quiero _____ de bueyes, ni de ovejas, ni de machos cabríos». *«Holocaustos ... sangre»* (Is 1.11)

2. Llene los espacios en blanco: Isaías dijo: «Ay de los que a lo malo dicen bueno y a lo bueno malo; que hacen de la luz _____ que _____ lo amargo por dulce». *«tinieblas ... ponen»* (Is 5.20).

3. Complete la oración: En la visión de Isaías del Señor, los serafines decían el uno al otro: «Santo, santo, santo, Jehová de los ejércitos _____».. *«Toda la tierra está llena de su gloria»* (Is 6.3).

4. Pregunta: ¿Qué viene después del lamento de Isaías: «¡Ay de mí! que soy muerto»? *«Porque soy hombre inmundo de labios»* (Is 6.5).

5. Llene los espacios en blanco: Después que Isaías confesó su inmundicia, dijo: «Y voló hacia mí uno de los _____, teniendo en su mano un _____ encendido, tomado del _____ con unas tenazas». *«Serafines ... carbón ... altar»* (Is 6.6). El carbón encendido quitó la culpa de los labios de Isaías (v. 7).

6. Complete la oración: Después que el Serafín limpió sus labios, Isaías, el escribió: «Después oí la voz del Señor, que me decía: ¿A quién enviaré, _____» *«Y quién irá por nosotros? Entonces respondí yo: Heme aquí, envíame a mí»* (Is 6.8).

7. Complete la oración: Isaías dijo al rey Acaz: «Por tanto, el Señor mismo os dará señal: He aquí que la virgen concebirá _____». *«Y dará a luz un hijo, y llamará su nombre Emanuel»* (Is 7.14). Para el rey Acaz, esta señal tenía que ver con Siria e Israel cuando ya no serían una amenaza militar contra Judá (vv. 1, 16). Una mayor liberación también estaba en la mente de Dios (Mt 1.21-23).

8. Llene los espacios en blanco: Mateo citó este versículo de Isaías para señalar su cumplimiento en Jesús: «El pueblo que andaba en _____ vio gran _____; los que moraban en tierra de _____ de muerte, luz resplandeció sobre ellos». *«Tinieblas ... luz ... sombra»* (Is 9.2).

9. Complete la oración: Isaías profetizó acerca del Mesías: «Porque un niño nos es nacido, _____» *«Hijo nos es dado, y el principado sobre su hombro; y se llamará su nombre Admirable, Consejero, Dios Fuerte, Padre Eterno, Príncipe de Paz»* (Is 9.6). Estos nombres revelan la deidad de Cristo como también la majestad de su labor como Mesías.

10. Complete la oración: Isaías profetizó: «Saldrá una vara del tronco de Isaí _____». *«Y un vástago retoñará de sus raíces»* (Is 11.1). Isaí, el padre de David, era como un viejo árbol del que brotó un vástago que opacaría al viejo.

11. Llene los espacios en blanco: Isaías profetizó un tiempo cuando «morará el lobo con el _____, y el leopardo con el cabrito se acostará; el becerro y el león y la bestia domestica andarán juntos, y un _____ los pastoreará». *«Cordero ... niño»* (Is 11.6).

12. Complete la oración: Isaías profetizó que cuando reine el Mesías «la tierra será llena del conocimiento de Jehová, como _____». *«Las aguas cubren el mar»* (Is 11.9).

13. Llene los espacios en blanco: Isaías escribió del inicuo: «¡Cómo _____del cielo, oh _____, hijo de la mañana!». *«Caíste ... Lucero»* (Is 14.12).

14. Llene los espacios en blanco: Isaías vio un _____ que llegaba para anunciar: «_____ Babilonia». *«mensajero ... cayó»* (Is 21.9). En los días de Isaías esto era inconcebible.

15. Complete la oración: Isaías dijo que Judá ignoró el llamado de Jehová de clamar y escogió más bien diciendo: «Comamos y bebamos _____». «*Porque mañana moriremos*» (Is 22.13).

16. Complete la oración: Isaías dijo de Jehová: «Tú guardarás en completa paz _____». «*A aquel cuyo pensamiento en ti persevera; porque en ti ha confiado*» (Is 26.3).

17. Complete la oración: Isaías dijo el que no sabe será enseñado «mandato sobre mandato, renglón tras renglón _____». «*Línea sobre línea, un poquito allí, otro poquito allá*» (Is 28.13).

18. Llene los espacios en blanco: Isaías citó a Jehová diciendo: «He aquí que yo he puesto en Sion por fundamento una _____, piedra probada, _____, preciosa, de cimiento estable». «*Piedra ... angular*» (Is 28.16). Isaías dijo que Jehová se proponía reconstruir Jerusalén de esa piedra angular con el cordel de medir de la justicia y la plomada de la rectitud (v. 17).

19. Llene el espacio en blanco: Isaías profetizó un tiempo en que el pueblo de Dios, oirá una voz que dirá: «Este es el camino, _____ por él». «*Andad*» (Is 30.21).

20. Llene los espacios en blanco: Isaías dijo que en el gran juicio: «Se enrollarán los _____ como un _____». «*Cielos ... libro*» (Is 34.4). Pedro más tarde escribió que los cristianos deben estar «esperando y apresurándose para la venida de Dios, en el cual los cielos, encendiéndose, serán desechos, y los elementos, siendo quemados, se fundirán» (2 P 3.12).

21. Llene los espacios en blanco: Isaías profetizó: «Y los redimidos de Jehová volverán, y vendrán a Sion con _____; y _____ perpetuo sobre sobre sus _____». «*Alegría ... gozo ... cabezas*» (Is 35.10).

22. Complete la oración: Isaías dijo: «Voz que clama en el desierto: Preparad _____» «*Camino a Jehová; enderezad calzada en la soledad a nuestro Dios*» (Is 40.3). Juan el Bautista realizó esta función para Jesús en tiempos del Nuevo Testamento (Mt 3.3).

23. Llene los espacios en blanco: Isaías dijo: «Toda carne es _____, y toda su gloria como _____ del campo». «*Hierba ... flor*» (Is 40.6).

24. Complete la oración: Isaías dijo: «Secase la hierba, marchitase la flor; mas _____» «*La palabra de Dios permanece para siempre*» (Is 40.8).

25. Llene los espacios en blanco: Isaías dijo: «Súbete sobre un monte alto anunciadora de Sion [...] di a las ciudades de Judá: ¡Ved aquí _____». «*Al Dios vuestro!*» (Is 40.9).

26. Llene los espacios en blanco: Isaías dijo de Jehová: «He aquí que su _____ viene con él, y su _____ delante de su rostro». «*Recompensa ... paga*» (Is 40.10).

27. Llene los espacios en blanco: Isaías dijo: «He aquí que las naciones le son como la _____ de agua que cae del _____, y como menudo polvo en las balanzas le son estimadas». «*Gota ... cubo*»

28. Llene los espacios en blanco: Isaías mostró la necesidad de esperar en Dios diciendo: «Los _____ se fatigan y se cansan, los jóvenes flaquean y _____». «*Muchachos ... caen*» (Is 40.30).

29. Complete la oración: Isaías dijo: «Pero los que esperan a Jehová tendrán nuevas fuerzas; levantarán _____». «*Alas como las águilas; correrán, y no se cansarán; caminarán, y no se fatigarán*» (Is 40.31).

30. Llene los espacios en blanco: En Isaías, Jehová dijo del Mesías: «Te guardaré y te pondré por _____ al pueblo, por _____ de las naciones». «*Pacto ... luz*»

(Is 42.6). Cuando Jesús tenía ocho años de edad, Simeón aludió a este pasaje cuando vio a María y a José que presentaban a Jesús como su primogénito (Lc 2.32).

31. Llene los espacios en blanco: Isaías dijo del Mesías: «No _____, ni alzará su _____, ni la hará oír en las calles». «Gritará … voz» (Is 42.2). La extensa declaración de Isaías acerca de la gentileza del Siervo de Jehová (vv. 1-4) se cita en totalmente en Mateo porque Jesús no argumentaría con los fariseos (Mt 12.18-21).

32. Llene los espacios en blanco: Isaías dijo del Mesías: «No se quebrará la caña _____, ni apagará el pábilo que _____ ». «Cascada … humeare» (Is 42.3).

33. Llene los espacios en blanco: Complete la oración: Isaías rogó al público: «Sordos, oíd, y vosotros, ciegos, mirad _____». «Para ver» (Is 42.18). A Jehová le preocupaba que su siervo Israel fuera sordo y ciego hacia los mandamientos y señales que le había dado (v. 19).

34. Llene los espacios en blanco: En Isaías, Jehová profetizó: «He aquí que yo hago cosa _____; pronto saldrá a _____». «Nueva ... luz» (Is 43.19). La cosa nueva sería la nación restaurada de Israel relativa a Jehová por su nuevo pacto (vv. 19-21).

35. Llene los espacios en blanco: En Isaías, Jehová prometió: «Mi _____ derramaré sobre tu generación, y mi _____ sobre tus renuevos». «Espíritu ... bendición» (Is 44.3).

36. Complete la oración: En Isaías, Jehová desea: «Para que se sepa desde el nacimiento del sol, y hasta donde se pone, que no hay más que yo; yo Jehová, _____». «Y ninguno más que yo» (Is 45.6).

37. Llene los espacios en blanco: En Isaías, Dios llamó: «Óyeme, Jacob, y tú, Israel, a quien llamé: Yo mismo yo el _____, yo también el _____». «Primero … postrero» (Is 48.12).

38. Llene los espacios en blanco: «No hay _____ para los _____, dijo Jehová». «Paz … malos» (Is 48.22). Esto era la declaración de Jehová acerca de su juicio sobre Babilonia (vv. 20, 21).

39. Llene los espacios en blanco: En Isaías, Jehová dijo al Mesías: «También te di por _____ de las naciones, para que seas mi _____ hasta lo postrero de la tierra». «Luz … salvación» (Is 49.6).

40. Llene los espacios en blanco: En Isaías, Dios dijo al Mesías: «En tiempo _____ te _____, y en el día de _____ te ayudé». «Aceptable … oí … salvación» (Is 49.8). Pablo citó este versículo a los corintios y concluyó: «He aquí ahora el tiempo aceptable; he aquí ahora el día de salvación» (2 Co 6.2).

41. Llene los espacios en blanco: Isaías alentó: «Mirad a la _____ de donde fuisteis cortados, y al hueco de la cantera de donde fuisteis _____» «Piedra … arrancados» (Is 51.1). Isaías estaba alentando a los israelitas justos a recordar el carácter y la fe de Abraham y Sara (v. 2)

42. Complete la oración: Isaías dijo: «¡Cuán hermosos son sobre los montes _____» «Los pies del que trae alegres nuevas» (Is 52.7).

43. Complete la oración: Isaías escribió del Mesías: «De tal manera fue desfigurado de los hombres su _____, y su _____ más que la de los hijos de los hombres». «Parecer ... hermosura» (Is 52.14).

44. Complete la oración: Isaías preguntó: «¿Quién ha creído a nuestro anuncio? _____».. «¿Y sobre quién se ha manifestado el brazo de Jehová?» (Is 53.1). El apóstol Juan aplicó este versículo a los judíos porque ellos rechazaron a Jesús justo antes de su crucifixión (Jn 12.38).

45. Complete la oración: Isaías dijo del Mesías: «No hay parecer en él, ni hermosura; le veremos _____» «*Mas sin atractivo para que le deseemos*» (Is 53.2).

46. Complete la oración: «Desechado y despreciado entre los hombres _____» «*Varón de dolores, experimentado en quebrantos*» (Is 53.3).

47. Complete la oración: «Ciertamente llevó él nuestras enfermedades, _____» «*Y sufrió nuestros dolores*» (Is 53.4). El apóstol Mateo aplicó estos versículos al ministerio de sanación de Jesús (Mt 8.17).

48. Complete la oración: «Mas el herido fue por nuestras rebeliones, molido por nuestros pecados _____». «*El castigo de nuestra paz fue sobre él, y por su llaga fuimos nosotros curados*» (Is 53.5).

49. Complete la oración: «Todos nosotros nos descarriamos como ovejas _____». «*Cada cual se apartó por su camino; mas Jehová cargó en él el pecado de todos nosotros*» (Is 53.6).

50. Complete la oración: «Como cordero fue llevado al matadero _____». «*Y como oveja delante de sus trasquiladores, enmudeció, y no abrió su boca*» (Is 53.7). Mateo y Marcos notaron el silencio de Jesús ante sus acusadores y jueces en su juicio (Mt 26.63; Mr 15.4, 5).

51. Llene los espacios en blanco: Isaías dijo del Mesías: «Porque fue cortado de la _____ de los _____». «*Tierra ... vivientes*» (Is 53.8).

52. Llene los espacios en blanco: Isaías escribió del Mesías: «Con todo eso, Jehová quiso _____, sujetándole a _____». «*Quebrantarlo ... padecimientos*» (Is 53.10).

53. Llene los espacios en blanco: «Y fue _____ con los pecadores, habiendo él llevado el _____ de muchos, y _____ por los _____». «*Contado ... pecado ... orado ... transgresores*» (Is 53.12). Jesús fue crucificado con dos ladrones, llevó el pecado del mundo, y oró por los que lo ejecutaron mientras pendía de la cruz (Mt 27.38; Lc 23.34; 1 Jn 2.2).

54. Llene los espacios en blanco: Jehová dijo a través de Isaías acerca del juicio: «Porque no _____ para siempre, ni para siempre me _____». «*Contenderé ... enojaré*» (Is 57.16).

55. Llene los espacios en blanco: A través de Isaías, Jehová dijo: «Porque yo soy Dios, y _____ hay semejante a mí, que anuncio lo por venir desde el _____» «*Nada ...principio*» (Is 46.9, 10).

56. Llene los espacios en blanco: Isaías dijo: «_____ a Jehová un cántico _____». «*Cantad ... nuevo*» (Is 42.10). Isaías llamó a todas las naciones a alabar a Dios por la salvación que les había dado a todos (vv. 10-13).

57. Complete la oración: Isaías escribió: «A todos los sedientos: venid a las aguas; y los que no tienen dinero _____». «*Venid, comprad y comed. Venid, comprad sin dinero y sin precio, vino y leche*» (Is 55.1). Dios había preparado un banquete espiritual para Israel, que solo debían aceptarlo en plena confianza para disfrutarlo. En lugar de aceptarlo, malgastaban la vida en vanidades e idolatrías (v. 2).

58. Llene los espacios en blanco: Isaías describe la pecaminosidad de Israel de esta manera: «Desde la planta del ... hasta la ... no hay en el cosa sana, sino _____, hinchazón y podrida _____». «*Pie ... cabeza ... herida ... llaga*» (Is 1.6).

59. Complete la oración: Isaías escribió por Jehová: «Porque mis pensamientos no son vuestros pensamientos, _____». «*Ni vuestros caminos mis caminos, dijo Jehová*» (Is 55.8). Esto era parte del razonamiento de Jehová de la imposibilidad humana de comprender sus propósitos.

60. Llene los espacios en blanco: Isaías rogó: « _____ el impío su camino, y el hombre inicuo sus _____, y vuélvase a Jehová, el cual tendrá _____ de él». *«Deje … pensamientos … misericordia»* (Is 55.7).

61. Complete la oración: Isaías escribió: «Buscad a Jehová mientras puede ser hallado _____». *«Llamadle en tanto que está cercano»* (Is 55.6).

62. Llene los espacios en blanco: Isaías prometió: «Porque con _____ saldréis, y con _____ seréis vueltos». *«Alegría … paz»* (Is 55.12). Esto describe las condiciones armoniosas del futuro reino del Mesías.

63. Llene los espacios en blanco: Isaías invitó: «Levántate, resplandece; porque ha venido tu _____, y la _____ de Jehová ha nacido sobre ti». *«Luz … gloria»* (Is 60.1). Esta promesa de gozo señala el tiempo de la gran bendición de Dios sobre Israel cuando «andarán las naciones a tu luz» (v. 3).

64. Complete la oración: Isaías, al igual que Jeremías, dijo: «Nosotros barro, y tú el que nos formaste _____». *«Así que obra de tus manos somos todos nosotros»* (Is 64.8).

65. Complete la oración: Isaías escribió: «He aquí que no se ha acortado la mano de Jehová para salvar, ni _____». *«Se ha agravado su oído para oír»* (Is 59.1).

66. Llene los espacios en blanco: Isaías denunció: «Pero vuestras _____ han hecho división entre vosotros y vuestro Dios, y vuestros pecados han hecho ocultar de vosotros su _____ para no _____». *«Iniquidades … rostro … oír»* (Is 59.2).

67. Llene los espacios en blanco: Isaías escribió de Jehová en la nueva creación: «Y antes que _____, _____ yo; mientras aun _____, yo habré oído». *«Clamen … responderé … hablan»* (Is 65.24).

68. Llene los espacios en blanco: Isaías concluye con sentencias que Jesús después mencionó: «Porque su _____ nunca morirá, ni su _____ se apagará». *«Gusano … fuego»* (Is 66.24; Mr 9.44, 46, 48). Esta sentencia la dictó contra los que se opondrán a Dios en la batalla final del bueno contra el malo.

69. Llene el espacio en blanco: Cuando Dios llamó a Jeremías como su profeta, Jeremías respondió: «¡Ah!, ¡ah, Señor Jehová! He aquí, no sé hablar, porque soy _____». *«Niño»* (Jer 1.6). La respuesta del Señor fue que la edad no era un factor decisivo. Lo importante sería que Jehová le diría a Jeremías lo que debía decir (v. 7).

70. Complete la oración: Jeremías escribió: «Engañoso es el corazón más que todas las cosas, y _____» *«Y perverso; ¿quién lo conocerá?»* (Jer 17.9). Jeremías inmediatamente responde su propia pregunta: «Yo Jehová, que escudriño la mente, que pruebo el corazón» (v. 10).

71. Llene los espacios en blanco: Dios dijo a Jeremías que su pueblo había cometido dos faltas: «Me _____ a mí, fuente de agua _____, y cavaron para sí _____ rotas que no retienen agua». *«Dejaron … viva … cisternas»* (Jer 2.13).

72. Complete la oración: Una de las acusaciones que Jeremías pronunció contra Jerusalén fue que todos desde el sacerdote hasta el profeta mintieron. «Y curan la herida de mi pueblo con liviandad, diciendo _____». *«Paz, paz; y no hay paz»* (Jer 6.14).

73. Llene los espacios en blanco: Jeremías dijo que es tan probable que los que están habituados a hacer el mal hagan el bien como que el etíope a mude su _____, y el leopardo sus _____? *Piel … manchas* (Jer 13.23).

74. Selección múltiple: En la oración de Jeremías respecto a la sequía, ¿qué le dijo el profeta a Dios que era el gozo y la alegría de su corazón? (a) Su juicio; (b) su Palabra; o (c) su venganza. *(b) Su Palabra* (Jer 15.16).

75. Llene los espacios en blanco: Jehová dijo a Jeremías: «Yo Jehová, que escudriño la mente, que pruebo el corazón, para dar a cada uno según su _____, según el _____ de sus obras». *«Camino ... fruto»* (Jer 17.10).

76. Llene los espacios en blanco: Jehová dijo a Jeremías que planeaba volver a moldear al desfigurado Israel cuando dijo: «He aquí que como el _____ en la mano del _____, así sois vosotros en mi mano, oh casa de Israel». *«Barro ... alfarero»* (Jer 18.6). El alfarero no desechó el barro de una vasija mal formada. Quiso romper la vasija y darle de nuevo la forma que debía tener (v. 4).

77. Selección múltiple: ¿Qué maldijo Jeremías en su dolor, cuando lo pusieron en el cepo? (a) a su madre por darle la vida; (b) el haber sido profeta; o (c) el día que nació. *(c) El día que nació* (Jer 20.14). No maldijo a Dios por las dificultades de la vida de un profeta. Alabó a Dios por su poder (vv. 11-13).

78. Llene el espacio en blanco: Según Jeremías, el nombre del rey justo que Dios pondrá sobre Israel y Judá para salvarlos y mantenerlos seguros será «Jehová _____». *«Justicia nuestra»* (Jer 23.6).

79. Complete la oración: Después de veintitrés años de hablar la palabra de Dios al pueblo, Jeremías les dijo: «Y envió Jehová a vosotros todos sus siervos los profetas, enviándoles desde temprano y sin cesar; pero no oísteis, ni _____» *«Inclinasteis vuestro oído para escuchar»* (Jer 25.4).

80. Llene los espacios en blanco: En su primera carta a los cautivos en Babilonia, Jeremías dijo: «Porque yo sé los pensamientos que tengo acerca de vosotros, dice Jehová, pensamientos de paz, y no de mal, para daros el _____ que _____». *«Fin ... esperáis»* (Jer 29.11).

81. Complete la oración: Jeremías escribió este mensaje de Dios a los exiliados en Babilonia: «Y me buscaréis, y me hallaréis porque me _____». *«Buscaréis de todo vuestro corazón»* (Jer 29.13).

82. Selección múltiple: Cuando ellos sean restaurados, ¿qué dijo Jeremías que Dios haría con las casas de Judá e Israel? (a) Un nuevo pacto; (b) una nueva nación; o (c) un nuevo templo. *(a) Un nuevo pacto* (Jer 31.31).

83. Complete la oración: Cuando Jehová dijo a Jeremías que Israel sería restaurada y la tierra sería habitada otra vez, Jeremías oró: «¡Oh Señor Jehová! He aquí que tú hiciste el cielo y la tierra con tu gran poder, y con tu brazo extendido, ni hay_____». *«Nada que sea difícil para ti»* (Jer 32.17).

84. Llene el espacio en blanco: Al reconfirmar su nuevo pacto con su pueblo, Jehová dijo a Jeremías: «No faltará a _____ varón que se siente sobre el trono de la casa de Israel». *«David»* (Jer 33.17). El hombre que se sentará en el trono de David sería un «Renuevo de justicia», el Mesías (v. 15).

85. Selección múltiple: En la visión de Ezequiel de los cuatro querubines, cada uno de los cuatro tenía un rostro de los siguientes excepto: (a) un águila; (b) un zorro; (b) o (c) un hombre. *(b) Un zorro* (Ez 1.10).

86. Selección múltiple: ¿Qué hizo Dios que Ezequiel comiera que él lo describió como que fue «en mi boca dulce como miel»? (a) Langosta; (b) un rollo; (c) pan. *(b) Un rollo* (Ez 3.3). El contenido del rollo era el mensaje que Ezequiel debía entregar a los que estaban cautivos en Babilonia (v. 4).

87. Llene los espacios en blanco: Cuando Jehová advirtió a Ezequiel que Israel no escucharía lo que él dijera, Jehová dijo: «He aquí yo he hecho tu rostro fuerte contra los _____ de ellos, y tu _____ fuerte contra sus _____». *«Rostros ... frente ... frentes»* (Ez 3.8).

88. Complete la oración: Ezequiel entregó este mensaje de Dios a Israel respecto a la conquista de Babilonia: «Y mi ojo no te perdonará, ni tendré misericordia; antes pondré sobre ti tus caminos, y en medio de ti estarán tus abominaciones; y _____». *«Sabréis que yo soy Jehová»* (Ez 7.4).

89. Complete la oración: Dios dijo a Ezequiel que si el impío moría en su iniquidad sin ser amonestado para que sea salvo, «su sangre _____». *«Demandaré de tu mano»* (Ez 3.18).

90. Llene los espacios en blanco: Cuando Ezequiel vio la visión del querubín y las ruedas en Jerusalén: «La _____ de _____ se elevó de encima del umbral de la _____, y se puso sobre los querubines». *«Gloria … Jehová … casa»* (Ez. 10.18).

91. Llene los espacios en blanco: Como una señal a Israel, Dios dijo a Ezequiel «Come tu pan con _____, y bebe tu agua con _____ y con ansiedad». *«Temblor … estremecimiento»* (Ez 12.18).

92. Llene los espacios en blanco: Dios dijo a Ezequiel que Jerusalén sería destruida. «Estos tres varones, _____, _____ y _____ se salvarían por su justicia». *«Noé, Daniel, Job»* (Ez 14.14).

93. Complete la oración: Ezequiel, en su ilustración de Jerusalén como una esposa infiel, les dijo: «He aquí, todo el que usa de refranes te aplicará a ti el refrán que dice: De tal madre, _____». *«Tal hija»* (Ez 16.44, RVC).

94. Llene el espacio en blanco: Ezequiel vio los inicios de Jerusalén como los de un infante abandonado. Dios le dijo: «Y yo pasé junto a ti, y te vi sucia en tus sangres, y cuando estabas en tu sangre te dije: _____». *«¡Vive!»* (Ez 16.6, RVC).

95. Complete la oración: Dios instruyó a Ezequiel que cada hombre es responsable por sí mismo: «He aquí que todas las almas son mías; como el alma del padre, así el alma del hijo es mía; el alma que pecare, _____». *«Esa morirá»* (Ez 18.4).

96. Complete la oración: Dios dijo a Ezequiel respecto de Jerusalén: «Y busqué entre ellos hombre que hiciese vallado y que se pusiese en la brecha delante de mí, a favor de la tierra, para que yo no la destruyese; y no lo _____». *«Hallé»* (Ez 22.30).

97. Llene los espacios en blanco: Ezequiel escribió una parábola de dos hermanas que «fornicaron en Egipto _____ Y se llamaban, la mayor, _____, y su hermana _____». *«Ahola … Aholiba»* (Ez 23.3, 4). «Samaria es Ahola, y Jerusalén es Aholiba», las capitales de los reinos del norte y del sur. La historia trata de la fornicación de las dos hermanas y la gran iniquidad de la segunda hermana que nada aprendió de la caída de la hermana mayor.

98. Selección múltiple: ¿Sobre el rey de qué ciudad se lamentó Ezequiel: «Tú eras el sello de la perfección, lleno de sabiduría, y acabado de hermosura»? (a) Jerusalén; (b) Samaria; o (c) Tiro. *(c) Tiro* (Ez 28, 12, 15).

99. Llene los espacios en blanco: Ezequiel lamentó del rey de Tiro: «Se enalteció tu corazón a causa de tu _____, corrompiste tu _____ a causa de tu esplendor; yo te arrojaré por tierra; delante de los reyes te pondré para que miren en ti». *«Hermosura … sabiduría»* (Ez 28.17).

100. Llene los espacios en blanco: Ezequiel proclamó que Dios no deseaba que el impío muriera; más bien, Dios quería que se arrepintiera y viviera. «¿Por qué moriréis _____ de _____?» *«Oh casa … Israel»* (Ez 33.11).

101. Verdadero o falso? La palabra de Jehová vino a Ezequiel, diciendo: «Hijo de hombre, pon tu rostro contra Magog en tierra de Gog, príncipe soberano de Mesec y Tubal, y profetiza contra él». *Falso.* «Pon tu rostro contra Gog, en la tierra de Magog» (Ez 38.2).

102. Llene los espacios en blanco: Ezequiel profetizó estas palabras de parte de Dios, «¡Ay de los _____ de Israel, que se apacientan a _____!». «*Pastores ... a ellos mismos*» (Ez 34.2). Ezequiel condenó a los sacerdotes de Israel (v. 3).

103. Llene los espacios en blanco: «Voy a ponerlas al cuidado de un pastor que yo mismo les daré. Ese pastor será mi siervo _____». «*David*» (Ez 34.23, RVC).

104. Llene los espacios en blanco: Ezequiel dijo que cuando Israel regrese a Jehová, esparcirá sobre ellos agua limpia y serán limpios; «de toda vuestras _____; y de todos vuestros _____ os limpiaré». «*Inmundicias ... ídolos*» (Ez 36.25).

105. Llene el espacio en blanco: Dios pregunto a Ezequiel: «Hijo de hombre, ¿vivirán estos _____?». «*Huesos*» (Ez 37.3). Los huesos secos representaban la nación de Israel dispersada entre las naciones. La interrogante de Dios envolvía el si Israel volvería a ser una nación.

106. Llene el espacio en blanco: Cuando Ezequiel profetizó: «Y entró espíritu en ellos, y vinieron, y estuvieron sobre sus pies, un _____ grande en extremo». «*Ejército*» (Ez 37.10). Esto representa un tiempo en el futuro cuando Israel volvería a vivir para Dios y sería llena de su Espíritu.

107. Llene los espacios en blanco: Ezequiel profetizó esta promesa de Jehová de restaurar Israel en el valle de los huesos secos: «Y pondré _____ en vosotros, y viviréis, y os haré reposar sobre vuestra tierra; y sabréis que yo Jehová hablé, y lo hice, dice Jehová». «*Mi Espíritu*» (Ez 37.14).

108. Complete la oración: En su oración, Daniel alabó a Dios por revelarle el sueño de Nabucodonosor diciendo: «Él revela lo profundo y lo _____». «*Escondido; conoce lo que está en tinieblas, y con él mora la luz*» (Dn 2.22).

109. Complete la oración: Cuando Nabucodonosor mandó que todos adoraran a la imagen que había hecho, el heraldo anunció: «Y cualquiera que no se postre y adore, inmediatamente será _____». «*Echado dentro de un horno de fuego ardiendo*» (Dn 3.6).

110. Llene en el blanco: Todos los varones del rey Nabucodonosor vieron que el fuego no tuvo poder alguno sobre Sadrac, Mesac, y Abed-nego; ni aun el cabello de sus cabezas se había quemado; «y ni siquiera _____ de fuego tenían». «*Olor*» (Dn 3.27).

111. Complete la oración: La inscripción que el rey Belsasar vio en el muro decía _____ «*MENE, MENE, TEKEL, UPARSIN*» (Dn 5.25). Belsasar se echó castigo de Dios sobre sí mismo por usar los vasos del templo en un banquete inmoral (vv. 1-4).

112. Llene los espacios en blanco: Los varones de la corte de Darío que procuraban encontrar faltas en la vida de Daniel sabían que no podían encontrar nada contra él a menos que fuera en relación «con la _____ de su Dios». «*Ley*» (Dn 6.5)

113. Llene los espacios en blanco: Según dos de los gobernadores de Darío: «Es ley de _____ y de _____ que ningún edicto u ordenanza que el rey confirme puede ser abrogado». «*Media ... Persia*» (Dn 6.15).

114. Complete la oración: Cuando Darío averiguó de Daniel en el foso de los leones, Daniel le aseguró acerca de su condición: «Mi Dios envió su ángel, el cual _____». «*Cerró la boca de los leones, para que no me hiciesen daño*» (Dn 6.22).

115. Complete la oración: En su interpretación del cuerno de la cuarta bestia, Daniel dijo: «Y hablará palabras contra el Altísimo, y a los santos del Altísimo quebrantará, y pensará en _____». «*Cambiar los tiempos y la ley*» (Dn 7.25). Y otro cuerno de la bestia salió para reemplazar tres de los diez cuernos originales (vv. 20, 24).

116. Llene los espacios en blanco: Gabriel explicó a Daniel «que desde la salida de la orden para restaurar y edificar a _____ hasta el _____ Príncipe, habrá siete semanas, y sesenta y dos semanas». *«Jerusalén … Mesías»* (Dn 9.25).

117. Selección múltiple: ¿Qué dijo Daniel que se levantará cuando el santuario sea profanado y sean quitados los sacrificios continuos? (a) La abominación de la desolación; (b) un altar a Dagón; o (c) las mesas de los vendedores y cambiadores de dinero. *(a) La abominación desoladora* (Dn 11.31). Antíoco Epífanes levantó una estatua a Zeus en el templo en Jerusalén y sacrificó un cerdo sobre el altar en el siglo segundo a. C. Pero Jesús vio un futuro de mayor profanación (Mr 13.14).

118. Complete la oración: Después que Daniel haya recibido la profecía de la resurrecciones, se le dijo: «Cierra las palabras y sella el libro hasta _____». *«El tiempo del fin»* (Dn 12.4). El ángel que habló al apóstol Juan aludió este versículo cuando dijo: «No selles las palabras de la profecía de este libro, porque el tiempo está cerca» (Ap 22.10). El ángel implicaba que el tiempo para el cumplimiento de las profecías de Daniel estaba cerca también.

119. Llene los espacios en blanco: Oseas escribió de Jehová: «Con cuerdas humanas los atraje, con _____ de _____». *«Cuerdas … amor»* (Os 11.4).

120. Llene los espacios en blanco: Dios dijo a Oseas, «Ve, tómate una mujer _____, e _____ de _____». *«Fornicaria … hijos … fornicación»* (Os 1.2).

121. Complete la oración: Oseas concluyó: «Mi pueblo fue destruido porque _____». *«Le faltó conocimiento»* (Os 4.6).

122. Llene los espacios en blanco: Oseas se quejó: «Efraín se ha _____ con los demás pueblos; Efraín fue _____ no volteada». *«Mezclado … torta»* (Os 7.8).

123. Llena el espacio en blanco: Oseas aconsejó: «Haced para vosotros _____; porque es tiempo de buscar a Jehová». *«Barbecho»* (Os 10.12). Jehová estaba quejándose acerca de la cosecha de iniquidad en la nación de Israel (v. 13) y animó a la nación a prepararse para sembrar y segar una cosecha de justicia.

124. Llene los espacios en blanco: En su profecía de la inminente invasión de Judá, Joel la describe como: «Día de tinieblas y de _____, día de nube y de _____; como sobre los montes se extiende el alba». *«Obscuridad … sombra»* (Jl 2.2).

125. Llene los espacios en blanco: Al describir la langosta como un ejército de invasores de Judá, Joel dijo: «Como valientes correrán, como _____ de _____ subirán el muro; cada cual marchará por su camino, y no torcerá su _____». *«Hombres … guerra … rumbo»* (Jl 2.7)

126. Llene los espacios en blanco: Joel describió la respuesta de la naturaleza al inevitable acercamiento de los invasores de Judá; «Delante de él _____ la tierra, se estremecerán los _____; el sol y la luna se _____, y las _____ retraerán su resplandor». *«Temblará … cielos … oscurecerán … estrellas»* (Jl 2.10). El cumplimiento literal de esta profecía vendrá en los postreros días; su cumplimiento preliminar ocurrió cuando los babilonios capturaron a Jerusalén.

127. Llene el espacio en blanco: Joel advirtió a Judá que se arrepintiera para que se salvara de la desastrosa llegada del ejército: «Rasgad vuestro _____, y no vuestros vestidos, y convertíos a Jehová vuestro Dios». *«Corazón»* (Jl 2.13).

128. Complete la oración: Joel profetizó: «El sol se convertirá en tinieblas, y la luna en sangre, antes que venga el _____». *«Día grande y espantoso de Jehová»* (Jl 2.31).

129. Complete la oración: Pablo en Romanos enfatiza la promesa de liberación que profetizó Joel: «Y todo aquel que invocare _____». *«El nombre de Jehová será* *salvo*» (Jl 2.32; Ro 10.13). Joel anticipó la liberación del desastre físico del Día de Jehová. Pablo anticipó la liberación del desastre espiritual por el castigo del pecado.

130. Llene los espacios en blanco: Joel advirtió a las naciones gentiles que se prepararan para la guerra: «Forjad _____ de vuestros azadones, _____ de vuestras hoces; diga el débil: fuerte soy». «*Espadas* ... *lanzas*» (Jl 3.10). Isaías y Miqueas, por otro lado, anunciaron un tiempo en que Israel usaría sus armas como herramientas de agricultura, contrario del consejo de Joel (Is 2.4; Mi 4.3).

131. Llene los espacios en blanco: Joel profetizó juicio sobre las naciones gentiles después de la restauración de Judá. Dijo que hay «muchos pueblos en el valle de la _____; porque cercano está el día en el valle de la _____». «*Decisión* ... *decisión*» (Jl 3.14).

132. Llene los espacios en blanco: Amós escribió de los opresores: «Porque vendieron por dinero al justo, y al pobre por un _____ de _____». «*Par* ... *zapatos*» (Am 2.6).

133. Complete la oración: Amós preguntó: «¿Andarán dos juntos, _____?». «*Si no estuvieren de acuerdo*» (Am 3.3). Esta es la primera de una serie de interrogantes retóricas que supone una respuesta negativa. Israel y Jehová están en desacuerdo debido al pecado de Israel. Israel no puede esperar la bendición de Dios (vv. 3-6).

134. Llene los espacios en blanco: Amós advirtió: «Prepárate para venir al encuentro de _____, oh Israel». «*Tu Dios*» (Am 4.12). Israel encontraría a Dios en la forma de un ejército invasor de Asiria. Ese ejército sería el instrumento de castigo de Dios.

135. Llene los espacios en blanco: Amós pidió: «Fluya el _____ como las aguas, y que el _____ mane como impetuoso arroyo». «*Justicia* ... *derecho*» (Am 5.24).

136. Complete la oración: Amós dijo de sí mismo: «No soy profeta, ni _____». «*Soy hijo de profeta*» (Am 7.14).

137. Llene los espacios en blanco: Amós advirtió al que gusta su pecado: «¡Ay de los _____ en _____». «*Reposados* ... *Sion*» (Am 6.1).

138. Llene los espacios en blanco: Amós advirtió de una hambruna: «No hambre de _____ ni sed de _____, sino de oír la _____ de _____». «*Pan* ... *agua* ... *palabra* ... *Jehová*» (Am 8.11).

139. Llene los espacios en blanco: Amós esperaba un tiempo de prosperidad: «En que el que ara alcanzará al _____, y el pisador de las _____ al que lleve la simiente». «*Segador* ... *uvas*» (Am 9.13).

140. Llene los espacios en blanco: Jonás oró desde el vientre del pez: «Las aguas me rodearon hasta el _____, rodeóme el _____; el alga se enredó a mi cabeza». «*Alma* ... *abismo*» (Jon 2.5).

141. ¿Verdadero o falso? Jonás oró desde lo profundo de la nave: «Descendí a los cimientos de los montes; la tierra echó sus cerrojos sobre mí para siempre; mas tú sacaste mi vida de la sepultura, oh Jehová Dios mío». *Falso*. Jonás oró desde el vientre del pez (Jon 2.1, 6).

142. Llene los espacios en blanco: En Jonás, Dios dijo que Nínive tenía «más de ciento veinte mil personas que no saben discernir entre su _____ y su mano _____». «*Mano derecha* ... *izquierda*» (Jon 4.11).

143. Llene los espacios en blanco: Miqueas dijo a los gobernantes impíos, sacerdotes, y profetas: «A causa de vosotros Sion será _____ como campo, y Jerusalén vendrá a ser un montón de _____». «*Arada* ... *ruinas*» (Mi 3.12). Miqueas culpó de esta terrible obscuridad a los jueces, sacerdotes y profetas que desempeñaban sus funciones para sacarles ganancias en vez de hacerlo como un servicio a Dios y su pueblo (v. 11).

144. Llene los espacios en blanco: Miqueas se unió a Isaías en la profecía: «No alzará _____ nación contra nación, ni se _____ más para la _____». *«Espada ... ensayarán ... guerra»* (Mi 4.3; Is 2.4).

145. Llene los espacios en blanco: Para representar un cuadro de la paz y la prosperidad, Miqueas dijo: «Y se sentará cada uno debajo de su _____ y debajo de su _____». *«Vid ... higuera»* (Mi 4.4).

146. Llene los espacios en blanco: Miqueas escribió: «Pero tú _____ Efrata, _____ para estar entre las familias de _____, de ti me saldrá el que me será _____ en Israel». *«Belén ... pequeña ... Judá ... Señor»* (Mi 5.2). Los sumos sacerdotes y escribas de Jerusalén refirieron a los sabios esta profecía cuando llegaron a preguntar: «¿Dónde está el rey de los judíos, que ha nacido?» (Mt 2.1-6).

147. Llene los espacios en blanco: Miqueas preguntó: «¿Qué pide Jehová de ti: Solamente hacer _____ y amar _____, y _____ ante tu Dios? ». *«Justicia ... misericordia ... humillarte»* (Mi 6.8).

148. Llene los espacios en blanco: Miqueas dijo: «Mas yo a Jehová _____, _____ al Dios de mi salvación; el Dios mío me _____». *«Miraré ... esperaré ... oirá»* (Mi 7.7). Esta fue la conclusión de Miqueas después de darse cuenta de que no podía esperar que hubiera algún justo (vv. 3-6).

149. Llene los espacios en blanco: Nahum escribió; «He aquí sobre los _____ el que trae _____, del que anuncia la _____ ». *«Montes ... buenas nuevas ... paz»* (Nah 1.15).

150. Llene el espacio en blanco: Nahum condenó Nínive de esta manera: «¡Ay de ti, ciudad _____!». *«Sanguinaria»* (Nah 3.1).

151. Complete la oración: Jehová prometió a Habacuc: «Haré una obra en vuestros días, que _____, no la creeréis». *«Aun cuando se os contare»* (Hab 1.5).

152. Llene los espacios en blanco: Habacuc dijo a Jehová: «Muy _____ eres de ojos para _____ el mal, ni puedes ver el agravio». *«Limpio ... ver»* (Hab 1.13). Habacuc no podía comprender cómo Jehová podría usar a los terribles babilonios para castigar a la pecadora nación de Judá. Por eso preguntó: «¿Por qué callas cuando destruye el impío al más justo que él?».

153. Llene los espacios en blanco: Jehová encomendó a Habacuc: «Escribe la visión, y _____ en tablas, para que _____ el que leyere en ella». *«Declárala ... corra»* (Hab 2.2).

154. Llene los espacios en blanco: Jehová aseguró a Habacuc: «Aunque la visión tardará aún por un tiempo, mas se _____ y no mentirá; aunque tardara, _____, porque sin duda _____, no tardará». *«apresura hacia el fin ... espéralo ... vendrá»* (Hab 2.3). Se aproximaba la invasión de Judá por los babilonios que Habacuc temía (1.6; 15-17).

155. Llene los espacios en blanco: La afirmación más conocida de Habacuc es: «Mas el _____ por su _____ vivirá». *«Justo ... fe»* (Hab 2.4). Pablo citó esta oración en Romanos 1.17 para enfatizar que el evangelio era poderoso para despertar fe, y en Gálatas 3.11 para ilustrar la superioridad de la fe sobre la ley como una base apropiada para obtener la justificación ante Dios.

156. Complete la oración: Habacuc se hizo eco de Isaías cuando escribió: «Porque la tierra será llena del conocimiento de la gloria de Jehová _____». *«Como las aguas cubren el mar»* (Hab 2.14; Is 11.9).

157. Complete la oración: Habacuc dijo: «Mas Jehová está en su santo templo _____». *«Calle delante de él toda la tierra»* (Hab 2.20). Aquí Habacuc estaba comparando al Dios vivo con las imágenes e ídolos sin vida que los hombres fabrican (vv. 18-19).

158. Llene los espacios en blanco: Habacuc oró: «Oh Jehová, aviva tu obra en _____ de los tiempos, en _____ de los tiempos hazla conocer; en la ira acuérdate de la _____». *«Medio … medio … misericordia»* (Hab 3.2).

159. Llene los espacios en blanco: Habacuc dijo: «Jehová el Señor es mi fortaleza, el cual hace mis pies como de _____, y en mis _____ me hace andar». *«Ciervas ... alturas»* (Hab 3.19).

160. Llene los espacios en blanco: Habacuc dijo: «Aunque la higuera no _____, ni en las vides haya frutos _____ con todo yo me _____ en Jehová, y me _____ en el Dios de mi salvación». *«Florezca … alegraré … gozaré»* (Hab 3.17, 18). Este pasaje es la resolución del libro de Habacuc porque aquí el profeta expresó su disposición a confiar en Dios incluso a través de tiempos de duro castigo.

161. Llene los espacios en blanco: Sofonías entendió el castigo de esta manera: «Edificarán _____, mas no las habitarán, y plantarán _____, mas no beberán el vino de ellas». *«Casas ... viñas»* (Sof 1.13). Sofonías esta prediciendo el castigo que recibiría una generación en Jerusalén que decía: «Jehová ni hará bien ni hará mal».

162. Llene los espacios en blanco: Cuando Judá dijo que el tiempo de completar el templo no había llegado, Hageo hizo esta pregunta de parte de Dios: «¿Es para vosotros tiempo, de habitar en vuestras _____, y esta casa está _____?». *«Casas artesonadas ... desierta»* (Hag 1.4). La obra del templo había estado detenida catorce años, desde el 534 al 520 a.C., cuando Hageo comenzó a profetizar.

163. Llene los espacios en blanco: Zacarías profetizo de un tiempo cuando «Diez hombres de las naciones de toda lengua tomarán del manto a un _____, diciendo: Iremos con vosotros, porque hemos oído que _____ está con vosotros». *«Judío ... Dios»* (Zac 8.23).

164. Complete la oración: Zacarías escribió de Sion: «Porque el que os toca _____». *«Toca a la niña de su ojo»* (Zac 2.8).

165. Complete la oración: Zacarías escribió: «No con ejército, ni con fuerza, sino _____». *«Con mi Espíritu, ha dicho Jehová de los ejércitos»* (Zac 4.6). Jerusalén no sería restaurada después de la cautividad babilónica por fuerza militar sino por el poder del Espíritu de Dios.

166. Completa los espacios en blanco: Zacarías profetizó: «He aquí tu _____ vendrá a ti, justo y salvador, humilde, y cabalgando sobre un _____». *«Rey … asno»* (Zac 9.9). Jesús cumplió esta profecía un Domingo de Ramos cuando hizo su entrada triunfal en Jerusalén (Mt 21.1-11; Mr 11.1-10; Lc 19.29-38; Jn 12.12-15).

167. Llene los espacios en blanco: Zacarías escribió: «Y tomé las _____ piezas de _____, y las eché en la casa de Jehová al tesoro». *«Treinta … plata»* (Zac 11.13). Zacarías realizó este acto simbólico, que predijo el intento por remordimiento de Judas para desechar el precio de su traición de Jesús (Mt 27.3-10).

168. Llene los espacios en blanco: Zacarías profetizó: «Y _____ a mí, a quien _____». *«Mirarán … traspasaron»* (Zac 12.10). El apóstol Juan propuso esto como una de las profecías cumplidas por la crucifixión de Jesús (Jn 19:37).

169. Complete la oración: Jesús después citó a Zacarías que dijo: «Hiere al pastor _____». *«Y las ovejas serán dispersadas»* (Zac 13.7; Mt 26.31; Mr 14.27).

170. Llene los espacios en blanco: Zacarías profetizó: «Y le preguntarán: ¿Qué _____ son estas en tus manos? Y él responderá: Con ellas fui _____ en casa de mis amigos». «*Heridas ... herido*» (Zac 13.6). Esta es otra de las muchas profecías mesiánicas de Zacarías.

171. Llene los espacios en blanco: Zacarías oyó a Jehová decir a Satanás acerca de Josué el sacerdote: «¿No es este un _____ arrebatado del _____?». «*Tizón ... incendio*» (Zac 3.2).

172. Llene los espacios en blanco: Jehová dijo a Zacarías acerca de la reconstrucción parcial del templo: «¿Quiénes menospreciaron el día de las _____?». «*Pequeñeces*» (Zac 4.10).

173. Selección múltiple: ¿El destino de qué dos hermanos comparó Malaquías para ilustrar el amor especial de Jehová por Israel? (a) Caín y Abel; (b) José y Benjamín; o (c) Jacobo y Esaú. *(c) Jacob y Esaú* (Mal 1.2, 3). Dios dijo: «Y amé a Jacob, y a Esaú aborrecí».

174. Llene los espacios en blanco: Malaquías profetizó de Cristo: «¿Y quién podrá soportar el tiempo de su venida? ¿O quién podrá estar en pie cuando él se manifieste? Porque él es como fuego _____, y como jabón de _____». «*Purificador ... lavadores*» (Mal 3.2).

175. Llene los espacios en blanco: Aunque el pueblo le había robado a Dios, Malaquías profetizó que los bendeciría si cumplían con el mandato: «Traed todos los _____ al alfolí, y haya alimento en mi casa». «*Diezmos*» (Mal 3.10). Los diezmos eran para sufragar la operación del sistema sacerdotal en el templo.

176. Llene los espacios en blanco: El mensaje mesiánico profético de Malaquías a Israel era: «Mas a vosotros los que teméis mi nombre, nacerá el _____ de _____, y en sus alas traerá salvación; y saldréis, y saltareis como becerros de la manada». «*Sol ... justicia*» (Mal 4.2).

177. Complete la oración: Malaquías dijo a los que temían el nombre del Señor que ellos engordarían como becerros de la manada, cuando «el sol de _____ ». «*Justicia, y en sus alas traerá salvación*» (Mal 4.2).

═EVANGELIOS═

PERSONAS Y LUGARES

1. Selección múltiple: ¿Quién dijo: «Y dará a luz un hijo, y llamarás su nombre Jesús, porque él salvará a su pueblo de sus pecados»? (a) David; (b) José; o (c) un ángel del Señor. *(c) Un ángel del Señor* (Mt 1.20, 21). El ángel reveló esta verdad a José mientras le convencía de no romper su compromiso con María.

2. Selección múltiple: ¿Qué profeta del Antiguo Testamento profetizó que Jesús nacería de una virgen? (a) Isaías; (b) Jeremías; o (c) Ezequiel. *(c) Isaías* (Mt 1.23; Is 7.14).

3. Selección múltiple: ¿Qué profeta del Antiguo Testamento profetizó que Jesús nacería en Belén? (a) Amós; (b) Oseas; o (c) Miqueas. *(c) Miqueas* (Mt 2.6; Mi 5.2).

4. Selección múltiple: ¿Adónde José llevó a María y a Jesús para escapar del intento de Herodes de matar a Jesús? (a) Nazaret; (b) Egipto; o (c) Belén. *(b) Egipto* (Mt 2.14). Mateo citó Oseas 11.1 para mostrar que Jesús estaba repitiendo el éxodo como hijo de Dios siendo librado de un opresor impío (v. 15).

5. ¿Verdadero o falso? Cuando Jesús nació en Belén, Pilato era el rey de Judea. *Falso*. Herodes era el rey (Mt 2.1).

6. Selección múltiple: ¿De cuál de los patriarcas dijo Juan el Bautista que Dios levantaría hijos de las piedras? (a) Noé; (b) Abraham; o (c) Moisés. *(b) Abraham* (Mt 3.9).

7. Selección múltiple: Los primeros discípulos que Jesús llamó era un par de hermanos. ¿Quiénes eran ellos? (a) Santiago y Juan; (b) Pedro y Simón; o (c) Simón y Andrés. *(c) Simón y Andrés* (Mt 4.18, 19). De estos dos, Jesús contactó primero con Andrés quien fue y contó a Simón (Jn 1.40, 41).

8. Pregunta: ¿Cuál de los discípulos era un recaudador de impuestos antes que Jesús lo llamara? *Mateo*, o Leví (Mt 9.9; Mr 2.14). Los recaudadores de impuestos en el Imperio Romano contendían por el derecho de recaudar impuestos en un área determinada. Se quedaban con lo que podían recaudar por sobre la base que se debía a Roma. Por lo general, eran inescrupulosos y avariciosos.

9. Selección múltiple: Jesús dijo que sería más tolerable para Sodoma y Gomorra en el día del juicio que para cierto lugar. ¿Qué lugar? (a) Jerusalén; (b) una ciudad que no recibiera a sus discípulos; o (c) Nínive. *(b) Una ciudad que no recibiera a sus discípulos* (Mt 10.14, 15).

10. Selección múltiple: Algunos de los discípulos eran conocidos por más de un nombre. ¿Por cuáles otros dos nombres era conocido Tadeo? (a) Simón y Pedro; (b) Mateo y Levi; o (c) Lebeo y Simón. (c) *Lebeo y Simón* (Mt 10.3; Lc 6.15).

11. Pregunta: ¿Cuál de los discípulos de Jesús fue identificado como «el que también le entregó»? *Judas Iscariote* (Mt 10.4).

12. Llene los espacios en blanco: Hablando de Juan el Bautista, Jesús dijo: «Y si queréis recibirlo, él es aquel _____ que había de venir». *«Elías»* (Mt 11.14). Jesús dijo esto a la multitud después que Juan había enviado a reconocer la identidad de Jesús (vv. 2, 3, 7).

13. Selección múltiple: ¿Quiénes eran Santiago, José, Simón, y Judas? (a) discípulos de Jesús; (b) leprosos que Jesús sanó; o (c) hermanos de Jesús. *(c) Hermanos de Jesús* (Mt 13.55).

14. Selección múltiple: ¿Qué tienen en común Tamar, Rahab, Rut, y María? (a) Eran judías; (b) estaban al pie de la cruz cuando Jesús murió; o (c) ellas eran de la genealogía de Jesús. *(c) Ellas eran de la genealogía de Jesús* (Mt 1.3, 5, 16). Tamar, Rahab, y Rut eran gentiles; y Tamar y Rahab había participado en actividades inmorales (Gn 38.14-26; Jos 2.1).

15. Selección múltiple: Jesús dijo que sería más tolerable en el día del juicio para Tiro y Sidón que para dos ciudades donde había obrado grandes milagros. Nombre las ciudades. (a) Corazín y Betsaida; (b) Capernaum y Jerusalén; o (c) Betania y Naín. *(a) Corazín y Betsaida* (Mt 11.21, 22).

16. Selección múltiple: ¿Qué ciudad cumple esta profecía de Jesús: «Y tú, _____, que eres levantada hasta el cielo, hasta el Hades serás abatida»? (a) Nínive; (b) Babilonia; o (c) Capernaum. *(c) «Capernaum»* (Mt 11.23). La exaltación de Capernaum radicaba en haber presenciado mucho el ministerio de Jesús; su condenación sería haber rechazado a Jesús.

17. Selección múltiple: ¿Quién sembró cizañas entre el trigo en el reino de los cielos? (a) Un enemigo; (b) falsos maestros; o (c) las aves del cielo. *(a) Un enemigo* (Mt 13.28).

18. Pregunta: ¿Dónde hay un profeta sin honra? *«En su propia tierra y en su propia casa»* (Mt 13.57). Jesús no realizó obras poderosas en Nazaret debido a la incredulidad (v. 58).

19. Selección múltiple: ¿Qué pidió Pedro a Jesús que hiciera para probar que era él el que caminaba sobre las aguas y no un fantasma? (a) que mandara que caminara también sobre las aguas; (b) que comiera un pescado a la parrilla; o (c) que convirtiera el agua en vino. *(a) Que mandara que Pedro caminara también sobre las aguas* (Mt 14.28).

20. ¿Verdadero o falso? La mujer cuya hija tenía un espíritu inmundo se identifica como una cananea, una griega, y una sirofenicia. *Verdadero* (Mt 15.22; Mr 7.26). Mateo y Marcos quieren poner bien claro que esta mujer de gran fe era una gentil que los judíos orgullosos menospreciaban.

21. Selección múltiple: ¿A quién le dijo Jesús que le daría las llaves del reino de los cielos? (a) Felipe; (b) Juan; o (c) Pedro. *(c) Pedro* (Mt 16.18, 19). Esta promesa de Jesús se basaba en la confesión de fe de Pedro de que Jesús era el Cristo, el Hijo del Dios viviente (v. 16).

22. Selección múltiple: ¿Respecto de quién dijo Jesús: «Me eres tropiezo, porque no pones la mira en las cosas de Dios»? (a) Pedro; (b) Judas; o (c) Juan el bautista. *(a) Pedro* (Mt 16.23).

23. Selección múltiple: Cuando Herodes el tetrarca estuvo de cumpleaños, dio un regalo a la hija de su esposa. ¿Cuál fue el regalo? (a) La cabeza de Juan el Bautista; (b) la mitad de su reino; o (c) la ciudad de Tiberias. *(a) La cabeza de Juan el Bautista* (Mt 14.3-11). Herodes ofreció a la hija de Herodías todo lo que ella quisiera hasta la mitad de su reino, y Herodías la convenció de que pidiera la cabeza de Juan (v. 8).

24. Selección múltiple: ¿Quién primero identificó a Jesús de esta manera: «Tú eres el Cristo, el Hijo del Dios viviente»? (a) Tomás; (b) María Magdalena; o

(c) **Pedro.** *(c) Pedro* (Mt 16.16). Esta confesión fue un punto decisivo en el ministerio de Jesús a sus discípulos. Después de esta identificación de su persona, Jesús comenzó a hablar de su propósito de morir por los pecados (16.21-23; 20.18, 19).

25. Pregunta: Dos personajes del Nuevo Testamento aparecieron en el monte de la transfiguración para conversar con Jesús. ¿Quiénes eran ellos? *Moisés* y *Elías* (Mt 17.3).

26. Pregunta: ¿Cuántos discípulos acompañaron a Jesús al monte de la transfiguración? *Tres*, Pedro, Santiago, y Juan (Mt 17.1).

27. ¿Verdadero o falso? Jesús dijo tres veces a sus discípulos que iría a Jerusalén y que allí moriría y resucitaría. *Verdadero* (Mt 16.21; 17.22, 23; 20.17-19).

28. Selección múltiple: ¿Quién dijo Jesús que se sentaría a su mano derecha y a la izquierda en su reino? (a) Santiago y Juan; (b) su madre y sus hermanos; o (c) aquellos para quienes está preparado por mi Padre. *(c) Aquellos para quienes está preparado por mi Padre* (Mt 20.23).

29. Selección múltiple: ¿Quiénes eran los hijos de Zebedeo? (a) Simón y Andrés; (b) Santiago y Juan; o (c) Lucas y Teófilo. *(b) Santiago y Juan* (Mt 4.21). Antes que se volvieran discípulos de Jesús, Santiago y Juan trabajaban con su padre en un negocio familiar de pesca.

30. Selección múltiple: ¿Qué secta judía no creía en la resurrección de los muertos? (a) Los herodianos; (b) los fariseos; o (c) los saduceos. *(c) Los saduceos* (Mt 22.23).

31. Selección múltiple: ¿Qué hizo una mujer a Jesús en casa de Simón el leproso en Betania? (a) le ungió con un perfume de gran precio; (b) tocó el borde de su manto; o (c) pidió comer de las migajas de la mesa. *(a) Le ungió con un perfume de gran precio* (Mt 26.7). Jesús interpretó su conducta como una preparación para su sepultura (v. 12).

32. ¿Verdadero o falso? Judas Iscariote preguntó a los principales sacerdotes cuánto le darían por entregarle a Jesús. *Verdadero* (Mt 26.15). La traición la inició Judas, no los principales sacerdotes (v. 14).

33. Pregunta: ¿Quién dijo Jesús que le negaría tres veces? *Pedro* (Mt 26.34).

34. Selección múltiple: ¿Quién era el sumo sacerdote cuando juzgaron y condenaron a muerte a Jesús? (a) Anás; (b) Pilato; o (c) Caifás. *(c) Caifás* (Mt 26.57). Caifás era yerno de Anás, el que había sido sumo sacerdote y que todavía ejercía influencia sobre Caifás (cf. Jn 18.13).

35. Pregunta: ¿Qué señal usó Judas para identificar a Jesús cuando fueron a apresarlo? *Un beso* (Mt 26.48).

36. Selección múltiple: ¿A quién dijo Jesús: «Desde ahora veréis al Hijo del Hombre sentado a la diestra del poder de Dios, y viniendo en las nubes del cielo»? (a) Nicodemo; (b) el sumo sacerdote; o (c) al ladrón arrepentido. *(b) Al sumo sacerdote* (Mt 26.64). Las palabras de Jesús aludían a una de las profecías de Daniel acerca del Hijo del Hombre que establecería un reino eterno (Dn 7.13, 14).

37. Selección múltiple: ¿Qué gobernador de Judea juzgó a Jesús? (a) Herodes; (b) Agripa; o (c) Pilato. *(c) Pilato* (Mt 27.2).

38. Pregunta: ¿Cuántos criminales fueron crucificados con Jesús? *Dos* (Mt 27.38).

39. Pregunta: ¿Quién fue a Pilato a pedir el cuerpo de Jesús después de su muerte en la cruz? *José de Arimatea* (Mt 27.57, 58).

40. ¿Verdadero o falso? Herodes el tetrarca mandó guardas que vigilaran la tumba de Jesús. *Falso.* Lo hizo Pilato el gobernador (Mt 27.65).

41. Selección múltiple: ¿Quién removió la piedra de la entrada de la tumba de Jesús? (a) Varias mujeres; (b) un ángel; o (c) Jesús. *(b) Un ángel* (Mt 28.2).

42. Pregunta: ¿Dónde quiso Jesús reunirse con sus discípulos después de su resurrección? *Galilea* (Mt 20.10).

43. ¿Verdadero o falso? Cuando los once discípulos vieron a Jesús en Galilea después de su resurrección, algunos lo adoraron pero algunos dudaron. *Verdadero* (Mt 28.16, 17). Este no era el grupo crédulo que según algunos escépticos crearon la historia de la resurrección porque desesperadamente querían creerla..

44. Pregunta: ¿De quién se profetizó en el Antiguo Testamento: «He aquí yo envío mi mensajero delante de tu faz, el cual preparará tu camino delante de ti»? De *Juan el Bautista* (Mr 1, 2-4). Isaías y Malaquías profetizaron el ministerio de Juan el Bautista (Is 40.3; Mal 3.1).

45. ¿Verdadero o falso? Jesús fue de Nazaret al Jordán para que Juan el Bautista lo bautizara. *Verdadero* (Mr 1.9).

46. Selección múltiple: ¿Quién llevó a Jesús al desierto para que lo tentaran? (a) el diablo; (b) el Espíritu Santo; o (c) los escribas y fariseos. *(b) El Espíritu Santo* (Mr 1.12). El Espíritu Santo descendió sobre Jesús en su bautismo y de inmediato comenzó a motivarlo para cumplir el ministerio que el Padre tenía para él.

47. Selección múltiple: ¿Quién dijo: «¿Qué tienes con nosotros, Jesús nazareno? Sé quién eres, el Santo de Dios»? (a) los ladrones en la cruz; (b) Simón Pedro; o (c) un espíritu inmundo. *(c) Un espíritu inmundo* (Mr 1.24).

48. Pregunta: ¿Cuál es el nombre más conocido del recaudador de impuestos Leví, el hijo de Alfeo? *Mateo* (Mr 2.14). Este fue el Mateo que escribió el primer evangelio.

49. Selección múltiple: Dos de los discípulos eran de Betsaida pero tenían una casa en Capernaum. ¿Quiénes eran estos? (a) Santiago y Juan; (b) Tadeo y Bartolomé; o (c) Simón y Andrés. *(c) Simón y Andrés* (Mr 1.21, 29; Jn 1.44).

50. Pregunta: ¿Cuántos amigos bajaron al paralítico a través del hueco del techo para que Jesús lo sanara? *Cuatro* (Mr 2.3).

51. ¿A quién Jesús identificó como el personaje del Antiguo Testamento que comió los panes del tabernáculo «cuando tuvo necesidad, y sintió hambre»? (a) Moisés; (b) David; o (c) Job. *(b) David* (Mr 2.25). Jesús mencionó este incidente como un ejemplo de cómo lo que Dios ha instituido se debe usar para ayudar a la humanidad en vez de usarlo de modo rígido y perjudicial (v. 27).

52. Pregunta: ¿A quiénes Jesús llamó «hijos del trueno»? *Santiago y Juan* (Mr 3.17). El peor estallido de enojo de ellos fue durante un incidente en la villa samaritana cuando sintieron deseos de pedir que cayera fuego del cielo para destruir a aquellas personas (Lc 9.51-54).

53. Pregunta: Los escribas acusaron a Jesús de echar fuera demonios por el poder de los demonios. ¿Quién es el gobernador de los demonios? *Beelzebú* (Mr 3.22).

54. Pregunta: Jesús dijo que la blasfemia contra cierta persona es un pecado imperdonable. ¿Quién es esa persona? *El Espíritu Santo* (Mr 3.29).

55. ¿Verdadero o falso? En la parábola del sembrador, las aves que comieron la semilla que cayó al lado del camino representaban a los fariseos. *Falso*. Las aves representaban a Satanás (Mr 4.4, 15).

56. Selección múltiple: ¿Quién fue llamado Legión? (a) El centurión al lado de la cruz; (b) el grupo de demonios que entraron en los cerdos; o (c) un medio hermano de Jesús. *(b) El grupo de demonios que entraron en los cerdos* (Mr 5.9).

57. Selección múltiple: ¿Quién era el principal de la sinagoga cuya hija Jesús resucitó? (a) Nicodemo; (b) Zacarías; o (c) Jairo. *(c) Jairo* (Mr 5.22-43; Lc 8.40-56).

58. Selección múltiple: ¿Quién temía a Juan el Bautista porque era varón justo y santo? (a) Los fariseos; (b) Herodes el tetrarca; o (c) los soldados romanos. *(b) Herodes el tetrarca* (Mr 6.20). Juan el Bautista había predicado contra Herodes por haberse casado con la esposa de su hermano Felipe. Herodes ordenó que arrestaran a Juan para silenciarlo, pero quería proteger a Juan porque lo respetaba y lo temía (vv. 17, 18).

59. Selección múltiple: Los fariseos eran separatistas que rechazaron contacto con los invasores romanos. Los herodianos colaboraban con los romanos. ¿Qué causa, que se registra en los evangelios, unió a los fariseos y los herodianos? (a) la construcción del templo; (b) odio de Herodes; o (c) un complot para matar a Jesús. *(c) Un complot para matar a Jesús* (Mr 12.12, 13). Ambos sintieron sus planes amenazados por el reino espiritual de Jesús.

60. Selección múltiple: ¿Cuál era la conexión entre María la madre de Jesús y Elizabet la madre de Juan el Bautista? (a) eran vecinas; (b) tenían la misma edad; o (c) parientes. *(c) Parientes* (Lc 1.36).

61. Selección múltiple: ¿Qué es cierto de Juan el Bautista desde el vientre de su madre? (a) vestiría pelo de camello; (b) sería lleno del Espíritu Santo; o (c) nunca le hablaría a una mujer. *(b) Sería lleno del Espíritu Santo* (Lc 1.15).

62. Selección múltiple: Lucas identificó el ángel que anunció el nacimiento de Jesús a varias personas. ¿Quién era él? (a) Gabriel; (b) Miguel; o (c) Rafael. *(a) Gabriel* (Lc 1.19, 26). En el Antiguo Testamento, Gabriel apareció a Daniel como el ángel que interpretaba la visión de Daniel y le reveló la profecía de las setenta semanas (Dn 8.16-27; 9.21-27).

63. Selección múltiple: ¿Se cual área tribal vivía la familia de Juan el Bautista? (a) Judá; (b) Leví; o (c) Simeón. *(a) Judá* (Lc 1.39).

64. Pregunta: ¿Qué pasó a Jesús y a Juan el Bautista a la edad de ocho días? *Ellos fueron circuncidados* (Lc 1.59; 2.21).

65. Pregunta: ¿Quién había sido el más famoso residente de Belén, tanto que Belén era conocida como su ciudad? *David* (Lc 2.4).

66. Selección múltiple: ¿A quién el Espíritu Santo había revelado que no moriría sino hasta haber visto a Jesucristo? (a) Juan el Bautista; (b) Simeón; o (c) Herodes. *(b) Simeón* (Lc 2.25, 26).

67. Selección múltiple: ¿A quién se describe como «profetisa, hija de Fanuel, de la tribu de Aser»? (a) Elizabet; (b) María; o (c) Ana. *(c) Ana* (Lc 2.36).

68. Selección múltiple: ¿Quién era el César cuando Juan el Bautista comenzó a predicar el «bautismo del arrepentimiento para perdón de pecados»? (a) Tiberio; (b) Tito Flavio; o (c) Marcos Aurelio. *(a) Tiberio* (Lc 3.1).

69. Pregunta: ¿Cuál era el origen étnico del hombre en la parábola de Jesús que demostró compasión a la víctima de los ladrones que le hirieron? *Samaritano* (Lc 10.33).

70. Pregunta: Cuando Jesús comenzó su ministerio en Galilea, enseñó en la sinagoga y curó a muchos en una ciudad de la costa norte del mar de Galilea. ¿Cuál era esta ciudad que se convirtió en el lugar de estadía de los viajes de Jesús? *Capernaum* (Lc 4.31).

71. Selección múltiple: Algunos de los discípulos eran conocidos por más de un nombre. ¿Por qué otro nombre era conocido Judas el hijo de Jacobo? (a) Simón el cananista; (b) Judas Iscariote; o (c) Tadeo. *(a) Simón el cananista* (Lc 6.16; Mr 3.18).

72. Selección múltiple: ¿Qué tenían en común María Magdalena, Juana, y Susana? (a) Dejaron la prostitución; (b) apoyaban el ministerio de Jesús; o (c) estuvieron en la crucifixión. *(b) Apoyaban el ministerio de Jesús* (Lc 8.2, 3).

73. Selección múltiple: ¿Quién estuvo en la cárcel por ser un ladrón, rebelde, y asesino? (a) Juan el Bautista; (b) Malca; o (c) Barrabás. *(c) Barrabás* (Lc 23.19; Jn 18.40).

74. Selección múltiple: ¿Quién estaba «en el principio con Dios»? (a) Satanás; (b) Gabriel; o (c) el Verbo. *(c) El Verbo* (Jn 1.1).

75. Selección múltiple: Juan dijo que el bautizaba con: (a) Amor; (b) agua; o (c) espíritu. *(b) Agua* (Jn 1.26). Juan dijo esto a fin de comparar su bautismo con el ministerio de Aquel grande que estaba por venir (v. 27).

76. Llene los espacios en blanco: Dos de los discípulos de Juan el Bautista se dirigieron a Jesús como «Rabí», que significa _____. *Maestro* (Jn 1.38). Esta forma de dirigirse reveló que Andrés y Pedro sintieron un cambio en su discipulado de Juan a Jesús.

78. Llene los espacios en blanco: «Vi al _____ que descendía del cielo como _____, y permaneció sobre él». *«Espíritu ... paloma»* (Jn 1.32). Este era el testimonio de Juan el Bautista respecto del bautismo de Jesús.

79. Llene los espacios en blanco: Cuando Jesús vio a Natanael que se le acercaba, dijo de él: «He aquí un verdadero israelita, en quien no hay _____». *«Engaño»* (Jn 1.47).

80. ¿Verdadero o falso? Natanael reconoció a Jesús como el Hijo de Dios y el rey de Israel. *Verdadero* (Jn 1.49).

81. Pregunta: ¿En qué ciudad Jesús limpió el templo durante la Pascua? *Jerusalén* (Jn 2.13-16).

82. Llene los espacios en blanco: Jesús convirtió el agua en vino en las bodas en _____ de _____ *«Caná ... Galilea»* (Jn 2.1).

83. Llene los espacios en blanco: Juan el Bautista se identificó a sí mismo ante los sacerdotes y los levitas de Jerusalén como la «voz que clama en el _____». *«Desierto»* (Jn 1.23).

84. Llene los espacios en blanco: Cuando Jesús le dejó saber a la mujer samaritana que él sabía de su estado marital, ella pensó que él debía ser un _____. *Profeta* (Jn 4.19).

85. Llene los espacios en blanco: La mujer junto al pozo dijo a Jesús: «Sé que ha de venir el _____. Él nos declarará todas las cosas». *«Mesías»* (Jn 4.25).

86. Llene los espacios en blanco: Cuando ya no hubo de tomar en las bodas de Caná, la madre de Jesús le dijo: «No tienen _____». *«Vino»* (Jn 2.3).

87. Selección múltiple: ¿Para qué fiesta judía Jesús fue a Jerusalén cuando limpió el templo? (a) Pascua; (b) Yom Zipper; o (c) Pentecostés. *(a) Pascua* (Jn 2.13).

88. Llene los espacios en blanco: «Y halló en el templo a los que vendían _____, _____ y _____, a los cambistas allí sentados». *«Bueyes ... ovejas ... palomas»* (Jn 2.14). Estas incursiones comerciales eran contrarias a los propósitos espirituales del templo, y ofendían profundamente el sentido de devoción de Jesús a la voluntad de su Padre (v. 16).

89. Selección múltiple: ¿De quién profetizó Juan el Bautista: «El que viene después de mí, es antes de mí»? (a) El Espíritu Santo; (b) el Verbo hecho carne; o (c) Simón Pedro. *(b) El Verbo hecho carne* (Jn 1.14, 15). Jesús era la luz verdadera, y Juan funcionaba como un «testimonio de la luz» (vv. 8, 9).

90. Selección múltiple: ¿Qué profeta del Antiguo Testamento identificó a Juan el Bautista con esta descripción: «La voz de uno que clama en el desierto: enderezad el camino del Señor»? (a) Jeremías; (b) Isaías; o (c) Malaquías. *(b) Isaías* (Jn 1.23).

91. Complete la oración: «Sobre quien veas descender el Espíritu y que permanece sobre él, ese es el que bautiza _____». «*Con el Espíritu Santo*» (Jn 1.33).

92. Nicodemo era fariseo. *Verdadero* (Jn 3.1).

93. ¿Verdadero o falso? Nicodemo reconoció que Jesús era de Dios por las señales que hacía. *Verdadero* (Jn 3.2).

94. Selección múltiple: ¿A quién Dios envió al mundo para salvarlo? (a) a Elías; (b) a su hijo; o (c) a sus ángeles. *(a) A su Hijo* (Jn 3.17).

95. Selección múltiple: ¿Qué pidió Jesús a la mujer junto al pozo de Jacob? (a) Dirección para ir a Galilea; (b) algo de beber; o (c) alimento para sus discípulos. *(b) Algo de beber* (Jn 4.7). De esta manera, Jesús estableció contacto con la mujer y presentó la sed como metáfora de la necesidad espiritual.

96. Llene los espacios en blanco: El que Jesús hablara a la mujer junto al pozo de Jacob no era habitual por el desdén que su raza tenía contra la de ella. Él era un _____, y ella era una _____. *Judío … Samaritana* (Jn 4.9). Esta animosidad tenía su trasfondo cuatrocientos años antes cuando los samaritanos se opusieron a la reconstrucción judía del templo de Jerusalén bajo la guía de Nehemías.

97. Selección múltiple: Si la mujer junto al pozo le hubiera pedido, Jesús le hubiera dado: (a) vasijas llenas de agua; (b) algo de beber; o (c) agua viva. *(c) Agua viva* (Jn 4.10).

98. Complete la oración: Jesús dijo a los judíos respecto su autoridad para juzgar que su juicio era justo porque no buscaba hacer su voluntad «sino la _____». «*Voluntad del que me envió, la del Padre*» (Jn 5.30).

99. Selección múltiple: ¿Quién estuvo argumentando acerca de la purificación cuando Juan el Bautista y Jesús estaban bautizando en Judea? (a) Los judíos y los discípulos de Jesús; (b) los judíos y los discípulos de Juan; o (c) los discípulos de Juan y los de Jesús. *(b) Los judíos y los discípulos de Juan* (Jn 3.25).

100. Selección múltiple: ¿Qué escritor del Antiguo Testamento dijo Jesús que acusó a los judíos de no creer sus palabras porque este hombre había escrito acerca de él (Jesús)? (a) Josué; (b) Samuel; o (c) Moisés. *(c) Moisés* (Jn 5.46). Los judíos siempre afirmaban que Moisés era su autoridad, y Jesús quería dejar en claro que Moisés, bien comprendido, lo señalaba a Él.

101. Selección múltiple: Cuando Jesús afirmó tener igual autoridad que el Padre, declaró a los judíos que los muertos vivirían cuando oyeran la voz de: (a) El Padre; (b) El Espíritu Santo; o (c) el Hijo de Dios. *(c) El Hijo de Dios* (Jn 5.25, 28, 29).

102. Llene el espacio en blanco: Los judíos buscaron matar a Jesús porque se había hecho igual a Dios al afirmar que Dios era su _____. *Padre* (Jn 5.18).

103. Selección múltiple: ¿A qué discípulo Jesús probó al preguntarle dónde comprar panes para alimentar a los cinco mil? (a) Pedro; (b) Andrés; o (c) Felipe. *(c) Felipe* (Jn 6.5).

104. Selección múltiple: ¿Qué discípulo halló al muchacho con cinco panes y dos pescados? (a) Pedro; (b) Andrés; o (c) Juan. *(b) Andrés* (Jn 6.8).

105. Llene los espacios en blanco: Al explicar su afirmación «Yo soy el pan de vida» a los judíos, Jesús dijo: «El que come _____ y bebe _____, tiene vida eterna». «*Mi carne … mi sangre*» (Jn 6.54).

106. Selección múltiple: ¿En qué parte del templo estaba Jesús cuando los judíos tomaron piedras para matarle por haber blasfemado? (a) en el pórtico de Salomón; (b) en el lugar santo; o (c) en la tesorería. *(a) En el pórtico de Salomón* (Jn 10.23, 31). Esta era un área grande donde más tarde los primeros cristianos se reunieron (Hch 3.11; 5.12).

107. Llene el espacio en blanco: Cuando el gentío en la Fiesta de los Tabernáculos oyó las palabras de Jesús del agua de vida, muchos dijeron: «Verdaderamente este es el _____». *«Profeta»* (Jn 7.40).

108. Pregunta: ¿A quién se refería Jesús que lo traicionaría cuando dijo: «No he escogido yo a vosotros los doce, y uno de vosotros es diablo?». *Judas Iscariote* (Jn 6.70, 71).

109. Selección múltiple: Cuando Jesús preguntó: «¿Por qué procuráis matarme?». La multitud dijo que él: (a) tenía un demonio; (b) que los había acusado injustamente ; o (c) que frustró sus planes. *(a) Tenía un demonio* (Jn 7.20). Con el tiempo esta acusación de posesión demoniaca se convirtió en una explicación oficial de la actividad sobrenatural de Jesús cuando el líder de los judíos buscó una forma para desacreditarlo (8.52).

110. Llene el espacio en blanco: Según Juan 7, un hombre es circuncidado en el día de reposo para que la ley de _____ no sea quebrantada. *Moisés* (Jn 7.23).

111. Selección múltiple: Después que Jesús retornó del Monte de los Olivos y volvió a enseñar en el templo, los escribas y fariseos probaron a Jesús para poder tener algo de qué acusarle. Ellos le preguntaron respecto a: (a) los que quebrantaban el día de reposo; (b) la mujer sorprendida en adulterio; o (c) la mujer junto al pozo. *(c) La mujer sorprendida en adulterio* (Jn 8.3, 4).

112. Selección múltiple: ¿Quién condenó a la mujer sorprendida en adulterio? (a) Sus acusadores; (b) Jesús; o (c) nadie. *(c) Nadie* (Jn 8.11). La ley requería dos o tres testigos para aplicarle la pena de muerte a un acusado, de modo que la mujer quedó libre porque no se cumplió este requisito (Dt 17.6).

113. Selección múltiple: ¿Quién le dijo a Jesús que su testimonio no era verdadero porque estaba dando testimonio de sí mismo? (a) Los fariseos; (b) la multitud; o (c) el sacerdote del templo. *(a) Los fariseos* (Jn 8.13). El testimonio que Jesús decía de sí es que él es la luz del mundo (v. 12). En respuesta a esta acusación, Jesús dijo que el testimonio doble, del Padre y de sí mismo era suficiente para establecer la validez de su afirmación (vv. 17, 18).

114. Llene los espacios en blanco: Porque ellos buscaron matarle, Jesús dijo a los judíos que ellos no eran hijos de _____ ni _____ era su Padre. *Abraham … Dios* (Jn 8.39, 42).

115. Llene los espacios en blanco: Porque le buscaban para matarlo, Jesús dijo a los judíos: «Vosotros sois de vuestro padre el _____. Él ha sido _____ desde el principio». *«Diablo … homicida»* (Jn 8.44). «Desde el principio» alude a la actividad de Satanás en el Huerto del Edén al traer muerte a toda la humanidad.

116. Selección múltiple: ¿Con qué propósito dijo Jesús que el hombre nació ciego? (a) Para que las obras de Dios se manifestaran en él; (b) para castigarlo por su pecado; o (c) para castigar a sus padres por sus pecados. *(a) Para que las obras de Dios se manifestaran en él* (Jn 9.3).

117. Llene los espacios en blanco: Debido a que Abraham y los profetas estaban muertos, los judíos estaban seguros de que Jesús tenía un _____ cuando dijo: «El que guarda mi palabra, nunca sufrirá muerte». *«Demonio»* (Jn 8.52). Jesús dijo que nadie que guardara su palabra sufriría muerte, y los judíos tomaron esto como un ataque contra sus padres que había sido piadosos y ya estaban muertos.

118. Selección múltiple: ¿Quiénes estaban temerosos de confesar que Jesús era Cristo por temor de ser expulsado de la sinagoga? (a) Los fariseos; (b) los padres del ciego; o (c) los vecinos. *(b) Los padres del ciego* (Jn 9.22).

119. Llene los espacios en blanco: «De cierto, de cierto os digo: El que no entra por la puerta en el redil de las ovejas, sino que sube por otra parte, ese es _____ y _____ ». *«Ladrón ... salteador»* (Jn 10.1). Esto era una acusación a los líderes judíos que se consideraban pastores de Israel, mientras que rechazaban a Jesús como el único camino a Dios (v. 7).

120. Selección múltiple: ¿A quién dijo Jesús: «Yo soy la resurrección y la vida»? (a) María; (b) Marta; o (c) Lázaro. *(b) Marta* (Jn 11.24, 25).

121. Selección múltiple: ¿Qué hizo Jesús para que los judíos dijeran: «Mirad como le amaba»? (a) resucitó a Lázaro; (b) lloró; o (c) consoló a María y a Marta. *(b) Lloró* (Jn 11.35).

122. Selección múltiple: ¿Quién convenció a los fariseos de que era política y personalmente conveniente que Jesús muriera? (a) Caifás, el sumo sacerdote; (b) la nación judía; o (c) Judas Iscariote. *(a) Caifás, el sumo sacerdote* (Jn 11.49, 50).

123. Llene el espacio en blanco: Jesús dijo a los judíos: «Si no _____ que yo soy, en vuestros pecados moriréis». *«Creéis»* (Jn 8.24).

124. Llene el espacio en blanco: Isaías 42.6 califica a «otras ovejas que no son de este redil como _____». *Gentiles* (Jn 10.16).

125. Pregunta: ¿Quién ungió los pies de Jesús con perfume y los secó con su cabello? *María, la hermana de Lázaro y Marta* (Jn 12.1-3). Jesús interpretó su acto como una preparación para su sepultura (v. 7).

126. Pregunta: ¿Quién, que había estado muerto, se sentó a comer junto a Jesús y sus discípulos y María y Marta en Betania seis días antes de la Pascua? *Lázaro* (Jn 12.1, 2).

127. Selección múltiple: ¿Quién criticó el desperdicio del perfume sobre los pies de Jesús? (a) Marta; (b) Lázaro; o (c) Judas. *(c) Judas* (Jn 12.4, 5)

128. Selección múltiple: ¿A quién más los sumos sacerdotes consideraron matar debido a que la multitud creía en Jesús por causa de él? (a) Nicodemo; (b) Lázaro; o (c) el ciego de nacimiento. *(b) Lázaro* (Jn 12.10, 11).

129. Selección múltiple: ¿Qué profeta del Antiguo Testamento escribió de Jesús: «No temas, hija de Sion; He aquí tu rey viene, montado sobre un pollino de asna»? (a) Isaías; (b) Oseas; o (c) Zacarías. *(c) Zacarías* (Jn 12.15; Zac 9.9).

130. ¿Verdadero o falso? Cuando Jesús dijo: «Y yo, si fuere levantado de la tierra, a todos atraeré a mí mismo», dio a entender de qué muerte iba a morir. *Verdadero* (Jn 12.32).

131. Pregunta: ¿De dónde dijo Jesús a la gente en la fiesta de la Pascua que provenía su autoridad? *Del Padre que le envió* (Jn 12.49).

132. Selección múltiple: ¿Qué discípulo de Jesús puso reparos al lavamiento de pies? (a) Judas Iscariote; (b) Tomás; o (c) Pedro. *(c) Pedro* (Jn 13.8).

133. Selección múltiple: ¿Quién incitó al discípulo que se recostaba en el pecho de Jesús para que le preguntara quién le traicionaría? (a) Juan; (b) Pedro; o (c) Judas. *(b) Pedro* (Jn 13.24).

134. ¿Verdadero o falso? Judas rechazó el pedazo de pan mojado que Jesús le dio y salió inmediatamente. *Falso* (Jn 13.30). Como para enfatizar la obscuridad de la obra de Judas, Juan escribió: «Luego salió, y era ya de noche».

135. Selección múltiple: Jesús dijo a los discípulos que aquellos que creen en él harían: (a) obras de Dios tan poderosas como las que hacía él; (b) las obras que él hacía y aun mayores; o (c) los mandamientos del Espíritu Santo. *(b) Las obras que él hace y aun mayores* (Jn 14.12). Jesús conectó esta promesa a la enseñanza sobre la oración al Padre en el nombre de Jesús (vv. 13, 14).

136. . Llene el espacio en blanco: Jesús dijo a los discípulos acerca de su partida («No os dejaré _____; vendré a vosotros». *«Huérfanos»* (Jn 14.18).

137. Selección múltiple: ¿Quién quería que Pilato cambiara el letrero que pusieron en la cruz de Jesús que decía: «el Rey de los judíos» a: «Él dijo: Soy Rey de los judíos»? (a) los discípulos; (b) el sumo sacerdote; o (c) los soldados. *(b) El sumo sacerdote de los judíos* (Jn 19.21).

138. Llene los espacios en blanco: «Y todo lo que pidieres al Padre en mi nombre, lo haré, para que él _____ sea glorificado en el _____». *«Padre ... Hijo»* (Jn 14.13).

139. Selección múltiple: El «Ayudador» que Jesús dijo que el Padre daría a los discípulos es: (a) Espíritu de santidad; (b) Espíritu de verdad; o (c) Espíritu de poder. *(b) Espíritu de verdad* (Jn 14.17).

140. Pregunta: Cristo es la vid; los creyentes son los pámpanos. ¿Quién es el viñador? *El Padre* (Jn 15.1). El viñador (el Padre) poda los pámpanos (los creyentes) para aumentar sus frutos.

141. Selección múltiple: ¿Quién se glorifica cuando el cristiano lleva mucho fruto? (a) El creyente; (b) el Padre; o (c) el Hijo. *(b) El Padre* (Juan 15.8). Cuando los pámpanos llevan mucho fruto, muestran que están relacionados como es debido con la vid que es la fuente de todo fruto. Esta relación honra al viñador.

142. Selección múltiple: Jesús dijo a sus discípulos: «Vosotros sois mis (a) Amigos; (b) siervos; o (c) discípulos si hacéis lo que yo os mando». *(a) «Amigos»* (Jn 15.14).

143. Selección múltiple: ¿Quién guiará a los cristianos a toda verdad? (a) Jesús; (b) el Espíritu de verdad; o (c) el Padre. *(b) El Espíritu de verdad* (Jn 16.13). Una parte importante de esa verdad sería las «cosas que han de venir».

144. Llene el espacio en blanco: Jesús dijo que la ventaja de su ida era que enviaría al _____ a los creyentes. *Consolador* (Jn 16.7). Este Consolador sería el Espíritu Santo.

145. Llene los espacios en blanco: Jesús describe lo que debe ser la relación entre el creyente y Él, diciendo: «Permaneced en _____, y yo en _____». *«Mí ... vosotros»* (Jn 15.4).

146. Llene el espacio en blanco: Los judíos llevaron a Jesús de Caifás al _____, pero ellos no entraron para no contaminarse, y así poder comer la pascua. *Pretorio* (Jn 18.28). El pretorio era la central romana de Poncio Pilato y sus tropas romanas.

147. Llene los espacios en blanco: En su oración por sus discípulos, Jesús dijo: «A los que me diste, yo los guardé, y ninguno de ellos se perdió, sino el _____ de _____». *«Hijo ... perdición»* (Jn 17.12). Judas Iscariote «el hijo de perdición».

148. Pregunta: ¿Quién desenvainó su espada y le cortó una oreja al siervo del sumo sacerdote? *Simón Pedro* (Jn 18.10).

149. Pregunta: ¿Quién traicionó a Jesús? *Judas Iscariote* (Jn 13.21-26).

150. Selección múltiple: ¿A qué nombre Jesús respondió en el huerto en su arresto? (a) Mesías; (b) el Hijo de Dios; o (c) Jesús de Nazaret. *(c) Jesús de Nazaret* (Jn 18.5).

151. Selección múltiple: ¿Cuál era el nombre del torrente que Jesús cruzó para llegar al huerto donde lo arrestarían? (a) Jordán; (b) Tiberios; o (c) Cedrón. *(c) Cedrón* (Jn 18.1).

152. Llene el espacio en blanco: Cuando Jesús hizo barro y ungió con él los ojos del ciego, le envió al estanque de _____ para que se lavara. *Siloé* (Jn 9.6, 7). Siloé era un estanque hecho por el hombre al sur del punto sureste de Jerusalén (cf. Neh 3.15; Is 8.6).

153. Selección múltiple: ¿En qué ciudad vivían María, Marta, y Lázaro? (a) Betsaida; (b) Betania; o (c) Betel. *(b) Betania* (Jn 11.1). Betania estaba al este de Jerusalén.

154. Pregunta: Cuando apresaron a Jesús en Getsemaní, ¿quién sacó su espada y le cortó una oreja a uno de los presentes? *Pedro* (Jn 18.10).

155. Pregunta: ¿Quién era el ladrón que los judíos querían que soltaran en vez de soltar a Jesús? *Barrabás* (Jn 18.40).

156. Selección múltiple: ¿Qué mujer no se menciona como una de las que estaban al pie de la cruz en Juan 19? (a) la madre de Jesús; (b) la madre de Juan el Bautista; o (c) María, la esposa de Cleofás. *(b) La madre de Juan el Bautista* (Jn 19.25).

157. Selección múltiple: ¿A qué ciudad fue Jesús y permaneció allí con sus discípulos después de que Caifás profetizó que Jesús moriría por la nación y los judíos comenzaron a tramar su muerte? (a) Betania; (b) Sicar; o (c) Efraín. *(c) Efraín* (Jn 11.54). Jesús sintió que era seguro estar allí hasta que llegara el momento de ir a Jerusalén y morir.

158. Pregunta: ¿En qué ciudad ocurrió la entrada triunfal de Jesús? *Jerusalén* (Jn 11.82, 13).

159. Selección múltiple: ¿De qué ciudad era el discípulo Felipe? (a) Betania; (b) Betsaida; o (c) Betel. *(b) Betsaida* (Jn 12.21).

160. Selección múltiple: ¿Quiénes le pidieron a voces a Pilato que crucificara a Jesús? (a) Los soldados; (b) los principales sacerdotes y los alguaciles; o (c) el pueblo judío. *(b) Los principales sacerdotes y los alguaciles* (Jn 19.6).

161. Pregunta: ¿Qué significa la palabra hebrea Gólgota? *Lugar de la Calavera* (Jn 19.17). Lucas llamó a este el mismo lugar Calvario (Lc 23.33).

162. Selección múltiple: ¿Dónde estaba Pilato cuando por fin cedió a las demandas de crucificar a Jesús? (a) en su recámara; (b) en el templo; o (c) en el tribunal. *(c) En el tribunal* (Jn 19.13). Este tribunal se llamaba el Enlosado, y en hebreo Gabata.

163. Pregunta: ¿A cuántas personas crucificaron junto a Jesús? *Dos* (Jn 19.18). Aquellos dos eran ladrones (Mr 15.27).

164. Selección múltiple: ¿Quién fue a la tumba temprano por la mañana y encontró que habían quitado la piedra? (a) María, la madre de Jesús; (b) Simón Pedro; o (c) María Magdalena. *(c) María Magdalena* (Jn 20.1).

165. Selección múltiple: ¿Qué dos hombres se encargaron de preparar el cuerpo de Jesús para la sepultura? (a) Pedro y Juan; (b) Nicodemo y Juan; o (c) Nicodemo y José de Arimatea. *(c) Nicodemo y José de Arimatea* (Jn 19.38-40). Parece que estos dos hombres habían declarado su alianza a Jesús después de la crucifixión.

166. Selección múltiple: Después de la crucifixión, ¿qué discípulo secreto de Jesús pidió permiso a Pilato para bajar el cuerpo de Jesús? (a) José de Arimatea; (b) Nicodemo; o (c) Caifás. *(a) José de Arimatea* (Jn 19.38). José era un hombre próspero que tenía una tumba nueva y quiso darla para la sepultura de Jesús (v. 41).

167. Pregunta: ¿Quién ganó la carrera a pie hasta la sepultura, ¿Pedro o el discípulo a quien Jesús amaba? *El discípulo al que Jesús amaba* (Jn 20.2-4). Pedro entró primero mientras que el otro discípulo observaba desde afuera (v. 6).

168. Selección múltiple: ¿Quién entró primero a la tumba después de que Jesús resucitara? (a) Simón Pedro; (b) el discípulo al que Jesús amaba; o (c) María Magdalena. *(a) Simón Pedro* (Jn 20.6).

169. ¿Verdadero o falso? Tomás no creía que Jesús hubiera resucitado porque no estaba en el lugar cuando Jesús apareció en medio de los discípulos. *Verdadero* (Jn 10.24, 25).

170. Selección múltiple: ¿Quién arrastró la red llena de grandes peces después que Jesús le dijera que volviera a echar la red? (a) Juan; (b) Pedro; o (c) Natanael. *(b) Pedro* (Jn 21.11).

171. Selección múltiple: ¿Quién preparó el desayuno de los discípulos después de que estuvieron pescando toda la noche? (a) Jesús; (b) Pedro; o (c) la madre de Jesús. *(a) Jesús* (Jn 21.12, 13). Jesús proveyó el pez, prendió el fuego, y cocinó un pescado (vv. 6, 9).

172. Selección múltiple: ¿Quién dijo a Tomás: «Al Señor, hemos visto»? (a) la madre de Jesús y María Magdalena; (b) los ángeles; o (c) los otros discípulos. *(c) Los otros discípulos* (Jn 20.25).

173. Selección múltiple: ¿Quién pensó María Magdalena que era Jesús cuando este habló fuera de la tumba vacía? (a) el hortelano; (b) uno de los ángeles; o (c) uno de los discípulos. *(a) El hortelano* (Jn 20.15).

174. Llene los espacios en blanco: Cuando María Magdalena miró adentro de la tumba la segunda vez, vio _____ sentados donde el cuerpo de Jesús había sido puesto. *Dos ángeles* (Jn 20.12).

175. Selección múltiple: ¿Dónde estaba Jesús cuando se apareció a sus discípulos la tercera vez después de su resurrección? (a) El Mar de Tiberias; (b) el Mar Muerto; o (c) el río Jordán. *(a) El mar de Tiberias* (Galilea) (Jn 21.1).

176. Selección múltiple: ¿Qué discípulo reconoció a Jesús cuando hizo que sacaran tantos peces? (a) Tomás; (b) el discípulo a quien Jesús amaba; o (c) Pedro. *(b) El discípulo a quien Jesús amaba* (Jn 21.7).

177. Pregunta: ¿A qué discípulo Jesús preguntó tres veces: «Me amas»? *Pedro* (Jn 21.15-17).

ACONTECIMIENTOS

1. Llene los espacios en blanco: «Estando desposada María su madre con José, antes que se juntasen, se halló que había _____ del _____». «*Concebido … Espíritu Santo*» (Mt 1.18). Esta es la oración de apertura de Mateo acerca del nacimiento de Jesús después de las genealogías.

2. Llene los espacios en blanco: «He aquí, una _____ concebirá y dará a luz un _____, y llamarás su nombre _____». «*Virgen … hijo … Emanuel*» (Mt 1.23). Esta es una cita de Mateo de la profecía en Isaías 7.14.

3. ¿Verdadero o falso? Los magos [sabios] vieron la estrella al menos en dos ocasiones: una en el oriente para orientar su viaje, y luego para guiarles de Jerusalén a Belén. *Verdadero* (Mt 2.2, 9).

4. Llene los espacios en blanco: Los sabios dijeron a Herodes: «¿Dónde está el _____ de los _____, que ha nacido? Porque su _____ hemos visto en el oriente, y venimos a adorarle». *«Rey … judíos … estrella»* (Mt 2.2).

5. Selección múltiple: ¿Cómo supo José que Dios no quería que llevara al niño Jesús de vuelta a Judea cuando la familia regresó de Egipto? (a) Un ángel puso una barrera en la ruta a Jerusalén; (b) se lo aviaron en un sueño; o (c) un dedo escribió sobre la pared. *(c) Se lo avisaron en un sueño* (Mt 2.22). Los demás avisos acerca del viaje a Egipto llegaron por medio de ángeles (vv. 13, 19).

6. Selección múltiple: ¿Quién dicen los evangelios que vio al Espíritu Santo descender sobre Jesús como paloma? (a) Jesús; (b) Jesús y Juan el Bautista; o (c) todos los que tienen ojos para ver. *(b) Jesús y Juan el Bautista* (Mt 3.16; Jn 1.32).

7. Selección múltiple: Satanás llevó a Jesús al pináculo del templo y le desafió a que demostrara ser el Hijo de Dios. ¿Qué señal le pidió Satanás? (a) Que reconstruyera el templo en tres días; (b) que destruyera el templo; o (c) que se tirara del pináculo del templo pues los ángeles lo sostendrían. *(c) que se tirara del pináculo del templo pues los ángeles lo sostendrían* (Mt 4.5, 6).

8. Selección múltiple: Después de sanarlo, Jesús le dijo a un hombre: «Ve, muéstrate al sacerdote, presenta la ofrenda que ordenó Moisés». ¿Qué enfermedad sufría el hombre? (a) posesión demoniaca; (b) lepra; o (c) parálisis. *(b) Lepra* (Mt 8.2-4). La ley de Moisés requería una certificación de parte del sacerdote de que había sanado de la lepra (Lv 14.1-32).

9. Selección múltiple: ¿Quién dijo a Jesús: «Solamente di la palabra, y mi criado sanará»? (a) Un centurión; (b) Jairo; o (c) una mujer cananea. *(a) Un centurión* (Mt 8.8). De este gentil, Jesús dijo: «Ni aun en Israel he hallado tanta fe» (v. 10).

10. Selección múltiple: Herodes ordenó la matanza de los niños en Belén en su empeño de destruir a Jesús. Mateo comparó esto con una madre que había perdido su hijo. ¿Quién era ella? (a) Raquel; (b) Agar; o (c) Noemí. *(a) Raquel* (Mt 2.18, que cita Jer 31.15).

11. Selección múltiple: ¿Qué nombre se necesita para completar esta cita de Oseas en Mateo: «De _____ llamé a mi Hijo»? (a) María; (b) Belén; o (c) Egipto. *(c) Egipto* (Mt 2.15).

12. Selección múltiple: Juan el Bautista profetizó que Jesús juzgaría a los pecadores. ¿Qué dos símbolos de castigo usó Juan? (a) un hacha y un aventador; (b) una balanza y un martillo; o (c) un juez y un rey. *(a) Un hacha y un aventador* (Mt 3.10, 12). El hacha corta los árboles sin fruto, y el aventador separa la paja del trigo.

13. Pregunta: Jesús y los discípulos estaban en una barca cuando se levantó una gran tempestad y las olas golpeaban contra ella. ¿Qué estaba Jesús haciendo? *Estaba durmiendo* (Mt 8.24).

14. Selección múltiple: En el milagro de los demonios que fueron echados y enviados a entrar en un hato de cerdos, ¿el escritor de qué evangelio cuenta que había dos endemoniados entre los sepulcros? (a) Mateo; (b) Marco; o (c) Lucas. *(a) Mateo* (8.28). Marcos y Lucas mencionan solamente al que tuvo un encuentro con Jesús.

15. ¿Verdadero o falso? Mateo dice que la hija de Jairo ya estaba muerta cuando Jairo se encontró con Jesús, mientras que Marcos y Lucas, registran que la noticia de su muerte llegó a Jesús mientras iba de camino a la casa de Jairo. *Verdadero* (Mt 9.18; Mr 5.35; Lc 8.49).

16. Selección múltiple: ¿Qué interrumpió a Jesús mientras iba de camino a sanar a la hija de Jairo? (a) un cortejo fúnebre; (b) una mujer con flujo de sangre; o (c) un hombre poseído de demonio. *(b) Una mujer con flujo de sangre* (Mt 9.20).

17. Selección múltiple: ¿Cuánto tiempo llevaba la mujer con el flujo de sangre cuando tocó el borde del manto de Jesús? (a) Tres años; (b) doce años; o (c) veinte años. *(b) Doce años* (Mt 9.20).

18. Llene los espacios en blanco: La mujer con el _____ de sangre se acercó a Jesús «y tocó el borde de su _____». *«Flujo … manto»* (Mt 9.20).

19. Selección múltiple: ¿Qué evangelio es el único que registra la curación de los dos ciegos que siguieron a Jesús a la casa donde iba a hospedarse? (a) Mateo; (b) Marcos; o (c) Lucas. *(a) Mateo* (Mt 9.27-31).

20. Selección múltiple: Los dos ciegos que seguían a Jesús, ¿de quién dijeron que era hijo Jesús? (a) de Dios; (b) de José; o (c) de David. *(c) de David* (Mt 9.27). Sus ojos espirituales ya habían visto que Jesús era el Mesías que podía restaurar sus ojos físicos.

21. ¿Verdadero o falso? Cuando Jesús dijo a los ciegos que sanó: «Mirad que nadie lo sepa», guardaron muy bien el secreto. *Falso.* Divulgaron la noticia por toda aquella tierra (Mt 9.31).

22. Selección múltiple: Jesús advirtió a sus discípulos que los llevarían ante gobernadores y reyes por causa de su nombre para testimonio a dos grupos. ¿Quiénes eran esos grupos? (a) Judíos y gentiles; (b) escribas y fariseos; o (c) gobernadores y reyes. *(c) Gobernadores y reyes* (Mt 10.18).

23. ¿Verdadero o falso? Jesús profetizó que la persecución sería muy intensa para sus discípulos que solo los lazos familiares serían fuertes para proteger a los creyentes de la traición. *Falso.* Los miembros de la familia se traicionarían unos a otros (Mt 10.21).

24. Selección múltiple: ¿Cómo termina este dicho de Jesús? «No acabaréis de recorrer todas las ciudades de Israel, antes _____». (a) «el templo sea completamente destruido»; (b) «que venga el Hijo del Hombre»; o (c) «que vean la abominación de la desolación». *(b) «Que venga el Hijo del Hombre»* (Mt 10.23).

25. Selección múltiple: ¿Cuándo ayunarán los amigos del esposo? (a) Cuando la esposa se levante con el esposo; (b) cuando el esposo lo pida; o (c) cuando el esposo les sea quitado. *(c) Cuando el esposo les sea quitado* (Mt 9.15). Jesús les decía a los discípulos de Juan el Bautista que sus discípulos no ayunarían hasta que él haya dejado la tierra físicamente.

26. ¿Verdadero o falso? Corazín, Betsaida, y Capernaum se arrepintieron en cilicio y en ceniza. *Falso* (Mt 11.21-24). Jesús las señaló como las ciudades que más habían presenciado sus extraordinarios milagros. Por tanto, estarían sujetas a castigos severos porque no se arrepintieron.

27. Pregunta: ¿Cuánto tiempo estuvo Jonás en el vientre del gran pez? *Tres días y tres noches* (Mt 12.40).

28. Selección múltiple: ¿Qué dijo Jesús al hombre de la mano seca cuando lo sanó? (a) «Talita cumi»; (b) «sea hecho conforme a tu fe»; o (c) extiende tu mano. *(c) «Extiende tu mano»* (Mt 12.13).

29. Selección múltiple: ¿A quién estaba Jesús sanando cuando preguntó: «¿Cuánto más vale un hombre que una oveja?»? (a) A un hombre con una mano seca; (b) a un leproso; o (c) a la mujer con el flujo de sangre. *(a) A un hombre con la mano seca* (Mt 12.11, 12). La comparación tenía que ver con la observación del día de reposo. Los fariseos decían que uno podía ayudar a una oveja que estaba en peligro en el día de reposo pero no un hombre enfermo.

30. Selección múltiple: Cuando Jesús sanó al hombre con la mano seca, los fariseos le preguntaron: «Es lícito sanar en el día de reposo?». ¿Por qué ellos preguntaron eso? (a) querían ser instruidos acerca del día de reposo; (b) querían acusar a Jesús de quebrantar la ley; o (c) ellos también estaban sanando. (b) *Ellos querían acusar a Jesús de quebrantar la ley* (Mt 12.10).

31. ¿A qué hechos en su vida comparó Jesús la estadía de Jonás en el vientre del gran pez? (a) su gestación en el vientre de María; (b) la tentación del desierto; (c) su sepultura. *(c) Su sepultura* (Mt 12.40). Jesús dijo que estaría «tres días y tres noches en el corazón de la tierra».

32. ¿Verdadero o falso? Cuando Jesús sanó a un ciego y mudo a causa de un demonio, la multitud se preguntó si Jesús no sería el Hijo de David. *Verdadero* (Mt 12.23).

33. Selección múltiple: Los fariseos acusaron a Jesús de echar fuera demonios por el poder de Beelzebú. ¿Cuáles eran los síntomas del hombre poseído por demonios que Jesús sanó en esa ocasión? (a) convulsiones; (b) vivía entre los sepulcros; o (c) ceguera y mudez. *(c) Ceguera y mudez* (Mt 12.22).

34. Selección múltiple: ¿Por qué Jesús no hizo muchos milagros en Nazaret? (a) Ellos no se lo pidieron; (b) a causa de su incredulidad; o (c) su hora todavía no había llegado. *(b) A causa de su incredulidad* (Mt 13.58). Jesús no siempre demandó fe como una condición para curar, pero nunca sanó en un ambiente de rechazo.

35. Selección múltiple: ¿Cuál era la explicación de Herodes el tetrarca de las poderosas obras de Jesús? (a) usaba el poder de Beelzebú; (b) era un profeta de Dios; o (c) era Juan el Batista resucitado de entre los muertos. *(c) Era Juan el Bautista resucitado de entre los muertos* (Mt 14.2).

36. Selección múltiple: En la parábola de Jesús de la red, ¿qué actividad tendrá el malvado que es echado en el lago de fuego? (a) arrepentimiento; (b) oración para liberación; o (c) lloro y crujir de dientes. *(c) Lloro y crujir de dientes* (Mt 13.50).

37. Selección múltiple: Jesús aplicó una profecía de Isaías a los escribas y fariseos. ¿Qué dijo Isaías que ellos enseñaban como doctrinas? (a) «Idolatría»; (b) «mandamientos de hombres»; o (c) «hipocresía». *(b) «Mandamientos de hombres»* (Mt 15.9). De esta manera, los fariseos y escribas honraban a Dios con sus labios pero su corazón estaba lejos de Él (v. 8).

38. Pregunta: Cuando Pedro caminó sobre las aguas con Jesús y comenzó a hundirse, ¿qué clamó? «¡Señor, sálvame!» (Mt 14.30).

39. Selección múltiple: ¿Qué hizo Jesús en la cuarta vigilia de la noche cuando los discípulos estaban en el medio del mar y turbados por el viento y las olas? (a) Jesús calmó la tormenta; (b) caminó sobre las aguas; o (c) les reprendió por su falta de fe. *(b) Caminó sobre las aguas* (Mt 14.24, 25). Esto fue entre las tres y las seis de la mañana.

40. Selección múltiple: ¿Qué distrajo a Pedro cuando caminaba sobre las aguas hacia él? (a) las olas; (b) el aliento de los discípulos; o (c) el viento. *(c) El viento* (Mt 14.30).

41. ¿Verdadero o falso? Jesús alimentó a los cinco mil hombres, mujeres, y niños. *Falso.* Jesús alimentó a cinco mil hombres además un número de mujeres y niños (Mt 14.21).

42. ¿Verdadero o falso? En la alimentación de los cuatro mil, el número incluye los hombres, las mujeres, y los niños. *Falso*. Cuatro mil incluye los hombres solamente (Mt 15.38).

43. ¿Verdadero o falso? Jesús dijo: «**Te daré las llaves del reino de los cielos; y todo lo que atares en la tierra será desatado en los cielos**». *Falso*. Es también atado en los cielos (Mt 16.19).

44. Selección múltiple: Desde la confesión de Pedro de que Jesús era el Cristo, ¿que comenzó Jesús a declarar? (a) su muerte y resurrección; (b) la persecución de los discípulos; o (c) el aumento de su ministerio. *(a) Su muerte y resurrección* (Mt 16.21).

45. ¿Verdadero o falso? Los discípulos no debían contar de la transfiguración de Jesús hasta que hubiera resucitado. *Verdadero* (Mt 17.9). Luego que Jesús resucitara, ya no habría necesidad de revelar su gloria, que habría sido vista y declarada por los testigos de su resurrección.

46. Selección múltiple: Jesús dijo a Pedro: «¡Quítate de delante de mí, Satanás!», porque Pedro había rechazado aceptar la declaración de Jesús. ¿Qué declaró Jesús? (a) su muerte y resurrección; (b) la traición de Judas; o (c) la negación de Pedro. *(a) Su muerte y resurrección* (Mt 16.21).

47. Llene los espacios en blanco: «Vosotros que me habéis seguido también os sentaréis sobre _____, para juzgar a las doce tribus de Israel». *«Doce tronos»* (Mt 19.28). Jesús estaba profetizando que sus discípulos reinarían en su reino futuro.

48. Llene los espacios en blanco: Jesús dijo: «Id a la aldea que está enfrente de vosotros, y luego hallaréis a una _____atada, y un _____con ella». *«Asna ... pollino»* (Mt 21.2).

49. Pregunta: ¿Por qué los cuatro hombres bajaron a su amigo a través del techo para que Jesús lo sanara? *Porque la casa estaba muy llena* (Mr 2.4).

50. Selección múltiple: ¿Cuál era la enfermedad que sufría el hombre que sus cuatro amigos bajaron por el techo? (a) lepra; (b) posesión demoniaca; o (c) parálisis. *(c) Parálisis* (Mr 2.3, 4).

51. Selección múltiple: Cuando bajaron al hombre por el techo, ¿qué le dijo Jesús primero? (a) «toma tu lecho y anda»; (b) «hijo, tus pecados te son perdonados»; o (c) «tu fe te ha sanado». *(b) «Hijo, tus pecados te son perdonados»* (Mr 2.5).

52. Selección múltiple: Los escribas y fariseos acusaron a Jesús de blasfemar por decir que él perdonaba los pecados del paralítico. ¿Cómo sabía Jesús de la acusación de ellos? (a) los escuchó decirlo; (b) lo supo en su espíritu; o (c) un discípulo se lo contó. *(b) Lo supo en su espíritu* (Mr 2.8).

53. Llene los espacios en blanco: «¿Qué es más fácil, decir al paralítico: Tus pecados te son _____, o decirle: levántate, toma tu _____ y _____?». *«Perdonados ... lecho ... anda»* (Mr 2.9).

54. Selección múltiple: ¿Quién en la casa de Jairo estaba a punto de morir? (a) su esposa; (b) su siervo favorito; o (c) su hija. *(c) Su hija* (Mr 5.23).

55. Pregunta: ¿Por qué el hombre de Gadara hizo su morada entre los sepulcros? *Tenía un espíritu inmundo*. Estaba poseído por demonios (Mr 5.2).

56. Selección múltiple: ¿Por qué nadie podía sujetar al endemoniado gadareno con cadenas? (a) La superstición mantuvo a la gente de la zona alejada de los sepulcros; (b) él era muy rápido para ellos; o (c) el endemoniado hacía pedazos todas las cadenas con que le ataban. *(c) El endemoniado había hecho pedazos las cadenas con que lo ataban* (Mr 5.4).

57. Selección múltiple: ¿Qué hizo el endemoniado gadareno cuando vio a Jesús? (a) le atacó con piedras; (b) trató de esconderse de Jesús; o (c) corrió y lo adoró. *(c) Corrió y lo adoró* (Mr 5.6). La adoración no era voluntaria sino un aterrador reconocimiento del poder divino. Para él Jesús era un atormentador, no un libertador (v. 7).

58. Pregunta: ¿Cuál era el nombre de los demonios del gadareno? *Legión* (Mr 5.9). Legión indicaba el enorme número de demonios en aquel hombre.

59. Selección múltiple: Cuando Jesús echó la legión de demonios del endemoniado, ellos pidieron permiso para entrar en algo. ¿Dónde querían entrar? (a) en el abismo; (b) en los sepulcros de alrededor; o (c) en un **hato de cerdos**. *(c) Un hato de cerdos* (Mr 5.12).

60. Selección múltiple: ¿Cuántos cerdos se precipitaron al mar después que Jesús echara la legión de demonios del endemoniado de Gadara? (a) doce; (b) doscientos; o (c) dos mil. *(c) Dos mil* (Mr 5.13).

61. Selección múltiple: ¿Qué pidió Jairo a Jesús que hiciera para sanar a su hija? (a) pusiera las manos sobre ella; (b) dijera una palabra sanadora; o (c) orara por ella. *(a) Pusiera las manos sobre ella* (Mr 5.23).

62. Selección múltiple: ¿En manos de quién la mujer con el flujo de sangre sufrió mucho y no se mejoró? (a) El sacerdote; (b) los exorcistas; o (c) los médicos. *(c) Los médicos* (Mr 5.26).

63. Selección múltiple: ¿Quién vino por entre la multitud y tocó el borde del manto de Jesús? (a) Un leproso; (b) Zaqueo; o (c) la mujer con el flujo de sangre. *(c) La mujer con el flujo de sangre* (Mr 5.27).

64. Selección múltiple: ¿Cómo supo la mujer con el flujo de sangre que fue sanada? (a) Ella sintió un poder que salía de Jesús; (b) la gente alrededor comenzó a alabar a Dios; o (c) ella sintió en el cuerpo que estaba sana. *(c) Ella sintió en el cuerpo que estaba sana* (Mr 5.29).

65. Selección múltiple: Cuando Jesús vino a la casa de Jairo, ¿qué dijo que causó que los que lamentaban se burlaran de Jesús? (a) «La niña no está muerta, sino duerme»; (b) «Si hubiera estado aquí, la niña no hubiera muerto»; o (c) 'dale de comer'. *(a) La niña no está muerta, sino duerme* (Mr 5.39, 40).

66. Selección múltiple: Además de mandarle que se levante, ¿qué hizo Jesús cuando resucitó a la hija de Jairo? (a) sopló sobre ella; (b) alzó la vista al cielo; o (c) la tomó de la mano. *(c) La tomó de la mano* (Mr 5.41).

67. Selección múltiple: Cuando Jesús resucitó a la hija de Jairo, él dijo: «Talita cumi», ¿qué significa esto? (a) «espíritu inmundo, apártate; (b) «Niña, a ti te digo, levántate»; o (c) 'padres, dadle de comer'. *(b) Niña, a ti te digo, levántate* (Mr 5.41).

68. ¿Verdadero o falso? Hubo más sobras de la alimentación de los cuatro mil que de la alimentación de los cinco mil. *Falso* (Mr 6.43; 8.8).

69. Selección múltiple: ¿Dónde se reclinaron los cinco mil cuando Jesús los alimentó? (a) sobre la arena; (b) sobre la hierba verde; (c) sobre rocas. *(b) Sobre la hierba verde* (Mr 6.39).

70. Selección múltiple: ¿En grupos de qué número se sentaron los cinco mil que Jesús alimentó? (a) Diez; (b) de cincuenta y de ciento; o (c) pares. *(b) De cincuentas y ciento* (Mr 6.40).

71. Selección múltiple: ¿Quiénes repartieron los panes y los peces a los cinco mil hombres y mujeres y niños? (a) Los niños que contribuyeron con sus alimentos; (b) las mujeres que acompañaban a Jesús para servir; o (c) los discípulos. *(c) Los discípulos* (Mr 6.41).

72. ¿Verdadero o falso? Antes que Jesús caminara sobre las aguas para llegar a los discípulos en la barca, estos se habían marchado mientras Jesús despedía a los cinco mil y oraba. *Verdadero* (Mr 6.45, 46). Después de uno de sus mayores milagros, Jesús sintió la abrumadora necesidad de estar a solas y orar. La multitud quería hacerlo rey, pero Jesús quería arrodillarse ante su Padre (cf. Jn 6.15).

73. Selección múltiple: ¿Cuál era el problema de la hija de la mujer sirofenicia? (a) muerte; (b) parálisis; o (c) un espíritu inmundo. *(c) Un espíritu inmundo* (Mr 7.25).

74. ¿Verdadero o falso? Cuando Jesús **llegó ante la hija de la sirofenicia, se acercó y la tocó.** *Falso*; Jesús la sanó a distancia (Mr 7.29, 30).

75. Selección múltiple: ¿Dónde la mujer sirofenicia encontró a su hija sana? (a) comiendo a la mesa; (b) acostada en la cama; o (c) corriendo para encontrarse con ella. *(b) Acostada en la cama* (Mr 7.30).

76. Selección múltiple: Cuando Jesús sanó al sordomudo, levantó los ojos al cielo y gimió: «Efata». ¿Qué significa Efata? (a) «Sé sano»; (b) «Ábrete»; o (c) «oye». *(b) «Ábrete»* (Mr 7.34, rvc).

77. Selección múltiple: ¿Cuánto tiempo los cuatro mil habían estado sin comer cuando Jesús decidió alimentarlos? (a) Doce horas; (b) tres días; o (c) seis días. *(b) Tres días* (Mr 8.2).

78. Selección múltiple: ¿Cuántas canastas de sobras se recogieron después de alimentar a los cuatro mil? (a) Doce; (b) cuarenta; o (c) siete. *(c) Siete* (Mr 8.8).

79. Selección múltiple: ¿Cuánto tiempo Jesús oró antes de escoger a sus doce discípulos? (a) Tres días; (b) toda la noche; (c) un día de reposo. *(b) Toda la noche* (Lc 6.12).

80. Selección múltiple: ¿Cómo resucitó Jesús al hijo de la viuda de Naín? (a) Abrió el sepulcro y le pidió que saliera; (b) tocó el féretro y le dijo que se levantara; o (c) le dijo que se fuera a su casa. *(b) Tocó el féretro y le dijo que se levantara* (Lc 7.14).

81. Selección múltiple: ¿De qué material estaba hecho la vasija, que contenía el perfume con el que la mujer pecadora ungió los pies de Jesús? (a) Alabastro; (b) ámbar; o (c) pórfido. *(a) Alabastro* (Lc 7.37). El alabastro era un mineral blanco suave, a menudo con vetas de color, que se tallaba y se usaba para vasos y ornamentos. Este era un vaso de perfume para un propósito especial.

82. Llene los espacios en blanco: El fariseo estaba sorprendido cuando vio que Jesús dejaba que la mujer le ungiera los pies. Pensó: «Este, si fuera _____, conocería quién y qué clase de mujer es la que le\o toca, que es _____». *«Profeta … pecadora»* (Lc 7.39).

83. Selección múltiple: ¿Qué edad tenía la hija de Jairo cuando Jesús la sanó? (a) tres años; (b) doce años de edad; o (c) veinte años de edad. *(b) Doce años de edad* (Lc 8.42).

84. Selección múltiple: Además de Pedro, Santiago, y Juan, ¿Quién entró con Jesús y vio que la hija de Jairo ya estaba sana? (a) el sumo sacerdote; (b) Juan el Bautista; o (c) los padres de la niña. *(c) Los padres de la niña* (Lc 8.51).

85. Pregunta: ¿Qué le pasó en una parábola de Jesús a «un hombre que viajaba de Jerusalén a Jericó? *Cayó en manos de ladrones, los cuales lo despojaron; lo hirieron, y se fueron dejándolo medio muerto* (Lc 10.30).

86. Selección múltiple: El experto en la Ley que interrogó a Jesús quiso justificarse cuando Jesús le respondió magistralmente. ¿Qué preguntó el abogado para

justificarse? (a) «¿Qué debo hacer para heredar la vida eterna?»; (b) «**Dónde debemos adorar?**»; o (c) '¿Y quién es mi prójimo?'. *(c)*«¿Quién es mi prójimo?» (Lc 10.29). La prueba inicial de aquel hombre consistía en esta pregunta: «¿Haciendo qué heredaré la vida eterna?» (v. 25).

87. Pregunta: Uno de los discípulos de Jesús le dijo: «Señor, enséñanos a orar, como también Juan enseñó a sus discípulos». ¿Qué nombre tiene ahora **la respuesta de Jesús?** *El Padrenuestro* (Lc 11.2-4).

88. Llene los espacios en blanco: Una mujer de entre la multitud clamó a gran voz: «Bienaventurado el vientre que te _____, y los senos que _____». «*Trajo ... mamaste*» (Lc 11.27).

89. Selección múltiple: Cuando cierto fariseo invitó a Jesús a cenar, ¿qué comportamiento de Jesús hizo que el fariseo se extrañara? (a) Sus buenos modales; (b) su conversación; o (c) que comiera sin lavarse las manos. *(c) Que comiera sin lavarse las manos* (Lc 11.38).

90. Selección múltiple: ¿Qué pasó por alto el fariseo mientras diezmaba la menta, y la ruda, y toda hortaliza? (a) Diezmar su dinero; (b) la justicia y el amor de Dios; o (c) la oración y la enseñanza de la ley. *(b) La justicia y el amor de Dios* (Lc 11.42).

91. Selección múltiple: Mientras que los fariseos descuidaban su amor por Dios, ¿qué dijo Jesús que ellos amaban? (a) las primeras sillas en las sinagogas, y las salutaciones en las plazas; (b) la levadura; o (c) apedrear a las mujeres sorprendidas en adulterio. *(a) Las primeras sillas en las sinagogas, y las salutaciones en la plaza* (Lc 11.43).

92. Selección múltiple: ¿Qué grupo de personas dijo Jesús que habían quitado la llave de la ciencia e impedían que la gente entrara en el conocimiento de Dios? (a) Los intérpretes de la ley; (b) los escribas; o (c) los fariseos. *(a) Los intérpretes de la ley* (Lc 11.52).

93. Selección múltiple: ¿Cómo el hermano mayor expresó su disgusto porque su padre había recibido al hermano pródigo con una fiesta? (a) Se enojó y no quería entrar en la fiesta; (b) tomó su herencia y se marchó; o (c) golpeó a su hermano. *(a) Se enojó y no quería entrar en la fiesta* (Lc 15.28).

94. ¿Verdadero o falso? Jesús dijo a Felipe: «¿Porque te dije: te vi debajo de la higuera, crees? Cosas mayores que esas veras». *Falso.* Jesús dijo esto a Natanael (Jn 1.49, 50).

95. ¿Verdadero o falso? Jesús dijo a los judíos: «Destruid este templo, y en siete días lo levantaré». *Falso.* Dijo tres días (Jn 2.19). «Él hablaba del templo de su cuerpo» (v. 21).

96. Llene los espacios en blanco: En las bodas en Caná cuando la madre de Jesús le dijo que ya no había vino, Jesús le dijo: «¿Qué tienes conmigo, mujer? Aun no ha venido mi _____». «*Hora*» (Jn 2.4).

97. Llene los espacios en blanco: En las bodas en Caná de Galilea, Jesús convirtió el _____ en _____. *Agua ... vino* (Jn 2.9).

98. Selección múltiple: Jesús reveló a Natanael que él conocía su carácter (sin engaño) antes de que lo hubiera conocido. Esto causó que Natanael: (a) creyera en la deidad de Jesús; (b) se apartara de Jesús; o (c) acusara a Jesús de hechicería. *(a) Creyera en la deidad de Jesús* (Jn 1.49).

99. ¿Verdadero o falso? Según el maestresala de la fiesta, el esposo en las bodas en Caná había guardado el buen vino para el final. *Verdadero* (Jn 2.10). Ni el maestresala de la fiesta ni el esposo sabían que el «buen vino» Jesús lo había provisto.

100. Complete la oración: Después que Jesús limpiara el templo, los judíos le pidieron una señal que probara su autoridad para hacer aquello. Jesús les respondió: «Destruid _____». «*Este templo, y en tres días lo levantaré*» (Jn 2.19).

101. Selección múltiple: ¿A qué evento el Evangelio de Juan aplica la declaración del salmista: «El celo por tu casa me consume»? (a) A la adoración tradicional judía; (b) la limpieza del templo; o (c) la declaración de Jesús acerca de la reconstrucción del templo. *(b) La limpieza del templo* (Jn 2.13-17).

102. Selección múltiple: ¿Qué dijo el Padre a Juan el Bautista para que reconociera al Hijo de Dios? (a) Su aureola; (b) el Espíritu descendería y permanecería sobre él; o (c) al pedirle que sea bautizado por Juan el Bautista. *(b) El Espíritu descendería y permanecería sobre él* (Jn 1.33, 34).

103. Selección múltiple: ¿Cuándo los discípulos se acordaron de esto de levantar el templo, y creyeron en la Escritura y en las palabras de Jesús. (a) Inmediatamente; (b) cuando Jesús levanto a Lázaro de entre los muertos; o (c) cuando Jesús resucitó. *(c) Cuando Jesús resucitó* (Jn 2.22).

104. Selección múltiple: ¿Cuál de estos hechos del Antiguo Testamento profetizó la crucifixión de Cristo en la cruz? (a) el subir Moisés al monte para recibir los Diez Mandamientos; (b) el levantar Moisés la serpiente en el desierto; o (c) el partimiento del Mar Rojo. *(b) El levantar Moisés la serpiente en el desierto* (Jn 3.14). En el desierto, cuando los israelitas estaban muriendo por causa de las serpientes venenosas, Dios proveyó liberación mediante una serpiente de bronce levantada en alto sobre un poste. Todos podían mirarla y sanar (Nm 21.6-9). En Cristo, Dios libra del pecado a todos los que miran con fe su sacrificio en la cruz.

105. Selección múltiple: Jesús dijo al hombre que había sanado en el estanque de Betesda que no pecara más: (a) Para que mostrara que él ahora creía en Jesús; (b) para que otros creyeran en Jesús; o (c) para que no le sobreviniera algo peor. *(c) Para que no le sobreviniera algo peor* (Jn 5.14).

106. Selección múltiple: ¿Cuántos esposos Jesús le dijo a la mujer junto al pozo de Jacob que ella había tenido? (a) Cinco; (b) tres; o (c) ninguno. *(a) Cinco* (Jn 4.18).

107. ¿Verdadero o falso? Cuando Jesús regresó a Caná de Galilea, sanó al hijo de un noble que estaba enfermo en Capernaum. *Verdadero* (Jn 4.46, 50, 51).

108. Llene los espacios en blanco: Jesús dijo al oficial con el hijo enfermo: «Si no viereis _____ y _____, no creeréis». «*Señales … prodigios*» (Jn 4.48).

109. Selección múltiple: El noble sabía que Jesús había sanado a su hijo porque la fiebre se quitó a las siete, a la misma hora que: (a) Jesús dijo: «Tu hijo vive»; (b) el noble llegó a su casa; o (c) el oficial tocó el borde del manto de Jesús. *(a) Jesús dijo: «Tu hijo vive»* (Jn 4.53).

110. Selección múltiple: La segunda señal de Jesús en Caná de Galilea fue: (a) convertir el agua en vino; (b) decir a la mujer samaritana acerca de su pasado; o (c) la curación del hijo del funcionario. *(c) La curación del hijo del funcionario* (Jn 4.54). Jesús hizo este milagro mientras estaba en Caná y el hijo enfermo estaba en Capernaum (v. 46).

111. Selección múltiple: Los enfermos en el estanque de Betesda estaban esperando que: (a) Jesús llegara; (b) los sacerdotes llegaran y los pronunciara limpios; o (c) el movimiento de las aguas. *(c) El movimiento de las aguas* (Jn 5.4).

112. Selección múltiple: ¿Quién o qué bajaba al estanque de Betesda y agitaba el agua para curar? (a) Un ángel; (b) Jesús; o (c) el Espíritu Santo. *(a) Un ángel* (Jn 5.4).

113. Selección múltiple: Jesús sanó al hombre que había estado enfermo por treinta y ocho años: (a) Ayudándolo a llegar primero a las aguas agitadas; (b) diciéndole que tomara su lecho y caminara; o (c) brotando barro por sus piernas. *(b) Diciéndole que tomara su lecho y caminara* (Jn 5.8).

114. ¿Verdadero o falso? El hombre que Jesús sanó en el estanque de Betesda se levantó y anduvo pero no tomó su lecho porque era día de reposo. *Falso*; tomó su lecho como Jesús le dijo (Jn 5.9).

115. Selección múltiple: Cuando los judíos preguntaron al hombre del estanque de Betesda quién le dijo que tomara su lecho y anduviera: (a) les dijo que Jesús; (b) rehusó responder; o (c) no sabía quién lo sanó. *(c) No sabía quién lo sanó* (Jn 5.13).

116. ¿Verdadero o falso? Otros samaritanos fueron a Jesús porque la mujer junto al pozo les contó su encuentro con Jesús. *Verdadero* (Jn 4.39).

117. Llene los espacios en blanco: Jesús permaneció en Samaria dos días después de encontrarse con la mujer junto al pozo, y muchos más creyeron cuando oyeron de Jesús. Y le dijeron a la mujer: «Verdaderamente éste es el _____ del mundo». *«Salvador»* (Jn 4.42).

118. Selección múltiple: Jesús alimentó a los cinco mil con: (a) dos panes y cinco peces; (b) cinco panes y dos peces; o (c) pan que compró con doscientos denarios. *(b) Cinco panes y dos peces* (Jn 6.9).

119. Llene los espacios en blanco: Jesús se declaró igual en poder a Dios cuando dijo a los judíos: «Porque como el Padre levanta a los _____, y les da _____, así también el _____ a los que quiere da vida». *«Muertos ... vida ... Hijo»* (Jn 5.21).

120. Selección múltiple: Solo el evangelio de Juan registra el tipo de grano con que se hicieron los panes, el cual Jesús usó para alimentar los cinco mil. ¿Qué tipo de grano era? (a) Trigo; (b) cebada; o (c) centeno. *(b) Cebada* (Jn 6.13).

121. Pregunta: ¿Qué milagro realizó Jesús de camino al otro lado del mar de Galilea a Capernaum después de haber alimentado a los cinco mil? *Caminó sobre las aguas* (Jn 6.19).

122. Selección múltiple: ¿Por qué la multitud siguió a Jesús y a sus discípulos a través del mar de Galilea a Capernaum? (a) Porque vieron las señales que Jesús hacía; (b) porque lo vieron caminar sobre el agua; o (c) porque comieron de los panes y se saciaron. *(c) Porque comieron del pan y se saciaron* (Jn 6.26).

123. Selección múltiple: ¿Desde cuándo sabía Jesús que sus discípulos no creían, y quién lo iba a traicionar? (a) Desde el principio; (b) desde el momento que alimentó a los cinco mil; o (c) desde el momento que declaró ser el pan de vida. *(a) Desde el principio* (Jn 6.64).

124. Selección múltiple: Mientras aseguraba que Dios era su Padre, Jesús dijo a los judíos que el Padre mostraría al Hijo mayores cosas de las que había hecho. ¿Por qué? (a) Para que los judíos se maravillaran; (b) para que los discípulos fueran más atentos; o (c) para que los samaritanos creyeran. *(a) Para que los judíos se maravillaran* (Jn 5.20).

125. Llene los espacios en blanco: Después de alimentar a los cinco mil, Jesús subió al monte solo porque percibió que algunos de la multitud iban a tomarle por la fuerza para proclamarlo su _____. *Rey* (Jn 6.15).

126. ¿Verdadero o falso? Algunos en la Fiesta de los Tabernáculos creían que Jesús era el Cristo; otros lo cuestionaban porque Jesús era de Galilea y el Mesías

debía proceder de Belén. *Verdadero* (Jn 7.41-43). Los que creyeron que Jesús era el Mesías basaban sus conclusiones en las señales que hacía (v. 31).

127. Selección múltiple: ¿Con qué que ritual que los judíos hacen en un día de reposo comparó Jesús la curación total de un hombre en ese día. (a) La oración para pedir perdón; (b) la limpieza del templo; o (c) la circuncisión. (c) *La circuncisión* (Jn 7.22, 23). Jesús razonó que si la circuncisión era legal en el día de reposo, mucho más lo era sanar.

128. Selección múltiple: Cuando Jesús dijo a los judíos: «Antes que Abraham fuese, yo soy», trataron de apedrearlo, pero él se escondió y luego salió del templo: (a) salió por la puerta trasera; (b) pasó por en medio de ellos; o (c) después que el gentío se dispersó. *(b) Pasó por en medio de ellos* (Jn 8.58, 59).

129. Llene los espacios en blanco: Jesús dijo a sus discípulos: «Me es necesario hacer las obras del que me envió, entre tanto que el _____ dura; la _____ viene, cuando nadie puede trabajar». «*Día ... noche*» (Jn 9.4).

130. Selección múltiple: Cuando Jesús dijo: «A donde yo voy, vosotros no podéis venir», los judíos pensaron que se estaba yendo: (a) a los montes; (b) al cielo; o (c) a matarse. *(c) A matarse* (Jn 8.22).

131. ¿Verdadero o falso? Mucha gente creyó en Jesús cuando dijo: «Porque el que me envió, conmigo esta; no me ha dejado solo el Padre, porque yo hago siempre lo que le agrada». *Verdadero* (Jn 8.29, 30).

132. Selección múltiple: ¿A quién los padres del ciego refirieron a los fariseos cuando preguntaron acerca de la curación de su hijo? (a) Jesús; (b) su hijo; o (c) a los discípulos. *(b) Su hijo.* Les dijeron: «Edad tiene, preguntadle a él; él hablará por sí mismo» (Jn 9.21).

133. Llene el espacio en blanco: Jesús dijo a los judíos después que declaró que él era uno con el Padre: «Aunque no me creáis a mí, creed a las _____, para que conozcáis y creáis que el Padre está en mí, y yo en el Padre». «*Obras*» (Jn 10.38).

134. ¿Verdadero o falso? María y Marta mandaron a decirle a Jesús que Lázaro había muerto. *Falso.* Le dijeron que Lázaro estaba enfermo (Jn 11.3).

135. Selección múltiple: Jesús dijo que Lázaro estaba enfermo: (a) porque comió alimento sin bendecir; (b) para que el Hijo de Dios fuera glorificado; o (c) porque tenía un demonio. *(b) Para que el Hijo de Dios fuera glorificado* (Jn 11.4).

136. Selección múltiple: ¿Cuánto tiempo había estado Lázaro en el sepulcro antes de que Jesús llegara? (a) Cuatro días; (b) tres días; o (c) un día. *(a) Cuatro días* (Jn 11.17).

137. ¿Verdadero o falso? María y Marta creían que si Jesús hubiera estado allí, Lázaro no hubiera muerto. *Verdadero* (Jn 11.21, 32).

138. Selección múltiple: Cuando Jesús dijo: «Cuando hayáis levantado al Hijo del Hombre, entonces conoceréis que yo soy», hablaba de: (a) su ascensión al trono de Israel; (b) su crucifixión; o (c) los fariseos que creían en él. *(b) Su crucifixión* (Jn 8.28).

139. ¿Verdadero o falso? Cuando Jesús dijo a Marta: «Tu hermano resucitará», ella pensó que Jesús aludía a la resurrección en el día postrero. *Verdadero* (Jn 11.23, 24).

140. Selección múltiple: Cuando Jesús mandó que quitaran la piedra del sepulcro de Lázaro, Marta objetó porque su hermano había estado muerto por un tiempo y quizá: (a) sea algo horrendo; (b) haya una revuelta; o (c) huela mal. *(c) huela mal..* (Jn 11.39).

141. Selección múltiple: Antes que Jesús llamara a Lázaro del sepulcro, él: (a) hizo callar a la multitud; (b) oró al Padre; o (c) pidió a María y a Marta que oraran. *(b) Oró al Padre* (Jn 11.41, 42).

142. Selección múltiple: Cuando Lázaro salió del sepulcro: (a) tenía atadas las manos y los pies con vendas; (b) no tenía vendas; o (c) salió saltando con gozo y alabando a Dios. (a) *Tenía atadas las manos y los pies con vendas* (Jn 11.44).

143. ¿Verdadero o falso? Jesús no se dolió de la muerte de Lázaro, porque planeaba demostrar su poder resucitándolo. *Falso.* Jesús lloró por la muerte de Lázaro (Jn 11.35).

144. Selección múltiple: Jesús oró antes de levantar a Lázaro del sepulcro que: (a) Dios bendijera sus esfuerzos; (b) que Dios diera poder a sus esfuerzos; o (c) para que la multitud creyera que Dios lo había enviado. *(c) para que la multitud creyera que Dios lo había enviado.* (Jn 11.42).

145. ¿Verdadero o falso? Los principales sacerdotes y los fariseos temían que si ellos dejaban que Jesús siguiera haciendo sus señales, todos creerían en él. *Verdadero* (Jn 11.47, 48).

146. ¿Verdadero o falso? Después que Jesús resucitó a Lázaro, dejó de caminar con libertad entre los judíos. Verdadero. *Verdadero* (Jn 11.54).

147. ¿Verdadero o falso? Aunque no lo confesaron, muchos de los gobernadores en la fiesta de la Pascua creyeron en Jesús. *Verdadero* (Jn 12.42).

148. Llene el espacio en blanco: Jesús cumplió la profecía de Zacarías cuando entró a Jerusalén sentado en un _____. *Pollino* (Jn 12.14, 15). Zacarías escribió: «Tu rey vendrá a ti, justo y salvador, humilde, y cabalgando sobre un asno, sobre un pollino hijo de asna» (Zac 9.9).

149. Llene el espacio en blanco: Israel no creyó en Jesús, aunque el Señor hizo muchas señales ante ellos, para que las palabras del profeta _____ se cumplieran: «Señor, ¿Quién ha creído nuestro anuncio? ¿Y a quién se ha revelado el brazo del Señor?». *Isaías* (Jn 12.38).

150. Llene los espacios en blanco: Después que Pilato mandó que azotaran a Jesús, «los soldados entretejieron una _____ de _____, y la pusieron sobre su cabeza, y le vistieron con un manto de _____». «*Corona ... espinas ... púrpura*» (Jn 19.2).

151. Selección múltiple: ¿Qué hizo Pilato con Jesús después que soltaron a Barrabás? (a) lo entregó a los judíos; (b) hizo que lo metieran en la cárcel; o (c) hizo que lo azotaran. (c) *Hizo que lo azotaran* (Jn 19.1).

152. Llene el espacio en blanco: Cuando Pilato terminó de interrogar a Jesús acerca de quién era él, dijo a los judíos: «Yo no hallo en él ningún _____». «*Delito*» (Jn 18.38). Pilato dijo esto tres veces (18.38; 19.4, 6).

153. Pregunta: ¿Qué pasó después que Pedro negara por la tercera vez que él era uno de los discípulos de Jesús? *Un gallo cantó* (Jn 18.27). Esto cumplió la profecía: «No cantará el gallo sin que me hayas negado tres veces» (13.38).

154. Llene el espacio en blanco: Jesús fue juzgado ante _____ suegro del sumo sacerdote, y luego ante _____ el sumo sacerdote. *Anás ... Caifás* (Jn 18.13, 24).

155. ¿Verdadero o falso? Por temor de su vida, Pedro rehusó responder a la criada que le pregunto si él era uno de los discípulos de Jesús. *Falso.* Él negó que fuera un discípulo (Jn 18.17). Para protegerse a sí mismo, Pedro dio falsas respuestas a cada acusación (vv. 17, 25, 27).

156. ¿Verdadero o falso? Pedro fue el único discípulo que siguió a Jesús cuando lo llevaron al sumo sacerdote. *Falso.* Otro discípulo también le siguió (Jn 18.15).

157. Selección múltiple: ¿Con qué un alguacil golpeó a Jesús porque pensó que Jesús respondió al sumo sacerdote inapropiadamente? (a) un látigo; (b) la palma de su mano; o (c) su puño. *(b) La palma de su mano* (Jn 18.22).

158. ¿Verdadero o falso? Judas fue solo al huerto donde traicionó a Jesús. *Falso*. Se fue con soldados, y alguaciles de los principales sacerdotes y fariseos (Jn 18.3).

159. ¿Verdadero o falso? Jesús describió la relación de los creyentes con el mundo diciéndoles que por haberlos elegido de entre el mundo, el mundo los envidiaría. *Falso*. El mundo los aborrecería (Jn 15.19).

160. Llene los espacios en blanco: Jesús rogó al Padre que no quitara del mundo a sus discípulos, sino «que los guardara_____». «*Del mal*» (Jn 17.15).

161. Llene el espacio en blanco: Cuando Jesús estaba por terminar de hablar con sus discípulos en el aposento alto, les dijo: «No hablaré ya mucho con vosotros; porque viene el _____ de este mundo, y él nada tiene en mí». «*Príncipe*» (Jn 14.30). Jesús hablaba de Satanás, que habría hecho un esfuerzo vano por destruirlo a través de la muerte.

162. ¿Verdadero o falso? Pilato rehusó cambiar el título: «El rey de los judíos» de la cruz de Jesús a: «Lo que he escrito, he escrito). *Verdadero* (Jn 19.22).

163. Llene el espacio en blanco: Jesús dijo a sus discípulos: «Viene la hora cuando cualquiera que os _____, pensará que rinde servicio a Dios». «*Mate*» (Jn 16.2).

164. Selección múltiple: ¿A qué comparó Jesús la tristeza de sus discípulos por su muerte y el gozo de su resurrección? (a) Al dolor en el trabajo y gozo en el reposo; (b) a la tristeza en la separación y gozo en la reunión; o (c) al dolor de la mujer cuando da a luz y el gozo por el nacimiento. *(c) El dolor de la mujer cuando da a luz y el gozo por el nacimiento* (Jn 16.21). Quiso decir que el gozo de la resurrección borraría la tristeza de los discípulos por causa de su muerte como el gozo del nacimiento borra el dolor del parto.

165. Llene el espacio en blanco: «Cuando venga el _____, a quien yo os enviaré del Padre, el Espíritu de verdad, el cual procede del Padre, él dará testimonio acerca de mí». «*Consolador*» (Jn 15.26).

166. Selección múltiple: El Salmista profetizó: «Repartieron entre sí mis vestidos, y sobre mi ropa echaron suertes». ¿Las acciones de quiénes cumplió esta Escritura? (a) las de los discípulos; (b) la de los miembros de la familia de Jesús; o (c) la de los soldados que crucificaron a Jesús. *(c) La de los soldados que crucificaron a Jesús* (Jn 19.23, 24).

167. Complete la oración: Pilato entregó a Jesús para ser crucificado cuando los principales sacerdotes negaron a Jesús al decir: «No tenemos más rey que _____». «*César*» (Jn 19.15).

168. Complete la oración: «Escribió también Pilato un título, que puso sobre la cruz, el cual decía: «_____ _____»». «*Jesús nazareno, rey de los judíos*» (Jn 19.19).

169. ¿Verdadero o falso? El soldado que atravesó el costado de Jesús con una lanza fue recompensado con su túnica. *Falso*. Los soldados echaron suertes para ver quién se quedaba con ella (Jn 19.24).

170. Llene los espacios en blanco: El título que Pilato escribió sobre la cruz de Jesús fue escrito en tres idiomas _____ , _____, y _____, porque el lugar donde fue crucificado estaba cerca de la ciudad. *Hebreo ... griego ... latín* (Jn 19.20). El hebreo era el idioma local, el griego era el comercial, y el latín era el lenguaje del imperio.

171. Pregunta: ¿En qué día de la semana María Magdalena fue al sepulcro y halló quitada la piedra? *El primer día de la semana* (Jn 20.1).

172. ¿Verdadero o falso? A Jesús lo enterraron en un sepulcro usado. *Falso*. Era un sepulcro nuevo (Jn 19.41).

173. ¿Verdadero o falso? El discípulo que Jesús amaba creyó que Jesús había resucitado cuando vio el sepulcro vacío porque conocía lo que decían las Escrituras que decían que Jesús resucitaría de entre los muertos. *Falso*. Él no conocía la Escritura (Jn 20.9).

174. Selección múltiple: ¿Qué hizo Pedro cuando notó que Jesús estaba en la playa mientras los discípulos pescaban? (a) Pidió que Jesús hiciera algo porque la pesca estaba muy mala; (b) caminó a la playa sobre el agua; o (c) se echó al mar. *(c) Se echó al mar* (Jn 21.7).

175. ¿Verdadero o falso? Cuando los discípulos lanzaron su red donde Jesús les dijo, ellos agarraron tantos peces que la red se rompió. *Falso*. La red no se rompió (Jn 21.11).

176. Selección múltiple: ¿Cuál de las siguientes no era una de las condiciones de Tomás para creer que Jesús había resucitado de entre los muertos? (a) Ver la señal de los clavos en sus manos; (b) ver la señal de los clavos en sus pies; o (c) poner su dedo en el agujero de los clavos. *(b) Ver la señal de los clavos en sus pies* (Jn 20.25).

177. Llene el espacio en blanco: Tomás vio al Señor resucitado _____días después que el resto de los discípulos. *Ocho* (Jn 20.26).

INSTRUCCIÓN

1. Selección múltiple: Según Mateo, ¿cuántas generaciones hubo en cada una de las eras desde Abraham a David, de David a la cautividad, y de la cautividad a Cristo? (a) 7; (b) 666; o (c) 14. *(c) 14* (Mt 1.17).

2. ¿Verdadero o falso? Mateo traza la genealogía de Jesús a Abraham, y Lucas traza la genealogía de Jesús hasta Adán. *Verdadero* (Mt 1.1l Lc 3.23-38). El interés de Mateo estaba en Jesús como el cumplimiento de las profecías mesiánicas de los judíos, y el interés de Lucas estaba en Jesús como el Salvador de la humanidad.

3. Pregunta: ¿Qué dijo Jesús que debe hacer para «que cumplamos toda justicia»? Él debía ser bautizado por Juan el Bautista (Mt 3.13, 15).

4. Pregunta: ¿Cuál fue el principal resultado que Juan el Bautista deseaba que se produjera en el corazón de los que oían el mensaje? *Arrepentimiento* (Mt 3.2), lo imprescindible para prepararse para el reino de Dios.

5. ¿Verdadero o falso? Juan el Bautista enseñó que el Mesías sería bautizado en agua y en el Espíritu Santo. *Falso*. En Espíritu Santo y fuego (Mt 3.11).

6. Llene los espacios en blanco: Juan el Bautista dijo: «Todo árbol que no da buen _____ es cortado y echado en el _____». *«Fruto … fuego»* (Mt 3.10). Dijo esto para advertir a su público judío que no debían confiar en su genealogía para hacerse aceptables a Dios. Cada uno era responsable ante Dios.

7. Pregunta: Después de descender sobre Jesús en su bautismo, ¿adónde llevó el Espíritu Santo a Jesús y para qué? *El Espíritu Santo llevó a Jesús al desierto para ser tentado por el diablo* (Mt 4.1).

8. Complete la oración: «No solo de pan vivirá el hombre _____». *«Sino de toda palabra que sale de la boca de Dios»* (Mt 4.4). O, «Sino de toda palabra de Dios» (Lc 4.4).

9. Selección múltiple: ¿Quiénes acudieron a servir a Jesús después de que Satanás lo dejó al final de la tentación en el desierto? (a) El Espíritu Santo; (b) los discípulos; o (c) los ángeles. *(c) Los ángeles* (Mt 4.11).

10. Pregunta: ¿Qué capítulos de Mateo incluye el Sermón del Monte? *Mateo 5-7.*

11. Complete la oración: «Bienaventurados los pobres en espíritu _____». *«Porque de ellos es el reino de los cielos»* (Mt 5.3).

12. Complete la oración: «Bienaventurados los que lloran _____». *«Porque ellos recibirán consolación»* (Mt 5.4).

13. Complete la oración: «Bienaventurados los mansos _____». *«Porque ellos recibirán la tierra por heredad»* (Mt 5.5). La mansedumbre no es debilidad. Es la fortaleza al servicio de la gentileza. La tierra necesita a los mansos; el mundo no es digno de ellos.

14. Complete la oración: «Bienaventurados los que tienen hambre y sed de justicia _____». *«Porque ellos serán saciados»* (Mt 5.6). La mayoría de los apetitos lo llevan a uno a desviarse cuando son muy intensos, pero la sed de justicia lleva a la satisfacción.

15. Complete la oración: «Bienaventurados los misericordiosos _____». *«Porque ellos alcanzarán misericordia»* (Mt 5.7), de Dios y del hombre.

16. Complete la oración: «Bienaventurados los de limpio corazón _____». *«Porque ellos verán a Dios»* (Mt 5.8).

17. Complete la oración: «Bienaventurados los pacificadores _____». *«Porque ellos serán llamados hijos de Dios»* (Mt 5.9). El Hijo de Dios vino para hacer la paz entre su Padre y la humanidad pecadora. Todos los pacificadores siguen sus pasos.

18. Complete la oración: «Bienaventurados los que padecen persecución por causa de la justicia _____». *«Porque de ellos es el reino de los cielos»* (Mt 5.10). El hombre justo cumple los requisitos clave del Sermón del Monte: «Porque os digo que si vuestra justicia no fuere mayor que la de los escribas y fariseos, no entraréis en el reino de los cielos» (v. 20).

19. Llene los espacios en blanco: «Vosotros sois la _____ de la tierra; pero si la _____ se _____, ¿con que será salada?». *«Sal ... sal ... desvaneciere»* (Mt 5.13).

20. Complete la oración: «Vosotros sois la luz del mundo; una ciudad _____». *«Asentada sobre un monte no se puede esconder»* (Mt 5.14).

21. Llene los espacios en blanco: «No penséis que he venido para abrogar la _____ o los _____; no he venido para abrogar, sino para _____». *«Ley ... profetas ... cumplir»* (Mt 5.17).

22. Llene los espacios en blanco: «Ni una _____ ni una _____ pasará de la ley, hasta que todo se haya cumplido». *«Jota ... tilde»* (Mt 5.18). La «jota» es la letra más pequeña del alfabeto hebreo, y la «tilde» era la marca más pequeña que distinguía una letra de otra similar.

23. Complete la oración: «Así alumbre vuestra luz delante de los hombres, para que _____». *«Vean vuestras buenas obras, y glorifiquen a vuestro Padre que está en los cielos»* (Mt 5.16).

24. Pregunta: En el Sermón del Monte, ¿qué dijo Jesús que era igual que matar? *El enojo contra el hermano sin causa* (Mt 5.21, 22).

25. Pregunta: En el Sermón del Monte, ¿qué dijo Jesús que uno debe hacer si el ojo derecho es causa de pecado? *«Sácalo y échalo de ti»* (Mt 5.29). El pecado debe sacarse de raíz de la vida de uno. La declaración hiperbólica de Jesús enfatiza la seriedad del asunto.

26. Pregunta: ¿Qué debe hacer una persona que va a adorar y recuerda que su hermano tiene algo contra él? *Dejar su ofrenda, ir, y reconciliarse con su hermano* (Mt 5.23, 24). Después debe volver y adorar porque entonces su adoración será recibida por Dios con agrado.

27. Llene los espacios en blanco: Jesús dijo: «Mejor te es que se pierda uno de tus miembros, y no que todo tu _____ sea echado al _____». *«Cuerpo … infierno»* (Mt 5.30). Uno no debe aferrarse al pecado y debido a eso sufrir perdición eterna.

28. ¿Verdadero o falso? La legislación del Antiguo Testamento era más restrictiva acerca del divorcio que lo que Jesús decía. *Falso.* (Dt 24.1-4; Mt 5.31, 32).

29. Selección múltiple: Jesús dijo que no debemos jurar por el trono de Dios. ¿Qué identificó Jesús como el trono de Dios? (a) La tierra; (b) Jerusalén; o (c) el cielo. *(c) El cielo* (Mt 5.34).

30. Llene los espacios en blanco: Jesús dijo: «Cuando digan algo, que sea _____, o _____; porque lo que es más de esto, proviene del mal». *«Sí, sí» … «no, no»* (Mt 5.37).

31. Complete la oración: «Oísteis que fue dicho: Ojo por ojo _____». *«Y diente por diente»* (Mt 5.38). La ley mosaica tenía una manera de tratar con las faltas del ofensor. Jesús no quería que se interpretara esto como un espíritu de revancha y venganza en la ley.

32. Complete la oración: Jesús dijo: «A cualquiera que te hiera en la mejilla derecha _____». *«Vuélvele también la otra»* (Mt 5.39). Jesús comparó esta actitud con «ojo por ojo, y diente por diente» (v. 38).

33. Complete la oración: Jesús dijo: «Y a cualquiera que te obligue a llevar carga por una milla _____». *«Ve con él dos»* (Mt 5.41). Pablo captó el espíritu de este consejo en la declaración: «No seas vencido de lo malo, sino vence con el bien el mal» (Ro 12.21).

34. Llene los espacios en blanco: Jesús dijo: «_____ a vuestros enemigos _____ bendecid a los que os maldicen». *«Amad … bendecid»* (Mt 5.44).

35. Complete la oración: Cuando Jesús llamó a Simón y Andrés para que fueran sus discípulos, les dijo: «Venid en pos de mí _____». *«Y os haré pescadores de hombres»* (Mt 4.18, 19). Ellos habían sido pescadores toda su vida, así que esta manera ilustrativa de traer hombres al reino de Dios era vívida para ellos.

36. Complete la oración: Jesús dijo: «Sed pues, vosotros perfectos, como vuestro _____». *«Padre que está en los cielos es perfecto»* (Mt 5.48).

37. Llene los espacios en blanco: «Mas cuando tú des limosna, no sepa _____ lo que hace _____». *«Tu izquierda … tu derecha»* (Mt 6.3). Esta es una forma exagerada de decir que una obra de generosidad debe ser entre el hacedor y Dios solamente.

38. ¿Verdadero o falso? Jesús enseñó que debemos hacer obras de caridad en secreto y que nuestro Padre en los cielos nos recompensará en secreto. *Falso.* Él nos recompensará en público (Mt 6.4).

39. ¿Verdadero o falso? Jesús nos enseñó a orar para que Dios pueda saber cuáles son nuestras necesidades. *Falso.* Dios sabe nuestras necesidades antes que le pidamos (Mt 6.8).

40. Selección múltiple: ¿Por qué, según Jesús, los hipócritas aman orar de pie en las sinagogas y en las esquinas de las calles? (a) para ser vistos por los hombres; (b) para que Dios pase por alto su hipocresía; o (c) para que las oraciones continuamente suban ante Dios. *(a) Para ser vistos de los hombres* (Mt 6.5).

41. Pregunta: En el Padrenuestro, ¿qué se pide a Dios que nos dé? *El pan nuestros de cada día* (Mt 6.11). El pan representa la necesidad básica de cada día.

42. Complete la oración: ¿Qué sigue a estas palabras del Padrenuestro? «Padre nuestro que estás en los cielos _____». *«Santificado sea tu nombre»* (Mt 6.9). La primera expresión de los discípulos de Jesús debe ser la expresión del deseo de que se honre como es debido el nombre del Padre.

43. Complete la oración: ¿Qué oración sigue a ésta en el Padrenuestro? «Y perdónanos nuestras deudas _____». *«Como también perdonamos a nuestros deudores»* (Mt 6.12). El gozo del perdón que Dios da a sus hijos depende que los hijos perdonen a los que los ofenden.

44. Complete la oración: El Padrenuestro termina de esta manera: «Porque tuyo es el _____». *«Reino, y el poder, y la gloria, por todos los siglos»* (Mt 6.13).

45. Pregunta: ¿Dónde los discípulos deben orar que la voluntad de Dios se haga al igual que se hace en el cielo? *En la tierra* (Mt 6.10).

46. ¿Verdadero o falso? Jesús enseñó que el verdadero ayuno se muestra en la tristeza en el rostro del que ayuna. *Falso.* El que ayuna no debe parecer raro a los que le rodean (Mt 6.16-18).

47. Llene los espacios en blanco. Jesús dijo: «Haceos _____ en el cielo, donde ni la polilla ni el orín _____, y donde _____ no minan ni hurtan. *«Tesoros ... corrompen ... ladrones»* (Lucas 12:19).

48. Pregunta: En el Sermón del Monte, ¿dónde dijo Jesús que hiciéramos tesoro? *En el cielo* (Mt 6.20).

49. Pregunta: ¿Qué dijo Jesús que es la lámpara del cuerpo? *El ojo* (Mt 6.22; Lc 11.34).

50. Llene los espacios en blanco: «Si tu _____ es bueno, todo tu cuerpo estará lleno de _____». *«Ojo ... luz»* (Mt 6.22).

51. Llene el espacio en blanco: Jesús dijo: «Ninguno puede servir a dos _____; porque o aborrecerá al uno y amara al otro, o estimara al uno y menospreciará al otro». *«Señores»* (Mt 6.24). Los dos señores que Jesús tenía en mente eran Dios y Mamón (la riqueza material).

52. Llene los espacios en blanco: Jesús dijo: «No podéis servir a _____ y a las _____». *«Dios ... Mamón»* (Mt 6.24).

53. Llene los espacios en blanco: Jesús dijo: «¿No es la vida más que el _____, y el cuerpo más que el _____?». *«Alimento ... vestido»* (Mt 6.25)

54. Selección múltiple: ¿Qué puso Jesús como ejemplos de la confianza en Dios porque «no siembran, ni siegan, ni recogen en graneros», pero disfrutan del alimento que Dios les da? (a) los lirios del campo; (b) las aves del cielo; o (c) los peces del mar. *(b) Las aves del cielo* (Mt 6.26).

55. Llene el espacio en blanco: Jesús preguntó: «¿Quién de vosotros podrá, por mucho que se _____, añadir a su estatura un codo?». *«Afane»* (Mt 6.26).

56. Pregunta: Según Jesús, ¿qué personaje del Antiguo Testamento nunca se vistió como los lirios del campo? *Salomón* (Mt 6.29). Salomón era el más esplendido de los antiguos reyes de Israel.

57. Llene los espacios en blanco: Jesús dijo: «Y si la _____ del campo que hoy es, y mañana se echa en el _____, Dios la _____ así, ¿no hará mucho más a vosotros?». *«Hierba ... horno ... viste»* (Mt 6.30).

58. Selección múltiple: ¿Quién dijo Jesús que buscan afanosamente comida, bebida, y vestido? (a) Las mujeres; (b) los escribas y los fariseos; o (c) gentiles.

(c) Gentiles (Mt 6.32), que representan a todos los creyentes que no tienen o que han rechazado la revelación de Dios de cómo vivir en apacible confianza.

59. Pregunta: En el Sermón del Monte, ¿qué dijo Jesús que los discípulos deben buscar primeramente? *El reino de Dios* (Mt 6.33). Dios proveerá las necesidades de la vida en su tiempo.

60. Llene los espacios en blanco: «Basta a cada _____ su propio _____». «*Día ... mal*» (Mt 6.34).

61. Selección múltiple: Si un creyente busca el reino de Dios y su justicia: «todas estas cosas le serán añadidas». ¿Cuáles son «estas cosas»? (a) Comida, bebida, y vestidos; (b) salud, riqueza, larga vida; o (c) alimento, compañerismo, y amigos. *(a) Comida, bebida y vestidos* (Mt 6.31-33).

62. Pregunta: Jesús profetizó que a sus discípulos se les diría lo que debían decir en su defensa cuando los llevaran ante los gobernadores y reyes. ¿Quién les hablaría? *El Espíritu de su Padre* (Mt 10.20).

63. ¿Verdadero o falso? Jesús dijo: «El que persevere hasta el fin, será salvo». *Verdadero* (Mt 10.22). La perseverancia para el cristiano es más un resultado de su dependencia en vez de un resultado de su determinación.

64. ¿Verdadero o falso? Jesús habló en parábolas para cumplir la profecía de Isaías de que el pueblo oiría y no entendería. *Verdadero* (Mt 13.13-15).

65. Llene los espacios en blanco: Mateo citó Isaías: «He aquí mi siervo, a quien he escogido; mi amado, en quien se _____ mi alma; pondré mi _____ sobre él». «*Agrada ... Espíritu*» (Mt 12.18). Esta cita es de Isaías 42, en el que Isaías cuenta cómo el Siervo de Jehová traerá «justicia a las naciones» (v. 1).

66. Pregunta: En la parábola de Jesús del trigo y la cizaña, ¿por qué el dueño no quería que la cizaña se recogiera antes de la cosecha? *Temía que arrancaran el trigo al arrancar la cizaña* (Mt 13.29).

67. Llene los espacios en blanco: Jesús dijo: «El reino de los cielos es semejante a la _____ que tomó una mujer, y escondió en tres medidas de harina, hasta que todo fue _____». «*Levadura ... leudado*» (Mt 13.33). El reino influenciaría la sociedad en la que sus ciudadanos vivieran.

68. Llene los espacios en blanco: «Abriré en parábolas mi _____; declararé cosas escondidas desde la _____ del mundo». «*Boca ... fundación*» (Mt 13.35). Aunque las parábolas ocultan la verdad de aquellos cuyos corazones no están dispuestos, revelan nueva información espiritual a los que estén dispuestos a oír.

69. Selección múltiple: ¿Qué no prevalecerá contra la edificación de la iglesia de Jesús? (a) los pecadores e hipócritas; (b) las puertas del Hades; o (c) los emperadores romanos. *(b) Las puertas del Hades* (Mt 16.18). Las puertas del Hades representan el reino del mal.

70. Llene los espacios en blanco: Jesús dijo: «El Hijo del Hombre vendrá en la gloria de su Padre con sus _____ , y entonces pagará a casa uno conforme a sus _____ ». «*Ángeles ... obras*» (Mt 16.27).

71. Pregunta: En la parábola del Buen Samaritano, ¿cuántos judíos pasaron de largo antes de que llegara el samaritano? *Dos* (Lc 10.31, 32). Y los dos eran un sacerdote y un levita, judíos que debían guiar a la nación con su actitud y valores.

72. Selección múltiple: ¿Cómo respondió Jesús cuando el abogado dijo que un prójimo es «el que usó de misericordia con él»? (a) «tú lo has dicho»; (b) «sígueme»; o (c) «ve, y haz tu lo mismo». *(c) «Ve, y haz tú lo mismo»* (Lc 10.37).

73. **¿Verdadero o falso?** Jesús dijo: «María, María, afanada y turbada estás con muchas cosas. Pero solo una cosa es necesaria; y Marta ha escogido la buena parte, la cual no le será quitada». *Falso.* Marta era la afanada y turbada (Lc 10.41, 42).

74. **Llene los espacios en blanco:** Jesús dijo: «Aunque no se levante a dárselos por ser su _____, sin embargo por su _____ se levantará y le dará todo lo que necesite». «*Amigo …importunidad*» (Lc 11.8). Lo que Jesús quiso recalcar en esta historia es que un discípulo debe persistir en oración.

75. **Complete la oración:** Jesús dijo: «Pedid, y se os dará _____». «*Buscad, y hallaréis; llamad, y se os abrirá*» (Lc 11.9).

76. **Selección múltiple:** La declaración de Jesús acerca de un reino o una casa dividida contra sí mismo era para ilustrar la imposibilidad que uno se oponga a sí mismo. ¿Quién era? (a) Jesús mismo; (b) Herodes; o (c) Satanás. *(c) Satanás* (Lc 11.18). Los judíos acusaron a Jesús de echar fuera demonios por el poder de Satanás. Jesús quiso decir que esa sería actitud esquizofrénica de Satanás.

77. **Selección múltiple:** Jesús comparó a los escribas y los fariseos a algo que los hombres pueden pisotear sin saberlo. ¿A qué Jesús los comparó? (a) calles; (b) ríos subterráneos; o (c) sepulcros. *(c) Sepulcros* (Lc 11.44). La imagen sugiere un interior en decadencia, corrupto, detrás de una máscara agradable.

78. **Pregunta:** ¿Qué hace un espíritu inmundo que regresa y encuentra que su antigua casa está limpia y en orden? *Trae otros siete espíritus peores que él y el postrer estado del hombre viene a ser peor que el primero* (Lc 11.26).

79. **Selección múltiple:** ¿Qué identificó Jesús como «la levadura de los fariseos»? (a) incredulidad; (b) hipocresía; o (c) la codicia. *(b) La hipocresía* (Lc 12.1).

80. **Selección múltiple:** ¿Cuál de estos no estaba perdido en la parábola de Lucas 15? (a) Un hijo; (b) una esposa; o (c) una oveja. *(b) Una esposa* (Lc 15.1-32).

81. **Selección múltiple:** Jesús dijo: «Ganad amigos por medio de las _____ injustas, para que cuando éstas falten, os reciban en las _____ eternas». «*Riquezas … moradas*» (Lc 16.9).

82. **Llene los espacios en blanco:** Jesús dijo: «El que es fiel en lo muy _____, también en lo _____ es fiel». «*Poco … más*» (Lc 16.10). Dios desea ver nuestra fidelidad en lo que uno es capaz de hacer antes que él aumente nuestra responsabilidad.

83. **Llene los espacios en blanco:** En la parábola de Jesús del mayordomo malo, el amo alabó al mayordomo malo porque «los hijos de este siglo son más _____ en el trato con sus semejantes que los hijos de _____». «*Sagaces … luz*» (Lc 16.8). El mayordomo fue alabado por su particularidad en el uso del dinero. No se admira su inmoralidad.

84. **Llene los espacios en blanco:** En la parábola, el pródigo planeaba decir: «Padre, he pecado contra el _____ y contra ti. Ya no soy digno de ser llamado tu _____». «*Cielo … hijo*» (Lc 15.18, 19).

85. **Selección múltiple:** ¿Por qué los hermanos del rico no habrían creído si Lázaro se apareciera a ellos de entre los muertos? (a) Ellos no creían en fantasmas; (b) Ellos no oyeron a Moisés ni a los profetas; o (c) ellos no sabían que Lázaro estaba muerto. *(b) Ellos no oyeron a Moisés ni a los profetas* (Lc 16.31).

86. **Llene los espacios en blanco:** Jesús dijo a los siervos en la fiesta de bodas en Caná: «Llenad estas tinajas de _____». «*Agua*» (Jn 2.7). Estas tinajas podían contener veinte a treinta galones cada una.

87. **Selección múltiple:** Jesús dijo a los siervos en la fiesta de bodas en Caná que llevaran una muestra del contenido de la tinaja: (a) Al maestresala de la fiesta; (b) al

esposo; o (c) a su madre. *(a) Al maestresala de la fiesta* (Jn 2.8). Él tenía la responsabilidad de aprobar el vino que se servía en la fiesta de bodas.

88. Llene los espacios en blanco: Jesús dijo a los vendedores de palomas en el templo: «Quitad de aquí esto, y no hagáis de la _____ casa de mercado». *«Casa de mi Padre»* (Jn 2.16).

89. Selección múltiple: Cuando Jesús dijo a la mujer samaritana: «Yo soy, el que habla contigo» él quería decir: (a) El Mesías; (b) un profeta; o (c) su amigo. *(a) El Mesías* (Jn 4.25, 26). Jesús estaba respondiendo a su declaración: «Sé que ha de venir el Mesías... Cuando él venga nos declarará todas las cosas».

90. Complete la oración: Jesús dijo a Nicodemo que: «El que no naciere de nuevo, no puede ver _____». *«El reino de Dios»* (Jn 3.3). El reino de Dios es espiritual, y sus ciudadanos deben haber experimentado un nacimiento espiritual (v. 6).

91. Selección múltiple: ¿De qué dijo Jesús a Nicodemo que no se maravillara? (a) de las señales que él hacía; (b) el Espíritu; o (c) que le dijo o es necesario nacer de nuevo. *(c) Que le dijo os es necesario nacer de nuevo* (Jn 3.7).

92. Llene los espacios en blanco: Jesús respondió a Nicodemo: «El que no naciere de _____ y del _____, no puede entrar en el reino de Dios». *«Agua ... Espíritu»* (Jn 3.5).

93. Llene el espacio en blanco: Jesús cuestionó la capacidad de Nicodemo de creer las cosas celestiales, porque Nicodemo no creía en las cosas _____ que Jesús le dijo. *Terrenales* (Jn 3.12).

94. Selección múltiple: Jesús dijo a sus discípulos que los campos estaban: (a) Marrones; (b) dorados; o (c) blancos para la cosecha. *(c) Blancos para la cosecha* (Jn 4.35). Mientras Jesús observaba la multitud a su alrededor, vio que estaba lista para creer si alguien estaba allí para «cosecharla». En ese tiempo, Jesús estaba en Samaria donde una enorme multitud creyó.

95. Selección múltiple: Cuando Jesús dijo a sus discípulos: «Tengo una comida que comer, que vosotros no sabéis» quería decir que: (a) ya había comido; (b) su comida era acabar la obra de su Padre; o (c) estaba ayunando. *(b) Su comida era acabar la obra de su Padre* (Jn 4.34).

96. Complete la oración: «Porque de tal manera amó Dios al mundo, que _____».. *«Ha dado a su Hijo unigénito, para que todo aquel que en él cree, no se pierda, más tenga vida eterna»* (Jn 3.16).

97. ¿Verdadero o falso? Dios envió su Hijo al mundo para condenar al mundo. *Falso* (Jn 3.17).

98. Llene los espacios en blanco: «Y esta es la condenación: que la _____ vino al mundo, y los hombres amaron más las _____ que la _____». *«Luz ... tinieblas ... luz»* (Jn 3.19). La luz expone las malas obras, pero las tinieblas las esconde.

99. Selección múltiple: Los hombres amaron más las tinieblas que la luz porque: (a) la luz es confusa; (b) sus obras eran malas; o (c) no necesitaban de la luz. *(b) Sus obras eran malas* (Jn 3.19).

100. Selección múltiple: Jesús le dijo a Nicodemo que «el que practica la verdad viene a la luz _____» (a) «para recibir la aprobación de Dios»; (b) «para que sea manifiesto que sus obras son hechas en Dios»; o (c) «para recibir la aprobación del hombre». *(b) «Para que sea manifiesto que sus obras son hechas en Dios»* (Jn 3.21).

101. Llene el espacio en blanco: Cuando los discípulos de Juan el Bautista se quejaron que Jesús estaba bautizando y ganando seguidores, Juan les dijo: «No puede el hombre recibir nada, si no le fuere dado del _____». *«Cielo»* (Jn 3.27).

102. Selección múltiple: Juan el Bautista expresó gozo porque Jesús ganaba discípulos al compararse con: (a) el esposo; (b) la esposa; o (c) el amigo del esposo. *(c) El amigo del esposo* (Jn 3.29). El amigo del esposo era el encargado de preparar la celebración, al igual que Juan allanó el camino para el ministerio de Jesús.

103. Llene los espacios en blanco: Juan el Bautista dijo de Jesús y de sí mismo: «Es necesario que él _____, pero que yo _____». «*Crezca ... mengüe*» (Jn 3.30).

104. Llene el espacio en blanco: «El Padre ama al Hijo, y _____ las cosas ha entregado en su mano». «*Todas*» (Jn 3.35).

105. Selección múltiple: Jesús envió sus discípulos a: (a) Sembrar; (b) Segar; o (c) preparar para la cosecha. *(b) Segar* (Jn 4.38). La siembra y la preparación para la cosecha ya las han hecho otros.

106. Complete la oración: «De cierto, de cierto os digo: El que oye mi palabra, y cree al que me envió, tiene _____». «*Vida eterna; y no vendrá a condenación, mas ha pasado de muerte a vida*» (Jn 5.24).

107. Llene los espacios en blanco: La multitud le preguntó a Jesús qué debían hacer para cumplir las obras de Dios. Jesús les respondió: «Que _____ en el que él ha _____». «*Creáis ... enviado*» (Jn 6.29). La dificultad era aceptar que Jesús fuera enviado por el Padre.

108. Llene los espacios en blanco: «Yo soy el pan de vida; el que a mí viene, nunca tendrá _____; y el que en mí cree, no tendrá _____ jamás». «*Hambre ... sed*» (Jn 6.35). Este versículo ayuda a explicar la naturaleza espiritual de comer la carne de Jesús y beber de su sangre (v. 53).

109. Complete la oración: «Todo lo que el Padre me da, vendrá a mí _____». «*Y al que a mí viene, no lo echo fuera*» (Jn 6.37).

110. Complete la oración: «Mas a todos lo que le recibieron, a los que creen en su nombre, les dio_____».. «*Potestad de ser hechos hijos de Dios*» (Jn 1.12).

111. Selección múltiple: Jesús dijo a sus hermanos que el mundo le aborrecía porque: (a) resentían la atención que él recibía; (b) pensaron que él los engañaba; o (c) Jesús dijo que sus obras son malas. *(c) Jesús dijo que sus obras son malas* (Jn 7.7).

112. Selección múltiple: Jesús dijo a la mujer junto al pozo que la hora viene cuando los verdaderos adoradores adorarán al Padre: (a) En la sinagoga y la iglesia; (b) en el monte Gerizim y en Jerusalén; o (c) en espíritu y en verdad. *(c) En espíritu y en verdad* (Jn 4.23). Esa hora sería cuando el Mesías sea revelado.

113. Llene el espacio en blanco: Los fariseos dijeron a Nicodemo que no había razón para oír más a Jesús porque de _____ nunca se había levantado profeta. *Galilea* (Jn 7.52).

114. Pregunta: ¿Qué hecho en el Antiguo Testamento ilustra al pueblo judío la venida de Jesús al mundo como el pan vivo del cielo? *El envío de Dios del maná en el desierto* (Jn 6.48-51).

115. Pregunta: ¿Cuándo Jesús dijo que resucitará «todo lo que me diere»? *En el día postrero* (Jn 6.39, 40).

116. Llene el espacio en blanco: En el último día de la fiesta, Jesús se puso en pie y alzó la voz diciendo que el que cree en él, de su interior correrán ríos de agua viva. Él dijo esto del _____ que habían de recibir los que creyesen en él. *Espíritu* (Jn 7.37-39). El Espíritu sería dado después que Jesús fuera glorificado.

117. Llene el espacio en blanco: Cuando el pueblo estaba enojado contra Jesús porque había sanado en un día de reposo, Jesús les dijo: «No juzguéis según las _____, sino juzgad con justo juicio». «*Apariencias*» (Jn 7.24).

118. Llene el espacio en blanco: Cuando los principales sacerdotes y los fariseos quisieron saber por qué Jesús todavía no estaba preso, los alguaciles respondieron: «¡Porque jamás hombre alguno ha _____ como este hombre!». «*Hablado*» (Jn 7.46).

119. Llene los espacios en blanco: Jesús dijo a los acusadores de la mujer sorprendida en el acto de adulterio: «El que de vosotros esté _____ sea el primero en arrojar la piedra contra ella». «*Sin pecado*» (Jn 8.7).

120. Selección múltiple: Jesús dijo a los judíos que si Dios fuera su padre ellos: (a) Lo amarían; (b) no mentirían; o (c) serían bautizados. *(c) Lo amarían* (Jn 8.42). Loe amarían porque él dijo «yo de Dios he salido, y he venido».

121. Complete la oración: «Yo soy la luz del mundo; el que me sigue, no _____». «*Andará en tinieblas, sino que tendrá la luz de la vida*» (Jn 8.12).

122. Llene el espacio en blanco: Jesús dijo a los judíos en el templo: «Yo me voy, y me buscaréis, pero en vuestro pecado _____; a donde yo voy, vosotros no podéis venir». «*Moriréis*» (Jn 8.21).

123. Llene los espacios en blanco: Jesús reveló una gran verdad cuando dijo a los judíos: «De cierto, de cierto os digo: Antes que Abraham fuese _____». «*Yo soy*» (Jn 8.58). Jesús reveló su deidad y su eternidad.

124. ¿Verdadero o falso? Cuando Jesús dijo a los judíos: «Vosotros sois de abajo; yo soy de arriba», quiso decir: «Vosotros sois del infierno; y yo soy del cielo». *Falso*. «Vosotros sois de este mundo, yo no soy de este mundo» (Jn 8.23).

125. Complete la oración: «Y conoceréis la verdad, y la verdad _____». «*Os hará libres*» (Jn 8.32).

126. Llene el espacio en blanco: Cuando los judíos dijeron a Jesús que jamás fueron esclavos de nadie, les respondió: «Todo aquel que hace pecado, _____ es del pecado». «*Esclavo*» (Jn 8.34).

127. Llene los espacios en blanco: Jesús dijo al ciego de nacimiento: «Para juicio he venido yo a este mundo; para que los que no _____, vean, y los que ven, sean _____». «*Ven …cegados*» (Jn 9.39).

128. Selección múltiple: La oveja sigue al pastor porque conoce: (a) sus pasos; (b) su olor; o (c) su voz. *(c) Voz* (Jn 10.4).

129. Complete la oración: Jesús dijo: «Yo he venido para que tengan _____». «*Vida, y para que la tengan en abundancia*» (Jn 10.10).

130. Selección múltiple: ¿Por qué el asalariado huye cuando oye que viene el lobo? (a) tiene miedo; (b) corre para pedir ayuda; o (c) no le importan las ovejas. *(c) No le importan las ovejas* (Jn 10.13).

131. Llene el espacio en blanco: Marta reconoció que Jesús era el Mesías cuando dijo: «Si, Señor; yo he creído que tú eres el _____, el Hijo de Dios que has venido al mundo». «*Cristo*» (Jn 11.27). Marta no dudó de la identidad y el poder de Jesús, pero ella esperaba que él previniera la muerte de su hermano. Ella no esperaba que Jesús le resucitara (vv. 21, 24).

132. Llene los espacios en blanco: Jesús dijo: «Y yo les doy vida eterna [a mis ovejas], y no _____ jamás, ni nadie las _____ de mi mano». «*Perecerán … arrebatará*» (Jn 10.28).

133. Complete la oración: Jesús dijo: «Yo soy la resurrección y la vida; el que cree en mí _____». «*Aunque esté muerto, vivirá*» (Jn 11.25). Jesús dijo esto a Marta mientras la consolaba después de la muerte de su hermano Lázaro que después Jesús resucitó.

134. Selección múltiple: Jesús dijo a Judas, «déjala», porque María había guardado el perfume costoso para: (a) ungir sus pies; (b) su sepultura; o (c) su resurrección. *(b) Su sepultura* (Jn 12.7).

135. Selección múltiple: Judas cuestionó por qué el perfume que María derramó sobre los pies de Jesús no se vendió para dar el dinero a los pobres. Él dijo esto porque: (a) Su familia era pobre y sería de beneficio; (b) quería tener acceso al dinero para sí mismo; o (c) estaba celoso de la atención que María dio a Jesús. *(b) Él quería tener acceso al dinero* (Jn 12.6).

136. Llene los espacios en blanco: Jesús aprobó que María ungiera sus pies con el perfume costoso: «Porque a los _____ siempre los tendréis con vosotros, mas a _____ no siempre me tendréis». *«Pobres … mí»* (Jn 12.8).

137. Complete la oración: «Andad entretanto que tenéis luz, para que no os sorprendan las tinieblas; porque el que anda en tinieblas, no sabe _____». *«A dónde va»* (Jn 12.35). La verdad de la luz de Dios hace posible llevar una vida sabia; el error del mundo de las tinieblas hace que la vida desordenada sea inevitable.

138. Llene los espacios en blanco: «El que ama su vida, la _____; y el que aborrece su vida en este mundo, para vida eterna la _____». *«Perderá … guardará»* (Jn 12.25). Esta es una de las grandes paradojas de la vida cristiana.

139. Llene los espacios en blanco: Jesús dio a sus discípulos un ejemplo para seguir cuando les lavó los pies. «Pues si yo, el Señor y el Maestro, he lavado vuestros pies, vosotros también debéis lavaros los pies _____». *«Los unos a los otros»* (Jn 13.14).

140. Llene los espacios en blanco: Jesús dijo: «No _____, para que no seáis _____». *«Juzguéis … juzgados»* (Mt 7.1). Esta no es una prohibición absoluta de que se evalúe, sino la condenación de un espíritu crítico (cf. vv. 2, 6).

141. Selección múltiple: ¿Cómo termina este versículo? «No os afanéis por el día de mañana, porque el día de mañana _____»: (a) «pronto terminará»; (b) «traerá su afán»; o (c) «nunca vendrá». *(b) «Traerá su afán»* (Mt 6.34).

142. Complete la oración: «Un mandamiento nuevo os doy: Que _____». *«Os améis unos a otros; como yo os he amado, que también os améis unos a otros»* (Jn 13.34).

143. Selección múltiple: ¿Por cuál característica dijo Jesús que la gente reconocería a sus discípulos? (a) por el amor que se muestran unos a otros; (b) al lavarse los pies unos a otros; o (c) por su corazón de siervo. *(a) Por el amor que muestran a otros* (Jn 13.35).

144. Complete la oración: «Yo soy el camino _____». *«La verdad, y la vida; nadie viene al Padre, sino por mí»* (Jn 14.6).

145. Llene el espacio en blanco: Jesús dijo a Felipe: «Las palabras que yo os hablo, no las hablo por mi _____, sino que el Padre que mora en mí, él hace las obras». *«Propia cuenta»* (Jn 14.10).

146. Complete la oración: Jesús dijo a sus discípulos: «Si me amáis _____». *«Guardad mis mandamientos»* (Jn 14.15).

147. Complete la oración: Jesús dijo a sus discípulos: «En la casa de mi Padre muchas moradas hay; si así no fuera, yo os lo hubiera dicho; voy, pues _____». *«A preparar lugar para vosotros»* (Jn 14.2).

148. Llene los espacios en blanco: Jesús dijo a sus discípulos que él iba a preparar un lugar para ellos, y añadió: «Vendré _____, y os _____ a mí mismo, para que donde yo estoy, vosotros también estéis». *«Otra vez … tomaré»* (Jn 14.3).

149. **Pregunta:** ¿Quién dijo Jesús a los discípulos que les enseñaría todas las cosas y los ayudaría a recordar todas las cosas que él les había enseñado, puesto que él no estaría en el mundo? *El Espíritu Santo* (Jn 14.26). Jesús prometió enviar al Espíritu Santo a sus discípulos después de su muerte.

150. **Selección múltiple:** ¿Qué dijo Jesús que dejaría con sus discípulos para que sus corazones no estuvieran turbados ni temerosos? (a) Esperanza; (b) amor; o (c) paz. *(c) Paz* (Jn 14.27).

151. ¿**Verdadero o falso?** Jesús dijo a sus discípulos que ya no les llamaría siervos, porque los siervos no saben lo que hace su señor, sino amigos porque les había dicho todo lo que su Padre le dijo. *Verdadero* (Jn 15.15).

152. **Selección múltiple:** Jesús dijo a sus discípulos: «En el mundo tendréis aflicción; pero confiad, yo he vencido al mundo», porque: (a) «He vencido al mundo»; (b) «estoy con vosotros siempre»; o (c) «recibirán al consolador». *(a) «He vencido al mundo»* (Jn 16.33). Ninguna tribulación que el mundo genere puede destruir al discípulo de Jesús. Puede que mate al discípulo, pero Jesús cambiará esa muerte en victoria.

153. **Selección múltiple:** ¿Por qué el Espíritu Santo convencerá al mundo de pecado? (a) porque la Ley no es clara; (b) porque no creen en Jesús; o (c) porque sus obras son malas. *(b) Porque no creen en Jesús* (Jn 16.9).

154. **Llene el espacio en blanco:** Jesús realizó obras en el mundo que ningún otro hizo; el mundo vio lo que él hizo y aborreció a Jesús y a su Padre. Jesús dijo, esto pasó para que se cumpliera la palabra escrita en su ley: «Sin _____ me aborrecieron». «*Causa*» (Jn 15.25).

155. **Selección múltiple:** En su oración por sus discípulos, Jesús rogó al Padre que los santificara en su verdad. ¿Qué dijo Jesús que es la verdad? (a) el amor de Dios; (b) las palabras de Dios; o (c) el carácter de Dios. *(b) La palabra de Dios* (Jn 17.17).

156. ¿**Verdadero o falso?** Cristo oró por la unidad de todos los creyentes para que pudieran ser uno con él y el Padre. *Verdadero* (Jn 17.20, 22, 23).

157. **Selección múltiple:** Cuando Jesús asintió a los soldados en el huerto que él era Jesús de Nazaret, les dijo respecto de los discípulos: «Pues si me buscáis a mí _____» (a) «Quedaos conmigo también»; (b) «dejad ir a estos»; o (c) «queden libres de castigo». *(b) «Dejad ir a estos»* (Jn 18.8).

158. **Llene el espacio en blanco:** Después que Jesús le dijo a Pedro que pusiera su espada en la vaina, preguntó: «La _____ que el Padre me ha dado, ¿no la he de beber?» «*Copa*» (Jn 18.11). Jesús no resistiría el arresto ni la persecución porque esa era la manera de que la voluntad del Padre se cumpliese.

159. **Llene los espacios en blanco:** En su oración por sí mismo, Jesús definió la vida eterna como conocer «al único _____ verdadero, y a _____, a quien has enviado». «*Dios … Jesucristo*» (Jn 17.3).

160. **Selección múltiple:** ¿Qué dijo Pilato a los judíos que hicieran con Jesús cuando lo llevaron ante él? (a) dejadle ir; (b) tomadle y matadle; o (c) tomadle y juzgadle según vuestra ley. *(c) Tomadle y juzgadle según vuestra ley* (Jn 18.31). Pilato reconoció que el asunto era esencialmente religioso en vez de civil. No quiso envolverse en disputas de nivel espiritual.

161. ¿**Verdadero o falso?** Cuando el sumo sacerdote preguntó a Jesús acerca de su doctrina, Jesús le dijo que preguntara a los que le habían oído hablar de sus enseñanzas. *Verdadero* (Jn 18.21).

162. Llene el espacio en blanco: Cuando el sumo sacerdote interrogó a Jesús acerca de su doctrina, este respondió: «Yo públicamente he hablado al mundo; siempre he enseñado en la sinagoga y en el templo, donde se reúnen todos los judíos, y nada he hablado en _____». «*Oculto*» (Jn 18.20).

163. Selección múltiple: ¿Qué razón dijo Jesús a Pilato de que sus servidores no pelearan? (a) Porque había muy pocos de ellos; (b) porque su reino no era de este mundo; o (c) porque prevendría que las Escrituras se cumpliesen. *(b) Porque su reino no era de este mundo* (Jn 18.36).

164. Selección múltiple: Cuando Jesús estaba lavando los pies de los discípulos, dijo: «No estáis limpios todos». ¿Qué quería decir? (a) solamente sus pies estaban limpios; (b) sus cuerpos estaban limpios no sus pies; o (c) uno de ellos era un traidor. *(c) Uno de ellos era un traidor* (Jn 13.11).

165. ¿Verdadero o falso? Jesús dijo a Pilato que si Pilato tenía alguna autoridad contra Él era porque le había sido dado de arriba. *Verdadero* (Jn 19.11).

166. Selección múltiple: Al responder a Pilato, ¿quién dijo Jesús que tenía mayor pecado? (a) Pilato; (b) Caifás; o (c) el que lo entregó a Pilato. *(c) El que lo entregó a Pilato* (Jn 19.11).

167. Selección múltiple: Después de resucitar, ¿qué le dijo Jesús a María Magdalena lo reconoció? (a) «Paz sea contigo»; (b) «recibe el Espíritu Santo»; o (c) «no me toques, porque aún no he subido a mi Padre». *(c) «No me toques, porque aún no he subido a mi Padre»* (Jn 20.17).

168. Llene los espacios en blanco: Cuando Jesús apareció primero a sus discípulos después de haber resucitado, sopló, y les dijo: «Recibid el _____». «*Espíritu Santo*» (Jn 20.22).

169. Pregunta: ¿A quién dijo Jesús: «Pon aquí tu dedo, y mira mis manos; y acerca tu mano, y métela en mi costado»? *A Tomás* (Jn 20.27).

170. ¿Verdadero o falso? Los huesos rotos de Jesús y su costado traspasado fueron el cumplimiento de la Escritura judía. *Verdadero* (Jn 19.36, 37). Los huesos sin quebrar cumplieron el Salmo 34.20, y el costado traspasado cumple la de Zacarías 12.10 y 13.6.

171. ¿Verdadero o falso? Juan registró todas las señales que Jesús realizó mientras estaba en la tierra. *Falso* (Jn 20.30). Por cierto, Juan piensa que si todo lo que Jesús había hecho se hubiera escrito, «en el mundo no cabrían los libros que se habrían de escribir» (21.25).

172. Llene el espacio en blanco: La segunda vez que Jesús preguntó a Pedro si lo amaba, le dijo que _____ sus ovejas. *Pastoreara* (Jn 21.16).

173. Selección múltiple: ¿Qué dijo Jesús a los discípulos que hicieran cuando llegaron a la orilla después de pescar? (a) «Síganme»; (b) «Alimenten mis ovejas»; o (c) «traed de los peces que acabáis de pescar». *(c) «Traed de los peces que acabáis de pescar»* (Jn 21.10). Los habían pescado siguiendo las instrucciones de Jesús. Por ellos mismos, los discípulos habían estado pescando toda la noche sin éxito (vv. 3, 6).

174. Llene el espacio en blanco: La primera vez que Jesús preguntó a Pedro si lo amaba, le dijo a Pedro que apacentara sus _____. *Corderos* (Jn 21.15).

175. Selección múltiple: En Juan 21, ¿a qué discípulo Jesús dijo dos veces que lo siguiera? (a) al discípulo al que Jesús amaba; (b) a Tomás; o (c) a Pedro. *(c) a Pedro* (Jn 21.17-22).

176. Llene los espacios en blanco: La tercera vez que Jesús le preguntó a Pedro si lo amaba, le dijo, _____. *Apacienta mis ovejas* (Jn 21.17).

177. ¿Verdadero o falso? Porque Jesús dijo del discípulo que le amaba: «Si quiero que él quede hasta que yo venga», se rumoraba que aquel discípulo no moriría.
Verdadero (Jn 21.23). En el siguiente versículo, Juan se identificó como el discípulo que Jesús amaba. Escribió: «Este es el discípulo que da testimonio de estas cosas» (v. 24).

HECHOS DE LOS APÓSTOLES

PERSONAS

1. Selección múltiple: ¿A quién dirigió Lucas Hechos de los Apóstoles? (a) Hermas; (b) Teófilo; o (c) Alejandro. *(b) Teófilo* (Hch 1.1). Lucas también dirigió su evangelio a Teófilo. El nombre es una combinación de dos palabras griegas que significa «Amigo de Dios».

2. Pregunta: Jesús comparó el bautismo del Espíritu Santo con el bautismo en agua en manos de un gran profeta nacido antes de Jesús. ¿Cómo se llamaba? *Juan el Bautista* (Hch 1.5).

3. Selección múltiple: ¿Cuántos varones con vestiduras blancas (obviamente ángeles) estuvieron presentes y visibles en la ascensión de Jesús al cielo? (a) Tres; (b) dos; o (c) siete. *(b) Dos* (Hch 1.10).

4. Selección múltiple: Hubo dos hombres llamados Judas entre los doce apóstoles de Jesús. Judas Iscariote el que le traicionó. ¿Cómo se identifica el otro Judas en el libro de los Hechos? (a) El hijo de Juan; (b) el celote; o (c) el hijo de Jacobo. *(c) El hijo de Jacobo* (Hch 1.13). Este hombre se llamaba también «Lebeo» (Mt 10.3), «Tadeo» (Mr 3.18), y 'Judas (no el Iscariote)' (Jn 14.22).

5. ¿Verdadero o falso? Hubo varias mujeres que se incluían en el grupo selecto de los discípulos que esperaban en Jerusalén la venida del Espíritu Santo. *Verdadero* (Hch 1.14).

6. Selección múltiple: ¿Cuáles fueron los nombres de los dos hombres candidatos para posible reemplazo de Judas como un apóstol? (a) José y Bernabé; (b) Santiago y Juan; o (c) José y Matías. *(c) José y Matías* (Hch 1.23).

7. Selección múltiple: ¿Quién fue escogido por los discípulos para reemplazar a Judas como uno de los doce apóstoles? (a) Bernabé; (b) Matías; o (c) Apolos. *(b) Matías* (Hch 1.26).

8. Selección múltiple: ¿Qué profeta del Antiguo Testamento citó Pedro para empezar su sermón en el día de Pentecostés? (a) Isaías; (b) Jeremías; o (c) Joel. *(c) Joel* (Hch 2.16). Pedro citó Joel 2.28-32, que habla del Espíritu de Dios siendo derramado sobre toda carne. Pedro dice que eso estaba pasando en el día de Pentecostés.

9. Pregunta: ¿Quién era el compañero de Pedro cuando se encontró con el cojo camino al templo? (a) Mateo; (b) Juan; o (c) Santiago. *(b) Juan* (Hch 3.1, 2).

10. Selección múltiple: ¿Quién dijo: «El Señor vuestro Dios os levantará profeta de entre vuestros hermanos»? (a) David; (b) Moisés; o (c) Juan el Bautista. *(b) Moisés* (Hch 3.22). Moisés es el principal tipo de Cristo en el Antiguo Testamento.

11. Selección múltiple: ¿Cuál fueron los nombres de la pareja que mintió a Pedro y al Espíritu Santo acerca de cuánto dinero habían recibido por vender un pedazo de su tierra? (a) Aquila y Priscila; (b) Ananías y Safira; o (c) Zacarías y Elizabet.

(b) Ananías y Safira (Hch 5.1-11). Ambos murieron por mentir. Era un juicio importante para la pureza de la iglesia primitiva.

12. Selección múltiple: ¿Quién fue el judío renombrado que dio este consejo respecto al cristianismo? «Apartaos de estos hombres, y dejadlos; porque si este consejo o esta obra es de los hombres, se desvanecerá; mas si es de Dios, no lo podréis destruir; no seáis tal vez hallados luchando contra Dios». (a) Tadeo; (b) Caifás; o (c) Gamaliel. *(c) Gamaliel* (Hch 5.34-39). Pablo fue enseñado por Gamaliel en Jerusalén mientras se preparaba para convertirse en un rabino (Hch 22.3).

13. ¿Verdadero o falso? El apóstol Pablo estaba presente en el apedreamiento de Esteban. *Verdadero.* El nombre judío de Pablo era Saulo que se usa en Hechos 7.58.

14. Selección múltiple: ¿Quién trató de comprar el poder del Espíritu Santo de Pedro y Juan en Samaria? (a) Ananías; (b) Apolo; o (c) Simón. *(c) Simón* (Hch 8.14, 18, 19). Simón anteriormente había practicado hechicería en Samaria y era muy conocido por sus poderes mágicos.

15. Selección múltiple: Felipe encontró un eunuco etíope en el camino y le presentó el evangelio. ¿Al servicio de qué persona estaba el eunuco? (a) El rey Augusto; (b) la reina Candace; o (c) el rey Alejandro. *(b) La reina Candace* (Hch 8.27). Candace era su título en vez de su nombre.

16. Selección múltiple: ¿Quién era el discípulo en Damasco que recibió a Saulo después de su conversión? (a) Bernabé; (b) Ananías; o (c) Aquila. (b) *Ananías* (Hch 9.10-19).

17. Selección múltiple: Cuando Saulo (Pablo) vino primero a Jerusalén, los discípulos pensaron que él no era un discípulo verdadero y le temían. ¿Quién mostró denuedo y trajo Pablo a los apóstoles? (a) Simón; (b) Apolos; o (c) Bernabé. *(b) Bernabé* (Hch 9.26, 27).

18. Selección múltiple: Pedro, a través del poder de Cristo sanó a alguien en la ciudad de Lida. ¿Qué paralítico sanó? (a) Natanael; (b) Eneas; o (c) Urbano. *(b) Eneas* (Hch 9.32-25).

19. Selección múltiple: En Jope, Pedro, a través del poder de Cristo, levantó a una mujer de la muerte. Ella se llamaba Tabita, pero se la conoce mejor por otro nombre. ¿Cuál es el nombre por la que mejor se la conoce? (a) Dorcas; (b) Lidia; o (c) Febe. *(a) Dorcas* (Hch 9.36). *Dorcas* es la traducción del otro nombre *Tabita*.

20. Selección múltiple: En Hechos 10, el evangelio va por la primera vez a los gentiles. Pedro lleva el evangelio a la casa de un centurión romano. ¿Cuál era el nombre de este centurión romano? (a) Justo; (b) Cornelio; o (c) Julio. *(c) Cornelio* (Hch 10.1).

21. Selección múltiple: ¿Con quién se hospedaba Pedro cuando Cornelio envió por él para que viniera a su casa? (a) Alejandro el herrero; (b) Simón el curtidor; o (c) Aquila el hacedor de tiendas. *(b) Simón el curtidor* (Hch 10.5, 6). Simón vivía en la ciudad portuaria de Jope. Este es la misma Jope de la cual Jonás partió mientras huía para no obedecer al Señor.

22. Selección múltiple: ¿Cuántas personas envió Cornelio para traer a Pedro a su casa? (a) Tres; (b) cuatro; o (c) cinco. *(a) Tres* (Hch 10.7, 8). Dos de los tres eran sus criados y uno era un «devoto soldado».

23. Selección múltiple: ¿Qué apóstol tuvo una visión de un gran lienzo lleno de animales que bajaba del cielo? (a) Pedro; (b) Santiago; o (c) Juan. *(a) Pedro* (Hch 10.9-12; 11.4-6). Pedro consideraba difícil creer que Dios aceptaría gentiles como había aceptado a los judíos que creyeron en Jesús. Pedro consideraba a los gentiles impuros, como los animales del gran lienzo.

24. Pregunta: Cuando Pedro fue a contarle las nuevas de salvación a Cornelio, este había invitado a dos grupos de personas para que oyeran el mensaje. ¿Quiénes eran ellos? *Los parientes y amigos más íntimos* (Hch 10.24).

25. Selección múltiple: De estos tres hombres, ¿sobre qué grupo de personas vino el Espíritu Santo al concluir Pedro su mensaje en la casa de Cornelio? (a) los judíos; (b) los gentiles; o (c) los griegos. *(b) Los gentiles* (Hch 10.44). Esto marcó el principio del evangelio que se extendía a los gentiles.

26. Selección múltiple: Lucas afirma que la persecución en Jerusalén se levantó especialmente como resultado del testimonio de un hombre. ¿Quién fue ese hombre? (a) Pedro; (b) Juan; o (c) Esteban. *(c) Esteban* (Hch 11.19).

27. Selección múltiple: Cuando las nuevas de la grandes conversiones en Antioquía llegó a la iglesia de Jerusalén, ¿a quién enviaron a Antioquía? (a) Pedro; (b) Juan; o (c) Bernabé. *(c) Bernabé* (Hch 11.22).

28. Selección múltiple: ¿A quién Bernabé trajo para que se uniera a él en el ministerio en Antioquía? (a) Pedro; (b) Juan; o (c) Saulo. *(c) Saulo* (Hch 11.25, 26). Aproximadamente siete años habían pasado desde que los apóstoles enviaran a Pablo de vuelta a Tarso desde Jerusalén. Muchos quizá habían olvidado a Pablo, pero no Bernabé.

29. Selección múltiple: ¿Quién fue el profeta que vino a Antioquía y profetizó que un gran hambre venía a toda la tierra? (a) Felipe; (b) Jeremías; o (c) Agabo. *(c) Agabo* (Hch 11.27, 28).

30. Selección múltiple: ¿Quién fue el emperador romano durante el tiempo del hambre en toda la tierra? (a) Julio; (b) Claudio; o (c) Augusto. *(b) Claudio* (Hch 11.28). Claudio era el César desde el 41 D.C. hasta el 54.

31. Llene el espacio en blanco: Los cristianos en Antioquía enviaron un regalo a los necesitados en Judea por manos de _____ y _____. *Bernabé ... Saulo* (o Pablo) (Hch 11.29, 30).

32. Selección múltiple: ¿Quién era el gobernador romano que hizo matar al apóstol Jacobo con una espada? (a) Pilato; (b) Herodes; o (c) Félix. *(b) Herodes* (Hch 12.1, 2). Este no es el mismo Herodes que hizo ejecutar a Juan y estaba presente en el juicio de Jesús. Ese era Herodes Antipas y este era Herodes Agripa.

33. Selección múltiple: Después que Herodes matara a Jacobo, ¿a quién otro puso en la cárcel? (a) Juan; (b) Pedro; o (c) Judas. *(b) Pedro* (Hch 12.1-4). El planeó también matar a Pedro para ganar favor con los judíos.

34. Selección múltiple: Cuando Pedro fue liberado de la cárcel en Hechos 12, fue a la casa de una mujer identificada como María. ¿Cómo además se la identifica? (a) Como la madre de Jesús; (b) como la madre de Juan Marcos; o (c) como María Magdalena. *(b) Como la madre de Juan Marcos* (Hch 12.11, 12). María había abierto su casa a la iglesia en Jerusalén como lugar de reunión.

35. Selección múltiple: ¿Cuántos grupos de soldados mandó Herodes que custodiaran a Pedro después que arrestara al apóstol? (a) Seis; (b) doce; o (c) cuatro. *(c) Cuatro* (Hch 12.3, 4).

36. Selección múltiple: Después de ser liberado de la prisión por un ángel, Pedro fue a una cierta casa. ¿Quién abrió la puerta cuando Pedro golpeó? (a) María; (b) Marta; o (c) Rode. *(c) Rode* (Hch 12.13). *Rode* significa «Rosa».

37. Selección múltiple: Hechos 12 registra el nombre del camarero mayor del rey Herodes. ¿Cuál era su nombre? (a) Blasto; (b) Julio; o (c) Festo. *(a) Blasto* (Hch 12.20).

38. Selección múltiple: Después que Saúl y Bernabé habían entregado un regalo de la iglesia en Antioquía a la iglesia en Jerusalén, regresaron a Antioquía. ¿A quién llevaron de vuelta con ellos? (a) Timoteo; (b) Silas; o (c) Juan Marcos. *(c) Juan Marcos* (Hch 12.25). Este es el mismo que escribió el evangelio que lleva su nombre, el Evangelio de Marcos.

39. Selección múltiple: Uno de los profetas y maestros presentes en la iglesia de Antioquía había sido criado junto con Herodes el tetrarca. ¿Cuál era su nombre? (a) Simeón; (b) Bernabé; o (c) Manaen. *(c) Manaen* (Hch 13.1).

40. Selección múltiple: ¿Cuál era el nombre del procónsul en Pafos que quería escuchar la palabra de Dios de Saúl y Bernabé? (a) Simón Bar-Jonás; (b) Sergio Paulo; o Lucio. *(b) Sergio Paulo* (Hch 13.7). Un procónsul era el gobernador de una provincia. Sergio Paulo era el oficial de más alto rango en Chipre.

41. Selección múltiple: ¿Cuál era el nombre del profeta falso en Pafos que se opuso a Saulo y Bernabé? (a) Simón; (b) Barjesús; o (c) Barjonás. *(b) Barjesús* (Hch 13.6-8).

42. Selección múltiple: ¿A quién Saulo llamó «hijo del diablo» mientras ministraba en Pafos? (a) Elimas; (b) Lucio; o (c) Sergio. *(a) Elimas* (llamado también Bar-Jesús) (Hch 13.8-10). Él fue llamado también un profeta falso (v. 6) y un mago (v. 8).

43. Selección múltiple: ¿Quién fue cegado por Dios durante el ministerio de Pablo en Chipre? (a) Simón, el mago; (b) Alejandro el herrero; o (c) Elimas el mago. *(c) Elimas el mago* (Hch 13.8-11).

44. Selección múltiple: ¿Quién dejó a Pablo y Bernabé en Perge y regresó a Jerusalén? (a) Silas; (b) Lucas; o (c) Juan. *(c) Juan* (Hch 13.13).

45. Selección múltiple: Un mago quedó ciego porque pervirtió el camino de Dios. ¿Quién se convirtió como resultado del milagro? (a) Crispo Gayo; (b) Sergio Paulo; o (c) Julio César. *(b) Sergio Paulo* (Hch 13.6-12).

46. Pregunta: ¿Cuántas personas salieron de Antioquía en el primer viaje misionero? *Tres.* Saulo (Pablo), Bernabé, y Juan (Hch 13.2-5). Pablo y Bernabé tenían a Juan como ayudante.

47. Selección múltiple: Según el sermón de Pablo en Hechos 13, Dios proveyó a Israel de jueces por aproximadamente 450 años hasta el tiempo de qué profeta? (a) Isaías; (b) Ezequiel; o (c) Samuel. *(c) Samuel* (Hch 13.20), el último juez en Israel. A éste sigue el primer rey de Israel.

48. Selección múltiple: ¿Quién era el padre de Saúl, el primer rey de Israel? (a) Rubén; (b) Jocabed; o (c) Cis. *(c) Cis* (Hch 13.21).

49. Selección múltiple: ¿De cuál de las doce tribus de Israel era el rey Saúl? (a) Judá; (b) Simeón; o (c) Benjamín. *(c) Benjamín* (Hch 13.21). El apóstol Pablo también era de esta tribu.

50. Pregunta: ¿Quién era el segundo rey en la nación de Israel? *David* (Hch 13.22). El ángel Gabriel prometió a María que a su hijo Jesús se le daría el trono de su padre David (Lc 1.32). El reino de David fue el que Dios prometió que sería eterno (2 S 7.16).

51. Selección múltiple: ¿Quién dijo: «Mas he aquí viene tras mí uno de quien no soy digno de desatar el calzado de los pies»? (a) Juan el hermano de Santiago; (b) Juan el Bautista; o (c) Santiago hermano de Juan. *(b) Juan el Bautista* (Hch 13.25). Juan vio a sí mismo como el escogido para presentar al Mesías a Israel y preparar sus corazones para recibirle.

52. Pregunta: ¿A qué líder romano los judíos pidieron que matara a Jesús? *Pilato* (Hch 13.28).

53. Selección múltiple: ¿De qué persona del Antiguo Testamento dijo Dios que era un hombre conforme a su corazón? (a) Moisés; (b) Abraham; o (c) David. *(c) David* (Hch 13.22).

54. Selección múltiple: ¿Qué rey de Israel dijo Dios que haría la voluntad de Dios? (a) Josías; (b) Salomón; o (c) David. *(c) David* (Hch 13.22).

55. Llene los espacios en blanco: En el sermón de Pablo en Hechos 13, él cita el Salmo 16.10 en referencia a Jesús. Ese salmo dice: «No permitirás que _____ _____ vea corrupción». «*Tu Santo*» (Hch 13.35). Pablo señala que David había muerto, fue enterrado, y «vio corrupción» (v. 36). Por tanto, David no podía haber referido de sí mismo. Esta debió ser una referencia al que había resucitado, Jesús.

56. Selección múltiple: ¿Quién sanó a un cojo de nacimiento en la ciudad de Listra? (a) Pedro; Pablo o (c) Juan. *(b) Pablo* (Hch 14.8-10). Pedro realizó un milagro similar en Hechos 3.

57. Selección múltiple: ¿A quién el pueblo de Listra llamó «Júpiter» después que Pablo sanara un cojo de nacimiento? (a) Pablo; (b) Bernabé; o (c) Silas. *(b) Bernabé* (Hch 14.12).

58. Selección múltiple: Cuando Pablo sanó a un cojo en Listra, el pueblo pensó que él era un dios griego. ¿Cómo le llamaron? (a) Zeus; (b) Hermes; o (c) Júpiter. *(b) Hermes* (Hch 14.12). Hermes es el nombre griego para Mercurio como se le describe en la mitología griega.

59. Selección múltiple: ¿Qué apóstol fue apedreado, arrastrado fuera de Listra, y dejado por muerto? (a) Juan; (b) Pablo; o (c) Bernabé. *(b) Pablo* (Hch 14.19).

60. Selección múltiple: Cuando Pablo y Bernabé volvieron a visitar las iglesias de su primer viaje misionero, ellos constituyeron líderes. ¿Cómo se llamaban estos líderes? (a) Diáconos; (b) ancianos; o (c) obispos. *(b) Ancianos* (Hch 14.23). *Anciano* era el término común usado para el líder en la sinagoga judía. Había más de un anciano en cada sinagoga. El título expresaba la dignidad del oficio e indicaba que los líderes no eran jóvenes.

61. Selección múltiple: ¿Cómo llama Lucas a la gente que se reunió alrededor de Pablo y mostraron interés por él después que haya sido apedreado en Listra? (a) Cristianos; (b) discípulos; o (c) creyentes. *(b) Discípulos* (Hch 14.20). Discípulo es el término común que se usaba para todos los cristianos en el libro de los Hechos y ocurre varias veces.

62. Selección múltiple: ¿Quién arguyó con los judaizantes en Antioquía contra la necesidad de la circuncisión para salvación? (a) Santiago y Juan; (b) Pablo y Bernabé; o (c) Pedro y Santiago. *(b) Pablo y Bernabé* (Hch 15.1, 2).

63. ¿Verdadero o falso? Cuando la iglesia en Antioquía envió a Pablo y a Bernabé a Jerusalén a tratar el asunto de la circuncisión, ellos enviaron otros también con ellos. *Verdadero* (Hch 15.2). La iglesia primitiva consideró sabio incluir muchos en el proceso de decisión cuando se trataba asuntos de suma importancia. Ningún individuo por sí mismo tomaba la decisión respecto a los asuntos de la iglesia la iglesia.

64. Selección múltiple: ¿Los creyentes de qué secta judía urgían el asunto de la circuncisión en la iglesia de Jerusalén? (a) Los fariseos; (b) los saduceos; o (c) los esenios. *(b) Los fariseos* (Hch 15.5).

65. Selección múltiple: ¿Quién dijo: «Dios ninguna _____. Hizo entre nosotros (judíos) y ellos (gentiles), purificando por la fe sus corazones» durante el primer concilio? (a) Pedro; (b) Pablo; o (c) Jacobo. *(a) Pedro* (Hch 15.7-9).

66. Selección múltiple: ¿Quién en el concilio en Jerusalén mostró de las Escrituras del Antiguo Testamento que los gentiles deben ser incluidos plenamente en la iglesia aparte de guardar la ley de Moisés? (a) Pedro; (b) Pablo; o (c) Jacobo. *(c) Jacobo* (Hch 15.13, 17).

67. Selección múltiple: En el debate en el concilio en Jerusalén, ¿quién dijo: «Yo juzgo que no se inquiete a los gentiles que se convierten a Dios»? (a) Pablo; (b) Pedro; o (c) Jacobo. *(c) Jacobo* (Hch 15, 13, 19).

68. Selección múltiple: Dos personas fueron escogidas para acompañar a Pablo y Bernabé de regreso a Antioquía luego de concluido el concilio en Jerusalén. Uno era Judas. ¿Quién era el otro? (a) Pedro; (b) Jacobo; o (c) Silas. *(c) Silas* (Hch 15.22).

69. Selección múltiple: Judas, que era un líder en la iglesia en Jerusalén, ¿qué otro nombre también tenía? (a) Barrabas; (b) Bernabé; o (c) Barsabás. *(c) Barsabás* (Hch 15.22).

70. ¿Verdadero o falso? Judas era uno de los líderes en la iglesia en Jerusalén. *Verdadero* (Hch 15.22). Este no es el mismo Judas que era parte de los discípulos en el aposento alto el día de la Pascua (Jn 14.22).

71. Selección múltiple: ¿Quién comenzó con Pablo en su segundo viaje misionero? (a) Timoteo; (b) Bernabé; o (c) Silas. *(c) Silas* (Hch 15.40). Silas era un líder en la iglesia en Jerusalén antes de irse con Pablo (v. 22).

72. Selección múltiple: ¿Quién tenía por madre una judía creyente y por padre un griego? (a) Filemón; (b) Tito; o (c) Timoteo. *(c) Timoteo* (Hch 16.1). Más tarde, Timoteo se convirtió en el representante especial de Pablo en Éfeso para mantener la sana doctrina en la iglesia. Pablo se dirigió a él como un hijo y obviamente tenía un fuerte afecto por él.

73. Selección múltiple: ¿Quién prohibió a Pablo y Silas que predicaran el evangelio en Asia? (a) Los judíos; (b) los romanos; o (c) el Espíritu Santo. *(c) El Espíritu Santo* (Hch 16.6).

75. Selección múltiple: ¿Qué apóstol recibió una visión de «un varón macedonio»? (a) Pedro; (b) Juan; o (c) Pablo. *(c) Pablo* (Hch 16.9).

76. Selección múltiple: ¿Qué dos varones estuvieron con Pablo cuando recibió el «llamado macedonio»? (a) Silas y Pedro; (b) Timoteo y Tito; o (c) Timoteo y Silas. *(c) Timoteo y Silas* (Hch 15.40-16.9). Timoteo y Silas acompañaron a Pablo en su segundo viaje misionero.

77. Selección múltiple: ¿Qué mujer fue una de las primeras convertidas en Filipos? (a) Dorcas; (b) Marta; o (c) Lidia. *(c) Lidia* (Hch 16.14).

78. Selección múltiple: ¿En casa de quién Pablo y Silas se hospedaron mientras estaban en Filipos? (a) En la casa de Timoteo; (b) en la casa de Jasón; o (c) en la casa de Lidia. *(c) En la casa de Lidia* (Hch 16, 14, 15).

79. Selección múltiple: ¿Qué mujer vivió en Filipos pero originalmente era de la ciudad de Tiatira? (a) Dorcas; (b) Priscila; o (c) Lidia. (c) *Lidia* (Hch 16.12, 14).

80. Selección múltiple: ¿Quién siguió a Pablo en Filipos dando voces: «Estos hombres son siervos del Dios Altísimo, quienes os anuncian el camino de salvación»? (a) Un hombre que había creído en el evangelio; (b) una muchacha con espíritu de adivinación; o (c) un sacerdote pagano que se había convertido. *(b) Una* *muchacha con espíritu de adivinación* (Hch 16.16, 17). El espíritu de adivinación era un espíritu demoniaco. Aunque habló la verdad, Pablo sabía que era de Satanás.

81. ¿Verdadero o falso? Pablo y Silas fueron arrestados en Filipos y acusados de enseñar costumbres contra las leyes judías a los romanos. *Verdadero* (Hch 16.21, 23). La acusación no era cierta, pero Pablo y Silas fueron golpeados y echados en prisión sin pasar por juicio.

82. Pregunta: ¿Quiénes eran los dos misioneros que oraron y cantaron himnos en la cárcel de Filipos? *Pablo y Silas* (Hch 16.25).

83. Pregunta: ¿A quién dijo Pablo: «Cree en el Señor Jesucristo, y serás salvo, tú y tu casa». *Al carcelero de Filipos* (Hch 16.27-31).

84. ¿Verdadero o falso? Cuando el carcelero de Filipos creyó en Cristo, su familia rechazó el mensaje de Pablo. *Falso*. Su familia también creyó en Cristo (Hch 16.32-34).

85. Llene el espacio en blanco: Cuando los magistrados en Filipos enviaron la orden al carcelero de liberar a Pablo y Silas, Pablo dijo: «Después de azotarnos públicamente sin sentencia judicial, siendo ciudadanos _____, nos echaron en la cárcel _____Vengan ellos mismos a sacarnos». *«Romanos»* (Hch 16.37). Cuando los magistrados arrestaban a los romanos y los echaban en la cárcel sin una apropiada sentencia judicial, era una gran violación de la ley romana y podía causar dificultades para los oficiales, si los ciudadanos presentaban denuncias.

86. Selección múltiple: ¿La casa de quién Pablo y Silas visitaron justo antes de salir de Filipos? (a) Jasón; (b) Roda; o (c) Lidia. *(c) Lidia* (Hch 16.40).

87. Selección múltiple: ¿La casa de quién fue atacada por una turba en Tesalónica porque pensaban que Pablo y Silas estaban allí? (a) La casa de María; (b) la casa de Timoteo; o (c) la casa de Jasón. *(c) La casa de Jasón* (Hch 17.5).

88. Selección múltiple: ¿Quién dio fianza a los oficiales de la ciudad de Tesalónica que Pablo y Silas saldrían de la ciudad y no regresarían? (a) Pablo; (b) Silas; o (c) Jasón. *(c) Jasón* (Hch 17.9).

89. Selección múltiple: ¿Qué dos personas que viajaban con Pablo se quedaron en Berea cuando el apóstol dejó la ciudad? (a) Timoteo y Tito; (b) Bernabé y Saulo; o (c) Timoteo y Silas. *(c) Timoteo y Silas* (Hch 17.14).

90. Selección múltiple: ¿Quién siguió a Pablo desde Tesalónica a Berea para alborotar al pueblo contra él? (a) Judíos; (b) griegos; o (c) Etíopes. *(a) Judíos* (Hch 17.13).

91. Pregunta: ¿Quién fue llamado un «palabrero» por los filósofos en Atenas? *Pablo* (Hch 17.16-18). Pablo no temía confrontar al pueblo con el evangelio sin importar su educación o receptividad a su mensaje.

93. Selección múltiple: ¿Qué miembro del Areópago se convirtió en creyente en respuesta al mensaje de Pablo? (a) Demetrio; (b) Gamaliel; o (c) Dionisio. *(c) Dionisio* (Hch 17.34).

94. Selección múltiple: Se nombra a una mujer que se convierte mediante el ministerio de Pablo en Atenas. ¿Cuál era su nombre? (a) Dorcas; (b) Rut; o (c) Dámaris. *(c) Dámaris* (Hch 17.34). Hay solo dos convertidos que se menciona por nombre como resultado del ministerio de Pablo en Atenas.

95. Pregunta: Una pareja de casados se unió a Pablo en Corintio. El nombre del esposo era Aquila. ¿Cuál era el nombre de la esposa? *Priscila* (Hch 18.2). Ella también era conocida como Prisca y por lo general se la nombra primero al mencionarla junto a su esposo.

96. Selección múltiple: ¿Qué emperador romano expulsó a los judíos del imperio romano durante su reinado? (a) Julio; (b) Augusto; o (c) Claudio. *(c) Claudio* (Hch 18.2). Claudio era el César romano desde el 41 al 54 D.C.

97. Selección múltiple: ¿Qué dos personas se menciona en Hechos 18 que han sido expulsadas de Roma porque ser judías? (a) Pablo y Silas; (b) Priscila y Aquila; o (c) Pedro y Juan. *(b) Priscila y Aquila* (Hch 18.2). En Romanos 16.3, Pablo envía saludos a esta pareja y les llama sus «colaboradores». Es obvio que tenían un ministerio muy amplio en la iglesia primitiva y eran considerados en gran estima.

98. Pregunta: ¿Quién trabajó con Aquila y Priscila en Corinto haciendo tiendas? *Pablo* (Hch 18.1-3).

99. Selección múltiple: ¿Qué dos personas se volvieron a juntar a Pablo en Corinto, provenientes de Macedonia? (a) Silas y Lucas; (b) Pedro y Jacobo; o (c) Silas y Timoteo. *(c) Silas y Timoteo* (Hch 18.5). Ellos habían quedado en Tesalónica mientras que Pablo fue a Atenas. Ellos volvieron a encontrarse en Corinto.

100. Selección múltiple: ¿Quién era el principal de la sinagoga en Corinto que creyó en el Señor en respuesta a la predicación de Pablo? (a) Crispo; (b) Justo; o (c) Festo. *(b) Crispo* (Hch 18.8). Crispo era uno de los pocos convertidos que Pablo bautizo personalmente en Corinto (1 Co 1.14-16).

101. Selección múltiple: ¿Quién vivía cerca de la sinagoga y hospedó a Pablo durante al menos parte de su estadía en Corinto? (a) Jasón; (b) Justo; o (c) Gayo. *(b) Justo* (Hch 18.7). Algunos identifican a este hombre como el Gayo que Pablo bautizó en Corinto (1 Co 1.14) y también como el anfitrión de Pablo durante el tiempo que escribió la carta a la iglesia en Roma (Ro 16.23).

102. Selección múltiple: Después que Crispo se convirtiera, ¿quién le reemplazó como principal de la sinagoga judía en Corinto? (a) Sóstenes; (b) Hermes; o (c) Justo. *(a) Sóstenes* (Hch 18.7).

103. Selección múltiple: ¿Cuáles dos personas viajaron con Pablo de Corinto a Éfeso? (a) Lucas y Juan; (b) Aquila y Priscila; o (c) Mateo y Marcos. *(a) Aquila y Priscila* (Hch 18.18, 19).

104. Selección múltiple: ¿Qué judío convertido en Éfeso se describe en Lucas como un «varón elocuente, poderoso en las Escrituras»? (a) Alejandro; (b) Apolos; o (c) Teófilo. *(b) Apolo* (Hch 18.24).

105. Selección múltiple: Cuando Pablo vino primero a Éfeso en su tercer viaje misionero, ¿a los discípulos de quién encontró, los cuales eran como doce? (a) Juan el Bautista; (b) Jesús; o (c) Gamaliel. *(a) Juan el Bautista* (Hch 19.1-7). Hubo varias personas que oyeron la enseñanza de Juan y respondieron. Cuando ellos oyeron la revelación completa de Jesucristo, inmediatamente creyeron y recibieron al Espíritu Santo.

106. Selección múltiple: ¿Quién enseñó diariamente en la escuela de Tiranno por dos años? (a) Pedro; (b) Pablo; o (c) Timoteo. *(b) Pablo* (Hch 19.6, 9, 10). Fue a través de este ministerio que muchos salieron y proclamaron la Palabra de Dios por toda Asia.

107. Selección múltiple: ¿A través de quién Dios obró milagros inusuales en Éfeso de modo que la gente traía ante él pañuelos o delantales como medios de curar las enfermedades? (a) Juan; (b) Lucas; o (c) Pablo. *(c) Pablo* (Hch 19.11, 12). El ministerio de Pablo en Éfeso duró más tiempo que en ninguna otra ciudad de sus viajes misioneros, continuando por más de dos años.

108. Selección múltiple: ¿Cuál era el nombre del jefe de los sacerdotes en Éfeso que tenía siete hijos que trataron sin éxito de echar fuera demonios? (a) Abraham;

(b) Jacobo; o (c) Esceva. *(c) Esceva* (Hch 10.13-16). Decir que Esceva era un jefe de los sacerdotes indica que él era uno de la familia sacerdotal.

109. Selección múltiple: ¿Cuáles dos personas que ayudaron a Pablo en Éfeso fueron enviados a Macedonia mientras que Pablo se quedó por un tiempo? (a) Timoteo y Tito; (b) Timoteo y Erasto; o (c) Timoteo y Josefo. *(b) Timoteo y Erasto* (Hch 19.21, 22).

110. Selección múltiple: ¿Quién era el platero en Éfeso que trató de volver a toda la gente contra Pablo? (a) Alejandro; (b) Demetrio; o (c) Aristarco. *(b) Demetrio* (Hch 19.23-27). Demetrio se ganaba la vida haciendo de plata templecitos de Diana (v. 24). A medida que la gente se convertía a Cristo, ellos dejaron de comprar templecitos, provocando la bancarrota del negocio del platero.

111. Selección múltiple: En medio de la turba en Éfeso, que Demetrio el platero empezó, un judío se puso delante para explicar lo que estaba pasando. ¿Cuál era su nombre? (a) José; (b) Alejandro; o (c) Abraham. *(b) Alejandro* (Hch 19.32, 33). Este quizá era el mismo Alejandro que causó a Pablo muchos males cuando estaba en Éfeso (2 Ti 4.14).

112. Pregunta: Dos varones acompañaron a Pablo cuando estaba concluyendo su tercer viaje misionero. El nombre de ambos comienza con la letra T. Nombre uno de ellos. *(a) Tíquico y Trófimo* (Hch 20.4). Tíquico se menciona en Efesios 6.21 como un «hermano amado y fiel ministro en el Señor».

113. Selección múltiple: ¿Cuál era el nombre del joven que murió durante el mensaje de Pablo? (a) Ananías; (b) Segundo; o (c) Eutico. *(c) Eutico* (Hch 20.9).

114. Selección múltiple: ¿Qué apóstol predicó un mensaje que duró hasta la medianoche? (a) Pedro; (b) Juan; o (c) Pablo. *(c) Pablo* (Hch 20.7). Pablo predicó este mensaje en Troas en su camino de vuelta a Jerusalén siguiendo su tercer viaje misionero.

115. ¿Verdadero o falso? Pablo rehusó reunirse con los ancianos de Éfeso a su regreso a Jerusalén al final de su tercer viaje misionero. *Verdadero* (Hch 20.16, 17). Él no quería bajar a Éfeso y demorar su viaje a Jerusalén, de modo que envió por ellos para que se reuniesen con él en la costa de Mileto.

116. Pregunta: ¿Quién dijo: «Mas bienaventurado es dar que recibir»? *Jesús* (Hch 20.35). Aunque esta idea fue expresada por Jesús en los evangelios, estas palabras exactas no se encontraron en los labios de Jesús.

117. Selección múltiple: ¿Qué grupo de líderes de la iglesia lloraron cuando Pablo les dijo que no les volvería a ver? (a) Los ancianos de Filipos; (b) los ancianos de Éfeso; o (c) los obispos de Jerusalén. *(b) Los ancianos de Éfeso* (Hch 20.17, 37, 38).

118. Selección múltiple: ¿Cómo llamó Lucas a la gente de Tiro que «decían a Pablo por el Espíritu, que no subiese a Jerusalén»? (a) Cristianos; (b) los detractores; o (c) los discípulos. *(c) Los discípulos* (Hch 21.4).

119. Selección múltiple: ¿Qué profeta vino a la casa de Felipe mientras Pablo estaba allí, y profetizó que Pablo sería llevado cautivo si iba a Jerusalén? (a) Jacobo; (b) Manaen; o (c) Agabo. *(c) Agabo* (Hch 21.10, 11).

120. Selección múltiple: ¿Cuál de los siete diáconos, que primero se menciona en Hechos 6, tenía cuatro hijas vírgenes que eran profetisas? (a) Esteban; (b) Nicolás; o (c) Felipe. *(c) Felipe* (Hch 21.8, 9). Este es el mismo Felipe que dio el evangelio al eunuco etíope.

121. Selección múltiple: Pablo enfrentó judíos hostiles en Jerusalén al final de su tercer viaje misionero. Ellos estaban especialmente enojados con Pablo porque pensaron que había traído con él un gentil al templo. ¿Quién era ese hombre que

acompañó a Pablo? (a) Tíquico; (b) Trófimo; o (c) Troas. *(b) Trófimo* (Hch 21.28, 29). Trófimo era un gentil y había estado con Pablo, pero Pablo no le había llevado al templo.

122. Selección múltiple: ¿Quién fue identificado erróneamente por un comandante romano como un revolucionario egipcio que guio cuatro mil asesinos al desierto? (a) Pedro; (b) Judas Iscariote; o (c) Pablo. *(c) Pablo* (Hch 21.37-39). Pablo corrigió al comandante hablándole en griego.

123. Selección múltiple: ¿Quién era el maestro de Pablo en su instrucción del judaísmo? (a) Caifás; (b) Gamaliel; o (c) Shamai. *(b) Gamaliel* (Hch 22.3). Gamaliel era tenido en alta estima como un maestro al que llamaban «Rabbán» («nuestro maestro»), un título mayor que «Rabí» («mi maestro»).

124. Selección múltiple: Cuando Pablo dio su defensa ante el concilio judío, ¿quién era el sumo sacerdote judío? (a) Anás; (b) Caifás; o (c) Ananías. *(c) Ananías* (Hch 23.1, 2). Ananías era el sumo sacerdote desde el 47 al 58 D.C. Fue asesinado por los zelotes en el 66 por su adhesión con Roma.

125. Pregunta: ¿De qué secta judía era miembro Pablo, de la de los fariseos o de la de los saduceos? *Fariseos* (Hch 23.6). El nombre Fariseo significa «un apartado».

126. Pregunta: ¿Qué secta judía creía en la resurrección y los ángeles y los espíritus, los fariseos o los saduceos? *Los fariseos* (Hch 23.8).

127. Selección múltiple: ¿Quién era el gobernador romano en Jerusalén que envió a Pablo a Félix? (a) Claudio Arquelao; (b) Claudio Lisias; o (c) Claudio Antipas. *(c) Claudio Lisias* (Hch 23.26). Este gobernador había comprado la ciudadanía romana (22.28). Su nombre Lisias indica que era griego de nacimiento.

128. Selección múltiple: Cuando el sumo sacerdote Ananías fue junto a Pablo donde estaba ante Félix, llevó consigo a un orador. ¿Cuál era el nombre del orador? (a) Justo; (b) Tito; o (c) Tértulo. *(c) Tértulo* (Hch 24.1).

129. Selección múltiple: ¿Quién era la esposa de Félix? (a) Priscila; (b) Marta; o (c) Drusila. *(c) Drusila* (Hch 24.24). Drusila era la hija menor de Herodes Agripa I. Ella solo tenía dieciocho o diecinueve años de edad cuando conoció a Pablo.

130. Selección múltiple: ¿Quién sucedió a Félix como gobernador de la provincia de Judea? (a) Festo; (b) Agripa; o (c) Lisias. *(a) Festo* (Hch 24.27). Festo sirvió solo dos años como gobernador. Era más justo que Félix. Sin embargo, no mostró su lado bueno en su trato con el caso de Pablo.

131. Selección múltiple: ¿Quién dijo a Pablo: «A César has apelado; a César irás»? (a) Félix; (b) Festo; o (c) Agripa. *(b) Festo* (Hch 25.12).

132. Pregunta: ¿Quién acompañó al rey Agripa cuando vino a Cesarea a saludar a Festo? *Berenice* (Hch 25.13). Berenice era la hermana de Agripa, y ella había vivido anteriormente en una relación incestuoso con él. Ella era la hija mayor de Herodes Agripa I y hermana de Drusila.

133. Selección múltiple: ¿Quién dijo a Pablo: «Por poco me persuades a ser cristiano»? (a) Félix; (b) Festo; o (c) Agripa. *(c) Agripa* (Hch 26.28).

134. Selección múltiple: ¿Cuál era el nombre del centurión romano que trató amablemente a Pablo cuando comenzó su viaje a Roma? (a) Justo; (b) Julio; o (c) Publio. *(b) Julio* (Hch 27.1-3).

135. Selección múltiple: Lucas da mucha atención al centurión que acompañó a Pablo a Roma. Incluso menciona el nombre de la compañía del centurión. ¿Cómo se llamaba la compañía? (a) La compañía Julián; (b) la compañía Augusta; o (c) la compañía Corintia. *(b) La compañía Augusta* (Hch 27.1).

136. Selección múltiple: No se mencionan muchos de los nombres de los que viajaron con Pablo a Roma. Sin embargo, se menciona un macedonio de Tesalónica. ¿Quién era él? (a) Aristarco; (b) Misia; o (c) Bernabé. *(a) Aristarco* (Hch 27.2).

137. Pregunta: Navegando a Roma con Pablo había un número de soldados y también marineros. Cuando la tormenta arreciaba uno de estos grupos trató de escapar echando un pequeño esquife al mar. ¿Fueron los marineros o los soldados? *Los marineros* (Hch 27.30).

138. Selección múltiple: ¿Quién fue mordido por una víbora venenosa en la isla de Malta pero no sufrió daño? (a) Pedro; (b) Juan; o (c) Pablo. (c) *Pablo* (Hch 28.3-5).

139. Selección múltiple: ¿El padre de quién fue sanado de disentería por manos de Pablo en la isla de Malta? (a) El padre de Simeón; (b) El padre de Julio; o (c) El padre de Publio. *(c) El padre de Publio* (Hch 28.8).

140. Selección múltiple: ¿Quién sufrió muerte en Hechos 7 como resultado de su testimonio de Cristo Jesús? (a) Jacobo; (b) Esteban; o (c) Pedro. *(b) Esteban* (Hch 7.57-60), uno de los siete escogidos para atender a las viudas de los griegos (Cap. 6).

141. ¿Verdadero o falso? El libro de los Hechos termina con la muerte del apóstol Pablo. *Falso*. La muerte de Pablo no se registra en la Biblia.

142. Selección múltiple: Varias mujeres esperaron con los apóstoles en el aposento alto por el cumplimiento de la promesa del Espíritu Santo. Sin embargo, solo una de ellas se menciona. ¿Quién era ella? (a) María la madre de Jesús; (b) María Magdalena; o (c) María la hermana de Marta. *(a) María la madre de Jesús* (Hch 1.13, 14).

143. ¿Verdadero o falso? Los hermanos de Jesús estuvieron presentes con los apóstoles cuando esperaban la promesa de la venida del Espíritu Santo en Jerusalén. *Verdadero* (Hch 1.14).

144. Pregunta: Pablo fue juzgado ante tres oficiales romanos diferentes antes de ser enviado a Roma para aparecer ante César. Nombre uno de estos tres gobernadores. *Félix, Festo, y Agripa* (Hch 22-26).

145. Selección múltiple: Uno de los tres gobernadores romanos que juzgaron a Pablo antes de enviarlo a Roma era un experto en las costumbres judías, ¿quién era? (a) Félix; (b) Festo; o (c) Agripa. *(c) Agripa* (Hch 26, 2, 3).

146. Selección múltiple: ¿Quién comenzó con Saulo en su primer viaje misionero? (a) Silas; (b) Timoteo; o (c) Bernabé. *(c) Bernabé* (Hch 13.1-5).

147. Selección múltiple: José era el nombre del discípulo que no fue escogido para reemplazar a Judas Iscariote como uno de los apóstoles. ¿Cuál era su sobrenombre? (a) Jacobo; (b) Justo; o (c) Bernabé. *(b) Justo* (Hch 1.23).

148. Selección múltiple: ¿Quién fue con Pablo cuando salió para Antioquía en su segundo viaje misionero? (a) Bernabé; (b) Juan; o (c) Silas. *(c) Silas* (Hch 15.40).

EVENTOS

1. Selección múltiple: ¿Por cuánto tiempo Jesús demostró que verdaderamente había resucitado antes de su ascensión al cielo? (a) Treinta días; (b) cuarenta días; o (c) un año. *(b) Cuarenta días* (Hch 1.3). Cuarenta es un número significativo en la Biblia, que señala, entre otras cosas, los días de lluvia durante la época de Noé, los años de vagar por el desierto, y los días de Cristo en el desierto antes de su tentación.

2. ¿Verdadero o falso? Después que Jesús ascendiera al cielo, la mayoría de los discípulos regresaron a su hogar en Galilea. *Falso.* Ellos fueron a Jerusalén como Jesús les había mandado (Hch 1.12).

3. Pregunta: ¿Cuál fue la principal actividad de los que se reunieron para esperar el cumplimiento de la promesa del Espíritu Santo? *Oración* (Hch 1.14). La oración era la actividad crucial para los líderes de la iglesia primitiva. Según Hechos 6.1 al 4, los apóstoles rehusaron atender personalmente una necesidad práctica de la iglesia para que ellos puedan darse continuamente a la oración y al ministerio de la Palabra.

4. Selección múltiple: ¿Qué asunto importante los discípulos lograron mientras esperaban en Jerusalén por la promesa de la venida del Espíritu Santo? (a) Ellos seleccionaron un director de los apóstoles; (b) escribieron la primera constitución de la iglesia; (c) seleccionaron un varón que tome el lugar de Judas Iscariote entre los doce apóstoles. *(c) Seleccionaron un varón que tome el lugar de Judas Iscariote entre los doce apóstoles* (Hch 1.15-26).

5. Selección múltiple: ¿Qué dos elementos estuvieron envueltos en el método de selección del reemplazante de Judas como uno de los doce discípulos? (a) Oración y voto secreto; (b) oración y echar suertes; o (c) oración y un sentido de paz respecto de la elección correcta. *(b) Oración y echar suertes* (Hch 1.24-26).

6. Selección múltiple: Cuando se escogía un sucesor para Judas, uno de los criterios era que debió haber acompañado a Jesús durante un cierto tiempo en su ministerio. ¿Cuáles fueron los dos eventos escogidos para marcar este periodo? (a) La tentación de Jesús y su crucifixión; (b) el bautismo de Jesús por Juan y la ascensión; o (c) el bautismo de Jesús por Juan y la resurrección. *(b) El bautismo de Jesús por Juan y la ascensión* (Hch 1.21, 22).

7. Selección múltiple: El día que el Espíritu Santo descendió de manera especial sobre los apóstoles en Jerusalén era un día de fiesta para los judíos. ¿Cuál era la fiesta que celebraban? (a) La Pascua; (b) el Pentecostés; o (c) los tabernáculos. *(b) Pentecostés* (Hch 2.1). Si era posible, todos los judíos debían asistir a las tres fiestas en Jerusalén.

8. Selección múltiple: ¿Qué efecto tuvo el sermón de Pedro en Hechos 2 en los judíos que oían? (a) Se enojaron contra Pedro; (b) no creyeron en su mensaje; o (c) fueron en gran manera compungidos de corazón. *(c) Fueron en gran manera compungidos de corazón* (Hch 2.37).

9. Selección múltiple: ¿Qué evento milagroso hizo posible que Pedro predicara su segundo mensaje que registra Hechos 3? (a) Todos los apóstoles hablaban en otras lenguas; (b) el haber curado al ciego de nacimiento; o (c) la curación del cojo de nacimiento. *(c) La curación del cojo de nacimiento* (Hch 3.12-26).

10. Selección múltiple: ¿Cómo reaccionaron los líderes judíos a la curación del cojo por manos de Pedro y Juan? (a) ellos pidieron que hicieran más milagros; (b) no creyeron que la sanidad era un milagro verdadero; o (c) les dijeron que en ninguna manera hablasen ni enseñasen en el nombre de Jesús. *(c) Les dijeron que en ninguna manera hablasen ni enseñasen en el nombre de Jesús* (Hch 4.18).

11. Selección múltiple: Bernabé se menciona primero en Hechos por una obra específica que hizo. ¿Cuál fue la obra? (a) Predicó un mensaje del evangelio; (b) trajo dinero y lo puso a los pies de los discípulos; o (c) ayudó a construir la primera iglesia. *(b) Trajo dinero y lo puso a los pies de los apóstoles* (Hch 4.36, 37). El dinero vino como resultado de la venta de una tierra que Bernabé era dueño.

12. **¿Verdadero o falso?** Cuando fue conocido que ciertas viudas eran desatendidas en la distribución diaria de alimentos de la iglesia, los apóstoles comenzaron a repartir alimento y también a enseñar. *Falso.* Ellos habían delegado a la congregación para que escogiera siete varones llenos del Espíritu que distribuyesen los alimentos (Hch 6.1-3).

13. **Selección múltiple:** ¿Qué vio Esteban mientras era apedreado a muerte por su fe? (a) un grupo de ángeles que venían a él; (b) a Jesús que estaba a la diestra de Dios; o (c) una carroza de fuego. *(b) A Jesús que estaba a la diestra de Dios* (Hch 7.55).

14. **¿Verdadero o falso?** Tan pronto como el pueblo de Samaria creyó el evangelio anunciado por Felipe, ellos fueron bautizados y recibieron al Espíritu Santo. *Falso.* Ellos no recibieron el Espíritu Santo sino hasta que Pedro y Juan vinieron desde Jerusalén (Hch 8.12-16).

15. **Selección múltiple:** El eunuco etíope estaba leyendo a un profeta del Antiguo Testamento cuando Felipe se acercó a él. ¿A qué profeta leía el etíope? (a) Isaías; (b) Jeremías; o (c) Daniel. *(a) Isaías* (Hch 8.28). Él estaba leyendo en Isaías 54, que describe el sufrimiento del Siervo de Dios y la profecía de la crucifixión de Jesús.

16. **Selección múltiple:** ¿Por qué razón Saulo (Pablo) estaba de camino a Damasco? (a) Para reunirse con los líderes judíos; (b) para reunirse con los líderes de la iglesia; o (c) para perseguir a los cristianos. *(c) Para perseguir a los cristianos* (Hch 9.1-3).

17. **Selección múltiple:** ¿Cómo Ananías primero respondió cuando el Señor le pidió que fuera al encuentro de Saulo de Tarso y pusiera las manos sobre él para que recibiera la vista? (a) Estaba entusiasmado; (b) estaba vacilante; o (c) rehusó ir. *(b) Estaba vacilante* (Hch 9.13, 14). Él sabía de la reputación de Saulo como un perseguidor de la iglesia.

18. **Selección múltiple:** ¿Cómo los judíos respondieron a Saulo (Pablo) cuando primero predicó el evangelio en Damasco y probó que Jesús era el Mesías? (a) Recibieron el mensaje con gozo; (b) Planearon matar a Saulo; o (c) Escudriñaron el Antiguo Testamento para probar si el evangelio era verdadero. *(b) Planearon matar a Saulo* (Hch 9.20-23).

19. **Selección múltiple:** ¿De qué manera Saulo salió de Damasco después que «confundía a los judíos _____ demostrando que Jesús era el Cristo»? (a) recibió una escolta policial; (b) le bajaron por el muro, descolgándole en una canasta; o (c) fue escoltado a través de la puerta de la ciudad por los cristianos. *(b) Le bajaron por el muro, descolgándole en una canasta* (Hch 9.22-25).

20. **Selección múltiple:** Mientras estaban en éxtasis, Pedro vio muchos animales impuros que bajaban del cielo. ¿Qué sostenía a estos animales? (a) Una canasta de alimentos; (b) una olla de cocinar; o (c) un gran lienzo. *(c) Un gran lienzo* (Hch 10.11).

21. **Complete la oración:** Cuando Pedro tuvo la visión de los animales inmundos que bajaban del cielo, oyó una voz del cielo que le dijo: «Levántate, Pedro; mata y _____». *«Come»* (Hch 11.7). Comer cualquier cosa que sea inmunda según la ley mosaica era algo que Pedro nunca había hecho.

22. **Selección múltiple:** ¿Dónde estaba Pedro cuando tuvo la visión de los animales inmundos que bajaban del cielo? (a) En el desierto; (b) en su cuarto; o (c) en la azotea. *(c) En la azotea* (Hch 10.9-12). En esa época era costumbre de la gente subir a la azotea de las casas.

23. Selección múltiple: ¿Cuál fue la respuesta de los cristianos judíos cuando notaron que el don del Espíritu Santo había descendido sobre los gentiles? (a) Gozo; (b) atónitos; (c) desilusión. *(b) Atónitos* (Hch 10.45).

24. Selección múltiple: Después que Pedro haya explicado a los cristianos judíos porqué había ido a los gentiles con el evangelio, ¿cuál fue la respuesta de ellos? (a) Glorificaron a Dios; (b) tenían dudas; o (c) estaban enojados. *(a) Glorificaron a Dios* (Hch 11.18).

25. Selección múltiple: ¿Cuál fue el resultado de la predicación cristiana a los griegos en Antioquía? (a) Muchos creyeron; (b) rechazaron el mensaje; o (c) persiguieron a los predicadores. *(a) Muchos creyeron* (Hch 11.20, 21). Esto marcó el principio de una gran respuesta entre los gentiles al Evangelio.

26. Selección múltiple: ¿Qué dice Hechos 11 que Bernabé hizo cuando vino de Jerusalén a Antioquía? (a) los exhortó; (b) les reprobó; o (c) se enseñoreó de ellos. *(a) Los exhortó* (Hch 11.23). El nombre Bernabé significa «hijo de exhortación».

27. Selección múltiple: ¿Qué evento predijo el profeta Agabo? (a) un gran avivamiento en Samaria; (b) el encarcelamiento de Pedro; o (c) una gran hambre en el mundo. *(c) Una gran hambre en el mundo* (Hch 11.28).

28. Selección múltiple: ¿Cuánto tiempo Pablo y Bernabé se quedaron en Antioquía enseñando a la gente en la iglesia allí? (a) Un año; (b) dos años; o (c) tres años. *(a) Un año* (Hch 11.26).

29. Selección múltiple: Cuando la iglesia de Antioquía se fortaleció, ¿qué comenzó a hacer el rey Herodes? (a) matar a los todos los judíos creyentes; (b) acosar a la iglesia; (c) imponer muchos impuestos a la gente en Judea. *(b) Acosar a la iglesia* (Hch 12.1).

30. Selección múltiple: ¿En qué evento por primera vez se menciona a Pablo en el libro de los Hechos? (a) en la reunión del sanedrín; (b) en el apedreamiento de Esteban; o (c) en su conversión de camino a Damasco. *(b) En el apedreamiento de Esteban* (Hch 7.60). Pablo era conocido como Saulo en ese tiempo. El guardó los vestidos de los judíos que apedrearon a Esteban.

31. Pregunta: ¿Qué hizo la iglesia en Jerusalén respecto del encarcelamiento de Pedro por mandato de Herodes? *La iglesia hacía sin cesar oración a Dios por él* (Hch 12.5).

32. ¿Verdadero o falso? Cuando el ángel del Señor condujo a Pedro fuera de la cárcel en Hechos 12, Pedro no creyó lo que estaba pasando. *Verdadero* (Hch 12.9).

33. Pregunta: ¿Qué castigo estaba prescrito para los guardias romanos que dejaron que Pedro escapara de la prisión? *Muerte* (Hch 12.19). Este no era un castigo inusual para un soldado romano que no cumplía con su deber.

34. Selección múltiple: ¿Por qué el rey Herodes fue herido de muerte por el ángel del Señor? (a) Era un idólatra; (b) era un adúltero; o (c) rehusó dar gloria a Dios. *(c) Rehusó dar gloria a Dios* (Hch 12.23).

35. Selección múltiple: ¿Cuál era la motivación de Herodes al arrestar a Pedro con el intento de matarlo? (a) afirmar su propio ego; (b) borrar el cristianismo; o (c) agradar a los judíos. *(c) Agradar a los judíos* (Hch 12.3).

36. Selección múltiple: Cuando Pedro, que escapó de la cárcel, llamó a la puerta de la casa de María, la muchacha que respondió a la puerta no la abrió. ¿Por qué? (a) estaba muy alarmada; (b) ella estaba muy contenta; o (c) ella tenía mucho miedo. *Ella estaba muy contenta* (Hch 12.14).

37. Llene el espacio en blanco: El pueblo de Tiro y Sidón, que recibía provisión de alimento del rey Herodes, respondió al discurso de Herodes con blasfemia, diciendo: «¡Voz de _____, y no de _____!». «*Dios ... hombre*» (Hch 12.22).

38. Selección múltiple: ¿Cuál fue la gran promesa que Jesús dio a los apóstoles en Hechos 1.4, 5? (a) que él volvería; (b) que recibirían un gran reino; o (c) que serían bautizados con el Espíritu Santo. *(c) Que serían bautizados con el Espíritu Santo* (Hch 1.4, 5). Según 1 de Corintios 12.13, es la obra de bautismo del Espíritu Santo que pone al creyente en la iglesia, el cuerpo del Cristo.

39. Selección múltiple: ¿Qué prometieron los dos varones vestidos de lino blanco (ángeles) después de la ascensión de Jesús al cielo? (a) Que el Espíritu Santo vendría; (b) que Jesús volvería así como se había ido; o (c) que los discípulos irían al cielo para estar con Jesús. *(b) Que Jesús volvería así como se había ido* (Hch 1.11).

40. Selección múltiple: ¿Qué sucedió inmediatamente antes del sermón de Pedro en la sinagoga en Pisidia de Antioquía? (a) Oración; (b) colección de la ofrenda; o (c) lectura de la Escritura. *(c) Lectura de la Escritura* (Hch 13.15, 16).

41. Llene el espacio en blanco: Según Pablo, Juan predicó el bautismo de _____ a todo el pueblo de Israel. *Arrepentimiento* (Hch 13.24). Mientras Juan bautizaba, mandó que las personas se arrepintieran de sus pecados y estén listas para recibir al Mesías, que venía.

42. Llene el espacio en blanco: Mientras Pablo mostraba a los judíos en Pisidia de Antioquía que Jesús es el Cristo, cita el Salmo 2.7 que dice: «Mi _____ eres tú, yo te he _____ hoy». «*Hijo ... engendrado*» (Hch 13.33). Muchos de los judíos aceptaron este pasaje como refiriéndose al Mesías.

43. Selección múltiple: Cuando los judíos en Antioquía de Pisidia rechazaron el evangelio que Pablo había predicado, ¿qué hizo? (a) Regresó a su casa en Tarso; dejó que Bernabé tratara de convencer a los judíos; o (c) se volvió a los gentiles para predicar. *(c) Se volvió a los gentiles para predicar* (Hch 13.46).

44. Selección múltiple: ¿Qué provocó a los judíos a oponerse a Pablo y Bernabé cuando muchas personas respondieron al evangelio en Antioquía de Pisidia? (a) Rechazo de Jesús como el Mesías; (b) envidia de Pablo y Bernabé; o (c) mala interpretación del Antiguo Testamento. *(b) Envidia de Pablo y Bernabé* (Hch 13.45).

45. Selección múltiple: ¿Qué evento causó que el pueblo de Listra llamara dioses a Pablo y a Bernabé? (a) Que Pablo pidiera fuego del cielo; (b) que Pablo sanara a un cojo; o (c) que Pablo sanara a un ciego. *(b) Que Pablo sanara a un cojo* (Hch 14.8-13). El cojo nunca antes había caminado.

46. Llene el espacio en blanco: Cuando la gente vio que Pablo había sanado al cojo de nacimiento, dijeron: «_____ bajo la semejanza de hombres han descendido a nosotros». «*Dioses*» (Hch 14.11).

47. Selección múltiple: Cuando el sacerdote de Júpiter vino a ofrecer sacrificio a Pablo y Bernabé, ¿qué animales trajeron para el sacrificio? (a) ovejas; (b) toros; o (c) palomas. *(b) Toros* (Hch 14.13). Que quisieran sacrificar animales tan valiosos muestra que ellos consideraban cuán importante dioses eran Pablo y Bernabé.

48. Selección múltiple: ¿Qué hicieron Pablo y Silas cuando el pueblo de Listra les proclamó dioses griegos? (a) se enojaron; (b) rasgaron sus ropas; o (c) huyeron de la ciudad. *(b) Rasgaron sus ropas* (Hch 14.14). Este acto demuestra cuán sorprendidos estaban estos misioneros.

49. ¿Verdadero o falso? Cuando los judíos apedrearon a Pablo fuera de la ciudad de Listra, ellos pensaron que le habían matado. *Verdadero* (Hch 14.19).

50. Llene el espacio en blanco: Cuando Pablo y Bernabé regresaron a las ciudades donde habían establecido iglesias, alentaron a los creyentes diciendo: «Es necesario que a través de muchas _____ entremos en el reino de Dios». «*Tribulaciones*» (Hch 14.22). Desde el principio, Pablo puso en claro que la vida cristiana sería una de sufrimiento para estos nuevos cristianos en Galacia.

51. Selección múltiple: ¿Cómo fueron los líderes escogidos por las iglesias que se establecieron durante el primer viaje misionero de Pablo y Bernabé? (a) Elección de la iglesia; (b) nombramiento apostólico; o (c) echar la suerte. *(b) Nombramiento apostólico* (Hch 14.23).

52. Selección múltiple: ¿Qué exhortaron Pablo y Bernabé a los creyentes que hicieran mientras ellos volvían para visitar las iglesias que establecieron en su primer viaje misionero? (a) Lean las Escrituras diariamente; (b) permanezcan en la fe; o (c) oren continuamente. *(b) Permanezcan en la fe* (Hch 14.22).

53. ¿Verdadero o falso? Después que Pablo y Bernabé habían completado su viaje misionero y referido a la iglesia en Antioquía, inmediatamente partieron para otro viaje misionero. *Falso*. Ellos se quedaron mucho tiempo en Antioquía (Hch 14.28).

54. Llene el espacio en blanco: Según Hechos 15.1, cierto hombre vino a Antioquía de Judea enseñando: «Si no os _____ conforme al rito de Moisés, no podéis ser salvos». «*Circuncidáis*» (Hch 15.1). Estas personas eran conocidas como «judaizantes». Ellos querían agregar ciertos ritos judíos juntamente con la fe en Jesús como necesarias para la salvación.

55. Selección múltiple: ¿Cuál fue la respuesta de los creyentes en Fenicia y Samaria que oyeron que muchos gentiles venían a la fe en Cristo? (a) duda; (b) gozo; o (c) enojo. *(b) Gozo* (Hch 15.3). Era solo en Jerusalén y Judea que había duda respecto a cuán genuina era la salvación de los gentiles sin que observaran la costumbre y la ley judía.

56. ¿Verdadero o falso? Dios escogió a Pablo para que sea el primero que predicara el evangelio a los gentiles. *Falso*. Dios escogió a Pedro (Hch 15.7).

57. ¿Verdadero o falso? Pedro, hablando en el concilio de Jerusalén, declaró que los judíos de todas las generaciones no fueron capaces de llevar el yugo de la ley de Moisés. *Verdadero* (Hch 15.10). Pablo arguye en sus cartas a los romanos y a los gálatas que la ley fue dada para mostrar nuestra pecaminosidad e incapacidad, no para salvarnos.

58. Pregunta: Como un resultado del concilio en Jerusalén, se pidió a los creyentes gentiles que se abstuvieran de cuatro cosas que serían ofensivas a los judíos. Nombre una de ellas. *Abstenerse de (1) lo sacrificado a los ídolos; (2) inmoralidad sexual; (3) de ahogado; (4) sangre* (Hch 15.29). La prohibición contra la inmoralidad sexual estaba dirigida a la observancia de ciertas prohibiciones en la ley de Moisés pertenecientes a las regulaciones en el matrimonio. Todos los cristianos deben abstenerse de la perversión sexual.

59. Selección múltiple: ¿Cuántos varones se nombran que fueron a llevar la carta del concilio de Jerusalén a la iglesia en Antioquía? (a) Siete; (b) tres; o (c) cuatro. *(c) Cuatro* (Hch 15.22).

60. Selección múltiple: ¿Cuál fue la respuesta de la iglesia de Antioquía luego de recibir la carta del concilio de Jerusalén? (a) gozo; (b) confusión; o (c) enojo. *(a) Gozo* (Hch 15.31).

61. ¿Verdadero o falso? Pablo y Bernabé querían llevar a Juan Marcos a visitar las iglesias que habían establecido en su primer viaje misionero. *Falso* (Hch 15.38).

Pablo no deseaba dejar a Juan Marcos atrás porque antes, en vez de ir con ellos a la obra en Galacia, había regresado a su casa en Jerusalén.

62. ¿Verdadero o falso? La motivación inicial para Pablo de realizar un segundo viaje misionero era ver el progreso de los que se habían convertido al cristianismo durante su primer viaje misionero. *Verdadero* (Hch 15.36).

63. Llene el espacio en blanco: Cuando Pablo, llevando a Silas partió de Antioquía en su viaje misionero, salió «encomendado por los hermanos a la _____ del Señor». «*Gracia*» (Hch 15.40).

64. Pregunta: ¿Qué fue el resultado cuando Pablo y Bernabé arguyeron si Juan Marcos permanecería en la obra en un segundo viaje misionero? *Se separaron el uno del otro* (Hch 15.39). Sin embargo, al separarse, ellos doblaron su ministerio porque cada uno escogió a otro para que le acompañara en el viaje evangelistero.

65. ¿Verdadero o falso? La madre de Timoteo no era cristiana. *Falso* (Hch 16.1). Ella era una cristiana judía que, por su gran fe, Pablo la menciona en su segunda carta a Timoteo (2 Ti 1.5).

66. Pregunta: ¿En cuál de sus tres viajes misioneros Pablo lleva a Timoteo? *Segundo* (Hch 15.36-16.3).

67. ¿Verdadero o falso? En la primera parte de su viaje misionero, Pablo y Silas dijeron a los que escuchaban de la decisión del concilio de Jerusalén respecto del mandamiento a los gentiles de guardar la ley de Moisés. *Verdadero* (Hch 16.4).

68. ¿Verdadero o falso? Pablo y Silas predicaron la Palabra en Asia en su viaje misionero. *Falso* (Hch 16.6). El Espíritu Santo les prohibió predicar en Asia aunque trataron de ir allí.

69. Llene el espacio en blanco: El hombre que apareció a Pablo en visión dijo: «Pasa a Macedonia y _____». «*Ayúdanos*» (Hch 16.9).

70. Selección múltiple: ¿Dónde fue Pablo en el día de reposo cuando estaba en Filipos? (a) La sinagoga; (b) el mercado; o (c) junto al río. *(c) Junto al río* (Hch 16.13). No había sinagoga en Filipos.

71. Selección múltiple: ¿Qué respuesta practica mostró Lidia como resultado de su salvación? (a) Ella dio dinero a Pablo; (b) ella abrió su casa a Pablo; o (c) ella dio dinero para construir una iglesia en Filipos. *(b) Abrió su casa a Pablo* (Hch 16, 14, 15). Esta hospitalidad y generosidad filipense hacia Pablo continúo a través de su ministerio (cf. Fil 4.15).

72. Selección múltiple: Lidia era una de las primeras convertidas al cristianismo en Filipos. ¿Cuál era su ocupación? (a) Ella hacia vasijas de barro; (b) ella vendía púrpura; o (c) ella hacia vestidos. *(b) Ella vendía púrpura* (Hch 16.14).

73. Selección múltiple: En Filipos una cierta joven esclava siguió a Pablo y a sus compañeros. ¿Qué otra cosa la distinguía? (a) ella vendió purpura; (b) ella tenía un espíritu de adivinación; o (c) ella confeccionaba vestidos para los pobres. *(b) Ella tenía un espíritu de adivinación* (Hch 16.16).

74. Selección múltiple: ¿Dónde iban Pablo y sus compañeros cuando ellos se encontraron con la joven con el espíritu de adivinación en Filipos? (a) a la oración; (b) a predicar; o (c) a reposar. *(a) A la oración* (Hch 16.16).

75. Selección múltiple: Cuando Pablo echó el espíritu de adivinación fuera de la joven en Filipos, ¿cómo respondieron sus amos? (a) ellos alabaron a Dios; (b) prendieron a Pablo y a Silas; o (c) ellos pidieron a Pablo si podían tener ese

poder. *(b) Prendieron a Pablo y a Silas* (Hch 16.19). Ellos estaban enojados porque ya no podían sacar ganancias de la joven que adivinaba el futuro.

76. ¿Verdadero o falso? Antes que Pablo y Silas fueran echados en la cárcel de Filipos les rasgaron sus vestidos y les azotaron. *Verdadero* (Hch 16.22, 23). Era permisible si el acusado no era un ciudadano romano. Sin embargo, si eran romanos, como eran Pablo y Silas, primero debía llevarse a cabo un tribunal apropiado.

77. Selección múltiple: ¿Qué evento causó que Pablo y Silas fueran aprendidos y echados a la cárcel de Filipos? (a) la curación de un cojo; (b) echar fuera un espíritu de la joven; o (c) predicación del evangelio. *(c) Echar fuera el espíritu de la joven* (Hch 16.16-23). Sin embargo, la acusación contra Pablo y Silas era que ellos judíos que causaban problemas por enseñar cosas contrarias a la ley romana.

78. Selección múltiple: ¿A qué hora del día Pablo y Silas cantaban himnos y oraban en la cárcel de Filipos? (a) al mediodía; (b) a las nueve de la noche; o (c) a la medianoche. *(c) A la medianoche* (Hch 16.25).

79. Llene los espacios en blanco: Cuando el carcelero de Filipo iba a matarse porque las puertas de la cárcel se habrían abierto, Pablo dijo: «No te hagas ningún _____, pues todos estamos _____». «*Mal ... aquí*» (Hch 16.28).

80. Selección múltiple: Cuando Pablo y Silas oraron y cantaron himnos en una cárcel de Filipos, ¿Qué hicieron los demás prisioneros? (a) Cantaron con ellos; (b) le ridiculizaron; o (c) les escucharon. *(c) Les escucharon* (Hch 16.25).

81. Llene los espacios en blanco: Pablo dijo al carcelero de Filipos: «Cree en el Señor Jesucristo, y serás _____, tú y tu _____». «*Salvo ... casa*» (Hch 16.31).

82. ¿Cuál fue la respuesta de los magistrados de Filipos cuando oyeron que Pablo y Silas, a quienes ellos golpearon y encarcelaron, eran ciudadanos romanos? (a) Temor; (b) enojo; o (c) gozo. *(a) Temor* (Hch 16.38).

83. Selección múltiple: ¿Por cuantos días de reposo Pablo fue a la sinagoga y razonó con los judíos en Tesalónica? (a) Tres; (b) cuatro; o (c) cinco. *(a) Tres* (Hch 17.2). Después de tres días de reposo, los judíos de la ciudad incitaron al pueblo contra Pablo y Silas de modo que ellos tuvieron que salir de Tesalónica.

84. Llene el espacio en blanco: En Tesalónica, Pablo y Silas fueron acusados de ser hombres que _____ el mundo. *Trastornan* (Hch 17.6).

85. ¿Verdadero o falso? Puesto que los judíos rechazaron el evangelio en Tesalónica, Pablo fue primero a los gentiles en Berea cuando predicaba el evangelio. *Falso*. El predicó primero también a los judíos en Berea (Hch 17.10, 11).

86. Selección múltiple: ¿Por qué estaba Pablo enojado cuando llegó a Atenas? (a) estaba cansado de las persecuciones; (b) vio los ídolos en la ciudad; o (c) tuvo un viaje difícil a Atenas. *(b) Vio los ídolos en la ciudad* (Hch 17.6).

87. Selección múltiple: ¿Qué dijo Pablo acerca de Jesús que provocó una respuesta de burla en su mensaje en el areópago? (a) Jesús es Señor; (b) Jesús es Dios; o (c) Jesús resucitó de entre los muertos. *(c) Jesús resucitó de entre los muertos* (Hch 17.32). La resurrección de Jesús era algo crucial que los apóstoles predicaron en todo el libro de los Hechos. Sin la resurrección no hay cristianismo.

88. Llene los espacios en blanco: En el famoso sermón de Pablo en medio del areópago, dijo acerca de Dios en nosotros: «Porque en el _____, y nos _____, y _____». «*Vivimos ... movemos ... somos*» (Hch 17.28).

89. Pregunta: Pablo trabajo en su profesión en Corinto para proveer para sí mismo. ¿Cuál era su profesión? *Pablo fabricaba tiendas de campaña* (Hch 18.3). Era común entre los judíos rabinos, del cual Pablo era uno, el ganarse la vida a través de oficios o destrezas. El oficio de Pablo era fabricar tiendas, en lo cual con frecuencia trabajó en sus viajes misioneros para no tener que recibir dinero de aquellos a los que predicaba.

90. Llene los espacios en blanco: Cuando los judíos rechazaron el mensaje de Pablo en Corinto, les dijo: «Vuestra _____ sea sobre vuestra propia _____; yo, limpio; desde ahora me iré a los _____». *«Sangre ... cabeza ... gentiles»* (Hch 18.6).

91. Selección múltiple: ¿Por qué expulsaron de Roma a Aquila y a su esposa Priscila? Porque (a) causaban problemas; (b) eran cristianos; o (c) eran judíos. *(c) Eran judíos* (Hch 18.2).

92. Selección múltiple: ¿Por cuánto tiempo tuvo Pablo un ministerio en Corinto? (a) dos años; (b) seis meses; o (c) dieciocho meses. *(c) Dieciocho meses* (Hch18.11).

93. ¿Verdadero o falso? Cuando los judíos acusaron a Pablo, diciendo: «Este persuade a los hombres a honrar a Dios contra la ley», el procónsul Galión, mandó que golpearan a Pablo y lo echaran en la cárcel. *Falso*. Galión echó fuera del tribunal a los judíos y no los quiso escuchar (Hch 19.12-17).

94. ¿Verdadero o falso? Pablo rehusó tener un ministerio extenso en Éfeso cuando fue allí por primera vez, aunque la gente quería que él se quedara. *Verdadero* (Hch 18.19-21).

95. Selección múltiple: ¿Por qué Pablo tenía prisa de volver a Jerusalén, después de salir de Corinto? (a) tenía un regalo para la iglesia de Jerusalén; (b) quería ver a los otros apóstoles; o (c) quería asistir a una festividad judía. *(c) Quería asistir festividad judía* (Hch 18.20, 21).

96. ¿Verdadero o falso? Después que Pablo asistiera a la fiesta de los judíos en Jerusalén al final de su segundo viaje misionero, regresó a su ciudad de Tarso. *Falso*. Regresó a la iglesia en Antioquía que le había enviado en ambos viajes misioneros (Hch 18.22).

97. Llene el espacio en blanco: Cuando Apolos comenzó a hablar en Éfeso en el nombre del Señor, «solo conocía el bautismo de _____». *«Juan»* (Hch 18.25).

98. Pregunta: ¿Recibieron los discípulos de Juan que creyeron en Cristo en Hechos 19.1-7 el bautismo en el Espíritu Santo o después que se bautizaron? *Después* (Hch 19.5, 6). En Hechos 10.44-48, la gente en la casa de Cornelio recibió el bautismo del Espíritu Santo antes de que fueran bautizados en agua. Hechos de los Apóstoles no puede usarse para prescribir cómo hacer las cosas.

99. Selección múltiple: ¿Cuántas veces en el libro de los Hechos se menciona específicamente el hablar en lenguas en conexión con uno que recibe el Espíritu Santo? (a) Doce; (b) siete; o (c) tres. *(c) Tres* (Hch 2.4; 10.44-46; 19.6).

100. Selección múltiple: ¿Cuánto tiempo Pablo continuó enseñando en la escuela de Tiranno? (a) tres años; (b) dos años; o (c) un año. *(b) Dos años* (Hch 19.9, 10).

101. Pregunta: Llevaban artículos que Pablo usaba a los enfermos, y las enfermedades desaparecían y los malos espíritus salían de ellos. Nombre uno de los dos artículos usados. *Delantales* (Hch 19.11, 12). Lucas llama extraordinarios a esos milagros (v.11). No era común que se hiciera en el ministerio ordinario de Pablo.

102. Selección múltiple: Los convertidos en Éfeso que habían practicado la magia llevaron sus libros de ocultismo y los quemaron en presencia de todos. ¿Cuántas piezas de plata valían todos esos libros? (a) cinco mil; (b) veinticinco mil; o (c) cincuenta mil. *(c) Cincuenta mil* (Hch 19.19).

103. Llene el espacio en blanco: Cuando la gente se llenó de ira en Éfeso, salieron a defender la diosa que adoraban y gritaban: «¡Grande es _____ de los efesios!». «*Diana*» (Hch 19.28). Diana (conocida también como Artemisa) era la diosa de la luna y la caza. Por lo general la presentaban como una cazadora con perros a su alrededor.

104. ¿Verdadero o falso? Ante el revuelo que produjo en Éfeso la enseñanza de Pablo, Demetrio lo metió en la cárcel. *Falso*. El escribano de la ciudad no aceptó ninguna de las acusaciones (Hch 19.35-41).

105. Llene el espacio en blanco: El escribano de la ciudad dijo a la airada turba que la ciudad de Efesios era guardiana del templo de la gran diosa _____. *Diana* (Hch 19.35).

106. Selección múltiple: En su tercer viaje misionero, Pablo volvió a visitar las iglesias que había establecido en Grecia. ¿Cuánto tiempo se quedó en Grecia durante esa visita? (a) seis meses; (b) nueve meses; o (c) tres meses. *(c) Tres meses* (Hch 20.2, 3). Poco se conoce acerca de las iglesias en Grecia. La respuesta al evangelio fue muy débil en esa zona.

107. Pregunta: ¿En qué día de la semana los discípulos se reunían para partir el pan en la iglesia de Troas? *El primer día de la semana* (Hch 20.7).

108. Llene el espacio en blanco: Pablo se apresuró a ir a Jerusalén al final de su tercer viaje misionero para poder estar allí para el día de la _____. *Pascua* (Hch 20.16).

109. Llene el espacio en blanco: Pablo dijo a los ancianos de Éfeso: «Mirad por vosotros, y por todo el rebaño en que el Espíritu Santo os ha puesto por _____, la cual él ganó por su propia sangre». «*Obispo*» (Hch 20.28).

110. Llene el espacio en blanco: Pablo dijo a los ancianos de Éfeso que después de su partida, entrarían en medio de ellos _____ rapaces. *Lobos* (Hch 20.29).

111. Selección múltiple: ¿Al escoger un sucesor de Judas como uno de los doce apóstoles, Pedro dijo que debía ser un testigo de un evento específico en la vida de Jesús. ¿Cuál fue este evento? (a) Su crucifixión; (b) su resurrección; o (c) su ascensión. *(b) Su resurrección* (Hch 1.22).

112. Llene el espacio en blanco: Cuando los cristianos en Cesarea no pudieron persuadir a Pablo para que cambiara su decisión de ir a Jerusalén donde de seguro lo prenderían, dijeron: «Hágase la _____ del Señor». «*Voluntad*» (Hch 21.14). Aunque no era la voluntad de ellos, se sometieron a la voluntad del Señor.

113. Llene el espacio en blanco: Cuando se le advirtió a Pablo que lo arrestarían si iba a Jerusalén, Pablo respondió: «Yo estoy dispuesto no solo a ser atado, sino también a _____ en Jerusalén por el nombre del Señor Jesús». «*Morir*» (Hch 21.13, RVC).

114. Llene el espacio en blanco: Una de las acusaciones de los judíos contra Pablo por cuando volvió a Jerusalén fue que enseñaba contra la ley de Moisés. Algo específico de que acusaban a Pablo era su enseñanza de que los cristianos judíos no debían _____ a sus hijos. *Circuncidar* (Hch 21.21). Pablo no enseñó esto. De hecho, circuncidó a Timoteo para no ofender a los judíos que trataban de evangelizar (Hch 16.3).

115. Selección múltiple: Cuando los soldados romanos se llevaron a Pablo para protegerlo de la airada turba judía, pidió permiso para decirle algo al jefe del batallón. ¿Qué lenguaje usó para hablar con el militar romano? (a) hebreo; (b) griego;

o (c) latín. *(b) Griego* (Hch 21.37). Esto sorprendió al jefe romano porque pensó que Pablo era un egipcio que había sido el causante de un problema anterior.

116. Selección múltiple: ¿A qué hora del día Pablo vio la gran luz del cielo cuando iba camino a Damasco? (a) las nueve de la mañana; (b) al mediodía; o (c) a las tres de la tarde. *(b) Al mediodía* (Hch 22.6). La brillantez de la luz era tal que podía verse con intensidad al mediodía.

117. Selección múltiple: ¿Cómo llamó Pablo a Ananías, el sumo sacerdote, cuando este mandó que golpeasen a Pablo en la boca? (a) Pared blanqueada; (b) sepulcro blanqueado; o (c) cuervo blanqueado. *(a) Pared blanqueada* (Hch 23.3).

118. Llene los espacios en blanco: Pablo pudo interrumpir los procedimientos del sanedrín contra él al iniciar un argumento entre los _____ y los _____ sobre la resurrección de los muertos. *Fariseos ... Saduceos* (Hch 23.6-10). Los saduceos no creían en la resurrección, pero los fariseos sí.

119. Llene los espacios en blanco: En Jerusalén, un grupo de más de cuarenta judíos juraron que: «No _____ ni _____ hasta que hubiesen dado _____ a Pablo». *«Comerían ... beberían ... muerte»* (Hch 23.12).

120. Selección múltiple: ¿Por qué el hijo de la hermana de Pablo se menciona en el libro de los Hechos? (a) Él era un líder en Roma; (b) viajó con Pablo a través de Galacia; o (c) ayudó a salvarle la vida a Pablo. *(c) Ayudó a salvarle la vida a Pablo* (Hch 23.16-22).

121. Selección múltiple: ¿Qué tan grande era la guardia romana que acompañó a Pablo fuera de Roma de camino a Félix en Cesarea? (a) ciento cincuenta hombres; (b) trescientos hombres; o (c) cuatrocientos setenta hombres. *(c) Cuatrocientos setenta hombres* (Hch 23.23, 24).

122. Selección múltiple: ¿Cuándo el orador Tertulio acusó a Pablo ante Félix, ¿de qué secta dijo que Pablo era un cabecilla? (a) de los cristianos; (b) de los judaizantes; o (c) de los nazarenos. *(c) De los nazarenos* (Hch 24.5).

123. Llene el espacio en blanco: En una entrevista con Félix, Pablo habló específicamente acerca de la fe en Cristo y abordó los temas de la justicia, el dominio propio, y el _____ venidero. *Juicio* (Hch 24.24, 25).

124. Pregunta: Drusila, la esposa de Félix, ¿era judía o gentil? *Era judía* (Hch 24.24).

125. Llene los espacios en blanco: Al final del testimonio de Pablo ante el rey Agripa, el rey dijo: «_____ me persuades a ser _____». *«Por poco ... cristiano»* (Hch 26.28).

126. Selección múltiple: Cuando Pablo le habló a Félix de la justicia, el dominio propio y el juicio venidero, ¿qué sintió el gobernador? (a) confusión; (b) temor; o (c) culpa. *(b) Temor* (Hch 24.25).

127. Llene los espacios en blanco: Cuando una serpiente mordió a Pablo en la isla de Malta, los nativos pensaron enseguida que estaba recibiendo castigo por _____, pero cuando no sufrió daño, cambiaron de opinión, y creyeron que era un _____. *Homicida ...dios* (Hch 28.2-6).

128. Llene los espacios en blanco: Pedro dijo a los judíos que respondieron a su mensaje que se registra en Hechos 2: «_____, y bautícese cada uno de vosotros en el nombre de _____ para perdón de los _____; y recibiréis el don del _____». *«Arrepentíos ... Jesucristo ... pecados ... Espíritu Santo»* (Hch 2.38).

129. ¿Verdadero o falso? Había más de doscientas cincuenta personas en la nave que naufragó y que llevaba a Pablo a Roma. *Verdadero.* Había doscientas setenta y seis personas (Hch 27.37).

130. Llene los espacios en blanco: Pedro dijo a los judíos responsables por la muerte de Jesús que: «A este Jesús a quien vosotros crucificasteis, Dios lo ha hecho _____ y _____». *«Señor … Cristo»* (Hch 2.36).

131. Selección múltiple: ¿Cómo explica Lucas el gran crecimiento de la iglesia primitiva? (a) un fuerte liderazgo de los apóstoles; (b) el Señor añadía personas a la iglesia; o (c) poderoso sermón. *(c) El Señor añadía personas a la iglesia* (Hch 2.47).

132. Selección múltiple: ¿Qué doctrina específica que los apóstoles enseñaban era en especial ofensiva a los saduceos? (a) la resurrección; (b) la ascensión de Jesús; o (c) la deidad de Jesús. *(a) La resurrección* (Hch 4.1, 2). Los saduceos tampoco creían en los ángeles i en los espíritus (Hch 23.8).

133. Selección múltiple: ¿Cuál fue el resultado de la llenura de los apóstoles con el Espíritu Santo en Hechos 5? (a) hablaron en otras lenguas; (b) realizaron maravillas y milagros; o (c) hablaban la palabra de Dios con denuedo. *(c) Hablaban la palabra de Dios con denuedo* (Hch 4.31).

134. Llene los espacios en blanco: Cuando los apóstoles necesitaron varones que ayudaran en el ministerio de la distribución de alimentos a las viudas necesitadas, ellos consideraron ciertas cualidades. Ellos buscaron personas de buena reputación y llenas del _____ y de _____. *Espíritu Santo … sabiduría* (Hch 6.3).

135. Llene el espacio en blanco: Cuando Esteban estaba presentando su defensa ante el concilio judío, dijo respecto del carácter de Dios: «El Altísimo no habita en templos hechos de _____». *«Manos»* (Hch 7.48).

136. Llene los espacios en blanco: Cuando se prohibió que los apóstoles siguieran hablando en el nombre de Jesús, Pedro y los demás apóstoles respondieron: «Es necesario obedecer a _____ antes que a los _____». *«Dios … hombres»* (Hch 5.29). Este es un principio en la Escritura que establece la Palabra de Dios por encima de la obediencia a cualquier institución o ley de hombre.

137. Selección múltiple: ¿Cómo respondió el eunuco etíope a la pregunta de Felipe si entendía o no lo que estaba leyendo en la Escritura? (a) «No, ¡no lo entiendo!»; (b) «Absolutamente nada»; o (c) «Y como podré, si alguno no me enseñare?». *(c)* «¿Y cómo podré, si alguno no me enseñare» (Hch 8.31).

138. Selección múltiple: Cuando Felipe se acercó al eunuco etíope en el camino, el eunuco leía el pasaje de Isaías 53.7, 8. En esta profecía, ¿cómo se describe a Jesús? (a) Como el buen Pastor; (b) como una oveja llevada a la muerte; o (c) como la puerta del corral de las ovejas. *(a) Como oveja llevada a la muerte* (Hch 8.32, 33).

139. Llene el espacio en blanco: Cuando el Jesús resucitado confrontó a Saulo de camino a Damasco, le dijo: «Saulo, Saulo, ¿por qué me _____?». *«Persigues»* (Hch 9.4). La persecución de Saulo de la iglesia era una persecución al Señor mismo.

140. Selección múltiple: Después de la conversión de Saulo y la ceguera que tuvo, un hombre llamado Ananías fue a verlo y le impuso las manos. En ese instante Saulo recobró la vista. ¿Qué otra cosa pasó a Pablo en ese momento? (a) Fue lleno del Espíritu Santo; (b) se convirtió en un apóstol; o (c) habló en otras lenguas. *(a) Fue lleno del Espíritu Santo* (Hch 9.17).

141. Selección múltiple: ¿Cuánto tiempo vivió Pablo en la casa que alquilaba en Roma? (a) un año; (b) dos años; o (c) tres años. *(b) Dos años* (Hch 28.30). Aunque

Pablo estaba en una prisión romana, tenía gran libertad para hablar con cualquiera que lo visitara (vv. 30, 31).

Selección múltiple: Cornelio fue el primer gentil convertido. Sin embargo, ya era un varón piadoso. Su piedad se mostraba en dos cosas que caracterizaban su vida. Una era la oración. ¿Cuál era la otra? (a) Estudio bíblico; (b) testimonio; o (c) generosidad. *(c) Generosidad (Hch 10.1, 2).*

143. Llene el espacio en blanco: Cuando Pedro testificó a Cornelio acerca de Jesucristo, dijo: «Dios ungió con Espíritu Santo y con _____ a Jesús de Nazaret». *«Poder»* (Hch 10.38).

144. ¿Verdadero o falso? Pedro enseñó a los gentiles en la casa de Cornelio que Jesús podía sanar a los oprimidos por el diablo porque Dios estaba con él. *Verdadero* (Hch 10.38).

145. Selección múltiple: Según el mensaje de Pedro a Cornelio, ¿cuál fue el contenido del mensaje de Dios a través de Jesucristo? (a) Amor; (b) paz; o (c) esperanza. *(b) Paz (Hch 10.36).* Esto es reconciliación, por lo cual la ira de Dios ha sido apartada contra nuestro pecado y tenemos paz con Dios por medio de nuestro Señor Jesucristo (Ro 5.1, 2).

146. Selección múltiple: ¿Qué razón dio Pedro para que Cornelio y su familia y sus amigos gentiles fueran bautizados? (a) Habían recibido el Espíritu Santo; (b) habían creído con todo su corazón; o (c) se habían arrepentido. *(a) Recibieron el Espíritu Santo (Hch 10.47).*

147. Pregunta: Según el mensaje de Esteban en Hechos 7, ¿a quién los judíos resistían cuando rechazaban el mensaje de que Jesús era el Cristo? *Al Espíritu Santo* (Hch 7.51).

148. Selección múltiple: Cuando Esteban afirmó que Dios no habita en templos hecho de manos, citó: «El cielo es mi trono, y la tierra el estrado de mis pies». ¿Qué profeta estaba citando? (a) Isaías; (b) Jeremías; o (c) Ezequiel. *(a) Isaías* (Hch 7.48, 49).

GEOGRAFÍA

1. Selección múltiple: ¿Dónde estaban los discípulos cuando Jesús les mandó que esperasen la promesa del Padre? (a) Nazaret; (b) Belén; o (c) Jerusalén. *(c) Jerusalén* (Hch 1.4), el centro principal de actividad a través de los primeros siete capítulos de Hechos.

2. Llene el espacio en blanco: Antes de que Jesús ascendiera al cielo, dijo a sus discípulos que debían testificar en Jerusalén, Judea, _____ y hasta lo último de la tierra. *Samaria* (Hch 1.8).

3. Selección múltiple: ¿Dónde estaban los discípulos cuando Jesús ascendió al cielo? (a) en el monte Sinaí; (b) en el monte Horeb; o (c) en el monte del Olivar. *(c) En el monte del Olivar* (Hch 1.12).

4. Selección múltiple: ¿Dónde los discípulos se juntaron en Jerusalén mientras esperaban la promesa del Espíritu Santo? (a) en el templo; (b) en un aposento alto; o (c) en una sinagoga. *(b) En un aposento alto* (Hch 1.13).

5. Selección múltiple: En el día de Pentecostés, cuando la iglesia comenzó, había gente en Jerusalén ¿de qué zonas procedían? (a) Antioquía; (b) Europa; o (c) de todas las naciones. *(c) De todas las naciones* (Hch 2.5).

6. Selección múltiple: ¿A dónde subían Pedro y Juan cuando vieron al cojo de nacimiento? (a) al aposento alto; (b) a la iglesia; o (c) al templo. *(c) Al templo* (Hch 3.1-3). El templo era un lugar de reunión común de la iglesia primitiva (Hch 2.46).

7. Selección múltiple: Cuando la gente que se había reunido en Jerusalén para la fiesta del Pentecostés oyeron que los apóstoles hablaban en su propio lenguaje, se sorprendieron porque reconocieron que los apóstoles eran ¿de qué área de la ciudad? (a) Galilea; (b) Judea; o (c) Samaria. *(a) Galilea* (Hch 2.7). Los judíos de Galilea por lo general eran hombres sin educación formal. Por tanto, aquello no podía ser un fenómeno «natural».

8. Selección múltiple: En la profecía de Joel, que Pedro citó en Hechos 2, Joel predice que algo se convertirá en sangre. ¿Qué se convertirá en sangre? (a) el sol; (b) la luna; o (c) la tierra. *(b) La luna* (Hch 2.20).

9. Selección múltiple: Después que Pedro y Juan sanaron al cojo, el pueblo se agolpó junto a ellos mientras estaban en el pórtico del templo. ¿Cuál era el nombre de la puerta del templo, que fue nombrada con el nombre de un rey? (a) el pórtico de David; (b) el pórtico de Ezequías; o (c) el pórtico de Salomón. *(c) El pórtico de Salomón* (Hch 3.11).

10. Selección múltiple: Bernabé fue uno de los primeros cristianos que se menciona en Hechos 4. Después se convirtió en el compañero de Pablo en su viaje misionero a Galacia. ¿De qué país era Bernabé? (a) Judea; (b) Galilea; o (c) Chipre. *(c) Chipre* (Hch 4.36).

11. Selección múltiple: En Hechos 7 Esteban defiende el mensaje del evangelio ante el concilio judío. En su defensa, Esteban relata la historia judía comenzando con Abraham. Nombra el lugar donde Abraham vivió primero. ¿Cuál es el nombre de esa tierra? (a) Siria; (b) Mesopotamia; o (c) Egipto. *(b) Mesopotamia* (Hch 7.2).

12. Selección múltiple: ¿En qué lugar el padre de Abraham murió? (a) Tarso; (b) Harán; o (c) Nínive. *(b) Harán* (Hch 7.4). Harán estaba localizada en el territorio que se volvió Asiria en tiempos del reino de Israel. Asiria tomó cautivo el reino norteño de Israel.

13. Selección múltiple: ¿Dónde Felipe fue y predicó el evangelio? (a) Antioquía; (b) Tarso; o (c) Samaria. *(c) Samaria* (Hch 8.5). Esto marcó la primera vez que el evangelio viajó fuera de Judea.

14. Selección múltiple: Cuando comenzó la persecución contra la iglesia, los creyentes se esparcieron por toda Judea y ¿qué otra región? (a) Samaria; (b) Siria; o (c) Egipto. *(a) Samaria* (Hch 8.1).

15. Llene el espacio en blanco: Pedro y Juan viajaron a _____ después que Dios usara a Felipe para abrir la región al evangelio. Después que llegaron, el Espíritu Santo descendió sobre los creyentes. *Samaria* (Hch 8.14, 15).

16. Selección múltiple: Cuando Felipe dejó Samaria recibió el mandato de ir al sur junto al camino que iba de Jerusalén ¿a qué otra ciudad? (a) Gaza; (b) Tarso; o (c) Damasco. *(a) Gaza* (Hch 8.26), cerca de la costa del Mar Mediterráneo.

17. Selección múltiple: El camino que va de Jerusalén a Gaza ¿por qué tipo de terreno pasa? *(a)* Campos verdes; (b) bosques; o (c) desierto. *(c) Desierto* (Hch 8.26).

18. Selección múltiple: ¿Dónde iba Saulo cuando el Señor resucitado le encontró en el camino con una luz brillante y una voz que procedía del cielo? (a) Jerusalén; (b) Betania; o (c) Damasco. *(c) Damasco* (Hch 9.1-4).

19. Selección múltiple: ¿Dónde el apóstol Pablo (Saulo) predicó primero el evangelio? (a) Jerusalén; (b) Damasco; o (c) Tarso. *(b) Damasco* (Hch 9.19, 20).

20. Selección múltiple: Después de su conversión, Saulo predicó primero en Damasco. ¿Adónde Saulo fue después? (a) Jerusalén; (b) Betania; o (c) Nazaret. *(a) Jerusalén* (Hch 9.20-26).

21. Selección múltiple: Cuando Saulo tuvo que escapar de Jerusalén porque los judíos querían matarlo, los apóstoles lo enviaron en un barco a Cesarea. ¿Dónde se fue de allí? (a) Galilea; (b) Chipre; o (c) Tarso. *(c) Tarso* (Hch 9.30). Tarso era la ciudad natal de Pablo. Permaneció en Tarso varios años antes de juntarse con Bernabé en Antioquía.

22. Selección múltiple: Jesucristo, a través de Pedro, sanó a un paralítico llamado Eneas. ¿Dónde tuvo lugar esa curación? (a) Listra; (b) en Chipre; o (c) en Lida. *(c) Lida* (Hch 9.32-34). En tiempos del reino, esta ciudad pertenecía a los benjamitas y la llamaban Lod. Hoy se le conoce con ese nombre.

23. Selección múltiple: ¿En qué ciudad Dorcas resucitó? (a) Jerusalén; (b) Jericó; o (c) Jope. *(c) Jope* (Hch 9.36-41).

24. Selección múltiple: Según el mensaje de Pablo a Cornelio, ¿dónde Jesús predicó primero? (a) Judea; (b) Galilea; o (c) Siria. *(b) Galilea* (Hch 10.37).

25. Selección múltiple: Algunos cristianos judíos estaban enojados que Pedro había comido con varones incircuncisos en la casa de Cornelio. ¿Dónde estos cristianos judíos vivían? (a) Jope; (b) Nazaret; o (c) Jerusalén. *(c) Jerusalén* (Hch 11.1-3). A través del libro de los Hechos, a los cristianos judíos de Jerusalén y sus alrededores les había costado mucho aceptar a los gentiles como cristianos completos como ellos.

26. Selección múltiple: Al final de Hechos 11, se registra que el evangelio estaba echando raíces entre los gentiles. ¿Qué ciudad se convirtió en el centro de la tarea de alcanzar a los gentiles? (a) Tarso; (b) Filipos; o (c) Antioquía. *(c) Antioquía* (Hch 11.19-26). La iglesia de Antioquía fue la primera en enviar a Pablo y a Bernabé a la obra misionera.

27. Selección múltiple: ¿De dónde eran los primeros predicadores que comenzaron a hablar a la iglesia griega en Antioquía? (a) Judea y Jerusalén; (b) Chipre y Cirene; o (c) Damasco y Siria. *(b) Chipre y Cirene* (Hch 11.20). Chipre era una isla, y Cirene era una ciudad portuaria del norte de África.

28. Selección múltiple: ¿Dónde estaba Bernabé cuando recibió la noticia de que muchos gentiles se estaban convirtiendo al Señor en Antioquía? (a) Chipre; (b) Betania; o (c) Jerusalén. *(c) Jerusalén* (Hch 11.22).

29. Selección múltiple: Para aliviar la necesidad de los hermanos de qué región los creyentes de Antioquía recogieron una ofrenda (a) Judea; (b) Samaria; o (c) Galacia. *(a) Judea* (Hch 11.29).

30. Selección múltiple: ¿En qué ciudad llamaron por primera vez cristianos a los discípulos? (a) Jerusalén; (b) Antioquía; o (c) Atenas. *(b) Antioquía* (Hch 11.26).

31. Selección múltiple: ¿Dónde estaba Saulo cuando Bernabé dejó a Antioquía para ir a buscarlo? (a) Jerusalén; (b) Damasco; o (c) Tarso. *(c) Tarso* (Hch 11.25).

32. Selección múltiple: ¿Adónde fue Pedro luego que un ángel lo sacó de la prisión según Hechos 12? (a) A la casa de Juan; (b) al templo; o (c) a la casa de María. *(c) A la casa de María* (Hch 12.12). Esta María era la madre de Juan Marcos, el que viajó con Pablo y Bernabé y escribió el Evangelio de Marcos.

33. Selección múltiple: Tras escapar del rey Herodes, Pedro salió de Judea y se fue a residir a qué ciudad (a) Samaria; (b) Cesarea; o (c) Roma. *(b) Cesarea* (Hch 12.19).

34. Selección múltiple: ¿En qué ciudad estaba Herodes dando un discurso cuando un ángel del Señor lo hirió? (a) Jerusalén; (b) Antioquía; o (c) Cesarea. *(c) Cesarea* (Hch 12.19-23).

35. Selección múltiple: ¿En qué ciudad Pablo y Bernabé comenzaron su primer viaje misionero? (a) Jerusalén; (b) Antioquía; o (c) Samaria. *(b) Antioquía* (Hch 13.1-3).

36. Selección múltiple: ¿Desde qué ciudad portuaria Pablo y Bernabé zarparon cuando iniciaron su primer viaje misionero? (a) Cesarea; (b) Tarso; o (c) Seléucida. *(c) Seléucida* (Hch 13.4), una ciudad portuaria justo al sudeste de Antioquía.

37. Selección múltiple: ¿Qué ciudad en Chipre fue la primera en oír el evangelio de labios de Pablo y Bernabé? (a) Cesarea; (b) Salamina; o (c) Pafos. *(b) Salamina* (Hch 13.5). Salamina era la segunda ciudad más grande en Chipre, y algo más pequeña que Pafos, la capital.

38. Selección múltiple: ¿Cuál fue la última ciudad en Chipre que Pablo y Bernabé visitaron cuando comenzaron su primer viaje misionero? (a) Pafos; (b) Salamina; o (c) Atenas. *(a) Pafos* (Hch 13.6), la capital de Chipre.

39. Selección múltiple: ¿En qué ciudad de Chipre Pablo y Bernabé encontraron al profeta falso Barjesús? (a) Seléucida; (b) Pafos; o (c) Salamina. *(b) Pafos* (Hch 13.6).

40. Selección múltiple: ¿En qué ciudad de Chipre encontraron Pablo y Bernabé al procónsul, Sergio Pablo, que fue receptivo al evangelio? (a) Antioquía; (b) Pafos; o (c) Cairo. *(b) Pafos* (Hch 13.6, 7).

41. Selección múltiple: ¿Cuál fue el nombre de la ciudad a la que Pablo y Bernabé fueron después de salir de Chipre? (a) Antioquía; (b) Tarso; o (c) Perge. *(c) Perge* (Hch 13.13).

42. Selección múltiple: Cuando Juan Marcos dejó a Pablo y a Bernabé en Perge, ¿adónde se fue? (a) Jericó; (b) Jerusalén; o (c) Atenas. *(b) Jerusalén* (Hch 13.13).

43. Selección múltiple: ¿En qué ciudad de Pisidia Pablo predicó un sermón que registra Hechos 13.16-41? (a) Corinto; (b) Antioquía; o (c) Berea. *(b) Antioquía* (Hch 13.20). Esta no es la misma Antioquía desde la que enviaron a Pablo y Bernabé. Este es el primer registro de Lucas de un sermón de boca de Pablo.

44. Selección múltiple: Según el sermón de Pablo en Hechos 13, ¿de qué región eran los testigos de la muerte y la resurrección? (a) Judá; (b) Samaria; o (c) Galilea. *(c) Galilea* (Hch 13.31).

45. Selección múltiple: Después de que judíos celosos echaran a Pablo y Bernabé de Pisidia de Antioquía, ¿a qué ciudad se fueron? (a) Jerusalén; (b) Iconio; o (c) Corinto. *(b) Iconio* (Hch 13.51).

46. Selección múltiple: ¿En qué ciudad los judíos y los gentiles trataron por primera vez de apedrear a Pablo y Bernabé por predicar el evangelio? (a) Pafos; (b) Listra; o (c) Iconio. *(c) Iconio* (Hch 14.1-5).

47. Selección múltiple: Cuando Pablo y Bernabé huyeron de Iconio a causa de la persecución, fueron a dos ciudades cercanas. ¿Cuáles fueron estas ciudades? (a) Tiro y Sidón; (b) Jerusalén y Jericó; o (c) Listra y Derbe. *(c) Listra y Derbe* (Hch 14.6).

48. Selección múltiple: ¿Dónde estaban Pablo y Bernabé cuando el pueblo comenzó a adorarlos como dioses? (a) Listra; (b) Derbe; o (c) Iconio. *(a) Listra*

(Hch 14.8-13), donde había un templo de Zeus, y donde la gente creía que a veces los dioses tomaban forma humana.

49. Selección múltiple: Mientras Pablo y Bernabé estaban en Listra, ¿de qué dos ciudades llegaron judíos para incitar al pueblo contra los misioneros? (a) Antioquía e Iconio; (b) Jerusalén y Damasco; o (c) Corinto y Atenas. *(a) Antioquía e Iconio* (Hch 14.19).

50. Selección múltiple: ¿A qué ciudad fueron Pablo y Bernabé después de que Pablo apedrearon a Pablo y lo dejaron por muerto en Listra? (a) Antioquía; (b) Derbe; o (c) Damasco. *(b) Derbe* (Hch 14.20).

51. Selección múltiple: ¿Cuál fue la última ciudad que Pablo y Bernabé visitaron antes de regresar a Antioquía al concluir su primer viaje misionero a? (a) Derbe; (b) Iconio; o (c) Atenas. *(a) Derbe* (Hch 14.20, 21).

52. Pregunta: Hechos 14 nombra tres ciudades donde Pablo y Bernabé establecieron iglesias en su primer viaje misionero. ¿Cuál fue una de las ciudades? *Las tres ciudades fueron Listra, Iconio, y Antioquía* (Hch 14.21). Pablo regresó a esas ciudades aunque tuvo que enfrentar una severa oposición en su primera visita a cada una de ellas. Regreso para designar a los líderes de la cada iglesia.

53. Selección múltiple: Como Pablo y Bernabé regresaron a Antioquía en su primer viaje misionero, ¿a qué otro distrito romano fueron cuando pasaron por Pisidia? (a) Bitinia; (b) Cilicia; o (c) Panfilia. *(c) Panfilia* (Hch 14.24).

54. Selección múltiple: Cuando Pablo y Bernabé regresaron a Antioquía, ¿de qué ciudad portuaria de la provincia de Panfilia zarparon? (a) Atalía; (b) Seléucida; o (c) Corinto. *(a) Atalía* (Hch 14.25, 26).

55. Selección múltiple: ¿De qué regiones llegó gente a la iglesia de Antioquía para enseñar que la circuncisión era necesaria para la salvación? (a) Samaria; (b) Judea; o (c) Galilea. *(b) Judea* (Hch 15.1). En Judea había judíos creyentes muy fuertes que se oponían con ardor a cualquiera que considerara que solo se necesitaba la fe en Cristo para que Dios lo aceptara a uno.

56. Selección múltiple: ¿A qué ciudad Pablo y Bernabé fueron para tratar la relación de la circuncisión con la salvación? (a) Antioquía; (b) Belén; o (c) Jerusalén. *(c) Jerusalén* (Hch 15.2). Era de suma importancia que la iglesia estuviera unida respecto a este tema. La unificación debía venir a través de un acuerdo que envolviera a los apóstoles que todavía estaban en la iglesia en Jerusalén.

57. Pregunta: ¿En qué ciudad hay «apóstoles y ancianos» que se mencionan tres veces en Hechos 15 como los líderes de la iglesia? *Jerusalén* (Hch 15.2, 4, 6).

58. Selección múltiple: La carta que describe la decisión del concilio de Jerusalén se dirigió a los creyentes gentiles en una ciudad y en dos áreas geográficas. Nombre la ciudad. (a) Tarso; (b) Corinto; o (c) Antioquía. *(c) Antioquía* (Hch 15.23), la ciudad donde la controversia sobre la práctica judía llegó a un punto crítico (cf. Hch 15.1, 2)

59. ¿Verdadero o falso? Silas regresó a Jerusalén después que entregó la carta del concilio de Jerusalén a la iglesia en Antioquía. *Falso* (Hch 15.34). Silas permaneció en Antioquía y se convirtió en uno de los profetas que ministraban en la iglesia de ese lugar.

60. Selección múltiple: ¿En qué ciudad tuvo lugar el desacuerdo entre Pablo y Bernabé sobre Juan Marcos? (a) Jerusalén; (b) Antioquía; o (c) Filipos. *(b) Antioquía* (Hch 15.35-40).

61. Selección múltiple: ¿Dónde Bernabé y Juan Marcos fueron primero cuando salieron de Antioquía en su primer viaje misionero? (a) Cilicia; (b) Chipre; o (c) Creta. *(b) Chipre* (Hch 15.39). Pablo y Bernabé habían establecido iglesias en Chipre pero no habían regresado para ver cómo les iba.

62. Selección múltiple: ¿Dónde se encontraba Bernabé cuando se le menciona por última vez en el libro de los Hechos? (a) Antioquía; (b) Jerusalén; o (c) Chipre. *(c) Chipre* (Hch 15.39).

63. Selección múltiple: ¿Cuáles son las primeras ciudades que se mencionan que Pablo y Silas visitaron en su viaje misionero? (a) Derbe y Listra; (b) Damasco y Tarso; o (c) Iconio y Perge. *(a) Derbe y Listra* (Hch 16.1). Pablo y Bernabé habían establecido iglesias en Derbe y Listra en su primer viaje misionero.

64. Selección múltiple: ¿Cuál era la ciudad donde vivía Timoteo? (a) Antioquía; (b) Listra; o (c) Jerusalén. *(b) Listra* (Hch 16.1, 2).

65. Selección múltiple: Timoteo era tenido en alta estima entre los creyentes de Listra y ¿en qué otra ciudad? (a) Derbe; (b) Iconio; o (c) Atenas. *(b) Iconio* (Hch 16.2).

66. Selección múltiple: ¿Desde qué ciudad Pablo y Silas trataron de ir a Bitinia? (a) Tracia; (b) Troas; o (c) Misia. *(c) Misia* (Hch 16.7). Bitinia se encuentra al norte de Misia, y Pablo quería predicar el evangelio allí.

67. Selección múltiple: ¿Dónde estaba Pablo cuando recibió su famoso llamado macedónico? (a) Corinto; (b) Troas; o (c) Roma. *(b) Troas* (Hch 16.8, 9). Troas estaba situada en la costa más occidental del Asia Menor y era un importante puerto para los que viajaban a Macedonia.

68. ¿Verdadero o falso? Filipos era una de las principales ciudades de Macedonia. *Verdadero* (Hch 16.12).

69. Selección múltiple: Lidia, una de las primeras convertidas en Macedonia, vivía en Filipos. ¿De qué ciudad era oriunda? (a) Roma; (b) Jerusalén; o (c) Tiatira. *(c) Tiatira* (Hch 16.14).

70. Selección múltiple: ¿Dónde Pablo y sus compañeros encontraron una muchacha con un espíritu de adivinación? (a) Corinto; (b) Antioquía; o (c) Filipos. *(c) Filipos* (Hch 16.11-16). Filipos era el lugar donde Pablo estableció la primera iglesia en su segundo viaje misionero.

71. Selección múltiple: ¿En qué ciudad fueron Pablo y Silas traídos ante los magistrados por los dueños de esclavos y acusados de ser judíos causadores de problemas? (a) Corinto; (b) Tesalónica; o (c) Filipos. *(c) Filipos* (Hch 16.12-20).

72. Selección múltiple: ¿En qué ciudad estaban Pablo y Silas cuando se les hizo una muy conocida pregunta: «Qué debo hacer para ser salvo?» (a) Corinto; (b) Jerusalén; o (c) Filipos. *(c) Filipos* (Hch 16.30).

73. Selección múltiple: ¿En qué ciudad de Macedonia Pablo y Silas predicaron después que salieron de Filipos? (a) Tesalónica; (b) Apolonia; o (c) Berea. *(c) Tesalónica* (Hch 17.1-3). Tesalónica era la ciudad principal de Macedonia. Debido a su estratégica ubicación, sigue siendo una ciudad importante.

74. Selección múltiple: ¿En qué ciudad vivía Jasón, el qué hospedó a Pablo y Silas mientras predicaban en Macedonia? (a) Filipos; (b) Tesalónica; o (c) Corinto. *(b) Tesalónica* (Hch 17.1-7).

75. Pregunta: Pablo y Silas predicaron en tres ciudades de Macedonia. ¿Cuáles eran estas ciudades? *Filipos, Tesalónica y Berea* (Hch 16.11-17.11).

76. **Selección múltiple:** ¿Dónde Pablo y Silas hallaron judíos «más tolerantes» que los de Tesalónica? (a) Atenas; (b) Berea; o (c) Jerusalén. *(b) Berea* (Hch 17.10, 11).

77. **Selección múltiple:** ¿En qué ciudad Pablo dejó a Timoteo y Silas para ir a Atenas? (a) Corintio; (b) Filipos; o (c) Berea. *(c) Berea* (Hch 17.10-14).

78. **Selección múltiple:** ¿En qué ciudad Pablo se turbó en su espíritu a causa de todos los ídolos que vio? (a) Corinto; (b) Éfeso; o (c) Atenas. (c) *Atenas* (Hch 17.16). De las tres grandes ciudades universitarias (Tarso y Alejandría eran las otras dos), Atenas era la más famosa.

79. **Pregunta:** ¿En qué ciudad Pablo halló un altar con la inscripción: «AL DIOS NO CONOCIDO»? *Atenas* (Hch 17.22, 23). Atenas era famosa por sus templos, estatuas y monumentos. No tenía comparación en el mundo antiguo. Se honraba al «dios desconocido» por si se dejaba de incluir a un dios.

80. **Selección múltiple:** ¿Dónde halló Pablo algunos filósofos estoicos y epicúreos? (a) Éfeso; (b) Corinto; o (c) Atenas. *(c) Atenas* (Hch 17.16-18).

81. **Selección múltiple:** ¿A qué ciudad de Acaya fue Pablo después de salir de Atenas? (a) Filipos; (b) Cesarea; o (c) Corinto. *(c) Corinto* (Hch 18.1). Corinto también era una ciudad griega de gran importancia porque contralaba las rutas comerciales entre el norte de Grecia y el Peloponeso, y a través de la península.

82. **Selección múltiple:** ¿En qué ciudad Pablo se encontró con Aquila y Priscila? (a) Filipos; (b) Éfeso; o (c) Corinto. *(c) Corinto* (Hch 18.1-3).

83. **Selección múltiple:** ¿Dónde Silas y Timoteo volvieron a reunirse con Pablo después que él los había dejado en Macedonia? (a) Corinto; (b) Atenas; o (c) Éfeso. *(a) Corinto* (Hch 18.1-5).

84. **Selección múltiple:** ¿En qué ciudad de Acaya era Crispo el principal de la sinagoga? (a) Éfeso; (b) Tesalónica; o (c) Corinto. *(c) Corinto* (Hch 18.8). Corinto era la capital de Acaya, que se volvió provincia romana en el 46 A.C.

85. **Selección múltiple:** ¿En qué ciudad habló el Señor a Pablo en una visión de noche y le aseguró que estaba con él y que nadie le haría mal? (a) Antioquía; (b) Corinto; o (c) Berea. *(b) Corinto* (Hch 18.8-10).

86. **Selección múltiple:** ¿En qué ciudad Pablo salió absuelto ante Galión, el procónsul romano? (a) Cesarea; (b) Roma; o (c) Corinto. *(c) Corinto* (Hch 18.12-17).

87. **Selección múltiple:** ¿En qué ciudad en su segundo viaje misionero Pablo se había rapado la cabeza, para indicar que había hecho voto a Dios? (a) Cesarea; (b) Cencrea; o (c) Judea. *(b) Cencrea* (Hch 18.18).

88. **Selección múltiple:** ¿A qué ciudad Pablo tenía prisa para volver al final de su segundo viaje misionero? (a) Antioquía; (b) Tarso; o (c) Jerusalén. *(c) Jerusalén* (Hch 18.20, 21).

89. **Selección múltiple:** Después que Apolos recibió en Éfeso una instrucción más precisa sobre el camino de Dios, ¿a qué región deseó él irse? (a) Macedonia; (b) Asia; o (c) Acaya. *(c) Acaya* (Hch 18.27).

90. **Selección múltiple:** ¿En qué ciudad en su tercer viaje misionero Pablo encontró doce discípulos de Juan que fueron sus primeros convertidos? (a) Atenas; (b) Antioquía; o (c) Éfeso. *(c) Éfeso* (Hch 19.1-7). Éfeso era la ciudad más importante de Asia Menor.

91. **Selección múltiple:** ¿En qué ciudad de Asia estaba situada la escuela de Tiranno? (a) Colosas; (b) Corinto; o (c) Éfeso. *(c) Éfeso* (Hch 19.1, 9).

92. Llene el espacio en blanco: Como resultado de la enseñanza de Pablo en Éfeso por dos años: «Todos los que habitaban en _____, judíos y griegos oyeron la palabra del Señor Jesús». «*Asia*» (Hch 19.10). Asia alude a la región conocida como Asia Menor, no al continente de Asia.

93. Selección múltiple: ¿En qué ciudad un endemoniado atacó a los siete judíos exorcistas que trataron de echar fuera demonios? (a) Corinto; (b) Filipos; o (c) Éfeso. *(c)* Éfeso (Hch 19.13-16).

94. Selección múltiple: Mientras Pablo estaba en Éfeso envió a dos colaboradores, Timoteo y Erasto, a otra región donde habían plantado iglesias. ¿Cuál era esa región? (a) Bitinia; (b) Galacia; o (c) Macedonia. *(c) Macedonia* (Hch 19.22). Se encuentra a lo largo del mar Egeo al oeste de Asia Menor, donde se encontraba Éfeso.

95. Selección múltiple: Gayo y Aristarco ministraron con Pablo mientras estaban en Éfeso. Sin embargo, ellos eran de otra región de la cual Berea era una de las ciudades. ¿Cuál era esa región? (a) Acaya; (b) Bitinia; o (c) Macedonia. *(c) Macedonia* (Hch 19.29).

96. Selección múltiple: Después que Pablo salió de Éfeso en su tercer viaje misionero visitó la región dos veces para fortalecer a las iglesias. ¿Cuál era esa región? (a) Grecia; (b) Macedonia; o (c) Asia. *(b) Macedonia* (Hch 20.1-3).

97. Selección múltiple: El grupo de personas que viajaban con Pablo hacia el final de su tercer viaje misionero se adelantó al apóstol desde Grecia ¿y en qué ciudad portuaria lo esperaron? (a) Corinto; (b) Troas; o (c) Seléucida. *(b) Troas* (Hch 20.1-5). Troas era también la ciudad donde Pablo recibió «el llamado macedonio».

98. Selección múltiple: Eutico cayó desde una ventana del tercer piso durante uno de los mensajes de Pablo. ¿En qué ciudad sucedió esto? (a) Corinto; (b) Filipos; o (c) Troas. *(c) Troas* (Hch 20.6-9).

99. Selección múltiple: ¿En qué ciudad Pablo se reunió con los líderes efesios y los exhortó en cuanto a su ministerio? (a) Mileto; (b) Troas; o (c) Antioquía. *(a) Mileto* (Hch 20.17-35), ubicada a pocas millas al sur de Éfeso sobre la costa de Asia Menor.

100. Selección múltiple: Pablo se dio prisa para volver a Jerusalén después de su tercer viaje misionero. En su prisa, ¿qué ciudad donde había tenido un ministerio fructífero pasó de largo a propósito? (a) Éfeso; (b) Filipos; o (c) Colosas. *(a)* Éfeso (Hch 20.16).

101. Selección múltiple: En el viaje de Pablo a Jerusalén al final de su tercer viaje misionero, desembarcó en una ciudad donde pasó siete días con los cristianos de allí. ¿Cuál era esa ciudad? (a) Damasco; (b) Cesarea; o (c) Tiro. *(c) Tiro* (Hch 21.3, 4), una de las ciudades gentiles que Jesús visitó durante su ministerio terrenal (Mt 15.21-28).

102. Llene el espacio en blanco: Cuando Pablo estaba terminando su tercer viaje misionero, pasó mucho tiempo con los creyentes en Tiro. «Ellos decían a Pablo por el Espíritu, que no subiese a _____». «*Jerusalén*» (Hch 21.4).

103. Selección múltiple: A su regreso de un viaje misionero, Pablo se quedó con Felipe el evangelista. ¿Dónde vivía Felipe? (a) Tiro; (b) Damasco; o (c) Cesarea. *(c) Cesarea* (Hch 21.8), alrededor de sesenta y cinco millas al norte de Jerusalén. Le pusieron ese nombre en honor de Cesar Augusto.

104. Selección múltiple: ¿En qué ciudad se usó el cinto de Pablo para mostrar que sería atado por los judíos en Jerusalén? (a) Cesarea; (b) Corinto; o (c) Éfeso. *(a) Cesarea* (Hch 21.8-11).

105. Selección múltiple: Cuando arrestaron a Pablo en Jerusalén al final de su tercer viaje misionero, los que agitaban a la multitud contra él eran judíos ¿de qué región? (a) Macedonia; (b) Judea; o (c) Asia. *(c) Asia* (Hch 21.27).

106. Pregunta: ¿En qué lugar de Jerusalén estaba Pablo cuando fue tomado por judíos iracundos al final de su tercer viaje misionero? *En el templo* (Hch 21.26-30). Este templo era conocido como el «templo de Herodes». Era la tercera construcción del templo.

107. Selección múltiple: Trófimo se convirtió en uno de los compañeros constantes de Pablo hacia el final de su tercer viaje misionero. ¿De qué ciudad de Asia era Trófimo? (a) Éfeso; (b) Colosas; o (c) Corinto. *(a) Éfeso* (Hch 21.29).

108. Selección múltiple: Al contar otra vez Pablo su testimonio en Hechos 22, ¿a qué ciudad dice que había [aneaba llevar encadenados cristianos de Damasco? (a) Tarso; (b) Nazaret; o (c) Jerusalén. *(c) Jerusalén* (Hch 22.5). Pablo había perseguido a los cristianos por órdenes de los líderes judíos de Jerusalén.

109. Llene el espacio en blanco: Según el testimonio de Pablo en Hechos 22, oraba en el _____ cuando se le apareció el Señor y le dijo que saliera de Jerusalén porque rechazarían su testimonio. *Templo* (Hch 21.87, 18).

110. Llene el espacio en blanco: Después del encuentro de Pablo con el sanedrín en Hechos 23, el Señor se le apareció y le dijo: «Como has testificado de mí en Jerusalén, así es necesario que testifiques también en _____». «*Roma*» (Hch 23.11).

111. Selección múltiple: ¿En qué ciudad estaba la residencia de Félix cuando Pablo compareció ante él? (a) Jerusalén; (b) Samaria; o (c) Cesarea. (c) *Cesarea* (Hch 23.23, 24).

112. Selección múltiple: ¿A qué ciudad llevaron los soldados a Pablo en su viaje desde Jerusalén a Félix en Cesarea? (a) Betania; (b) Antipas; o (c) Antípatris. *(c) Antípatris* (Hch 23.31, 32). Antípatris estaba alrededor de veintiséis millas al sur de Cesarea. Herodes el Grande la reconstruyó en memoria de su padre, Antípater.

113. Selección múltiple: El sumo sacerdote Ananías fue de Jerusalén a la ciudad donde los romanos tenían detenido a Pablo (en el pretorio de Herodes). ¿A qué ciudad fue Ananías? (a) Jericó; (b) Cesarea; o (c) Gaza. *(b) Cesarea* (Hch 23.33-24.1).

114. Selección múltiple: ¿En qué ciudad estaba Tertulio cuando acusó a Pablo de crear disensión entre los judíos? (a) Roma; (b) Jerusalén; o (c) Cesarea. *(c) Cesarea* (Hch 23.33-24.5).

115. Selección múltiple: Cuando Porcio Festo sucedió al gobernador Félix, ¿dónde halló a Pablo todavía bajo custodia? (a) Cesarea; (b) Roma; o (c) Jerusalén. *(a) Cesarea* (Hch 23.23; 24.27). Era la residencia oficial del procurador de Palestina.

116. Selección múltiple: Cuando Festo se convirtió en gobernador en Cesarea, estuvo allí solo tres días antes de visitar ¿qué ciudad? (a) Corinto; (b) Damasco; o (c) Jerusalén. (c) *Jerusalén* (Hch 25.1).

117. Selección múltiple: ¿De qué ciudad de Cesarea vinieron los judíos para acusar a Pablo ante Festo? (a) Antioquía; (b) Tesalónica; o (c) Jerusalén. *(c) Jerusalén* (Hch 25.7).

118. Selección múltiple: ¿En qué ciudad el rey Agripa oyó la defensa de Pablo? (a) Jerusalén; (b) Cesarea; o (c) Atenas. *(b) Cesarea* (Hch 25.13; 26.1).

119. Selección múltiple: ¿En qué ciudad Pablo desembarcó primero después de salir de Cesarea en su viaje a Roma? (a) Pafos; (b) Patmos; o (c) Sidón. *(c) Sidón* (Hch 27.3).

120. Selección múltiple: Temprano en su viaje a Roma, navegaron cerca de una isla para evitar vientos contrarios. ¿Cuál era la isla? (a) Malta; (b) Creta; o (c) Chipre. *(c) Chipre* (Hch 27.4). Chipre se encuentra alrededor de sesenta millas de la costa de Siria. Tiene ciento cuarenta millas de largo y en su punto mayor alcanza sesenta millas de ancho.

121. Selección múltiple: Después que Pablo cambió de nave en Mira en su viaje a Roma, otra vez se vieron obligados a navegar al amparo de una isla. ¿Cuál era la isla? (a) Creta; (b) Chipre; o (c) Malta. *(a) Creta* (Hch 27.5-7).

122. Selección múltiple: En un punto en el viaje de Pablo a Roma trataron de alcanzar la ciudad portuaria de Creta. ¿Cuál era el nombre de la ciudad? (a) Dallas; (b) Elena; o (c) Fenice. *(c) Fenice* (Hch 27.12).

123. Selección múltiple: Después que Pablo y sus compañeros habían pasado Creta de camino a Roma, pasaron mucho tiempo en un lugar que tiene un nombre agradable. ¿Cuál era el nombre de ese lugar? (a) Llegada perfecta; (b) Buenos Puertos; o (c) Cielos Maravillosos. *(b) Buenos Puertos* (Hch 27.7-9).

124. Selección múltiple: En su viaje a Roma, Pablo pasó mucho tiempo en un lugar llamado Buenos Puertos. ¿Cerca de qué ciudad se encontraba Buenos Puertos? (a) Licaonia; (b) Licia; o (c) Lasea. *(c) Lasea* (Hch 27.8).

125. Selección múltiple: La nave en la cual Pablo viajaba encalló en medio de una tormenta. Todos los pasajeros sobrevivieron, ¿a la playa de que isla tuvieron que llegar nadando? (a) Creta; (b) Chipre; o (c) Malta. *(c) Malta* (Hch 28.1).

126. Selección múltiple: ¿En qué isla Pablo fue mordido por una serpiente venenosa? (a) Malta; (b) Creta; o (c) Chipre. *(a) Malta* (Hch 28.1-3).

127. Selección múltiple: Mientras estaba en una isla de camino a Roma, Dios usó a Pablo para hacer muchos milagros. ¿En qué isla tuvieron lugar los milagros? (a) Creta; (b) Chipre; o (c) Malta. *(c) Malta* (Hch 28.9). Malta es una isla en el centro del mediterráneo, sesenta millas al sur de Sicilia.

128. Selección múltiple: ¿Dónde se encontraba Pablo cuando puso las manos sobre el padre de Publio y lo sanó de disentería? (a) Jerusalén; (b) Éfeso; o (c) Malta. *(c) Malta* (Hch 28.1, 8). El nombre Malta o Melita significa «refugio». Se llamaba bárbaros a los habitantes de esa isla porque no hablaban griego, y no por salvajes o incivilizados.

129. Selección múltiple: En un punto durante el viaje de Pablo a Roma, se embarcó en una nave alejandrina cuya insignia eran los dioses gemelos Cástor y Pólux. ¿Dónde Pablo primero se embarcó en esta nave? (a) Cesarea; (b) Chipre; o (c) Malta. *(c) Malta* (Hch 28.1, 11).

130. Selección múltiple: Después de salir de Malta rumbo a Roma, Pablo desembarcó en una ciudad que tiene el mismo nombre una ciudad del estado de Nueva York. ¿Cuál es el nombre de la ciudad? (a) Rochester; (b) Siracusa; (c) Schenectady. *(b) Siracusa* (Hch 28.11, 12), era una ciudad con un gran puerto en la costa este de Sicilia. Era sede del gobierno romano en Sicilia cuando Pablo estuvo allí.

131. Selección múltiple: Pablo conoció pocos cristianos en su viaje a Roma. Sin embargo, encontró algunos hermanos en una ciudad en Italia no lejos de Roma. ¿Cuál era el nombre de esa ciudad? (a) Regios; (b) Puteoli; o (c) Venecia. *(b) Puteoli* (Hch 28.13, 14). Puteoli es el moderno Pozzuoli que está situada cerca de Nápoles. Varias ruinas de la ciudad antigua permanecen allí.

132. Selección múltiple: Cuando Pablo se acercó a Roma, algunos cristianos fueron a su encuentro. Lucas menciona dos ciudades donde los cristianos se unieron a Pablo. Una era el Foro de Apio. ¿Cuál fue la otra? (a) Buenos Puertos; (b) Tres Monedas; o (c) Tres Tabernas. *(c) Tres Tabernas* (Hch 28.15).

133. Selección múltiple: ¿En qué ciudad invitaron a Pablo a pasarse siete días con los cristianos cuando viajaba a Roma? (a) Tres Tabernas; (b) Buenos Puertos; o (c) Puteoli. *(c) Puteoli* (Hch 28.13, 14).

134. Selección múltiple: ¿En qué ciudad estaban los apóstoles cuando escogieron un sucesor para Judas Iscariote? (a) Antioquía; (b) Nazaret; o (c) Jerusalén. *(c) Jerusalén* (Hch 1.12-26).

135. Llene el espacio en blanco: Con el dinero que Judas recibió por traicionar a Jesús, compró un campo llamado Acéldama en hebreo, que quiere decir «campo de _____». *«Sangre»* (Hch 1.19). Se llamaba así porque Judas la había comprado con «dinero sangriento».

136. Pregunta: ¿En qué ciudad se predicó el primer sermón que registra Hechos? *Jerusalén* (Hch 2.5, 14-21).

137. Selección múltiple: Solo cuatro de los mensajes de Pedro se registran en Hechos. ¿En qué ciudad Pedro predicó los tres primeros mensajes? (a) Nazaret; (b) Galilea; o (c) Jerusalén. *(c) Jerusalén* (Hch 2; 3).

138. Selección múltiple: Dos veces en el libro de los Hechos Pablo relata la experiencia de su conversión. ¿En qué ciudad lo hizo por primera vez? (a) Filipos; (b) Cesarea; o (c) Jerusalén. *(c) Jerusalén* (Hch 22.1-23).

139. ¿Verdadero o falso? En todo el ministerio de Pedro que se registra en Hechos, ningún relato le menciona que sale de Jerusalén para ministrar. *Falso.* Hechos 9 y 10 registran el ministerio de Pedro fuera de Jerusalén.

140. Pregunta: Pablo fue el primero que llevó el mensaje a Macedonia. ¿En qué viaje misionero lo hizo? *En su segundo viaje misionero* (Hch 15.41—16.12).

141. ¿Verdadero o falso? Pablo regresaba a la iglesia de Antioquía después de cada viaje misionero. *Falso.* Después de su tercer viaje misionero, fue directo a Jerusalén y de allí pasó a Roma (Hch 20.16).

142. Selección múltiple: ¿Cuántas veces Pablo visitó Éfeso en su tercer viaje misionero? (a) Dos veces; o (b) tres veces; o (c) cinco veces. *(a) Dos veces* (Hch 18.19; 19.1).

143. Selección múltiple: ¿En qué ciudad se menciona a Pedro por última vez en el libro de los Hechos? (a) Jerusalén; (b) Cesarea; o (c) Roma. *(a) Jerusalén* (Hch 15.7). Estaba en Jerusalén asistiendo al concilio de la iglesia. Poco se conoce de su vida después de eso.

144. Selección múltiple: ¿En qué ciudad termina el relato de Hechos de los Apóstoles? (a) Jerusalén; (b) Éfeso; o (c) Roma. *(c) Roma* (Hch 28.16-31).

145. Selección múltiple: ¿En qué ciudad Pablo visitó el Areópago? (a) Corinto; (b) Roma; o (c) Atenas. *(c) Atenas* (Hch 17.22). El Areópago era una colina pequeña al noroeste de la Acrópolis. El tribunal que se reunía en la loma tomó su nombre de ese lugar. Tenía gran poder en asuntos de moral y religión. Pablo compareció ante este grupo para determinar la naturaleza y la corrección de sus enseñanzas.

146. Selección múltiple: ¿En qué ciudad los herreros se enojaron con Pablo por echar a perder sus negocios de los «templecillos»? (a) Atenas; (b) Corinto; o (c) Éfeso. *(c)* Éfeso (Hch 19.23-37).

147. Selección múltiple: ¿En qué ciudad la diosa Diana era el principal objeto de adoración? (a) Corinto; (b) Éfeso; o (c) Atenas. *(b) Éfeso* (Hch 19.34, 35).

148. Selección múltiple: ¿En qué ciudad un varón llamado Dionisio y una mujer llamada Dámaris creyeron en Cristo? (a) Atenas; (b) Corinto; o (c) Antioquía. *(a) Atenas* (Hch 17.22, 34).

EPÍSTOLAS

INSTRUCCIÓN

1. Selección múltiple: Jesucristo nació de la simiente de David según: (a) Mandamiento; (b) carne; o (c) Espíritu. *(b) Carne* (Ro 1.3). La madre de Jesús era descendiente del rey David.

2. Selección múltiple: ¿Qué dos atributos de Dios resaltan muy bien en su creación del mundo? (a) Santidad y amor; (b) bondad y misericordia; o (c) poder eterno y deidad. *(c) Poder eterno y deidad* (Ro 1.2). La creación es evidencia de que Dios es divino en su naturaleza misma.

3. Llene los espacios en blanco: Los que rehusaban glorificar a Dios como Dios «cambiaron la _____ de Dios por la mentira, honrando y dando culto a las _____ antes que al Creador». *«Verdad … criaturas»* (Ro 1.25).

4. Complete la oración: Si procuras excusar tu pecado juzgando a otros, te condenas a ti mismo «porque tú que juzgas _____». *«Haces lo mismo»* (Ro 2.1). Tenemos la tendencia de ser más duros con los demás en las mismas cosas que mayor dificultad tenemos.

5. Pregunta: Pablo presenta en Romanos 1 y 2 la verdad de que toda persona es culpable ante Dios. Muestra que todas las personas, incluso si no conocen las Escrituras, tienen un testimonio de Dios en dos fuentes. Nombre una de ellas. *Creación* (Ro 1.18-25) y la *conciencia* (Ro 2.11-16).

6. Llene los espacios en blanco: Según Romanos 2.13, no son los _____ de la ley los que serán justificados, sino los _____ de la ley. *«Oidores … hacedores»* (Ro 2.13). Santiago dice: «La fe sin obras está muerta» (Stg 2.26).

7. Llene el espacio en blanco: Pablo afirma que un judío verdadero no es el que lo es exteriormente sino el que lo es en lo interior. Su circuncisión es la del _____, en espíritu, no la literal. *«Corazón»* (Ro 2.28, RVC). En Deuteronomio 30.6, Moisés profetizó la circuncisión que Dios operaría en su pueblo para que pudieran amarlo completamente.

8. Selección múltiple: Según Romanos 3, ¿qué da a los judíos la ventaja sobre los gentiles en cuanto a la posibilidad de conocer a Dios? (a) Ellos tienen a Abraham como padre; (b) A ellos les han sido confiado la palabra de Dios; o (c) ellos son buenos por naturaleza. *(b) A ellos les ha sido confiado la palabra de Dios* (Ro 3.2). La palabra de Dios consistía en la revelación de Dios a Israel según la registra el Antiguo Testamento.

9. Pregunta: Cite Romanos 3.23. *«Por cuanto todos pecaron, y están destituidos de la gloria de Dios».*

10. Llene el espacio en blanco: «Creyó Abraham a Dios, y le fue contado por _____». *«Justicia»* (Ro 4.3).

11. Llene el espacio en blanco: Pablo concluye en Romanos 5: «Justificados, pues, por la fe, tenemos _____ para con Dios por medio de nuestro Señor Jesucristo». *«Paz»* (Ro 5.1).

12. Selección múltiple: Pablo dice que nos gloriamos en las tribulaciones sabiendo que «la tribulación produce paciencia; y la paciencia, prueba; y la prueba: (a) gozo (b) esperanza; o (c) paz». *(b) «Esperanza»* (Ro 5.3, 4).

13. Complete la oración: «Mas Dios muestra su amor para con nosotros, en que siendo aún pecadores, _____». *«Cristo murió por nosotros»* (Ro 5.8).

14. Llene los espacios en blanco: Porque los creyentes, por la fe, han participado en la muerte y resurrección de Jesús, también deben considerarse «muertos al _____, pero vivos para _____ en Cristo Jesús, Señor nuestro». *«Pecado … Dios»* (Ro 6.11).

15. Llene los espacios en blanco: Un versículo sumamente importante relativo a la salvación enseña que: «la _____ del pecado es muerte, mas la _____ de Dios es vida eterna en Cristo Jesús Señor nuestro». *«Paga … dádiva»* (Ro 6.23). Paga es lo que una persona merece, pero la dadiva nada tiene que ver con el mérito.

16. En Romanos 7, Pablo describe la batalla en su interior de la carne contra el Espíritu. Concluye que si hace lo que no quiere, ya no lo hace él, sino el _____ que mora en él. *Pecado* (Ro 7.20).

17. Llene el espacio en blanco: Pablo concluye en Romanos 8 que: «Ninguna _____ hay para los que están en Cristo Jesús». *«Condenación»* (Ro 8.1). Ningún veredicto de culpabilidad puede haber contra aquel que confía en Cristo para recibir la salvación.

18. ¿Verdadero o falso? Los que están en la carne pueden agradar a Dios. *Falso* (Ro 8.8). Aquí «carne» no alude al cuerpo físico, sino a vivir llevados por los impulsos que provienen del sistema mundano.

19. Selección múltiple: ¿Quién da testimonio a nuestro espíritu que los que creemos en Cristo somos hijos de Dios? (a) El Señor; (b) El Padre; o (c) el Espíritu. *(c) El Espíritu* (Ro 8.16). El Espíritu, la tercera persona de la trinidad, nos confirma interiormente que somos verdaderos hijos de Dios.

20. Complete la oración: Romanos 8.28 es uno de los versículos más confortadores de la Escritura: «Y sabemos que a los que aman a Dios_____». *«Todas las cosas les ayudan a bien, esto es, a los que conforme a su propósito son llamados»*.

21. Selección múltiple: Según Romanos 8, nada podrá separar al creyente de: (a) la salvación; (b) el amor; o (c) la vida de Cristo. *(b) El amor* (Ro 8.35-39).

22. Complete la oración: «Si confesares con tu boca que Jesús es el Señor, y creyeres en tu corazón que Dios le levanto de los muertos, _____». *«Serás salvo»* (Ro 10.9).

23. Selección múltiple: A fin de no estar conforme a este mundo sino transformados, ¿qué debemos hacer? (a) Ir a la iglesia; (b) renovar nuestra mente; o (c) hacer buenas obras. *(b) Renovar nuestra mente* (Ro 12.2). Para lograr cualquier diferencia para Cristo un cristiano debe pensar diferente acerca de la vida. El Espíritu le renueva la mente al aplicar la Palabra de Dios a todas las facetas de la vida.

24. Pregunta: ¿Qué es lo único que los cristianos deben deberse el uno al otro? *Amor* (Ro 13.8). Jesús dijo que todos sabrían que somos sus discípulos si nos amamos los unos por los otros (Jn 13.35).

25. Pregunta: Todos los mandamientos de Dios se resumen en un mandamiento. ¿Cuál es este mandamiento? *«Amaras a tu prójimo como a ti mismo»* (Ro 13.9).

26. Llene el espacio en blanco: Un cristiano no debe estar envuelto en algo que sabe que puede ser dañino para él, porque «todo lo que no proviene de _____, es pecado». «*Fe*» (Ro 14.23). Tener una conciencia limpia es crucial en la vida cristiana.

27. Selección múltiple: Respecto al propósito de la Escritura, Pablo escribe: «Las cosas que se escribieron antes, para nuestra enseñanza se escribieron, a fin de que por la paciencia y la consolación de las Escrituras, tengamos: (a) coraje; (b) amor; o (c) esperanza». *(c) «Esperanza»* (Ro 15.4).

28. Selección múltiple: Según 1 Corintios 1: «La palabra de la cruz es (a) debilidad; (b) locura; o (c) vergüenza a los que se pierden, pero a los que se salvan, esto es, a nosotros, es poder de Dios». (b) «*Locura*» (1 Co 1.18).

29. Selección múltiple: El cristiano puede juzgar todas las cosas porque posee: (a) la Biblia; (b) la mente de Cristo; o (c) tiene discernimiento espiritual. *(b) La mente de Cristo* (1 Co 2.15, 16).

30. Selección múltiple: «El hombre (a) carnal; (b) natural; o (c) pecador no percibe las cosas que son del Espíritu de Dios, porque para él son locura». *(b) «Natural»* (1 Co 2.14). El hombre natural es la persona que no ha confiado en Cristo en cuanto a la salvación y el perdón de pecados.

31. Llene el espacio en blanco: Pablo habló del ministerio en términos de plantar un campo. Concluyó que ni el que planta es algo, ni el que riega, sino Dios, que da el _____. *Crecimiento* (1 Co 3.5, 6).

32. Llene los espacios en blanco: Pablo instruyó a los corintios sobre la importancia de vivir como es debido. Él pregunta: «¿No sabéis que sois _____ de Dios, y que el _____ de Dios mora en vosotros?». «*Templo ... Espíritu*» (1 Co 3.16). El cuerpo del cristiano es templo de Dios.

33. Llene el espacio en blanco: Los cristianos pueden hablar de muchas cosas porque les han sido reveladas por el Espíritu «que todo lo escudriña, aun lo _____ de Dios». «*Profundo*» (1 Co 2.10).

34. Selección múltiple: Pablo, preocupado de que los corintios no tengan una actitud de orgullo entre ellos, pregunta: «¿Qué tienes que no hayas (a) ganado; (b) pedido; o (c) recibido?». *(c) Recibido* (1 Co 4.7). La idea es que ellos han recibido de Dios todo lo que poseen.

35. ¿Verdadero o falso? Pablo pidió a los corintios que no anduvieran en compañía de los que cometen inmoralidades sexuales ya fueran de la iglesia o incrédulos. *Falso*. Solo debían solamente evitar a los que fueran inmorales en la iglesia (1 Co 5.9, 10).

36. ¿Verdadero o falso? Es mejor para un cristiano aceptar el mal que llevar a los tribunales a un hermano. *Verdadero* (1 Co 6.7).

37. Selección múltiple: ¿Cuál es el pecado que una persona comete contra si misma o su propio cuerpo? (a) Mentir; (b) Odiar; O (c) inmoralidad sexual. *(c) Inmoralidad sexual* (1 Co 6.18).

38. Pregunta: La Biblia permite que un esposo y una esposa dejen de tener relaciones sexuales por un tiempo por consentimiento mutuo. ¿Por qué única razón pueden dejar de tener relaciones sexuales? *Desear dedicarse a ayunar y orar* (1 Co 7.5).

39. Pregunta: Si una esposa deja a su esposo, ella solo tiene dos opciones según 1 Corintios 7. Nombre una de ellas. *Ella debe permanecer sin casarse o reconciliarse con su esposo* (1 Co 7.11). Sin embargo, Pablo expresa el ideal de Dios en el versículo 10 cuando dice: «Que la mujer no se separe del marido».

40. Llene el espacio en blanco: Si un incrédulo en el matrimonio deja al creyente, el creyente no está sujeto a _____ en semejante caso. *Servidumbre* (1 Co 7.15). «*Servidumbre*» en este pasaje se entiende que significa que el creyente no debe permanecer sin casarse. Sin embargo, se aconseja al creyente nunca salir del contrato matrimonial si el otro cónyuge consiente en quedarse.

41. Selección múltiple: Un esposo o esposa debe quedarse con su esposo o esposa incrédulo porque el incrédulo: (a) recibe convicción; (b) es santificado o (c) amado por el cristiano. *(b) Santificado* (1 Co 7.14). Esto no significa que el incrédulo recibe una atención especial de Dios. Significa que un testigo permanece en la vida del incrédulo y puede oír y ver a Dios obrar.

42. Selección múltiple: Respecto al pago de los ministros por la gente a la que sirven, 1 Corintios 9 dice: «Así también _____ (a) sugirió; (b) instruyó; o (c) ordenó el Señor que los que anuncian el evangelio, vivan del evangelio». *(c) «Ordenó»* (1 Co 9.14).

43. Selección múltiple: ¿Qué disciplina Pablo pone bajo sujeción para que no sea descalificado después de haber predicado a otros? (a) su mente; (b) su cuerpo; o (c) su boca. *(b) Su cuerpo* (1 Co 9.27).

44. Llene los espacios en blanco: Uno de los versículos más alentadores respecto a la tentación está en 1 de Corintios: «No os ha sobrevenido ninguna tentación que no sea _____; pero fiel es Dios, que no os dejara ser _____ más de lo que podéis resistir, sino que dará también juntamente con la tentación la _____, para que podáis _____. «*Humana … tentados … salida … soportar*» (1 Co 10.13).

45. Complete la oración: Una regla básica para todos los cristianos es: «Si, pues, coméis o bebéis, o hacéis otra cosa, hacedlo todo _____». «*Para la gloria de Dios*» (1 Co 10.31).

46. Pregunta: Una mujer debía mantener su cabeza cubierta cuando hacía dos cosas. Nombre una de ellas. Cuando *ora* o *profetiza* (1 Co 11.5).

47. Selección múltiple: Dios ha compuesto el cuerpo humano dando mayor honor a la parte que le faltaba, de modo que no tenga: (a) dolor; (b) desavenencia; o (c) males en el cuerpo. *(b) Desavenencia* (1 Co 12.24, 25). De igual manera, Dios desea que todos en la iglesia sientan igualdad de importancia. La desavenencia resulta cuando hay sentido de desigualdad.

48. Pregunta: ¿Son las lenguas por señal al creyente o al incrédulo? *Son por señal a los incrédulos* (1 Co 14.22). El uso más obvio de las lenguas como una señal a los incrédulos ocurrió en el día de Pentecostés (Hch 2).

49. Pregunta: ¿A cuántas personas se les permitía hablar en lenguas durante la reunión? *A tres* (1 Co 14.27). Pablo dijo también que cuando se hablara en lengua alguien interpretara (v. 28).

50. Selección múltiple: Según 1 de Corintios 14, todo lo que se hace en una reunión de la iglesia debe ser: (a) Al Señor; (b) bueno; o (c) para edificación. *(c) De edificación* (1 Co 14.26).

51. Llene el espacio en blanco: Pablo, hablando de la gran importancia de la resurrección de Cristo, declara: «Y si Cristo no resucitó vana es entonces nuestra predicación, vana es también vuestra _____». «*Fe*» (1 Co 14.26).

52. Llene los espacios en blanco: Pablo proclamó la gran verdad: «Porque así como en _____ todos mueren, también en _____ todos serán vivificados». «*Adán … Cristo*» (1 Co 15.22). El pecado entró en la raza humana a través de Adán, y cada persona que nace hereda la naturaleza pecaminosa de Adán. Por la fe en Cristo, el pecado y su paga de muerte eterna fueron reemplazados por la vida eterna.

53. Llene los espacios en blanco: Pablo se vio a sí mismo como un ministro competente de «un nuevo pacto, no de la letra, sino del espíritu; porque la letra _____, mas el espíritu _____». «*Mata ... vivifica*» (2 Co 3.6). La letra (ley) nos muestra cuán lejos estamos de la medida moral de Dios.

54. Llene el espacio en blanco: La gloriosa verdad de vida en el Espíritu se encuentra en 2 Corintios. «Porque el Señor es el Espíritu; y donde está el Espíritu del Señor, allí hay _____». «*Libertad*» (2 Co 3.17).

55. Llene el espacio en blanco: Pablo describe la obra de Dios en una vida cristiana diciendo: «Por tanto, nosotros todos, mirando a cara descubierta como en un espejo la gloria del Señor, somos _____ de gloria en gloria en la misma imagen. Como por el Espíritu del Señor». «*Transformados*» (2 Co 3.18).

56. Selección múltiple: Pablo afirma que el Dios de este siglo ha: (a) cerrado; (b) cegado; o (c) destruido la mente de los que se pierden de modo que la luz del evangelio no les alumbre. *(b) Cegado* (2 Co 4.3, 4).

57. Llene los espacios en blanco: Un cristiano puede confiar al saber que: «Aunque este nuestro hombre _____ se va desgastando, el _____ no obstante se renueva de día en día». «*Exterior ... interior*» (2 Co 4.16).

58. Selección múltiple: Pablo estaba asombrado de que Dios pusiera en seres humanos la vida misma de Dios en Cristo. Pablo escribió: «Pero tenemos este tesoro en (a) cuerpos humanos; (b) personas débiles; o (c) vasos de barro, para que la excelencia del poder sea de Dios, y no de nosotros». *(c) «Vasos de barro»* (2 Co 4.7). Pablo emplea este término para enfatizar nuestra debilidad como seres humanos.

59. Complete la oración: «De modo que si alguno está en Cristo, _____». «*Nueva criatura es; las cosas viejas pasaron; he aquí todas son hechas nuevas*» (2 Co 5.17).

60. Llene los espacios en blanco: Pablo, hablando de cómo Dios nos ha reconciliado consigo mismo, dice: «Al que no conoció pecado, por nosotros lo hizo pecado, para que nosotros fuésemos hechos _____ de _____ en él». «*Justicia ... Dios*» (2 Co 5.21).

61. Complete la oración: Un versículo que los evangelistas siempre citan es: «He aquí ahora el tiempo aceptable; he aquí _____». «*Ahora el día de salvación*» (2 Co 6.2).

62. Llene los espacios en blanco: Un cristiano no debe unirse en _____ con un incrédulo. *Yugo desigual* (2 Co 6.14).

63. Selección múltiple: Según 2 Corintios 7, la tristeza según Dios y la tristeza del mundo produce resultados muy diferentes. La tristeza según Dios produce arrepentimiento para salvación. ¿Qué produce la tristeza del mundo? (a) amargura; (b) frustración; (c) muerte. *(c) Muerte* (2 Co 7.10).

64. ¿Verdadero o falso? Cuando Pablo instruyó a los corintios acerca de dar en 2 Corintios 8, dice que si uno tiene disposición de dar, no solo debe dar según lo que tiene sino según lo que no tiene. *Falso.* Pablo dice que debe dar según lo que tiene (2 Co 8.12).

65. Llene el espacio en blanco: Un cristiano debe dar al Señor «como se propuso en su corazón; no con tristeza, ni por necesidad, porque Dios ama al dador _____». «*Alegre*» (2 Co 9.7).

66. **Selección múltiple: Las armas de la guerra espiritual de un cristiano «no son carnales, sino poderosas en Dios para la destrucción de (a) muros; (b) fortalezas; o (c) demonios».** *(b) «Fortalezas»* (2 Co 10.4). Este es el único lugar donde se emplea la palabra en el Nuevo Testamento. Ella alude a áreas en nuestra vida donde Satanás tiene reductos.

67. **Llene los espacios en blanco: Cuando Pablo rogó al Señor que le quitara «el aguijón de su carne», el Señor le respondió: «Bástate mi _____; porque mi _____ se perfecciona en la _____».** *«Gracia ... poder ... debilidad»* (2 Co 12.7, 9).

68. **Llene los espacios en blanco: Pablo expresa la esencia de la vida cristiana en su carta a los Gálatas 2 cuando dice: «Con Cristo estoy juntamente _____, y ya no _____ yo, mas _____ Cristo en mí».** *«Crucificado ... vivo ... vive»* (Gá 2.20).

69. **Selección múltiple: Dios dio la promesa a Abraham y a su simiente. ¿A quién se identifica en Gálatas 2 como la simiente de Abraham? (a) Isaac; (b) David; o (c) Cristo.** *(c) Cristo* (Gá 3.16). Pablo resalta el punto que la palabra *Simiente* era singular en el texto del Antiguo Testamento. Así que su cumplimiento no puede ser en muchas personas, sino en una sola, Cristo.

70. **Selección múltiple: La ley sirve como nuestro (a) instructor; (b) ayo; o (c) modelo para llevarnos a Cristo.** *(b) Ayo* (Gá 3.24).

71. **Llene los espacios en blanco: En Cristo «Ya no hay judío ni _____; no hay esclavo ni _____; no hay varón ni _____».** *«Griego ... libre ... mujer»* (Gá 3.28).

72. **Llene los espacios en blanco: Debido a que los cristianos son hijos y no esclavos: «Dios envió a vuestros corazones el Espíritu de su Hijo, el cual clama: _____».** *«¡Abba Padre!»* (Gá 4.6). Abba es una palabra aramea equivalente a «papito». Era un término de cariño de un niño hacia su padre .

73. **Pregunta: En Gálatas 4, Pablo emplea la ilustración de Abraham que tuvo hijos de dos mujeres que representaban dos pactos. Un pacto es del Monte Sinaí. ¿A qué mujer representa este pacto, Agar o Sara?** *Agar* (Gá 4.21-26). Agar era la sierva de Sara, la esposa de Abraham.

74. **Pregunta: En Gálatas 5, Pablo nombra diecisiete obras de la carne. Nombre cinco de ellas.** *«Adulterio, fornicación, inmundicia, lascivia, idolatría, hechicerías, enemistades, pleitos, celos, iras, contiendas, disensiones, herejías, envidias, homicidios, borracheras, orgias»* (Gá 5.19-21).

75. **Pregunta: Pablo cita nueve aspectos del fruto del Espíritu en Gálatas 5. Nombre tres de estas cualidades que el Espíritu produce en el creyente.** *«Amor, gozo, paz, paciencia, benignidad, bondad, fe, mansedumbre, templanza»* (Gá 5.22, 23).

76. **Selección múltiple: ¿Cuándo los creyentes son escogidos en Dios? (a) a la conversión; (b) al nacer; o (c) antes del comienzo del tiempo.** *(c) Antes del comienzo del tiempo* (Ef 1.4). Pablo dice: «Antes de la fundación del mundo».

77. **Pregunta: ¿Quién es «las arras de nuestra herencia hasta la redención de la posesión adquirida»?** *El Espíritu Santo* (Ef. 1.13, 14).

78. **Complete la oración: Pablo claramente explica a los efesios el medio de salvación. Él dijo: «Porque por gracia sois salvos por medio de la fe; y esto no de vosotros, pues es _____».** *«Don de Dios»* (Ef 2.8, 9).

79. **Selección múltiple: Según Efesios 1, el fundamento de la iglesia consiste en: (a) los ancianos y los apóstoles; (b) los pastores y los evangelistas; o (c) los apóstoles y profetas.** *(c) Apóstoles y profetas* (Ef. 2.20).

80. Selección múltiple: Un enfoque en la oración de Pablo en Efesios 3 es que los efesios puedan «conocer (a) la gracia; (b) el amor; o (c) el gozo de Cristo que excede a todo conocimiento». *(b) «Amor»* (Ef 3.19).

81. Llene los espacios en blanco: Dios «es poderoso para hacer todas las cosas mucho más abundantemente de lo que _____ o _____, según el poder que actúa en nosotros». *«Pedimos ... entendemos»* (Ef. 3.20).

82. Selección múltiple: ¿En qué contexto Pablo dice a los Efesios que no contristen al Espíritu? (a) en la inmoralidad sexual; (b) pecados de la lengua; o (c) idolatría. *(b) Pecados de la lengua* (Ef 4.29-31). Los pecados de la lengua se mencionan principalmente en el Nuevo Testamento. Santiago dice que si un hombre puede controlar su lengua es un varón perfecto (Stg 3.2).

83. Complete la oración: Pablo instruye a los maridos a amar a sus esposas como Cristo amó a la iglesia y deben _____. *Amarlas como a su mismo cuerpo* (Ef 5.25, 28).

84. Pregunta: En la armadura espiritual cristiana, ¿cuál es «la espada del Espíritu»? *«La palabra de Dios»* (Ef 6.17).

85. Selección múltiple: En la armadura cristiana, ¿en qué consiste la coraza? (a) fe; (b) paz; o (c) justicia. *(c) Justicia* (Ef 6.14).

86. Selección múltiple: Pablo dijo a los filipenses como debían considerarse los unos y los otros. ¿Cómo debían estimarse? (a) inferiores a ellos; (b) iguales a ellos; o (c) mejores que ellos. *(c) Mejores que ellos mismos* (Fil 2.12).

87. Selección múltiple: ¿En qué debían los filipenses «ocuparse [...] con temor y temblor»? (a) En sus diferencias; (b) en sus problemas; o (c) en su salvación. *(c) En su salvación* (Fil 2.12).

88. Llene los espacios en blanco: Pablo declaró el anhelo de su vida en Filipenses 3. Él dijo: «A fin de conocerle, y el _____ de su resurrección, y la _____ de sus padecimientos, llegando a ser semejante a él en su muerte». *«Poder ... participación»* (Fil 3.10). Conocer la participación de los sufrimientos de Cristo significa palpar el significado de sus sufrimientos y su muerte.

89. Llene los espacios en blanco: La instrucción básica de Pablo en Filipenses 4 respecto a la oración es: «Por nada estéis _____, sino sean conocidas vuestras peticiones delante de Dios en toda oración y ruego, con _____». *«Afanosos ... acción de gracias»* (Fil 4.6).

90. Llene los espacios en blanco: La actitud de Pablo respecto de la vida era: «Para mí el vivir es _____, y el morir es _____». *«Cristo ... ganancia»* (Fil 1.21).

91. Llene el espacio en blanco: Si damos a conocer todas nuestras peticiones a Dios, tenemos la seguridad de que: «La _____ de Dios, que sobrepasa todo entendimiento, guardara vuestros corazones y vuestros pensamientos en Cristo Jesús». *«Paz»* (Fil 4.7). Jesús prometió esta clase de paz a sus discípulos poco antes de su crucifixión (Jn 14.27). En comparación con la paz que el mundo da, esta viene a pesar de las circunstancias, en vez de a causa de ellas.

92. Llene el espacio en blanco: Pablo exhorta a los colosenses a no permitir que les juzguen en cuanto a comida o en bebida, todo lo cual es _____ de lo que ha de venir; pero el cuerpo es de Cristo. *Sombra* (Col 2.16, 17).

93. Llene los espacios en blanco: Porque el creyente ha sido resucitado con Cristo, debe poner su «mira en las cosas de arriba, no en las de la _____». *«Tierra»* (Col 3.2).

94. Llene los espacios en blanco: La regla que Pablo dio a los colosenses es: «Y todo lo que hacéis, sea de _____ o de _____, hacedlo todo en el nombre del Señor Jesús, dando gracias a Dios Padre por medio de él». *«Palabra ... hecho»* (Col 3.17).

95. Selección múltiple: Según Colosenses 3, los maridos deben amar a sus esposas y no: (a) estar enojados con ellas; (b) aborrecerlas; o (c) ser ásperos con ellas. *(c)* Ásperos (Col 3.19).

96. Selección múltiple: Según Colosenses 3, ¿qué debe gobernar nuestros corazones? (a) la paz de Dios; (b) la Palabra de Dios; o (c) el Hijo de Dios. *(a) La paz de Dios* (Col 3.15).

97. ¿Verdadero o falso? Pablo instruye respecto a la relación entre esposos y esposas en su carta a los colosenses. *Verdadero* (Col 3.18, 19). En Colosas, la instrucción es breve. En un pasaje paralelo en Efesios 5.22-33, se presenta una discusión más completa de esta relación.

98. Selección múltiple: Pablo concluye 1 Tesalonicenses 4 con esta afirmación: «Por tanto, alentaos los unos a los otros con estas palabras». ¿Cuál es el contexto de esta declaración? (a) la resurrección de Cristo; (b) la venida del Espíritu Santo; o (c) el retorno del Señor. *(c) El retorno del Señor* (1 Ts 4.13-18).

99. Pregunta: Cuando Pablo dijo a los tesalonicenses que llevaran una vida quieta, que se ocuparan en sus negocios, y que trabajaran con sus propias manos, ¿lo hizo por el bien de los creyentes o por los de afuera? *Para con los de afuera* (1 Ts 4.11, 12). Ser un ciudadano responsable es parte del testimonio cristiano ante el mundo.

100. Llene los espacios en blanco: Pablo exhorta a los tesalonicenses a «orar _____». *«Sin cesar»* (1 Ts 5.17).

101. Selección múltiple: ¿Qué enseñanza falsa específica corrige Pablo en 2 de Tesalonicenses 2? (a) Que Jesús no era Dios; (b) que Jesús resucitó; o (c) que el día del Señor ya había venido. *(c) Que el día del Señor ya había venido* (2 Ts 2.1-12). El día del Señor refería a su Segunda Venida.

102. Llene el espacio en blanco: Pablo dio este mandato a los tesalonicenses: «Si alguno no quiere trabajar, tampoco _____». *«Coma»* (2 Ts 3.10).

103. ¿Verdadero o falso? Pablo dijo a los tesalonicenses que trataran como enemigos a cualquier persona que no obedeciera las palabras que escribió. *Falso*. Esta persona debía ser amonestada como un hermano (2 Ts 3.14, 15).

104. Selección múltiple: Cuando Pablo exhorta a los tesalonicenses a no ser haraganes sino a trabajar para vivir, ¿qué actitud dice él que deben tener en su trabajo? (a) sosiego; (b) energía; o (c) ambición. *(a) Sosiego* (2 Ts 3.12).

105. Llene el espacio en blanco: Pablo dijo a Timoteo que «el propósito de este mandamiento es el _____ nacido de corazón limpio, y de buena conciencia, y de fe no fingida». *«Amor»* (1 Ti 1.5).

106. Selección múltiple: En 1 de Timoteo, Pablo dice a Timoteo como se deben hacer las cosas en la iglesia. ¿Qué dice Pablo que se debe hacer antes que nada en la iglesia? (a) dar; (b) orar; o (c) enseñar. *(b) Orar* (1 Ti 2.1).

107. Llene el espacio en blanco: «Hay un solo Dios, y un solo _____ entre Dios y los hombres, Jesucristo hombre». *«Mediador»* (1 Ti 2.5). Jesús es el mediador entre Dios y el hombre y hace posible el acceso a Dios a través de su sacrificio en la cruz.

108. Selección múltiple: ¿Cómo una mujer que profesa piedad debe adornarse? (a) joyas; (b) vestimenta caras; o (c) buenas obras. *(c) Buena obras* (1 Ti 2.9, 10).

109. Selección múltiple: ¿De dónde saca Pablo su enseñanza de que una mujer no debe tener autoridad sobre un hombre? (a) el orden de la creación; (b) la enseñanza rabínica; o (c) consideraciones culturales. *(a) El orden de la creación* (1 Ti 2.12, 13).

110. ¿Verdadero o falso? Para que un hombre se vuelva un obispo en la iglesia debe tener buena reputación ante la gente fuera de la iglesia. *Verdadero* (1 Ti 3.7).

111. Selección múltiple: ¿Cuál de las siguientes calificaciones se da a los obispos pero no a los diáconos en 1 de Timoteo 3? (a) Ser marido de una esposa; ser sin doblez; o (c) ser hospitalario. *(c) Ser hospitalario* (1 Ti 3.8-13).

112. Selección múltiple: En 1 de Timoteo 3, se llama a la iglesia «columna y baluarte de: (a) el evangelio; (b) la verdad; o (c) la salvación». *(b) «La verdad»* (1 Ti 3.15). Aquí la «verdad» alude a las verdades que sido dadas a la iglesia a través de los apóstoles y profetas (Ef 2.19, 20).

113. Llene el espacio en blanco: «El ejercicio corporal para poco es provechoso, pero la _____ para todo aprovecha». *«Piedad»* (1 Ti 4.8).

114. Llene el espacio en blanco: Pablo dijo a Timoteo que no reprenda a un anciano sino que lo exhorte como a un _____ *Padre* (1 Ti 5.1).

115. Selección múltiple: ¿Cuál era la edad mínima para que una viuda sea puesta en la lista de ayuda de la iglesia? (a) cuarenta y cinco; (b) sesenta; o (c) sesenta y cinco. *(b) Sesenta* (1 Ti 5.9).

116. ¿Verdadero o falso? Una de las calificaciones para que una viuda sea puesta en la lista de ayuda de la iglesia era haber lavado los pies de los santos. *Verdadero* (1 Ti 5.10). Esta acción mostraba que acogía a otros cristianos en su hogar y cuidaba de ellos.

117. Llene los espacios en blanco: No se debía aceptar una acusación en contra de un anciano sino con _____ o _____ testigos. *Dos ... tres* (1 Ti 5.19). Esta regla provenía de la ley mosaica (Dt 19.15).

118. Llene los espacios en blanco: «Raíz de todos los males es el _____ al _____». *«Amor ... dinero»* (1 Ti 6.10).

119. Selección múltiple: Timoteo debía instruir a los «ricos de este siglo que no sean altivos, ni pongan la esperanza en (a) grandes; (b) inciertas; o engañosas riquezas, sino en el Dios vivo». *(b) «Inciertas»* (1 Ti 6.17).

120. Selección múltiple: «Dios no nos ha dado espíritu de (a) cobardía; (b) disensión; o (c) enojo, sino de poder, de amor y de dominio propio». *(a) «Cobardía»* (2 Ti 1.7).

121. Pregunta: En Segundo de Timoteo 2, Pablo compara el cristiano con un soldado y con la persona que se envuelve en otros dos negocios de la vida. Nombre uno de ellos. Un *atleta* o un *labrador* (2 Ti 2.3-6). Pablo dice que el atleta debe competir según las reglas, y que el labrador es el primero que participa de los frutos. Los ejemplos que se emplean son la disciplina y la recompensa.

122. Complete la oración: Pablo instruyó a Timoteo: «Procura con diligencia presentarte a Dios aprobado, como obrero que no tiene de qué avergonzarse, _____». *«Que usa bien la palabra de verdad»* (2 Ti 2.15). «Usar bien la palabra» es comprender y enseñar la palabra de Dios correctamente.

123. Pregunta: En 2 Timoteo 2.24-26, ¿dijo Pablo a Timoteo que fuera contencioso o amable con los que se oponían a su enseñanza? *Amable* (2 Ti 2.24).

124. Selección múltiple: «Todos los que quieren vivir piadosamente en Cristo: (a) prosperarán; (b) padecerán persecución; o (c) recibirán una recompensa». *(b) «Padecerán persecución»* (2 Ti 3.12).

125. Llene los espacios en blanco: «Toda la Escritura es _____ por Dios, y útil para _____, para _____, para _____, para _____ en justicia». *«Inspirada ... enseñar... redargüir ... corregir ... instruir»* (2 Ti 3.16).

126. Pregunta: ¿Dijo Pablo a Tito que instruyera a los ancianos o jóvenes a para que fueran «sanos en la fe, en el amor, y en la paciencia»? *A los ancianos* (Tito 2.2).

127. Pregunta: ¿Fue a las ancianas o a las jóvenes que Tito debía instruir que no fueran «esclavas del vino»? *A las ancianas* (Tit 2.3).

128. Pregunta: ¿Dijo Pablo a Tito que se debe enseñar a los jóvenes a amar a sus esposas o que se debe enseñar a las mujeres a amar a sus esposos? *Las mujeres jóvenes deben ser enseñadas a amar a sus esposos* (Tit 2.4). Esta es la única parte en el Nuevo Testamento en que se exhorta a las mujeres a amar a sus esposos. En Efesios 5 y en Colosenses 3, se exhorta a los esposos a que amen a sus esposas.

129. Selección múltiple: ¿Quiénes eran las personas encargadas de enseñar a las jóvenes de las iglesias? (a) Los ancianos; (b) los mejores maestros; o (c) las ancianas. *(c) Las ancianas* (Tit 2.3-5).

130. Pregunta: ¿Cuántas amonestaciones debía dar Tito a un hombre que causa divisiones antes de desecharlo? *Dos* (Tit 3.10).

131. Pregunta: ¿Debía Tito evitar o corregir «las cuestiones necias, y genealogías, y contenciones, y discusiones acerca de la ley»? *Debía evitarlas* (Tit 3.9).

132. Llene los espacios en blanco: El escritor a los Hebreos comienza su libro afirmando que en el pasado Dios habló «a los padres por los _____, en estos postreros días nos ha hablado por el _____». *«Profetas ... Hijo»* (He 1.1, 2). Hebreos se dirige a los creyentes judíos que conocían bien los escritos de los profetas del Antiguo Testamento.

133. Llene el espacio en blanco: Después de mostrar la superioridad de Cristo a los profetas del Antiguo Testamento en Hebreos 1.1-4, el escritor muestra que Cristo es superior a los _____. *Ángeles* (He 1.4-14).

134. Selección múltiple: Según Hebreos 2, Jesús tuvo que hacerse semejante a nosotros en todas las cosas a fin de ser nuestro: (a) Salvador; (b) sumo sacerdote; o (c) Amigo. *(b) Sumo sacerdote* (He 2.17).

135. Selección múltiple: «Por lo cual debía ser en todo semejante a sus hermanos, para venir a ser misericordioso y fiel sumo sacerdote en lo que a Dios se refiere, para (a) expiar; (b) sacrificar; o (c) perdón de los pecados del pueblo». *(a) «Expiar»* (He 2.17). Hacer expiación es calmar la ira de Dios contra el pecado y el pecador.

136. Selección múltiple: Hebreos 2, dice que somos hechos perfectos por el Padre a través de: (a) los sufrimientos; (b) la obediencia; o (c) el Espíritu. (a) *Los sufrimientos* (He 2.10). Se resalta el sufrimiento como un agente purificador para el cristiano (1 P 4.1).

137. Llene los espacios en blanco: «Porque la palabra de Dios es _____ y _____, y más cortante que toda _____ de _____; y penetra hasta partir el _____ y el _____, las coyunturas y los tuétanos, y discierne los _____ y las _____ del corazón». *«Viva ... eficaz ... espada ... dos filos ...alma ... espíritu ... pensamientos ... intenciones»* (He 4.12).

138. Complete la oración: «Porque no tenemos un sumo sacerdote que no pueda compadecerse de nuestras debilidades, sino uno que fue _____». *«Tentado en todo según nuestra semejanza, pero sin pecado»* (He 4.15). Este versículo señala la identificación de Cristo con nosotros, y también por qué puede ayudarnos.

139. Llene los espacios en blanco: El escritor de los Hebreos animó a los lectores así: «Acerquémonos, pues, confiadamente al _____ de la _____, para alcanzar misericordia y hallar gracia para el oportuno socorro». *«Trono ... gracia»* (He 4.16).

140. Llene el espacio en blanco: Aunque Cristo era Hijo, por lo que padeció aprendió la _____ *Obediencia* (He 5.8).

141. Selección múltiple: ¿Qué personaje del Antiguo Testamento pagó diezmos al sumo sacerdote Melquisedec, mostrando así que Melquisedec era mayor que él mismo? (a) Moisés; (b) David; o (c) Abraham. *(c) Abraham* (He 7.4-10). Este relato se encuentra en Génesis 14. El argumento tiene gran peso con los judíos creyentes debido a la importancia de Abraham para su nación.

142. Selección múltiple: Melquisedec era rey de Salem. ¿Cuál es el significado de la palabra Salem? (a) Honestidad; (b) paz; o (c) justicia. *(b) Paz* (He 7.2).

143. Llene los espacios en blanco: Hablando del sacerdocio inmutable de Cristo, el escritor a los Hebreos dice: «Por lo cual puede también salvar perpetuamente a los que por él se acercan a Dios, viviendo siempre para _____ por ellos». *«Interceder»* (He 7.25). El Espíritu Santo también intercede por el creyente (Ro 8.26).

144. Llene el espacio en blanco: Jesucristo es el «mediador de un mejor _____, establecido sobre mejores promesas». *«Pacto»* (He 8.6). El pacto del que el escritor habla es el Nuevo Pacto establecido en Jeremías 31 y citado en este capítulo de Hebreos.

145. Llene los espacios en blanco: Hebreos 8 habla del Nuevo Pacto. La esencia del Nuevo Pacto es el Señor diciendo: «Pondré mis leyes en la mente de ellos, y sobre su _____ las escribiré; y seré a ellos por _____, y ellos me serán a mí por _____». *«Corazón ... Dios ... pueblo»* (He 8.10).

146. Pregunta: Bajo el Antiguo Pacto había una cortina entre el lugar Santo y el lugar Santísimo. Bajo el Nuevo Pacto, ¿qué parece ser la cortina a través de la cual nos acercamos a Dios? *La carne* (o sacrificio) de Jesucristo (He 10.19, 20).

147. Llene el espacio en blanco: Según Hebreos 10, debemos reunirnos y «considerarnos unos a otros para estimularnos al _____ y a las buenas obras». *«Amor»* (He 10.24, 25).

148. Llene los espacios en blanco: Después de establecer ante nosotros muchos ejemplos de fe en 146. Pregunta: Bajo el Antiguo Pacto había una cortina entre el lugar Santo y el lugar Santísimo. Bajo el Nuevo Pacto, ¿qué parece ser la cortina a través de la cual nos acercamos a Dios? *La carne (o sacrificio) de Jesucristo* (He 10.19, 20).

147. Llene el espacio en blanco: Según Hebreos 10, debemos reunirnos y «considerarnos unos a otros para estimularnos al _____ y a las buenas obras». *«Amor»* (He 10.24, 25).

148. Llene los espacios en blanco: Después de establecer ante nosotros muchos ejemplos de fe en Hebreos 11, el escritor nos amonesta, «despojémonos de todo _____ y del _____ que nos asedia, y corramos con paciencia la carrera que tenemos por delante, puestos los ojos en _____, el autor y _____ de la fe». *«Peso ... pecado ... Jesús ... consumador»* (He 12.1, 2).

149. Selección múltiple: «Porque el Señor al que ama (a) protege; (b) bendice; o (c) disciplina». *(c) «Disciplina»* (He 12.6). La disciplina es castigo con valor correctivo.

150. Complete la oración: «Jesucristo es el mismo _____». *«Ayer, y hoy, y por los siglos»* (He 13.8).

151. Selección múltiple: Según Santiago, ¿qué produce la prueba de nuestra fe? (a) *Esperanza*; (b) *paciencia*; o (c) *gozo*. *(b) Paciencia* (Stg 1.3).

152. Llene los espacios en blanco: Santiago da la progresión lógica de la concupiscencia o deseos malos. Afirma: «Después que ha concebido, da a luz el _____; y el _____, siendo consumado, da a luz la _____». *«Pecado ... pecado ... muerte»* (Stg 1.15).

153. Llene los espacios en blanco: Santiago describe la religión pura y sin mácula como esta: «Visitar a los _____ y a las _____ en sus tribulaciones». *«Huérfanos ... viudas»* (Stg 1.27).

154. Llene los espacios en blanco: El punto de Santiago 2.14-26 se expresa en el versículo 26. «Porque como el cuerpo sin Espíritu está muerto, así también la _____ sin _____ está muerta». *«Fe ... obras»* (Stg 2.26). La fe verdadera siempre es visible en acciones.

155. Llene el espacio en blanco: Santiago afirma: «Pero ningún hombre puede domar la _____, que es un mal que no puede ser refrenado, llena de veneno mortal». *«Lengua»* (Stg 3.8).

156. Selección múltiple: ¿Qué cualidad de Dios se describe primero como «pura, después pacífica, amable, benigna, llena de misericordia y de buenos frutos, sin incertidumbre ni hipocresía»? (a) *Sabiduría*; (b) *justicia*; o (c) *amor*. *(a) Sabiduría* (Stg 3.17).

157. Selección múltiple: Según Santiago 4, «¿qué es la amistad del mundo?» (a) *pecado*; (b) *engaño*; o (c) *enemistad contra Dios*. *(c) Enemistad contra Dios* (Stg 4.4).

158. Llene el espacio en blanco: «La oración eficaz del _____ puede mucho». *«Justo»* (Stg 5.16).

159. Pregunta: ¿Dice 1 Pedro que las pruebas vienen para probar la fortaleza o la autenticidad de nuestra fe? *La autenticidad* (1 P 1.6, 7).

160. Llene el espacio en blanco: Según 1 de Pedro 1, los creyentes no fueron «_____ con cosas corruptibles como oro o plata, sino con la sangre preciosa de Cristo». *«Rescatados»* (1 P 1.18, 19). Redimir algo es volver a comprarlo pagando un precio específico.

161. Pregunta: Si una mujer tiene un marido que no obedece a la palabra de Dios, ¿debe ella tratar de ganarle para Dios principalmente mediante palabras o por lo que hace? *Por lo que hace* (1 P 3.1).

162. Llene el espacio en blanco: Pedro dijo a los maridos: «Vivid con ellas sabiamente, dando honor a la mujer como a vaso más frágil, y como a coherederas de la gracia de la vida, para que vuestras _____ no tengan estorbo». *«Oraciones»* (1 P 3.7).

163. Selección múltiple: El cristiano debe santificar al Señor en su corazón: «Y estar siempre preparado para presentar defensa con mansedumbre y reverencia ante todo el que os demande razón de la (a) fe; (b) esperanza; o (c) amor que hay en él». *(b) «Esperanza»* (1 P 3.15).

164. Selección múltiple: Según 1 Pedro 4, ¿qué cubrirá «multitud de pecados»? (a) *gracia*; (b) *perdón*; o (c) *amor*. *(c) Amor* (1 P 4.8). Cuando amamos a uno, no nos ofendemos fácilmente.

165. Selección múltiple: ¿Qué debe hacer el cristiano por cuanto es participante de los padecimientos de Cristo? (a) Orar; (b) llorar; o (c) gozarse. *(c) Gozarse* (1 P 4.13).

166. Llene el espacio en blanco: Respecto de la naturaleza de la Escritura, Pedro dice: «Ninguna profecía de la Escritura es de _____ privada». *«Interpretación»* (2 P 1.20). Los hombres no han originado la Escritura de sus propias ideas acerca de Dios. Ellos fueron «inspirados por el Espíritu Santo» (v. 21).

167. Pregunta: ¿A qué evento Pedro señala en 2 Pedro 3 para mostrar que Dios intervino en la historia del mundo y que por tanto lo hará otra vez? *El diluvio* (2 P 3.5-7).

168. Llene los espacios en blanco: Pedro nos recuerda que Dios no es lento para cumplir su promesa de retorno. «Con el Señor un día es como mil años, y mil años como un día». *«Mil ... mil»* (2 P 3.8).

169. Complete la oración: «Si confesamos nuestros pecados, _____». *«Él es fiel y justo para perdonar nuestros pecados, y limpiarnos de toda maldad»* (1 Jn 1.9).

170. Llene los espacios en blanco: Juan instruye a sus lectores: «No améis al _____, ni las cosas que están en el _____. Si alguno ama al _____, el amor del _____ no está en él». *«Mundo ... mundo ... mundo ... Padre»* (1 Jn 2.15).

171. Pregunta: Juan nombra tres cosas que están en el mundo que definitivamente no son del Padre. Nombre las tres que se citan en 1 Juan 2. *«Los deseos de la carne, los deseos de los ojos, y la vanagloria de la vida»* (1 Jn 2.16). Muchos han conectado estos tres medios de tentación por los cuales Eva cayó en el huerto del Edén (Gn 3.6).

172. Llene los espacios en blanco: Juan repite la enseñanza de Cristo cuando dice: «Todo aquel que aborrece a su hermano es _____». *«Homicida»* (1 Jn 3.15). Jesús enseñó su verdad en lo que se conoce como el Sermón del Monte. Esta enseñanza particular se encuentra en Mateo 5.20-26.

173. Pregunta: Según 1 de Juan 5, ¿cuál es la «victoria que ha vencido al mundo»? *Nuestra fe* (1 Jn 5.4). El cristiano vence al mundo por la fe en Aquel que ha vencido al mundo (Jn 16.33).

174. Pregunta: Juan nos dice: «Tres son los que dan testimonio en la tierra» que Jesús es el Hijo de Dios. Uno es el Espíritu. ¿Cuáles son los otros dos? *El agua y la sangre* (1 Jn 5.8).

175. Llene los espacios en blanco: Juan escribió Primera de Juan para que sus lectores puedan conocer que tienen _____. *Vida eterna* (1 Jn 5.13). La vida eterna describe la calidad y la naturaleza de la vida que tiene el que cree en Cristo. Por cierto, la vida eterna, es la misma vida de Cristo impartida al creyente en base de la fe.

176. Selección múltiple: Juan dijo en 3 Juan: «No tengo yo mayor gozo que este, el oír que mis hijos andan en: (a) amor; (b) verdad; o (c) fe». *(b) «Verdad»* (3 Jn 4).

177. Selección múltiple: Judas nos dice que el arcángel Miguel contendió con el Diablo por el cuerpo de: (a) Abraham; (b) Adam; o (c) Moisés. *(c) Moisés* (Jud 9).

PROFECÍA

1. Selección múltiple: Romanos 8 enseña que al retorno de Cristo la creación misma será libertada de la esclavitud de: (a) pecado; (b) corrupción; o (c) muerte. *(b) Corrupción* (decadencia) (Ro 8.21).

2. Selección múltiple: En la actualidad, muchos judíos han rechazado a Jesús como su Mesías. Pablo dice que su dureza continuará «hasta que haya encontrado: (a) el tiempo; (b) la plenitud; o (c) al rey de los gentiles». (b) *Plenitud* (Ro 11.25). La idea de plenitud es la de culminación. El Señor completará su obra de salvación a los de las naciones gentiles en un tiempo y otra vez llamará a muchos de la nación judía.

3. Llene es espacio en blanco: Pablo cita Isaías 59.20, 21 «Vendrá de Sion el Libertador, que apartará de Jacob la impiedad» para mostrar que todo Israel será _____ *Salvo* (Ro 11.26).

4. Selección múltiple: Pablo, esperando el retorno del Señor dice: «Pues tengo por cierto que las aflicciones del tiempo presente no son comparables con la: (a) riqueza; (b) el gozo; o (c) gloria venidera que en nosotros ha de manifestarse». (c) «*Gloria*» (Ro 8.18).

5. Pregunta: ¿Es el espíritu, el alma, o el cuerpo del cristiano que será redimido a la venida de Cristo? *El cuerpo* (Ro 8.23). El cuerpo es el último en ser redimido. Interiormente, el cristiano ya ha sido redimido (1 P 1.18).

6. Selección múltiple: Según 1 de Corintios, cuando un cristiano se presente ante el Señor en el día del juicio, sus (a) obras; (b) palabras; o (c) oro será probada por fuego. (a) *Obra* (1 Co 3.13).

7. Llene el espacio en blanco: Cuando Pablo describe la resurrección del cristiano a la venida de Cristo, dice: «He aquí os digo un misterio: No todos dormiremos; pero todos seremos _____». «*Transformados*» (1 Co 15.51).

8. ¿Verdadero o falso? Si la obra de un cristiano se quema en el día del juicio, ¿perderá también su vida esa persona? *Falso*. «El mismo será salvo» (1 Co 3.15).

9. Llene el espacio en blanco: Pablo nos dice: «No juzguéis nada antes de tiempo, hasta que venga el Señor, el cual aclarará también lo oculto de las tinieblas, y manifestará las _____ de los corazones». «*Intenciones*» (1 Co 4.5). Las «intenciones» de una persona son sus motivaciones.

10. ¿Verdadero o falso? Los cristianos tendrán una parte en el juicio a los ángeles. *Verdadero* (1 Co 6.3).

11. Pregunta: ¿Qué es lo que «se siembra en corrupción» pero «resucitará en incorrupción» a la venida de Cristo? *El cuerpo del cristiano* (1 Co 15.42, 43).

12. Llene el espacio en blanco: El cambio del cuerpo del cristiano de natural a espiritual será hecho rápidamente en un _____ de ojos. *Abrir y cerrar* (1 Co 15.52) .

13. Selección múltiple: Según 1 de Corintios 15, ¿qué instrumento sonará en la resurrección de los muertos? (a) címbalo; (b) flauta; o (c) trompeta. (c) *Trompeta* (1 Co 15.52).

14. Llene el espacio en blanco: En el gran día de la resurrección de los muertos, se cumplirá la Palabra que está escrita, que dice: «Sorbida es la _____ en victoria». «*Muerte*» (1 Co 15.54). Anteriormente en este capítulo, Pablo describe la muerte como el último enemigo que será destruido (v. 26).

15. Llene los espacios en blanco: Pablo, aludiendo al cuerpo como un tabernáculo, dice: «Sabemos que si nuestra morada terrestre, este tabernáculo, se deshiciere, tenemos de Dios un edificio, una casa _____ de _____ , eterna, en los cielos». «*No hecha ... manos*» (2 Co 5.1). Esta es una referencia a la resurrección del cuerpo que será dado al creyente después de esta vida.

16. Llene el espacio en blanco: Cuando Jesús descienda del cielo por nosotros, «el cual _____ el cuerpo de la humillación nuestra, para que sea semejante al cuerpo de la gloria suya». «*Transformará*» (Fil 3.21).

17. Complete la oración: «Cuando Cristo, vuestra vida, se manifieste, entonces vosotros también _____». «*Seréis manifestados con él en gloria*» (Col 3.4).

18. ¿Verdadero o falso? Cristo traerá consigo a los que murieron en él cuándo vuelva a la tierra. *Verdadero* (1 Ts 4.14).

19. Pregunta: ¿Los muertos o los vivos serán levantados primero para encontrarse con el Señor cuando vuelva? *Los muertos en Cristo* (1 Ts 4.15-17). En los versículos 14 y 15, se describe a los que han muerto en Cristo como que duermen en Jesús. Jesús describió a Lázaro después que murió como uno que dormía (Jn 11.11).

20. Pregunta: ¿Dónde los cristianos se encontraran con el Señor cuando regrese, en la tierra o en el aire? *En el aire* (1 Ts 4.17). Este es un lugar en la Escritura donde se enseña el rapto del cristiano.

21. Selección múltiple: El Señor mismo cuando vuelva, «descenderá con voz de mando, con voz de (a) muchas aguas; (b) de arcángel; o (c) león, y con trompeta de Dios». *(b)* «*De arcángel*» (1 Ts 4.16).

22. Llene el espacio en blanco: Pablo recordó a los tesalonicenses que ellos sabían perfectamente que el día del Señor vendría como un _____ en la noche. *Ladrón* (1 Ts 5.2).

23. Selección múltiple: Según 1 de Tesalonicenses, ¿qué estará la gente diciendo cuando venga el día del Señor? (a) «muerte y destrucción»; (b) «paz y seguridad»; o (c) 'no estoy listo'. *(b)* «*Paz y seguridad*» (1 Ts 5.3).

24. Selección múltiple: Pablo dice que el día del Señor vendrá como un ladrón en la noche. ¿Qué otro evento se compara con la venida del día del Señor en 1 de Tesalonicenses 5? (a) Un ataque repentino del enemigo; (b) dolores de parto; o (c) un terremoto. *(b) Dolores de parto* (1 Ts 5.3).

25. Pregunta: En Segunda de Tesalonicenses 1, Pablo describe la venida del Señor del cielo con los ángeles de su poder, en llama de fuego. ¿Es esta una escena de la venida del Señor en juicio o para llevar a sus hijos al cielo con él? *Una escena de la venida del Señor en juicio* (2 Ts 1.7, 8).

26. Selección múltiple: El día del Señor no vendrá sin que antes se revele el hombre de pecado o el inicuo. Pablo también llama a esta persona (a) el hijo de Satanás; (b) el hijo del trueno; o (c) el hijo de perdición. *(c) Perdición* (2 Ts 2.3). Perdición es exactamente lo opuesto de la salvación.

27. ¿Verdadero o falso? Justo antes del retorno del Señor, una persona poderosa se levantará como Dios para ser adorada en el templo de Dios. *Verdadero* (2 Ts 2.3, 4).

28. Selección múltiple: Cuando el «inicuo» se revele, «el Señor (le) matará con el espíritu de su boca, y (le) destruirá con (a) la fortaleza; (b) resplandor; o (c) pureza de su venida». *(b)* «*Resplandor*» (2 Ts 2.8).

29. Selección múltiple: El «inicuo» será capaz de engañar a la gente «por cuanto no recibieron el (a) amor; (b) la palabra; o (c) la ley de la verdad para ser salvos». *(a)* «*Amor*» (2 Ts 2.10). Amar la verdad es desearla y aceptarla completamente.

30. Llene el espacio en blanco: El «inicuo cuyo advenimiento es por obra de _____, con gran poder y señales y prodigios mentirosos». «*Satanás*» (2 Ts 2.9). La palabra *Satanás* significa adversario.

31. Llene los espacios en blanco: El Espíritu dice que en los últimos días la gente se apartará de la fe. Dos características de esta partida envuelve la enseñanza que prohíbe que la gente se _____ y se abstengan de ciertos _____. *Case ... alimentos* (1 Ti 4.3).

32. Selección múltiple: «El Espíritu dice claramente que en los postreros tiempos algunos apostataran de la fe, escuchando a espíritus engañadores y a doctrinas de: (a) hombre; (b) ángeles; o (c) demonios». *(c) «Demonios»* (1 Ti 4.1). En el Nuevo Testamento, los demonios siempre se describen como hostiles a Dios y a los hombres. En su ministerio terrenal, Jesús se encontró con muchos poseídos por demonios y los echó fuera, mostrando así su poder sobre Satanás y sus agentes.

33. Llene el espacio en blanco: En los últimos tiempos, algunos hablarán por hipocresía, «teniendo _____ la conciencia». *«Cauterizada»* (1 Ti 4.2).

34. Llene los espacios en blanco: Pablo encargó a Timoteo que cumpliera su ministerio. Él le encargó en nombre del Señor Jesucristo «que juzgará a los _____ y a los _____ en su manifestación y en su reino». *«Vivos ... muertos»* (2 Ti 4.1).

35. Selección múltiple: ¿Qué identifica la corona que será dada a todos los que aman la aparición del Señor? (a) Corona de gloria; (b) corona de justicia; o (c) corona de vida. *(b) Corona de justicia* (2 Ti 4.8). La «corona de justicia» (Stg 1.12; Ap 2.10) y la «corona incorruptible de gloria» (1 P 5.4) se mencionan como coronas que se dan a los cristianos en la próxima vida.

36. Selección múltiple: Según Hebreos 9, «Cristo fue ofrecido una sola vez para llevar los pecados de muchos; y aparecerá por segunda vez, sin relación con: (a) el juicio; (b) la salvación; o (c) la justicia». *(b) «Salvación»* (He 9.28). El creyente no tiene salvación ahora, pero será hecho perfecto cuando el Señor vuelva.

37. Selección múltiple: Pedro anima a los ancianos diciéndoles que, por haber servido bien, «cuando aparezca el Príncipe de los pastores, vosotros recibiréis la corona: (a) de justicia; (b) de vida; o (c) incorruptible de gloria». *(c) «Gloria»* (1 P 5.4).

38. Selección múltiple: Pedro nos dice que cuando el Señor vuelva «la (a) tierra; (b) los cielos; o (c) la creación pasarán con grande estruendo». *(b) «Cielos»* (2 P 3.10). Los «cielos» en este versículo aluden a los cielos que Dios creó al principio de los tiempos (Gn 1.1).

39. Selección múltiple: Cuando el Señor regrese, los mismos elementos de la tierra: (a) serán desechos; (b) serán quemados; o (c) serán glorificados. *(b) Serán quemados* (2 P 3.10).

40. Llene el espacio en blanco: Cuando el Señor regrese «la tierra y las _____ que en ella hay serán quemadas». *«Obras»* (2 P 3.10).

41. Selección múltiple: Los cristianos deben esperar cielos nuevos y una tierra nueva donde mora (a) Dios; (b) la justicia; o (c) la santidad. *(b) La justicia* (2 P 3.13).

42. Llene el espacio en blanco: El Señor no ha vuelto todavía porque «no retarda su promesa, según algunos la tienen por tardanza, sino que es paciente para con nosotros, no queriendo que ninguno _____, sino que todos procedan al arrepentimiento». *«Perezca»* (2 P 3.9).

43. Llene los espacios en blanco: «Amados, ahora somos _____ de _____, y aún no se ha manifestado lo que hemos de ser; pero sabemos que cuando él se manifieste, seremos _____ a él, porque le veremos tal como él es». *«Hijos ... Dios ... semejantes»* (1 Jn 3.2).

44. ¿Verdadero o falso? El libro de Apocalipsis es una revelación de las cosas por venir que tuvieron lugar poco después que Juan recibiera la revelación. *Verdadero* (Ap 1.1). Aunque no nos parezca breve tiempo, debemos mantener la perspectiva de Dios. Como dijo Pedro: «Con el Señor un día es como mil años, y mil años como un día» (2 P 3.8).

45. Selección múltiple: ¿A cuántas iglesias hay una profecía escrita en la primera parte de Apocalipsis? (a) Tres; (b) siete; o (c) diez. *(b) Siete* (Ap 1.4).

46. ¿Verdadero o falso? Cuando el Señor vuelva, solo los cristianos le verán. *Falso.* «Y todo ojo le verá» (Ap 1.7).

47. Selección múltiple: Cuando las tribus de la tierra vean a Jesús que retorna, ¿qué harán? (a) se gozarán; (b) lamentarán; o (c) correrán. *(b) Lamentarán* (Ap 1.7). Sin embargo, como uno lee en Apocalipsis, es aparente que esta lamentación no lleva al arrepentimiento. La tristeza que es según Dios lleva al arrepentimiento (2 Co 7.10).

48. Pregunta: ¿Por cuáles dos letras del alfabeto griego se identifica el Cristo resucitado en Apocalipsis? El *Alfa* y la *Omega* (Ap 1.8). El Alfa y la Omega son la primera y la última letra del alfabeto griego. Al identificarse a sí mismo de esta manera Jesús proclama autoridad y señorío sobre todas las cosas.

49. Llene el espacio en blanco: Cuando Juan tuvo una visión del Señor, Jesús estaba parado en medio de siete _____ de oro. *Candeleros* (Ap 1.12, 13).

50. Selección múltiple: Según Juan, ¿ a qué dijo que se asemejaba los ojos del Cristo resucitado en Apocalipsis 1? (a) estrellas brillantes; (b) llama de fuego; o (c) una luz penetrante. *(b) Llama de fuego* (Ap 1.14).

51. Selección múltiple: En Apocalipsis 1, se ve al Cristo resucitado caminando en medio de siete candeleros. ¿A qué tipo de metal se asemeja sus pies? (a) oro; (b) plata; o (c) bronce. *(c) Bronce* (Ap 1.15). El mensajero celestial enviado a Daniel tenía pies como de bronce (Dn 10.6).

52. Selección múltiple: Cuando el Señor resucitado habla en Apocalipsis 1, su voz suena como: (a) trompeta; (b) muchas aguas; o (c) fuerte viento. *(b) Muchas aguas* (Ap 1.15). Ezequiel describe a la cuarta criatura viviente en su visión que vuela. Él dice que el sonido de sus alas es como el sonido de muchas aguas (Ez 1.24).

53. Selección múltiple: ¿Qué tiene en su mano derecha el Cristo resucitado según la visión de Juan en Apocalipsis 1? (a) un rollo; (b) una espada; o (c) siete estrellas. *(c) Siete estrellas* (Ap 1.16).

54. Selección múltiple: Cuando Juan vio al Cristo resucitado en Apocalipsis 1, notó que tenía: (a) una espada de dos filos; (b) un rollo; o (c) una vara de plata que salía de su boca. *(a) Una espada de dos filos* (Ap 1.16).

55. Llene el espacio en blanco: En la visión de Juan de Cristo en el cielo, vio siete estrellas en la diestra del Señor. Estas siete estrellas eran los _____ de las siete iglesias de Apocalipsis 2 y 3. *Ángeles* (Ap 1.20). La palabra ángel en este contexto se puede traducir simplemente «mensajero».

56. Selección múltiple: El Señor resucitado caminó en medio de siete candeleros en la visión de Juan que registra Apocalipsis 1. ¿Qué eran esos candeleros? (a) siete apóstoles; (b) siete reyes israelitas; o (c) siete iglesias. *(c) Siete iglesias* (Ap 1.20).

57. Llene el espacio en blanco: Si la iglesia en Éfeso no se arrepentía de haber dejado su primer _____ , el Señor removería su candelero de su lugar. *Amor* (Ap 2.4, 5). La iglesia en Éfeso era fuerte en conocimiento pero débil en amor. El amor edifica, pero el conocimiento envanece.

58. Selección múltiple: ¿Cuál de las siete iglesias se trata primero en Apocalipsis 2 y 3? (a) Pérgamo; (b) Éfeso; o (c) Tiatira. *(b) Éfeso* (Ap 2.1-7).

59. Selección múltiple: ¿Cuántos días la iglesia que estaba en Esmirna tendría tribulación? (a) Tres; (b) siete; o (c) diez. *(c) Diez* (Ap 2.10). El número diez y su multiplicación con frecuencia se emplea en la Escritura para indicar la terminación de una acción, especialmente actos de juicio.

60. Selección múltiple: Si los creyentes en la iglesia de Esmirna fuesen fieles hasta la muerte, el Señor resucitado promete darles la corona de: (a) vida; (b) gloria; o (c) espinos. *(a) Vida* (Ap 2.10). La corona de vida se promete a los que soportan la tentación y aman al Señor (Stg 1.12).

61. Llene el espacio en blanco: El Señor dijo a la iglesia en Pérgamo que se arrepienta de su falsa doctrina o el vendría contra ellos con la espada de su _____ *Boca* (Ap 2.16).

62. Llene el espacio en blanco: El Señor promete dar al que venciere «una piedrecita blanca, y en la piedrecita escrito un _____ nuevo, el cual ninguno conoce sino aquel que lo recibe». *«Nombre»* (Ap 2.17). En la Biblia dar un nombre tiene grande importancia. Dar un nombre nuevo es como dar un carácter nuevo y capacidad para su vida personal.

63. Selección múltiple: Si Jezabel, que enseñó una doctrina de inmoralidad sexual a la iglesia de Tiatira, no se arrepentía, el Cristo resucitado la echaría al: (a) infierno; (b) al pozo; o (c) en cama enferma. *(c) En cama enferma* (Ap 2.20-22).

64. Llene los espacios en blanco: El nombre del que venciere no será borrado del _____ de la _____. *Libro ... vida* (Ap 3.5).

65. Selección múltiple: Al que venciere se le hará (a) pedestal; (b) altar de incienso; o (c) columna en el templo de Dios. *(c) Columna* (Ap 3.12).

66. Selección múltiple: ¿El nombre de qué ciudad se escribirá sobre el que venciere? (a) Nueva Jerusalén; (b) Jerusalén celestial; o(c) Sion. *(a) Nueva Jerusalén* (Ap 3.12).

67. Complete la oración: Porque la iglesia de Laodicea era tibia, Cristo dijo: «Te _____». *«Vomitaré de mi boca»* (Ap 3.16).

68. Complete la oración: Una promesa bien conocida fue dada a la iglesia de Laodicea. Cristo dijo: «He aquí, yo estoy a la puerta y llamo; si alguno oye mi voz y abre la puerta, _____». *«Entrare a él, y cenaré con él, y él conmigo»* (Ap 3.20.).

69. ¿Verdadero o falso? Los veinticuatro ancianos que rodean el trono de Dios en Apocalipsis 4 portaban coronas. *Verdadero* (Ap 4.4). La referencia típica a las coronas en el Nuevo Testamento era a que se había ganado en alguna competencia. Los capítulos 2 y 3 de Apocalipsis hacen varias referencias a los que han vencido.

70. Selección múltiple: En Apocalipsis 4, Juan vio siete lámparas que ardían ante el trono de Dios. ¿Qué significaban esas lámparas? (a) Palabras de Dios; (b) espíritus de Dios; o (c) dones de Dios. *(b) Espíritus de Dios* (Ap 4.5).

71. Selección múltiple: ¿Cuántas criaturas vivientes estaban alrededor del trono de Dios en la visión de Juan en Apocalipsis 4? (a) tres; (b) siete; o (c) cuatro. *(c) Cuatro* (Ap 4.6). Uno tiene rostro como de hombre. Los otros eran semejantes a un león, un becerro, y un águila.

72. Selección múltiple: Cuando Juan vio a Dios que sostenía un libro sellado, vio también un ángel que preguntaba: «¿Quién puede; (b) es bastante sabio; o (c) digno de abrir el libro y desatar sus sellos?». *(c) «Digno»* (Ap 5.2).

73. Selección múltiple: En Apocalipsis 5, un ángel dijo a Juan que no llorara porque «el (a) rey; (b) león; o (c) sacerdote de la tribu de Judá, ha vencido para abrir el libro y desatar sus siete sellos». *(b) «León»* (Ap 5.5). Cuando Jacob bendijo a sus hijos antes de su muerte, dijo de Judá: «Cachorro de león, Judá» (Gn 49.9). Cristo es el cumplimento de la profecía, es el león conquistador que es digno de abrir los siete sellos del juicio de Dios.

74. Llene los espacios en blanco: En la visión de Juan del Cristo resucitado en Apocalipsis 5, Cristo apareció al Cordero que había sido inmolado. Y que parecía también que tenía siete _____ y siete _____. *Cuernos ... ojos* (Ap 5.6).

75. Pregunta: Cuando el Cordero abrió el primer sello, apareció un caballo y uno que lo montaba. ¿Era el caballo negro, blanco, o rojo? *Blanco* (Ap 6.2).

76. Pregunta: Cuando el Cordero abrió el segundo sello del libro en Apocalipsis 6, se reveló un caballo y uno que lo montaba. ¿Tenía el que lo montaba una espada o un arco? *Una espada* (Ap 6.4). La espada era para quitar la paz en la tierra, y para que las personas se mataran unas a otras.

77. Pregunta: Cuando el Cordero abrió el tercer sello, apareció un caballo y el que lo montaba tenía una balanza en la mano. ¿Era este caballo blanco, rojo, o amarillo? *Negro* (Ap 6.5). Con el caballo negro y el que lo montaba llegó el hambre a la tierra. El negro denota lo negro de las circunstancias.

78. Llene el espacio en blanco: Cuando el Cordero abrió el cuarto sello, Juan vio un caballo y uno que lo montaba. Por la primera vez en la apertura de los sellos, se dio un nombre al que montaba. «Su nombre era _____, y el Hades le seguía». *«Muerte»* (Ap 6.8).

79. Selección múltiple: La muerte y el Hades salieron después de que se abrió el cuarto sello. ¿Sobre qué porción de la tierra se les dio poder para matar con espada, con hambre, con mortandad, y con las fieras de la tierra? (a) Una cuarta parte; (b) una mitad; (cuna tercera parte. *(a) Una cuarta parte* (Ap 6.8).

80. Selección múltiple: Cuando el Cordero abrió el quinto sello, Juan vio «las almas de los que habían sido muertos por causa de la palabra de Dios y por su testimonio». ¿Dónde estaban esas almas? (a) alrededor del trono; (b) en el templo; o (c) bajo el altar. *(c) Bajo el altar* (Ap 6.9).

81. Pregunta: ¿La apertura de cuál de los siete sellos marcó la llegada del gran día de la ira de Dios? *La apertura del sexto sello* (Ap 6.12-17).

82. Selección múltiple: ¿Cuántos judíos fueron sellados en la frente por el ángel que tenía el sello del Dios vivo? (a) doce mil; (b) veinticuatro mil; o (c) ciento cuarenta y cuatro mil. *(c) Ciento cuarenta y cuatro mil* (Ap 7.4).

83. Complete la oración: Juan vio una gran multitud que estaba delante del trono vestidos de ropas blancas. Se identifica a estos como «los que han salido de la gran tribulación, y han lavado sus ropas, y las han emblanquecido en _____». *«La sangre del Cordero»* (Ap 7.14).

84. Pregunta: ¿Cuántas calamidades tienen lugar al sonido de las trompetas de los ángeles? *Siete* (Ap 8.6-11.19).

85. Selección múltiple: Cuando el Cordero abrió el séptimo sello, hubo (a) música; (b) silencio; o (c) alabanza en el cielo por media hora. *(b) Silencio* (Ap 8.1). Durante ese silencio muchas oraciones subieron a Dios (vv. 3, 4).

86. Pregunta: En las primeras cuatro calamidades de las trompetas una facción específica de cosas sobre la tierra fueron castigadas con destrucción. ¿Fue media parte, una cuarta parte o una tercera parte? *Una tercera parte* (Ap 8.7-13).

87. **Llene el espacio en blanco: Al sonido de la trompeta del segundo ángel: «Y como una gran montaña ardiendo en fuego fue precipitada en el mar; y la tercera parte del mar se convirtió en** _____ **».** «Sangre» (Ap 8.8). La primera plaga que Dios mandó a Egipto por mano de Moisés fue que el Nilo y todos los estanques de agua se convirtieron en sangre (Ex 7.19-21).

88. **Pregunta: Durante el juicio de la tercera trompeta, una estrella cayó del cielo, y cayó sobre una tercera parte de los ríos, y sobre las fuentes de las aguas, y las aguas se volvieron amargas. ¿Cuál es el nombre de la estrella?** *Ajenjo* (Ap 8.10, 11).

89. **Selección múltiple: Cuando el quinto ángel sopló su trompeta, se le dio la llave del pozo del abismo a: (a) Un ángel; (b) Un anciano; o (c) una estrella.** *(c) Una estrella* (Ap. 9.1).

90. **Pregunta: ¿Podían las langostas que salieron del pozo del abismo al sonar de la quinta trompeta, matar a los hombres que no tenían el sello de Dios o solo podían atormentarlos?** *Ellos podían atormentar solamente* (Ap 9.18-21).

91. **¿Verdadero o falso? En la cuarta trompeta del juicio, una tercera parte de la humanidad fue muerta. Como resultado, el resto de la gente en la tierra se arrepintió de su maldad y se volvió a Dios.** *Falso.* Ellos no se arrepintieron (Ap 9.18-21).

92. **Pregunta: Las langostas que salieron del pozo del abismo para atormentar a los hombres que no tenían el sello de Dios, tenían un rey. Su nombre se da en hebreo y en griego. ¿Era el nombre hebreo Apolión o Abadón?** *Abadón* (Ap 9.11). El nombre significa «destrucción».

93. **Selección múltiple: Justo antes de los juicios de las copas, los que habían alcanzado la victoria sobre la bestia «cantan el cántico de (a) Abraham; (b) Moisés; o (c) Jacob, siervo de Dios, y el cántico del Cordero».** *(b) «Moisés»* (Ap 15.2, 3). El primer cantico de Moisés se registra en Éxodo 15 cuando alaba a Dios por la liberación milagrosa de Israel de los Egipcios a través del Mar Rojo.

94. **Pregunta: Según Apocalipsis 15, Juan vio a los que alcanzaron la victoria sobre la bestia. Estos también alcanzaron victoria sobre tres cosas asociadas con la bestia. Nombre una de ellas.** *La marca de la bestia, la imagen, o el número de su nombre* (Ap 15.2).

95. **Selección múltiple: ¿Con qué tipo de material estaban vestidos los ángeles de las siete copas de juicios? (a) de algodón; (b) de lino; o (c) de oro.** (b) *Lino* (Ap 15.6). Los sacerdotes del sacerdocio aarónico debían tener sus vestidos de lino (Ex 28).

96. **Selección múltiple: ¿Qué produjo la primera copa de la ira de Dios en los hombres que tenían la marca de la bestia y adoraron su imagen? (a) una úlcera; (b) ceguera; o (c) sed.** *(a) Una úlcera* (Ap 16.2).

97. **Pregunta: ¿En cuál de las siete copas del juicio todas las criaturas del mar mueren?** *La segunda copa del juicio* (Ap 16.3). Una tercera parte de las criaturas del mar ya habían muerto al sonar la segunda trompeta del juicio (Ap 8.9).

98. **Pregunta: Cuando el ángel derramó su copa sobre el sol, ¿se volvió el sol obscuro o quemó con mayor calor?** *El sol quemó con gran calor* (Ap 16.8, 9).

99. **Pregunta: ¿Cuál copa de la ira de Dios fue derramada sobre el trono de la bestia?** *La quinta* (Ap 16.10).

100. **Pregunta: ¿Aparece Armagedón en el libro de Apocalipsis durante los juicios de las trompetas o los juicios de las copas?** Los juicios de las copas (Ap 16.16). Los juicios de las copas son los últimos de las tres series de juicios en Apocalipsis.

101. Selección múltiple: Cuando la copa de la ira de Dios fue derramada sobre el trono de la bestia, ¿qué ocurrió en el reino de la bestia? (a) fue quemado; (b) se cubrió en tinieblas; o (c) se llenó de plagas. *(b) Se cubrió en tinieblas* (Ap 16.10).

102. Selección múltiple: El sexto ángel derramó su copa sobre el río Eufrates. ¿Qué paso al río? (a) Se volvió sangre; (b) se inundó; o (c) se secó. *(c) Se secó* (Ap 16.12). El río se secó, no se cortó la provisión de agua sino que permitió a los reyes del Este acceso fácil a la batalla de Armagedón.

103. Pregunta: Durante la sexta copa de juicio, tres espíritus inmundos como ranas salieron de las bocas de los tres enemigos de Dios. Nombre uno de esos enemigos. *El dragón, la bestia,* o *el falso profeta* (Ap 16.13).

104. Pregunta: ¿Cuál es el nombre de la gran ciudad de Apocalipsis que es el blanco de la ira de Dios? *Babilonia* (Ap 16.19, 18).

105. Pregunta: Un gran terremoto ocurrió durante el séptimo sello de la copa del juicio y dividió Babilonia. ¿En cuántas partes fue dividida Babilonia? *Tres partes* (Ap 16.19).

106. Pregunta: ¿El nombre de qué ciudad apareció en la frente de la gran ramera? *Babilonia* (Ap 17.5). Babilonia se describe como el centro del gobierno del mundo, que se opone a Cristo y a su gobierno.

107. Pregunta: ¿Con qué estaba ebria la gran ramera de Apocalipsis 17? *De la sangre de los santos mártires* (Ap 17.6).

108. Pregunta: En Apocalipsis 17, Juan vio a la gran ramera sentada sobre una bestia con siete cabezas. Se dijo a Juan que estas cabezas eran siete reyes y algunos ya han caído del poder. ¿Cuántos han caído? *Cinco* (Ap 17.10). Uno estaba en el poder y uno todavía debe venir que será el último gobernador.

109. Selección múltiple: La gran ramera de Apocalipsis 17 se sentó sobre muchas aguas. ¿Qué representan estas aguas? (a) la gente; (b) las plagas; o (c) las abominaciones? *(a) La gente* (Ap 17.15). Esta descripción muestra que la gran ramera tenía dominio sobre todas las naciones de la tierra.

110. ¿Verdadero o falso? Los diez reyes, representados por los diez cuernos de la bestia donde la gran ramera estaba sentada, al final, aborrecerán a la ramera y pelearán contra ella. *Verdadero* (Ap 17.6).

111. ¿Verdadero o falso? Cuando Babilonia sea finalmente destruida por Dios, todavía habrá algunos de su pueblo viviendo allí. *Verdadero* (Ap 18.1-4).

112. Selección múltiple: En la destrucción de Babilonia un ángel tiró un objeto al mar para representar el derribamiento de Babilonia. ¿Qué objeto tiró el ángel? (a) Un granizo; (b) Piedra de molino; o (c) una gran piedra tomada de la montaña. *(b) Piedra de molino* (Ap 18.21).

113. Pregunta: Las palabras habladas directamente por el Señor Jesús se encuentran solamente entre el capítulo 3 de Apocalipsis y el capítulo 22. ¿Están estas palabras en conexión con la sexta trompeta del juicio o la sexta copa del juicio? *La sexta copa del juicio* (Ap 16.15).

114. Selección múltiple: En las bodas del Cordero, su esposa esta vestida de lino fino. ¿Qué significa el lino fino? (a) la fe de los santos; (b) las acciones justas de los santos; o (c) la sangre del Cordero. *(b) Las acciones justas de los santos* (Ap 19.8).

115. Selección múltiple: ¿Con qué nombres se llama al Señor victorioso en Apocalipsis 19? (a) Grande y Poderoso; (b) Fiel y Verdadero; o (c) Justo y Puro. *(b) Fiel y Verdadero* (Ap 19.11).

116. ¿Verdadero o falso? El Señor triunfante de Apocalipsis 19 tenía una espada en su mano con la cual hería a las naciones. *Falso.* La espada procedía de su boca (Ap 19.15).

117. Pregunta: ¿Quién fue capturado juntamente con la bestia en la batalla final con el Señor y sus ejércitos, el dragón o el falso profeta? *El falso profeta* (Ap 19.20).

118. Pregunta: Cuando la bestia y el falso profeta fueron capturados en la batalla final de Apocalipsis 19, ¿fueron arrojados en el pozo del abismo o en el lago de fuego? *El lago de fuego* (Ap 19.20).

119. Pregunta: ¿Por cuánto tiempo será Satanás atado según Apocalipsis 20? *Mil años* (Ap 20.1).

120. Pregunta: Cuando el ángel descendió del cielo para atar a Satanás y arrojarlo al pozo del abismo, llevaba dos cosas. ¿Cuáles cosas llevaba el ángel? *La llave del abismo y una gran cadena* (Ap 20.1).

121. Selección múltiple: Satanás fue encerrado en el pozo del abismo por mil años para que no pueda: (a) tentar; (b) engañar; o (c) herir a las naciones. *(b) Engañar* (Ap 20.3).

122. Llene el espacio en blanco: Los que vivieron y reinaron con Cristo por mil años fueron «los _____. Por causa del testimonio de Jesús y por la palabra de Dios». «*Decapitados*» (Ap 20.4).

123. Pregunta: ¿Qué dos nombres se dan a las naciones que Satanás, después de ser liberado del pozo del abismo, se juntan para la guerra? *Gog y Magog* (Ap 20.7, 8).

124. Selección múltiple: ¿Qué destruye a las naciones impías al final de los mil años del reinado de Cristo? (a) la espada de la boca de Cristo; (b) el fuego del cielo; o (c) el diluvio. *(b) Fuego del cielo* (Ap 20.9) Pedro dice que los elementos ardiendo serán desechos (2 P 3.10).

125. Llene los espacios en blanco: En el juicio del gran trono blanco «el que no se halló inscrito en el libro _____ fue lanzado al lago de fuego». «*De la vida*» (Ap 20.15). Fuera del libro de Apocalipsis, el término «Libro de la vida» se menciona solo una vez en la Biblia. Pablo alude a ese libro en Filipenses 4.3.

126. Llene el espacio en blanco: En el juicio del gran trono blanco: «Fueron juzgados los muertos por las cosas que estaban escritas en los libros, según sus _____». «*Obras*» (Ap 20.12).

127. Llene el espacio en blanco: En el juicio del gran trono blanco, la muerte y el _____ fueron lanzados al lago de fuego. *Hades* (Ap 20.14).

128. ¿Verdadero o falso? No hay mar en el nuevo cielo y en la nueva tierra. *Verdadero* (Ap 21.1). Sin embargo, hay un río que sale del trono de Dios (Ap 22.1).

129. ¿Verdadero o falso? La Nueva Jerusalén tendrá murallas a su alrededor. *Verdadero* (Ap 21.10, 12).

130. Pregunta: ¿Fueron nombradas las doce puertas de la Nueva Jerusalén según los nombres de las doce tribus de Israel o de los doce apóstoles? *Los nombres de las doce tribus de Israel* (Ap 21.12). Aquí está el cumplimiento de la promesa hecha a Abraham. El escritor a los Hebreos señala que Abraham buscaba una ciudad celestial (He 11.10, 16).

131. Selección múltiple: Las doce puertas de los muros de la Nueva Jerusalén serán doce: (a) Diamantes; (b) esmeraldas; o (c) perlas. *(c) Perlas* (Ap 21.21).

132. ¿Verdadero o falso? No habrá templo en la Nueva Jerusalén. *Verdadero.* «El Señor Dios Todopoderoso es el templo de ella» (Ap. 21.22).

133. Selección múltiple: El muro de la ciudad de la Nueva Jerusalén tiene cimientos, y sobre ellos los nombres de los doce (a) profetas; (b) apóstoles; o (c) ancianos del Cordero. *(b) Apóstoles* (Ap 21.14). Pablo declara que la iglesia está construida sobre el fundamento de los apóstoles y los profetas (Ef. 2.20).

134. Pregunta: ¿Cuál es la fuente de luz en la Nueva Jerusalén? *El Cordero* (Ap 21.23). «El Cordero» es el nombre que se le da a Jesús en Apocalipsis 21 y 22 cuando Juan describe la Nueva Jerusalén.

135. Pregunta: ¿Qué estaba en medio de la calle de la ciudad y a uno y otro lado del río en la Nueva Jerusalén? *El árbol de la vida* (Ap 22.2). El árbol de la vida se menciona al principio y al final de la Biblia (Gn 2.9; Ap 22.2).

136. Llene el espacio en blanco: Las hojas del árbol de la vida en la Nueva Jerusalén «eran para la _____ de las naciones». «Salud» (Ap 22.2, NVI).

137. ¿Verdadero o falso? Se dijo a Juan que sellara las palabras de la profecía del libro de Apocalipsis. *Falso.* Se le dijo que no las sellara (Ap 22.10). No se debía sellar el libro porque el tiempo del cumplimiento estaba cerca.

138. Llene los espacios en blanco: Al final del libro de Apocalipsis, Jesús dijo: «Yo soy la raíz y el linaje de David, la _____ resplandeciente de la _____». «Estrella ... mañana» (Ap 22.16). Balaam dijo en su profecía: «Saldrá estrella de Jacob» (Nm 24.17).

139. Selección múltiple: Un ángel descendió del cielo en Apocalipsis 10 con un librito en la mano. ¿Qué tenía el ángel sobre su cabeza? (a) Una mitra; (b) un arco iris; o (c) un casco. *(b) Un arco iris* (Ap 10.1). Había también un arco iris alrededor del trono de Dios (Ap 4.3).

140. Pregunta: En conexión con lo que gritó ángel que sostenía el librito, «siete truenos emitieron sus voces». ¿Registró Juan o no lo que los siete truenos decían? *No, porque una voz del cielo le dijo que no lo escribiera.*

141. Selección múltiple: ¿Qué hizo Juan con el librito que tomó del ángel en Apocalipsis 10? (a) lo leyó; (b) lo echó al mar; o (c) lo comió. *(c) Lo comió* (Ap 10.10). Jeremías habló de comer la palabra del Señor (Jer 15.17). Es una manera de decir que una persona toma la palabra y la hace parte de sí mismo.

142. Llene el espacio en blanco: Juan tomó el librito del ángel y lo comió. Fue dulce en su boca, pero amargo en su _____. *Vientre* (Ap 10.10). El mensaje parece ser agradable pero tiene resultados desagradables.

143. Selección múltiple: Un ángel le dijo a Juan que cuando el séptimo ángel se dispuso a tocar su trompeta: (a) la salvación; (b) la misericordia; o (c) el misterio de Dios se consumará. *(c) Misterio* (Ap 10.5-7).

144. Pregunta: ¿Cuál parte de las siete trompetas fueron los dos testigos de Apocalipsis 11? La sexta trompeta (Ap 9.1311.13). La sexta trompeta termina con los dos testigos que suben al cielo y un gran terremoto sacude la ciudad donde habían sido testigos.

145. Selección múltiple: En Apocalipsis 11, Juan recibió una caña de medir. ¿Qué tenía que medir Juan? (a) el templo; (b) los muros de Jerusalén; o (c) el patio de los gentiles. *(a) El templo* (Ap 11.1).

146. Pregunta: Los dos testigos tendrían tres poderes especiales para causar problemas a la tierra. Nombre una de ellas. *Poder para parar la lluvia, volver el agua en sangre, o poder para herir la tierra con plagas* (Ap 11.6).

147. Selección múltiple: ¿Quién, que procede del pozo del abismo podrá matar a los dos testigos de Apocalipsis 11? (a) el dragón; (b) la ramera; o (c) la bestia. *(c) La bestia* (Ap 11.7). La ramera vestida de escarlata de Apocalipsis 17.8 también se describe que sube del pozo del abismo.

148. Selección múltiple: ¿Cuántos días el cuerpo muerto de los dos testigos estará en la calle de Jerusalén? (a) siete; (b) tres días y medio; o (c) doce. *(b) Tres días y medio* (Ap 11.9).

149. Selección múltiple: ¿Cuántos días los dos testigos de Apocalipsis 11 profetizarán? (a) mil días; (b) mil setenta días; o (c) mil doscientos sesenta días. *(c) Mil doscientos sesenta días* (Ap 11.3).

150. Selección múltiple: Los dos testigos de Apocalipsis 11 se dice que son «los dos olivos y los dos (a) ángeles; (b) candeleros; o (c) altares que están en pie delante del Dios de la tierra». *(b) «Candeleros»* (Ap 11.4).

151. Selección múltiple: ¿Cómo matarán los dos testigos a los que quieran dañarlos? (a) con una espada; (b) con fuego que sale de la boca de ellos; o (c) con una palabra. *(b) Con fuego que sale de la boca de ellos* (Ap 11.5).

152. Pregunta: ¿Se pondrá triste o se regocijará la gente cuando los dos testigos mueran? *Se regocijarán* (Ap 11.10).

153. Pregunta: ¿Durante cuál de las siete trompetas los veinticuatro ancianos se postran y adoran a Dios? *La séptima trompeta* (Ap 11.15-18).

154. Llene los espacios en blanco: Al sonar la séptima trompeta, grandes voces en el cielo decían: «Los reinos del mundo han venido a ser de nuestro _____ y de su _____; y el reinará por los siglos de los siglos». *«Señor … Cristo»* (Ap 11.15).

155. Selección múltiple: Al sonido de la séptima trompeta, el templo de Dios se abrió en el cielo. ¿Qué se vio en el templo? (a) el arca del pacto de Dios; (b) el altar de incienso; o (c) el altar del sacrificio. *(a) El arca del pacto de Dios* (Ap 11.19), que contenía los Diez Mandamientos, la vara de Aarón que floreció, y una vasija de maná. Se guardaba en el Lugar Santísimo.

156. Pregunta: Apocalipsis 12 habla de dos señales que aparecerán en el cielo. Una era una mujer a punto de dar a luz. ¿Cuál fue la otra señal? *Un dragón escarlata* (Ap 12.1-6).

157. Llene el espacio en blanco: La mujer a punto de dar a luz en Apocalipsis 12 tenía a la luna bajo sus pies. Sobre su cabeza tenía una corona de doce _____ *Estrellas* (Ap 12.1).

158. Pregunta: ¿Qué trató de devorar al niño nacido de la mujer en Apocalipsis 12? *Un dragón que apareció en el cielo* (Ap 12.1-6).

159. Pregunta: Después que la mujer diera a luz a un hijo varón en Apocalipsis 12.5, ¿a qué lugar huyó, al templo o al desierto? *Al desierto* (Ap 12.6).

160. Pregunta: ¿A quién alimentó Dios en el desierto durante mil doscientos sesenta días, a los dos testigos o a la mujer que dio a luz un hijo varón? *A la mujer que dio a luz un hijo varón* (Ap 12.6).

161. Pregunta: ¿Qué ángel condujo la batalla contra el dragón en el cielo, Gabriel o Miguel? *Miguel* (Ap 12.7).

162. Selección múltiple: Cuando Satanás fue derrotado en el cielo y echado a la tierra, ¿se proclamó que los creyentes le vencieron por medio de la sangre del Cordero y por qué otro medio? (a) la palabra de Dios; (b) la palabra del testimonio de ellos; o (c) la palabra de los profetas. *(b) La palabra del testimonio de ellos* (Ap. 12.11).

163. La serpiente trató de perseguir a la mujer mientras esta huía al desierto. ¿Trató la serpiente de destruirla arrojando fuego o agua de su boca? *Agua* (Ap 12.15). Dios preservó a la mujer al abrir la tierra y tragarse el río.

164. ¿Verdadero o falso? Por cierto, el gran dragón que fue echado del cielo fue el diablo. *Verdadero* (Ap 12.9).

165. Selección múltiple: En Apocalipsis 11.7, una bestia sube del pozo del abismo. En Apocalipsis 13.1, una bestia sube de la: (a) tierra; (b) mar; o (c) pozo de fuego. *(b) Mar* (Ap 13.1).

166. Selección múltiple: La bestia que salió del mar tenía pies como de oso y una boca como: (a) del caballo; (b) del león; o (c) de la jirafa. *(b) De león* (Ap 13.2). Pedro dice que «el diablo, como león rugiente, anda alrededor buscando a quien devorar» (1 P 5.8).

167. Pregunta: ¿Derrotarán los santos a la bestia que sanó de su herida o esta derrotará a los santos? *Esta derrotará a los santos* (Ap 13.7).

168. Juan ve dos bestias en Apocalipsis 13, una que sube del mar y una que sube de la tierra. La bestia que sube del mar tiene diez cuernos. ¿Cuántos cuernos tiene la bestia que sube de la tierra? *Dos* (Ap 13.11).

169. Pregunta: ¿Cuál es el número de la bestia de Apocalipsis 13? *666* (Ap 13.18).

170. Llene los espacios en blanco: Cualquiera que no tuviese la marca de la bestia no podía _____ ni _____. *Comprar ... vender* (Ap 13.17).

171. ¿Verdadero o falso? En Apocalipsis 13, Juan ve dos bestias, una que sube de la tierra y otra que sube del mar. La bestia del mar ordenó a la gente de la tierra que le hiciera una imagen de la tierra a la bestia. *Falso*. La bestia de la tierra ordenó que se hiciera una imagen a la bestia del mar (Ap 13.4).

172. Selección múltiple: ¿Por cuantos meses se dio autoridad a la bestia que fue sanada de la herida mortal para blasfemar contra Dios? (a) veinticuatro; (b) treinta y seis; o (c) cuarenta y dos. *(c) Cuarenta y dos* (Ap 13.5).

173. Pregunta: ¿Fue la bestia que subió del mar o la bestia que subió de la tierra la que causó que todos recibieran la marca en sus manos o frente? *La bestia que subió de la tierra* (Ap 13.11-18).

174. Selección múltiple: En Apocalipsis 14, hay un grupo que canta un nuevo cántico delante del trono de Dios. ¿Quiénes componían este grupo? (a) las cuatro criaturas vivientes; (b) los veinticuatro ancianos; o (c) los ciento cuarenta y cuatro mil redimidos de la tierra. *(c) Los ciento cuarenta y cuatro mil redimidos de la tierra* (Ap 14.1-3). Los ciento cuarenta y cuatro mil se describen en Apocalipsis 7.

175. Selección múltiple: En Apocalipsis 14.17-20, la ira de Dios se ve como gran: (a) fuego; (b) lagar; o (c) plaga. *(b) Lagar* (Ap 14.19).

176. Selección múltiple: Cuando Juan ve al Señor con una hoz en su mano listo para el juicio, ¿qué apariencia tiene el Señor? (a) la de un cordero; (b) la de un león; o (c) la del Hijo de Hombre. *(c) La del Hijo del Hombre* (Ap 14.14).

177. Selección múltiple: ¿Qué pasó al hijo varón después que nació de la mujer en Apocalipsis 12? (a) fue inmolado; (b) fue arrebatado para Dios; o (c) se quedó con la mujer. *(b) Fue arrebatado para Dios* (Ap 12.5).

GENERAL

1. Selección múltiple: Según Romanos 1, ¿qué estaba presente en la iglesia de Roma del cual se hablaba a través de todo el mundo? (a) su fe; (b) su amor; o (c) su espíritu generoso. *(a) Su fe* (Ro 1.8).

2. Selección múltiple: ¿Con cuánta frecuencia Pablo oraba por la iglesia en Roma? (a) a diario; (b) semanalmente; o (c) sin cesar. *(c) Sin cesar* (Ro 1.9).

3. Selección múltiple: Pablo quería visitar a los cristianos en Roma a fin de impartirles ¿qué cosa? (a) un nuevo mandamiento; (b) un don espiritual; o (c) dinero. *(b) Un don espiritual* (Ro 1.11). Esto significa que Pablo ejercitaría su don espiritual para ministrar a la iglesia romana.

4. ¿Verdadero o falso? Pablo hizo planes más de una vez para visitar Roma y la iglesia allí, pero no había podido llevar adelante su plan. *Verdadero* (Ro 1.13).

5. Llene los espacios en blanco: Pablo no se avergonzaba del evangelio de Cristo: «Porque es _____ de Dios para _____ a todo aquel que cree; al judío primeramente, y también al griego». *«Poder ... salvación»* (Ro 1.16).

6. Llene el espacio en blanco: Pablo comienza así su carta a la iglesia romana: «Pablo, _____ de Jesucristo, llamado a ser apóstol, apartado para el evangelio de Dios». *«Siervo»* (Ro 1.1).

7. Selección múltiple: Pablo dijo a los cristianos romanos que a través de Jesucristo había «recibido la gracia y (a) misericordia; (b) apostolado; o (c) instrucción para la obediencia a la fe en todas las naciones por amor de su nombre». *(b) «El apostolado»* (Ro 1.5). Algunos cristianos cuestionaron el apostolado de Pablo porque este no era uno de los doce apóstoles. En Gálatas 1.1, Pablo pone en claro que recibió su apostolado directamente de Dios, y no de hombres.

8. Selección múltiple: ¿Qué personaje del Antiguo Testamento empleó Pablo en Romanos 4 como un ejemplo de justificación por la fe? (a) Moisés; (b) David; o (c) Abraham. *(c) Abraham* (Ro 4). En Gálatas 3.6-9, Pablo pone a Abraham como un ejemplo de fe.

9. Pregunta: ¿Fue contado Abraham como justo ante Dios antes o después de circuncidarse? *Antes* (Ro 4.9, 10). Pablo usa el argumento para mostrar que la salvación siempre ha sido solo por fe, incluso en el caso de Abraham.

10. Selección múltiple: Pablo cita a un escritor del Antiguo Testamento para confirmar la doctrina de la justificación por la fe. En parte la cita es: «Bienaventurados aquellos cuyas iniquidades son perdonadas, y cuyos pecados son cubiertos». ¿A quién Pablo acredita estas líneas? (a) Isaías; (b) David; o (c) Moisés. *(b) David* (Ro 4.6-8). Esta es una cita del Salmo 32 en la que David describe la devastación del pecado en la vida de una persona y la libertad que se recibe a través del perdón.

11. Selección múltiple: ¿Cuántos años tenía Abraham cuando Sara dio a luz a Isaac? (a) Treinta y cinco; (b) cuarenta y cinco; o (c) cien. *(c) Cien* (Ro 4.16-19).

12. Llene el espacio en blanco: Cuando Sara dio a luz a Isaac, su matriz ya era _____. *Estéril* (Ro 4.19). El nacimiento de Isaac fue de origen sobrenatural, como el nacimiento espiritual de uno que confía en Cristo para la salvación.

13. ¿Verdadero o falso? El objetivo de Pablo en el ministerio era llevar el evangelio donde nunca antes había sido predicado. *Verdadero* (Ro 15.20).

14. Selección múltiple: En Romanos 5, Pablo compara a Jesucristo con otro, y llama a esa persona un «tipo» de Cristo. ¿Quién es esa persona? (a) Moisés; (b) Adán;

o (c) **Abraham.** *(b) Adán* (Ro 5.14). Fue a través de Adán que entro el pecado a la raza humana. Fue a través de Jesucristo que se abrió un camino de justicia al hombre (vv. 12, 15).

15. **Selección múltiple: Pablo pidió a los cristianos romanos que oraran para que él sea librado de los incrédulos en: (a) Roma; (b) Corinto; o (c) Judea.** *(c) Judea* (Ro 15.31). Pablo dijo esto en anticipación de su viaje a Jerusalén. Sabía que había una buena posibilidad de enfrentar allí persecución por manos de los judíos.

16. **Selección múltiple: Pablo dijo a los cristianos romanos que iba a Jerusalén para entregar un regalo para los cristianos necesitados. El regalo provenía de los cristianos en Macedonia y: (a) Galacia; (b) Frigia; o (c) Acaya.** *(c) Acaya* (Ro 15.26).

17. **Selección múltiple: ¿Cuál de los Diez Mandamientos causó que Pablo notara que la ley no da vida sino muerte? (a) «No matarás»; (b) «no cometerás adulterio»; o (c) «No codiciarás».** *(c) «No codiciarás».* (Ro 7.7-12).

18. **Selección múltiple: Una pareja con la que Pablo había ministrado en Corinto estaban viviendo en Roma cuando escribió su carta a los cristianos romanos. Nombre esa pareja. (a) Ananías y Safira; (b) Juan y María; o (c) Priscila y Aquila.** *(c) Priscila y Aquila* (Ro 16.3).

19. **Selección múltiple: ¿En qué capítulo de Romanos Pablo muestra que Dios ha dado evidencia de su existencia y poder a través de la creación? (a) Uno; (b) dos; o (c) tres.** *(a) Uno* (Ro 1.20).

20. **Selección múltiple: ¿En qué capítulo de Romanos Pablo describe su batalla personal, frustrante con el pecado que mora en él? (a) cuatro; (b) siete; o (c) ocho.** *(b) Siete* (Ro 7.13-25).

21. **Pregunta: Pablo dijo a los romanos que observaran a las personas en la iglesia que causan divisiones. ¿Dijo Pablo que confrontaran a estas personas o que las evitaran?** *Que las evitaran* (Ro 16.17).

22. **Selección múltiple: ¿Quién escribió la carta de Pablo a los romanos según Pablo le dictaba? (a) Timoteo; (b) Tercio; o (c) Trifosa.** *(b) Tercio* (Ro 16.22).

23. **Selección múltiple: Pablo estaba dispuesto a ser anatema, a separarme de Cristo, si cierto grupo de personas se volvía creyente. ¿A qué grupo él amaba tanto? (a) los israelitas; (b) los gentiles; o (c) los romanos.** *(a) Los israelitas* (Ro 9.3, 4).

24. **Selección múltiple: ¿En casa de quién se hospedaban Pablo y sus compañeros cuando la carta a Roma se escribía? (a) Jasón; (b) Gayo; o (c) Sópater.** *(b) Gayo* (Ro 16.23).

25. **Selección múltiple: Una de las personas que estaba con Pablo cuando escribió la carta a los romanos se llamaba Erasto. Se idéntica a Erasto por el oficio que ejercía en el gobierno de la ciudad. ¿Cuál era su oficio? (a) procónsul; (b) secretario; o (c) tesorero.** *(c) Tesorero* (Ro 16.23).

26. **Selección múltiple: En el primer versículo de 1 Corintios, Pablo identifica a otro que estaba con él cuando escribió la carta a los Corintios. ¿Quién es ese hombre? (a) Timoteo; (b) Sóstenes; o (c) Silas.** *(b) Sóstenes* (1 Co 1.1).

27. **Selección múltiple: Aunque la iglesia en Corintios tenía muchos problemas, Pablo reconoció que no tenían necesidad en ciertas cosas. ¿Qué tenían en abundancia? (a) amor; (b) dones; o (c) un espíritu generoso.** *(b) Dones* (1 Co 1.7).

28. **Selección múltiple: ¿Quién le habló a Pablo de los problemas que existían en la iglesia de Corinto? (a) la familia de Estéfanas; la familia de Jasón; o (c) la familia de Cloé.** *(c) la familia de Cloé* (1 Co 1.11).

29. Pregunta: Pablo afirma que mientras estaba en Corinto, bautizó solamente a dos individuos y a una familia. Nombre a alguno de los individuos o familias. *Pablo bautizó a Crispo, a Gayo, y a la familia de Estéfanas* (1 Co 1.14-16).

30. Llene los espacios en blanco: Pablo escribió a los corintios que Cristo no lo envió a _____, sino a predicar el evangelio. *Bautizar* (1 Co 1.17).

31. Pregunta: Cuando Pablo anunció por primera vez el evangelio a la gente de Corinto, ¿lo hizo con mucha debilidad o fortaleza? *Con debilidad* (1 Co 2.1-3). Pablo refiere este hecho otra vez en 2 de Corintios 10.10. El vio que le era necesario ser débil para que el poder de Cristo se manifestara en su vida y en la vida de los oyentes.

32. ¿Verdadero o falso? La iglesia en Corinto estaba llena de divisiones y contenciones. *Verdadero* (1 Co 1.10, 11).

33. ¿Verdadero o falso? Muchos cristianos en la iglesia en Corinto eran varones de noble cuna antes de volverse cristianos. *Falso.* No muchos eran nobles (1 Co 1.26).

34. Selección múltiple: La gente desea varias cosas para comprobar que el evangelio es verdadero. Pablo dice que los griegos buscan la sabiduría. ¿Qué buscan los judíos? (a) la ley; (b) una señal; o (c) un profeta. *(b) Una señal* (1 Co 1.22). Jesús y los apóstoles dieron a los judíos señales milagrosas que testificaban que sus palabras eran de Dios (cf. He 2.4).

35. Llene el espacio en blanco: Cuando Pablo fue a Corinto, se propuso no saber entre los hermanos de allí nada sino a Jesucristo, y a éste _____ *Crucificado* (1 Co 2.2).

36. Selección múltiple: Pablo afirma que su predicación en Corinto no «fue con palabras persuasivas de humana sabiduría, sino con demostración del (a) amor; (b) fe; o (c) Espíritu y de poder». *(c) «Espíritu»* (1 Co 2.4).

37. Selección múltiple: ¿Cómo Pablo catalogó a los cristianos de Corinto en 1 de Corintios 3? (a) espirituales; (b) carnales; o (c) naturales. *(b) Carnales* (1 Co 3.1-4). La palabra carnal literalmente significa «de la carne». Estas personas eran cristianos genuinos pero no estaban viviendo en el poder del Espíritu. Estaban viviendo por el poder de los recursos y la sabiduría humanos.

38. Llene el espacio en blanco: Debido a que los creyentes en Corinto eran carnales, Pablo los alimentaba con _____ y no con alimento sólido. *Leche* (1 Co 3.1, 2). La leche es una referencia a las cosas básicas de la fe cristiana. Esta misma connotación se usó en Hebreos 5.12.

39. Selección múltiple: Pablo nombra un varón que tiene el ministerio de «regar» en Corinto. ¿Cuál era el nombre de ese varón? (a) Pedro; (b) Timoteo; o (c) Apolos. *(c) Apolos* (1 Co 3.5, 6).

40. Selección múltiple: Pablo deseaba que los cristianos los consideraran a él y a otros que habían ministrado a los corintios como «servidores de Cristo y (a) reveladores»; (b) «buscadores de los misterios de Dios»; o (c) «administradores». *(c) Administradores* (1 Co 4.1). Un administrador era uno que manejaba una casa o una propiedad para otra persona.

41. Selección múltiple: Según 1 de Corintios 4.13, los apóstoles habían llegado a ser (a) la esperanza; (b) la conciencia; o (c) la escoria del mundo». *(c) «La escoria»* (1 Co 4.13). La palabra hace referencia a lo que se quita de un vaso sucio cuando se limpia.

42. ¿Verdadero o falso? Pablo escribió 1 de Corintios para avergonzar a los corintios a fin de que hicieran lo correcto. *Falso.* Él escribió no para avergonzarles sino para amonestarles (1 Co 4.14).

43. Llene los espacios en blanco: La sentencia de Pablo para el hombre sexualmente inmoral en Corinto fue que lo entregaran a Satanás para la destrucción de la _____ a fin de que el _____ sea salvo en el día del Señor Jesús. *Carne ... espíritu* (1 Co 5.5). En este contexto «carne» es una referencia al cuerpo físico de la persona.

44. ¿Verdadero o falso? Algunos de las personas en la iglesia en Corinto habían sido homosexuales antes de ser cristianos. *Verdadero* (1 Co 6.9-11).

45. Selección múltiple: ¿A qué iglesia tuvo Pablo que escribirle para que los cristianos no se llevaran el uno al otro a los tribunales? (a) la iglesia en Roma; (b) la iglesia en Filipos; o (c) la iglesia en Corinto. *(c) La iglesia en Corinto* (1 Co 1.2; 6.1-7). El principio se basa en que los cristianos deben arreglar sus diferencias con otros creyentes en la iglesia, no ante los incrédulos en un tribunal.

46. Selección múltiple: ¿En qué capítulo de 1 Corintios Pablo habla del matrimonio y la dificultad de estar casado con un incrédulo? (a) cinco; (b) siete; o (c) once. *(b) Siete* (1 Co 7.1-16).

47. ¿Verdadero o falso? Pedro llevó a su esposa con él cuando iba a ministrar a varios lugares. *Verdadero* (1 Co 9.5). Pedro estaba casado antes de convertirse en discípulo de Cristo (Mr 1.29-31).

48. ¿Verdadero o falso? Cuando Pablo predicó el evangelio a los corintios, usó su derecho de recibir dinero de ellos porque los sirvió. *Falso* (1 Co 9.11, 12, 15, 16). Según Hechos 18.3, mientras estuvo en Corinto Pablo se sufragaba sus gastos fabricando tiendas.

49. Llene los espacios en blanco: Notamos lo entregado que estaba Pablo estaba al evangelio y su proclamación cuando leemos sus palabras: «A_____ me he hecho de _____, para que de todos _____ salve a algunos». «Todos ... todo ... modos» (1 Co 9.22). Pablo buscaba los puntos en común que tenía con todos los creyentes a fin de presentarles el evangelio.

50. Selección múltiple: ¿En qué contexto Pablo dijo: «Todo me es lícito, pero no todo me conviene; todo me es lícito, pero no todo edifica»? (a) en la observación del día de reposo; (b) en el comer alimentos ofrecidos a los ídolos; o (c) al tomar votos judíos. *(b) Comer alimentos ofrecidos a los ídolos* (1 Co 10.23-28).

51. ¿Verdadero o falso? Algunas de las personas en la iglesia en Corinto estaban ebrias en la celebración de la Cena del Señor. *Verdadero* (1 Co 11.21). El servicio de la Santa Cena por lo general iba acompañado de una comida llamada «fiesta del amor», durante la cual algunos abusaban de la comida y de la bebida.

52. Selección múltiple: ¿En qué capítulo de 1 Corintios Pablo trata el desorden en la Santa Cena que estaba teniendo lugar en la iglesia? (a) once; (b) doce; o (c) trece. *(a) Once* (1 Co 11.17-34).

53. Selección múltiple: ¿En que dos capítulos de 1 Corintios Pablo aborda el asunto de los alimentos ofrecidos a los ídolos? (a) dos y cuatro; (b) cuatro y ocho; o (c) ocho y diez. *(c) Ocho y diez* (1 Co 8.1-13; 10.23-33).

54. Selección múltiple: ¿En qué capítulo de 1 de Corintios Pablo trata el conocido «capítulo del amor» de la Biblia? (a) Nueve; (b) trece; o (c) quince. *(b) Trece* (1 Co 13.1-13). Este capítulo se encuentra entre dos capítulos que tratan del uso de los dones espirituales. Sin amor, los dones no tienen sentido.

55. Selección múltiple: ¿Qué capítulo en 1 de Corintios se dedica al trato del don de lenguas? (a) doce; (b) trece; o (c) catorce. *(c) Catorce* (1 Co 14.1-40). En este capítulo, los dones de lengua y profecía se diferencian.

56. Selección múltiple: ¿Qué capítulo de 1 Corintios contiene una extensa discusión de la resurrección del cristiano? (a) Quince; (b) dieciséis; o (c) diez. *(a) Quince* (1 Co 15.12-58).

57. Selección múltiple: Después de la resurrección de Jesús, los doce apóstoles lo vieron y luego por más de (a) cien; (b) trescientos; o (c) quinientos hermanos al mismo tiempo. *(c) Quinientos* (1 Co 15.6).

58. ¿Verdadero o falso? Hubo un tiempo en la vida de Pablo que estaba tan abrumado que había perdido aun las esperanzas de conservar la vida. *Verdadero* (2 Co 1.8). Pablo dice que esto pasó mientras estaba en Asia. La mayoría de su tiempo en Asia la pasó en Éfeso.

59. Selección múltiple: Según 2 de Corintios 1, ¿dónde estaba Pablo cuando estuvo tan abrumado que perdió las esperanzas de conservar la vida? (a) Macedonia; (b) Acaya; o (c) o Asia. *(c) Asia* (2 Co 1.8).

60. Selección múltiple: Pablo dijo a los corintios que cuando fue a (a) Atenas; (b) Troas; o (c) Colosas para predicar el evangelio, el Señor le abrió una puerta para que predicara. *(b) Troas* (2 Co 2.12).

61. Selección múltiple: Aunque Pablo tenía una puerta abierta para predicar el evangelio en Troas, no tomó la aprovechó porque no pudo encontrar a: (a) Timoteo; (b) Silas; o (c) Tito. *(c) Tito* (2 Co 2.13).

62. ¿Verdadero o falso? Pablo se refirió otra carta en 2 Corintios que había escrito previamente a aquella iglesia. Pablo dice que su primera carta fue escrita para que los corintios pudieran aprender a no pecar. *Falso.* Pablo escribió para que supieran del gran amor que les tenía (2 Co 2.4).

63. Selección múltiple: En 2 Corintios 3, Pablo habla de un velo sobre el corazón de los judíos cuando oyeron la lectura de la Ley. Menciona a un personaje del Antiguo Testamento como ejemplo de alguien que usa un velo para cubrir la gloria de su rostro. ¿Quién era esa persona? (a) Abraham; (b) Moisés; o (c) David. *(b) Moisés* (2 Co 3.7-18). Moisés vistió el velo para cubrir el resplandor de su rostro después de haber estado en el monte donde recibió la Ley de Dios.

64. Selección múltiple: ¿Qué dos capítulos de 2 Corintios tratan de cómo debe dar el cristiano? (a) Tres y cuatro; (b) cinco y seis; (c) ocho y nueve. *(c) Ocho y nueve.*

65. Selección múltiple: Pablo dijo a los corintios que él estuvo lleno de conflictos y temores cuando fue a Macedonia pero que lo confortó mucho la llegada de: (a) Timoteo; (b) Tito; o (c) Filemón. *(b) Tito* (2 Co 7.6). Tito dijo a Pablo que la iglesia en Corinto se había arrepentido de su mala actitud hacia el apóstol.

66. Selección múltiple: Cuando Pablo habla a los corintios acerca de la naturaleza del dar cristiano, ¿las iglesias de que **región** usa como ejemplo? (a) Asia; (b) Macedonia; o (c) Galacia. *(b) Macedonia* (2 Co 8.1, 2). El pueblo de Macedonia era pobre. La gente de la iglesia no era una excepción. Pablo dice que ellos daban de su pobreza.

67. Llene los espacios en blanco: El modelo de dar de los macedonios fue darse a ellos mismos primeramente al _____, y luego a _____ y sus compañeros antes de dar de su dinero. *Señor ... Pablo* (2 Co 8.5).

68. ¿Verdadero o falso? Algunas personas en Corinto pensaron que la carta de Pablo era débil en comparación con su poderosa presencia y predicación cuando

estaba con ellos. *Falso.* Ellos consideraron sus cartas muy fuertes en comparación a su presencia física y sus palabras (2 Co 10.10).

69. Selección múltiple: Según 2 de Corintios 11, ¿cuántas veces Pablo había sido azotado por los judíos? (a) Tres veces; (b) cinco veces; o (c) siete veces. *(b) Cinco veces* (2 Co 11.24).

70. Selección múltiple: Cuando Pablo recibió los azotes de los judíos por predicar el evangelio, ¿cuántos azotes recibió cada vez que fue azotado? (a) Veinte; (b) cuarenta; o (c) treinta y nueve. *(c) Treinta y nueve* (2 Co 11.24). Los judíos no debían dar no más de cuarenta azotes cuando castigaban a alguien. No daban el último latigazo, en caso de que cometieran un error al contar, a fin de no quebrantar la ley.

71. Selección múltiple: Pablo concluye en 2 Corintios 11.30 que si de algo se jactaría sería de su debilidad. Su ejemplo de debilidad se observa cuando tuvo que ser descolgado del muro de la ciudad en una canasta durante la noche para escapar por su vida. ¿De qué ciudad escapó de esa manera? (a) Jerusalén; (b) Filipos; o (c) Damasco. *(c) Damasco* (2 Co 11.30-33).

72. Pregunta: ¿Cuántas veces Pablo rogó con el Señor que le quitara el aguijón en la carne? *Tres veces* (2 Co 12.7, 8).

73. Selección múltiple: Cuando Pablo escribió 2 Corintios, estaba haciendo planes para visitarles por: (a) segunda vez; (b) tercera vez; o (c) cuarta vez. *(b) Tercera vez* (2 Co 12.14).

74. Selección múltiple: Inmediatamente después de su conversión, ¿adónde Pablo fue para aprender del Señor? (a) Jerusalén; (b) Antioquía; o (c) Arabia. (c) *Arabia* (Ga 1.15-17).

75. Selección múltiple: ¿Cuánto tiempo pasó entre las dos primeras visitas de Pablo a Jerusalén después de su conversión a Cristo? (a) Cinco años; (b) catorce años; o (c) once años. *(b) Catorce años* (Gá 2.1). La primera visita de Pablo ocurrió tres años después de su conversión. La segunda visita ocurrió en el Concilio de Jerusalén que se registra en Hechos 15.

76. Selección múltiple: Cuando Pablo fue a Jerusalén la segunda vez después de su conversión, dos hombres lo acompañaron. ¿Quiénes eran ellos? (a) Bernabé y Silas; (b) Bernabé y Timoteo; o (c) Bernabé y Tito. *(c) Bernabé y Tito* (Gá 2.1). A Bernabé solo lo menciona Lucas en Hechos.

77. Selección múltiple: Según Gálatas 2, Pablo fue a Jerusalén por la segunda vez con un propósito específico. ¿Cuál era ese propósito? (a) para ver a Pedro; (b) para decir a los apóstoles lo que predicaba; (c) para visitar la tumba de Cristo. *(b) Para contar a los apóstoles lo que predicaba* (Gá 2.2).

78. Llene el espacio en blanco: Pablo dice que, después de que Cefas (Pedro), Jacobo, y Juan supieron el evangelio que predicaban él y Bernabé **a los gentiles, le dieron a la diestra en señal de _____, para que fuesen a los gentiles.** *Compañerismo* (Gá 2.9).

79. Selección múltiple: Cuando Pablo, Bernabé, y Tito salieron de Jerusalén, los líderes de Jerusalén le pidieron que recordaran a un grupo de personas. ¿Cuál era ese grupo? (a) las viudas; (b) los huérfanos; o (c) los pobres. *(c) Los pobres* (Ga 2.10).

80. Selección múltiple: ¿En qué ciudad Pablo resistió a Pedro cara a cara por su actitudes judaicas? (a) Jerusalén; (b) Antioquía; o (c) Roma. *(b) Antioquía* (Gá 2.11, 12)

81. Selección múltiple: En un punto la enseñanza falsa de los cristianos judíos era tan fuerte en Antioquía que incluso (a) Bernabé; (b) Timoteo; o (c) Tito fue arrastrado por la hipocresía de ellos. *(a) Bernabé* (Ga 2.13).

82. Pregunta: Cuando Pablo reprendió a Pedro por su conducta equivocada al apartarse de los cristianos gentiles, ¿lo hizo en privado o delante de la iglesia? *Delante de toda la iglesia* (Gá 2.14).

83. Selección múltiple: Según Gálatas 4, Pablo, al principio, predicó el evangelio a los Gálatas por: (a) un llamado; (b) enfermedad del cuerpo; o (c) dinero. *(b) Una enfermedad del cuerpo* (Gá 4.13).

84. Pregunta: ¿En cuál de los seis capítulos de Gálatas Pablo nombra el fruto del Espíritu? *Gálatas 5* (Gá 5.22, 23).

85. Selección múltiple: ¿A quién Pablo envió a los efesios para que supieran de ellos sus asuntos y se animaran? (a) Timoteo; (b) Tíquico; o (c) Tito. *(c) Tíquico* (Ef 6.21, 22, NVI).

86. Pregunta: ¿Trata Efesios 4-6 con la posición del cristiano o la vocación del cristiano? *La vocación del cristiano* (Ef 4.1–6.20). Los tres primeros capítulos afirman la posición del cristiano en Cristo.

87. Pregunta: ¿Qué capítulo de Efesios contiene la enseñanza más extensa sobre el matrimonio en el Nuevo Testamento? *Efesios 5* (Ef 5.22-33). El matrimonio también se trata en Colosenses 3 y 1 Pedro 3.

88. Selección múltiple: ¿En qué dos cartas Pablo trata la naturaleza del matrimonio cristiano? (a) Efesios y Colosenses; (b) Colosenses y Filipenses; o (c) Filipenses y Gálatas. *(a) Efesios y Colosenses* (Ef 5.22-33; Col 3.18, 19).

89. Selección múltiple: ¿En cuál de las cartas de Pablo a las iglesias incluye específicamente a los obispos y diáconos en su introducción? (a) Gálatas; (b) Efesios; o (c) Filipenses. *(c) Filipenses* (Fil 1.1).

90. ¿Verdadero o falso? Como resultado del encarcelamiento de Pablo por el evangelio, otros cristianos tuvieron más miedo de hablar de su fe. *Falso*. Ellos tuvieron más denuedo (Fil 1.14).

91. ¿Verdadero o falso? Pablo estaba muy enojado de que algunos predicaban a Cristo por envidia y contienda, con el fin de agregar a sus aflicciones. *Falso*. Él se regocijaba que Cristo fuera predicado, o por pretexto o por verdad (Fil 1.15-18).

92. Selección múltiple: En Filipenses 3.4-6, Pablo cita varias razones que tenía de confiar en la carne. Una era que pertenecía a la tribu de _____ (a) Judá; (b) Benjamín; o (c) Simeón. *(b) Benjamín* (Fil 3.5).

93. Pregunta: Aparentemente había una disensión entre dos mujeres en la iglesia en Filipos. Nombre una de ellas. *Evodia* o *Síntique* (Fil 4.2).

94. Selección múltiple: Pablo dijo a los filipenses que tenía solo una persona que cuidaría de ellos como él mismo. ¿Quién es esa persona? (a) Epafrodito; (b) Timoteo; o (c) Tito. *(b) Timoteo* (Fil 2.19, 20).

95. Selección múltiple: Solamente la iglesia de macedonia contribuyó para suplir las necesidades de Pablo después que salió de esa provincia. ¿Dónde estaba ubicada la iglesia? (a) Berea; (b) Atenas; o (c) Filipos. *(c) Filipos* (Fil 4.15).

96. Selección múltiple: ¿A quién Pablo envió a los colosenses para contarles «todo» acerca de él? (a) Epafras; (b) Tíquico; o (c) Aristarco. *(b) Tíquico* (Col 4.7). Tíquico era de Asia Menor (Hch 20.4).

97. Selección múltiple: ¿Quién viajó con Tíquico a los colosenses, para llevar noticias de Pablo a la iglesia? Se trataba del esclavo de Filemón. (a) Epafras; (b) Demás; u (c) Onésimo. *(c) Onésimo* (Col 4.7-9).

98. Pregunta: ¿A quién Pablo llamó el «médico amado»? *A Lucas* (Col 4.14).

99. Selección múltiple: ¿En qué otra iglesia Pablo quiso que la carta a los se leyera también? (a) la iglesia en Filipos; (b) la iglesia en Laodicea; o (c) la iglesia en Éfeso. *(b) La iglesia en Laodicea* (Col 4.16).

100. Selección múltiple: Pablo menciona a Aristarco, Marcos, y Jesús, que era llamado Justo, en su carta a los colosenses. ¿Qué tenían en común estos tres? (a) Eran de Éfeso; (b) eran de Jerusalén; o (c) eran judíos creyentes. *(c) Eran judíos creyentes* (Col 4.10, 11). Aquí Pablo dice que eran judíos cristianos al decir que eran de la circuncisión.

101. Selección múltiple: Aparentemente Epafras era útil en la iglesia de Colosas. También ayudaba en las iglesias de dos ciudades cercanas. Una de las ciudades era Hierápolis. ¿Cuál era la otra ciudad? (a) Laodicea; (b) Efesios; o (c) Filadelfia. *(a) Laodicea* (Col 4.12, 13).

102. Pregunta. Pablo identifica a otras dos personas de estaban con él cuándo escribió 1 Tesalonicenses. Nombre uno de ellos. *Timoteo* o *Silvano* (Silas) (1 Ts 1.1).

103. Selección múltiple: Pablo dijo a los tesalonicenses que ellos eran ejemplos de lo que debe ser un cristiano a todos los creyentes en Macedonia, ¿y de cuál otra provincia? (a) Acaya; (b) Asia; o (c) Galacia. *(a) Acaya* (1 Ts 1.7).

104. Selección múltiple: En 1 de Tesalonicenses 2.14, Pablo compara el sufrimiento de los cristianos en Tesalónica con el sufrimiento de los cristianos en: (a) Galacia; (b) Judea; o (c) Acaya. *(b) Judea* (1 Ts 2.14).

105. Pregunta: ¿Cuándo Timoteo regresó a Pablo después de visitar la iglesia de Tesalónica, ¿trajo noticias buenas o malas acerca de su fe? *Trajo noticias buenas* (1 Ts 3.6, 7). Timoteo anunció que la iglesia mostraba fe y amor, y era muy positiva en sus sentimientos hacia Pablo.

106. ¿Verdadero o falso? Timoteo y Silvano (Silas) estuvieron presentes cuando Pablo escribió 1 Tesalonicenses, pero solo Silvano estaba presente cuando Pablo escribió 2 Tesalonicenses. *Falso.* Ambos se incluyen en el saludo de las dos cartas (1 Ts 1.1; 2 Ts 1.1).

107. ¿Verdadero o falso? Ambas epístolas de Pablo a los tesalonicenses contienen enseñanzas acerca de la segunda venida del Señor. *Verdadero* (1 Ts 4.14-18; 2 Ts 2.1-12).

108. Selección múltiple: ¿Dónde estaba Timoteo cuando Pablo escribió 1 de Timoteo? (a) Atenas; (b) Derbe; o (c) Éfeso. *(c)* Éfeso (1 Ti 1.3). Pablo había dejado a Timoteo allí cuando fue a Macedonia. Él era el representante de Pablo para quedarse allí y guardar la sana doctrina de las falsas que allí se enseñaban.

109. Selección múltiple: ¿Adónde iba Pablo cuando urgió a Timoteo que se quedara en Éfeso? (a) Jerusalén; (b) Macedonia; o (c) Roma. *(b) Macedonia* (1 Ti 1.3).

110. Selección múltiple: Pablo consideró a sí mismo el primero de los: (a) Apóstoles; (b) pecadores; o (c) judíos. *(b) Pecadores* (1 Ti 1.15). Pablo sentía que era un terrible pecador porque había blasfemado contra Jesús y perseguido la iglesia.

111. Selección múltiple: En 1 de Timoteo 1, Pablo menciona dos personas que sufrieron naufragio por su fe. Uno era Himeneo. ¿Quién fue el otro? (a) Jasón; (b) Alejandro; o (c) Demás. *(b) Alejandro* (1 Ti 1.20). Alejandro se menciona en

Hechos 19.33 como uno de los judíos que se puso ante la multitud cuando los plateros de Éfeso crearon un disturbio sobre la extensión del cristianismo en la ciudad.

112. Pregunta: ¿Dejo Pablo a Timoteo en Éfeso para corregir errores doctrinales o para tratar con problemas morales? *Para corregir errores doctrinales* (1 Ti 1.3, 4).

113. Selección múltiple: Pablo entregó a Himeneo y a Alejandro a Satanás para que aprendieran a no: (a) enseñar doctrinas falsas; (b) cometer inmoralidad; o (c) blasfemar. *(b) Blasfemar* (1 Ti 1.20).

114. Llene el espacio en blanco: Pablo dijo a Timoteo: «Ninguno tenga en poco tu _____, sino se ejemplo de los creyentes en palabra, conducta, amor, espíritu, fe, y pureza». *«Juventud»* (1 Ti 4.12).

115. Pregunta: ¿En cuál de las dos cartas que Pablo escribió a Timoteo expone requisitos para los diáconos? *La primera carta de Pablo a Timoteo* (1 Ti 3.8-13).

116. Selección múltiple: ¿En cuál de las cartas de Pablo se instruye a la iglesia como se debe tratar a las viudas? (a) Efesios; (b) Tito; o (c) 1 Timoteo. *(c) 1 Timoteo* (1 Ti 5.3-16).

117. Pregunta: ¿Qué prescribió Pablo para la frecuente enfermedad de Timoteo? *Un poco de vino* (1 Ti 5.23). Este «poco de vino» se prescribía también para el bien del estómago de Timoteo. En muchos lugares el vino era más seguro para beber que el agua.

118. Pregunta: ¿En cuál de sus cartas Pablo da los requisitos para los obispos? *1 de Timoteo y Tito* (1 Ti 3.1-7; Ti 1.5-9). Un obispo es «un supervisor».

119. Selección múltiple: ¿Cuál fue el nombre de la abuela de Timoteo? (a) Loida; (b) Eunice; o (c) Priscila. *(a) Loida* (2 Ti 1.5). Se describe a Loida como una mujer de fe.

120. ¿Verdadero o falso? La fe de Timoteo vino a través de la fe de su padre. *Falso.* Su fe vino a través del testimonio de su abuela y su madre (2 Ti 1.5).

121. Selección múltiple: ¿Cuál fue el nombre de la madre de Timoteo? (a) Loida; (b) Eunice; o (c) Candace. *(b) Eunice* (2 Ti 1.5).

122. Selección múltiple: Pablo quería que el Señor tuviera misericordia de la casa de Onesíforo porque muchas veces confortó a Pablo y no tenía vergüenza de: (a) las cadenas de Pablo; del evangelio; o (c) aguijón en la carne. (a) *Cadenas de Pablo* (2 Ti 1.16). El hecho que Pablo alude a sus cadenas nos ayuda a saber que esta carta la escribió desde la prisión romana. La primera carta a Timoteo la escribió cuando estaba libre.

123. Selección múltiple: Del mismo Himeneo que se mencionó en 1 Timoteo que fue entregado a Satanás se dice en 2 Timoteo que enseñaba doctrina falsa. ¿Cuál era la falsa enseñanza? (a) Jesús no era divino; (b) Jesús era un blasfemo; o (c) los creyentes ya habían resucitado. *(c) Los creyentes ya habían resucitado* (2 Ti 2.17, 18). Esta enseñanza también era prevalente en la iglesia en Tesalónica (2 Ti 2.1, 2).

124. Selección múltiple: ¿Quién, juntamente con Himeneo, enseñó que la resurrección ya había ocurrido? (a) Alejandro; (b) Fileto; o (c) Bernabé. *(b) Fileto* (2 Ti 2.17, 18).

125. Selección múltiple: En 2 de Timoteo 3, Pablo usó a Janes y Jambres como ejemplos de los que resisten la verdad. ¿A qué persona Janes y Jambres resistieron? (a) David; (b) Daniel; o (c) Moisés. *(c) Moisés* (2 Ti 3.8). Pablo se refiere aquí al encuentro de Moisés con los hechiceros egipcios en la corte del Faraón (Ex 7.11, 12).

126. Selección múltiple: En 2 de Timoteo 4, Pablo menciona varias personas que lo abandonaron. ¿Quién abandonó a Pablo por «amar este mundo»? (a) Demas; (b) Crescencio; o (c) Marcos. *(a) Demas* (2 Ti 4.10). Demas estuvo con Pablo en su primer encarcelamiento cuando Pablo escribió la carta a la iglesia en Colosas (Col 4.14).

127. Selección múltiple: ¿En qué epístola Pablo indicó que sabía que el final de su vida estaba cerca? (a) Filipenses; (b) Tito; o (c) Efesios; o (d) 2 Timoteo. *(d) 2 Timoteo* (2 Ti 4.6).

128. Selección múltiple: ¿Cuál era la ocupación del Alejandro que había hecho mucho mal a Pablo? (a) Platero; (b) calderero; o (c) orfebre. *(b) Platero* (2 Ti 4.14).

129. ¿Verdadero o falso? Pablo afirma que en su primera defensa en Roma solo algunos estuvieron con él. *Falso.* Él dijo que nadie estuvo con él (2 Ti 4.16).

130. Selección múltiple: ¿Dónde estaba Tito cuando Pablo escribió la carta que lleva su nombre? (a) Éfeso; (b) Creta; o (c) Chipre. *(b) Creta* (Tit 1.12).

131. Pregunta: ¿Fue un cretense o uno de los enemigos de Creta el que dijo: «Los cretenses, siempre mentirosos, malas bestias, glotones ociosos»? *Fue un cretense* (Tit 1.12).

132. Pregunta: ¿Quería Pablo que Tito fuera a él después que Artemas o Tíquico llegaran a Creta, o que se quedara en Creta para ministrar con ellos? Él quería que Tito *fuera a él* (Tit 3.12).

133. Selección múltiple: Pablo le pidió a Tito que enviara a Zenas y a otra persona que se menciona sobre todo en 1 Corintios, y que viajaran de prisa. ¿Quién fue esa persona? (a) Pedro; (b) Bernabé; o (c) Apolos. *(c) Apolos* (Tit 3.13).

134. Pregunta: ¿Cuál fue el nombre del amo de Onésimo? *Filemón* (Libro de Filemón 2). Antes que Pablo entrara en contacto con Onésimo estando preso en Roma. Filemón era amigo de Pablo.

135. Llene el espacio en blanco: Filemón tenía una _____ en su casa. *Iglesia* (Flm 2) Todas las iglesias primitivas se reunían en las casas. No hubo edificios de iglesias sino hasta muchos años después.

136. Llene los espacios en blanco: Todo lo que Onésimo debía a _____ debía ponerse a cuenta de _____. *Filemón ... Pablo* (Flm 10, 18, 19).

137. ¿Verdadero o falso? Marcos y Lucas enviaron saludos al final de la carta de Pablo a Filemón. *Verdadero* (Flm 23, 24).

138. Pregunta: ¿Pudieron los receptores de la carta a los hebreos tener alimento espiritual sólido o solamente leche? *Solamente leche* (He 5.12). «Leche» se identifica en este versículo como «los primeros rudimentos de la palabra de Dios».

139. Selección múltiple: ¿En cuál de las dos cartas paulinas se menciona Lucas como presente con el apóstol? (a) 1 y 2 Timoteo; (b) 2 Timoteo y Tito; o (c) 2 Timoteo y Filemón. *(c) 2 Timoteo y Filemón* (2 Ti 4.11; Flm 24).

140. Selección múltiple: ¿Cuál capítulo de Hebreos contiene la muy debatida enseñanza acerca de la imposibilidad de ser renovado para arrepentimiento una vez que uno haya retrocedido? (a) Capítulo 4; (b) capítulo 6; o (c) capítulo 7. *(b) Capítulo 6* (He 6.1-8).

141. Pregunta: En Hebreos hay una descripción del santuario del Antiguo Testamento. En esta descripción, ¿pone el escritor el altar del incienso dentro o fuera del lugar Santísimo? *Dentro* (He 9.3, 4). Según Éxodo 30.1-10, el altar de incienso debía estar afuera del lugar Santísimo. Debido a que el altar estaba del lado opuesto del arca del pacto se consideraba que pertenecía al Lugar Santísimo.

142. **Pregunta: Según Hebreos 9, el arca del pacto contenía tres artículos. Uno era las tablas del pacto. Nombre los otros dos.** *Una urna de oro que contenía el maná* y *la vara de Aarón que reverdeció* (He 9.4). Estos eran recuerdos de cómo Dios sacó a su pueblo de Egipto y cómo los sustentó en el desierto.

143. **Pregunta: ¿Qué capítulo de Hebreos da una definición de la fe y también muchos ejemplos de personas que vivieron por la fe?** *Capítulo 11.*

144. **Pregunta: En Hebreos 11, se menciona la fe de Abraham. Sin embargo, tres personas de fe se mencionan antes que a Abraham. Nombre una de ellas.** *Abel, Enoc* o *Noé* (He 11.4-7).

145. **Pregunta: Hebreos 11.20 menciona la fe de Isaac. ¿Dice este versículo: «Por la fe bendijo Isaac a Jacob y a Esaú respecto a cosas venideras»?** *«Por la fe bendijo Isaac a Jacob y a Esaú respecto de las cosas venideras»* (He 11.20). Jacob y Esaú llegaron a ser padres de grandes naciones.

146. **Complete la oración: Un ejemplo de la fe de Moisés escogió «antes ser maltratado con el pueblo de Dios, que gozar de los _____».** *«Deleites temporales del pecado»* (He 11.25).

147. **Llene el espacio en blanco: Algunas personas hospitalarias sin saber hospedaron _____.** *Ángeles* (He 13.2).

148. **Selección múltiple: ¿Qué epístola del Nuevo Testamento contiene la bendición que presenta a Jesús como el gran Pastor de las ovejas? (a) Efesios; (b) Hebreos; o (c) 1 Pedro.** *(b) Hebreos* (He 13.20, 21).

149. **Selección múltiple: El escritor de los Hebreos no se identifica. Sin embargo, menciona a un compañero en la obra en 13.23. ¿Quién era ese compañero? (a) Pedro; (b) Tito; o (c) Timoteo.** *(c) Timoteo* (He 13.23). Debido a que Timoteo era muy allegado a Pablo, algunos han pensado que Pablo fue el autor de Hebreos.

150. **Selección múltiple: Al final de la carta a los Hebreos, el escritor envía saludos de los cristianos en: (a) Macedonia; (b) España; o (c) Italia.** *(c) Italia* (He 13.24).

151. **Al final del libro a los Hebreos, el escritor resalta que había escrito a los receptores de la carta de manera: (a) favorable; (b) breve; o (c) inspirada.** *(b) Breve* (He 13.22).

152. **Selección múltiple: ¿Cómo describe el escritor de Hebreos su carta en Hebreos 13.22? (a) una palabra de instrucción; (b) una palabra de exhortación; o (c) una palabra de represión.** *(b) Una palabra de exhortación* (He 13.22). La exhortación conlleva las ideas de consuelo y aliento.

153. **Selección múltiple: En Santiago 2, Santiago emplea dos personas como ejemplos de fe que produce obras. Un ejemplo es Abraham. ¿Quién es el otro ejemplo? (a) Moisés; (b) Josué; o (c) Rahab.** *(c) Rahab* (Stg 2.25). Rahab fue la ramera que escondió a los espías israelitas en Jericó. También se cita por su fe (He 11.31).

154. **Selección múltiple: ¿Qué profeta del Antiguo Testamento dice Santiago que tenía una oración eficaz? (a) Elías; (b) Eliseo; o (c) Isaías.** *(a) Elías* (Stg 5.17, 18). Él usa el ejemplo específico de la oración de Elías para que no llueva por tres años y medio.

155. **Pregunta: Pedro dirige su primera epístola a los «expatriados de la dispersión» en cinco lugares diferentes de las provincias romanas localizadas al norte del mar Mediterráneo y al final del Este. Nombre estas provincias.** *Ponto, Galacia, Capadocia,* y *Asia,* o *Bitinia* (1 P 1.1).

156. Pregunta: En 1 Pedro se habla de la sumisión, la salvación y el sufrimiento de los creyentes. ¿En qué orden Pedro trata estos temas? *El orden es salvación* (1.1-2.12); *sumisión* (2.13-3.12); y *sufrimiento* (3.13-5.14).

157. Selección múltiple: Pedro escribió 1 Pedro usando un secretario. ¿Quién era el secretario? (a) Timoteo; (b) Silvano; o (c) Tito. *(b) Silvano* (1 P 5.12). Este es el Silas que viajó extensamente con Pablo en sus viajes misioneros.

158. Pregunta: ¿Cuáles de los escritores del evangelio, Mateo, Marcos, Lucas o Juan, enviaron saludos al final de 1 Pedro? *Marcos* (1 P 5.13).

159. Selección múltiple: Cuando Pedro se dirigió a los ancianos en 1 Pedro 5, ¿qué título se aplicó a sí mismo? (a) Apóstol; (b) siervo; o (c) anciano. *(c) Anciano* (1 P 5.1-4).

160. Pregunta: ¿Qué cartas incluye instrucciones específicas respecto a cómo los siervos deben responder a sus amos? *1 Pedro* (1 P 2.18-20).

161. Selección múltiple: Al final de la primera epístola de Pedro, él dijo: «La iglesia que está en (a) Babilonia; (b) Roma; o (c) Jerusalén, elegida juntamente con vosotros, os saludan». *(a) «Babilonia»* (1 P 5.13).

162. Selección múltiple: ¿En qué dos epístolas del Nuevo Testamento se trata de los dones espirituales en el capítulo 4 de cada epístola? (a) Colosenses y Santiago; (b) Efesios y 1 de Pedro; o (c) Filipenses y 1 de Juan. *(b) Efesios y 1 de Pedro* (Ef 4.7-16; 1 P 4.10, 11). En Efesios, cuatro dones específicos se mencionan. En 1 de Pedro, se resaltan las dos clasificaciones de dones.

163. Pregunta: ¿En qué circunstancia estaban los cristianos a los cuales se escribió primera de Pedro? *En sufrimiento* (1 P 3.13-5.14).

164. Pregunta: En Romanos 16.16, 1 de Corintios 16.20 y 2 de Corintios 13.2, 1 de Tesalonicenses 5.26, y 1 de Pedro 5.14, se dice a los cristianos que se saluden unos a otros. ¿De qué manera deben saludarse? *Con un beso* (a veces calificada como un «beso santo» y en 1 Pedro 5.14 con «ósculo de amor»)

165. Selección múltiple: ¿A qué hecho Pedro aludía cuando dijo «habiendo visto con nuestros propios ojos su majestad»? (a) la alimentación de los cinco mil; (b) la transfiguración de Jesús; o (c) el bautismo de Jesús. (b) *La transfiguración de Jesús* (2 P 1.16-18).

166. Pregunta: De los tres capítulos de 2 de Pedro, ¿cuál de ellos trata completamente sobre advertencias de falsos maestros? *Capítulo 2* (2 P 2.1-22).

167. ¿Verdadero o falso? Pedro creía que viviría por varios años más después de escribir segundo de Pedro. *Falso.* Él dijo que el Señor Jesús le mostró que pronto moriría (2 P 1.14).

168. Selección múltiple: ¿Las cartas de quién Pedro consideraba difíciles de entender? (a) las de Pablo; (b) las de Juan; o (c) las de Pedro. *(a) Las de Pablo* (2 P 3.15, 16).

169. Selección múltiple: ¿Qué otro escritor bíblico mencionó las cartas de Pablo? (a) Santiago; (b) Juan; o (c) Pedro. *(c) Pedro* (2 P 3.15, 16).

170. Pregunta: ¿Cuál de las tres epístolas de Juan no tiene destinatario al principio de su carta? *1 Juan.*

171. Selección múltiple: ¿Cómo Juan se identifica a sí mismo en el saludo de 2 Juan? (a) «El apóstol»; (b) «el maestro»; o (c) 'el anciano'. *(c) «El anciano»* (2 Jn). Juan emplea este término para sí mismo porque ya era anciano cuando escribió. Juan sobrevivió a todos los otros apóstoles.

172. Selección múltiple: ¿A quién Juan dirige su segunda epístola? (a) A la señora elegida; (b) al señor elegido; o (c) a la iglesia elegida. *(a) A la señora elegida* (2 Jn 1).

173. Selección múltiple: Tercera de Juan dice que a: (a) Gayo; (b) Sópater; o (c) Diótrefes le gusta tener el primer lugar en la iglesia. *(c) Diótrefes* (3 Jn 9).

174. Pregunta: ¿Quién tenía buen testimonio en tercera de Juan 12 Diótrefes o Demetrio? *Demetrio* (3 Jn 12).

175. Selección múltiple: Judas se identifica como «siervo de Jesucristo, y hermano de; (a) Juan; (b) Jacobo; o (c) Pablo». *(b) «Jacobo»* (Jud 1).

176. Selección múltiple: De la historia de la iglesia primitiva aprendemos que la iglesia se reunía regularmente y comían juntos y tomaban la Cena del Señor y llamaban a estas reuniones «ágapes». ¿Cuál es el único libro en el Nuevo Testamento que menciona los ágapes? (a) Hebreos; (b) Santiago; o (c) Judas. *(c) Judas* (Jud 12).

177. Pregunta; ¿Dónde estaba Juan cuando tuvo la visión según se registra en Apocalipsis? *En la isla de Patmos* (Ap 1.9).

Printed in the USA
CPSIA information can be obtained
at www.ICGtesting.com
JSHW032047021024
70934JS00013B/264

9 780718 001155